사이버 안보의 세계정치와 한국

버추얼 창과 그물망 방패

이 저서는 2016년 대한민국 교육부와 한국연구재단의 지원을 받아 수행된 연구입니다.
(NRF-2016S1A3A2924409)

이 도서의 국립중앙도서관 출판예정도서목록(CIP)은 서지정보유통지원시스템 홈페이지(http://seoji.nl.go.kr)와
국가자료공동목록시스템(http://www.nl.go.kr/kolisnet)에서 이용하실 수 있습니다.
CIP제어번호: 2018003600(양장), 2018003599(학생판)

서울대학교 국제문제연구소 총서 11

사이버 안보의 세계정치와 한국

버추얼 창과 그물망 방패

김상배 지음

Virtual Spears and Network Shields
World Politics of Cyber Security and South Korea

한울
아카데미

차례

제2부 사이버 공격과 방어의 복합지정학

제3부 사이버 경쟁과 협력의 망제정치

디지털 모순의 세계정치

1. 버추얼 창과 그물망 방패

'버추얼 창과 그물망 방패'라는 이 책의 제목은 모순矛盾이라는 고사성어에서 유추했다. 중국의 고서 『한비자韓非子』를 보면, 전국시대 초楚나라에 창[矛]과 방패[盾]를 파는 상인이 있었다. 그 상인은 "이 창은 예리해서 어떤 방패라도 꿰뚫을 수가 있다"고 자랑했다. 동시에 그는 "이 방패는 견고해서 어떤 창으로도 꿰뚫지 못한다"고 뽐냈다. 그러자 그 옆에 있던 사람이 "당신의 창으로 당신의 방패를 찌르면 어떻게 되는가?"라고 물었더니 상인은 대답하지 못했다고 한다. 이러한 아날로그 시대의 고사를 디지털 시대의 사이버 안보 문제로 옮겨와서 개작해보면 어떨까? 해커들은 자신들이 뚫을 수 없는 방화벽이란 없다고 뽐낸다. 하루가 멀다 하고 새로운 컴퓨터 바이러스와 악성코드가 출현하고, 해커들의 창은 점점 더 보이지 않는 위력을 발휘한다. 이를 막기 위해서 정보보안 기술자들은 새로운 방화기술과 백신 프로그램의 개발에 열을 올린다. 아무리 교묘한 공격이라도 그 진원지를 추적해 색출할 수 있다고 장담한다(김상배, 2011).

그러면 사람들은 이렇게 묻고 싶어질 것이다. 디지털 시대의 창과 방패가 서로 겨루면 그 결과는 어떻게 될까? 전국시대의 모순矛盾 이야기에서 창과 방패의 대결이 어떤 결과를 낳았는지 전하지 않듯이, 디지털 시대를 사는 우리가 관전하는 버추얼 창과 그물망 방패의 결투도 쉽사리 결말을 논할 수는 없다. 게다가 디지털 시대의 승부는 아날로그 시대에 비해 더욱 복잡한 구도로 펼쳐진다. 아날로그 시대의 '모순'이 한 개의 창으로 한 개의 방패를 찌르는 이야기였다면, 디지털 시대의 '모순'은 여러 개의 창으로 찌르는 공격을 여러 개의 방패로 막아내는 이야기이기 때문이다. 상황이 이러하다면 결국 현재 우리에게 필요한 것은 문제를 너무 단순하게 보지 않는 신중함과 제한된 범위 내에서 세밀하게 분석해보려는 노력이다. 이 책이 디지털 시대의 모순 이야기를 통상적인 전통안보론의 시각이 아닌 새로운 이론적 시각으로 보아야 한다고 강조하는 것은 바로 이러한 이유 때문이다.

사실 복잡계의 성격을 갖는 컴퓨팅 환경의 특성상 해킹 공격이 가해져도 누가 주범인지를 밝히기 쉽지 않다. '피해자는 있는데 가해자가 없다'는 말을 방불케 한다. 경우에 따라서는 네트워크 그 자체가 범인이기도 하다. 그야말로 '버추얼 창'의 공격을 연상케 한다. 버추얼virtual은 흔히 "주관으로 그렇게 보일 뿐 실제로는 존재하지 않는 거짓 형상"이라는 뜻의 '가상假像'이라고 번역되지만, 이는 원래의 뜻을 정확히 담아낸 번역이 아니다. 엄밀히 말해, 버추얼은 '실재real하지만 드러나지actual 않는 현상'을 지칭한다. 버추얼은 물리적 상호작용에 의해서 이차적으로 생성되는 표면 효과surface effect이다. 예를 들어, 우리가 컴퓨터를 사용할 때 모니터에서 보는 것은, 하드웨어 차원에서 발생하는 물리적 상호작용에 기반을 두고 디스플레이된 '버추얼 상像'이다. 모니터 상에 나타나는 이미지는 실제로는 어디에도 없지만nowhere in actuality, 그럼에도 엄연히 실재real하면서 우리와 상호작용하는 현실이다(Deleuze, 2002).

이러한 버추얼의 개념에 기대어 이해한 버추얼 창의 공격은 실재하지만 드러나지 않는 공격이다. 불가능하지는 않지만 공격의 실체와 주체를 명확히 판별하기 쉽지 않다. 경우에 따라서는 시스템의 사고가 발생해도 이것이 외부로 부터의 의도적인 공격 때문인지 아니면 시스템의 오작동으로 인한 사고인지를 밝히는 것도 쉽지 않다. 이러한 양상들은 모두 복잡계의 특징을 갖는 사이버 공간의 비선형적non-linear 성격에서 기인한다. 또한 국가 행위자가 아닌 해커나 테러리스트 등과 같은 비국가 행위자들이 나서는 경우가 많으며, 사용되는 컴퓨터 바이러스나 악성코드, 공격기법 등이 '행위능력'을 지닌 중요한 변수가 되기 때문에 그 복잡성은 더 커진다. 따라서 만약에 범인을 찾는다고 하더라도 확증하기보다는 추정하는 경우가 많다. 그러므로 사이버 안보의 게임은 실제 범인을 색출하는 문제보다도 누가 범인인지, 그리고 더 나아가 무엇이 안보위협인지를 규정하는 과정이 더 중요한, 일종의 '범죄의 재구성 게임'의 성격을 지닌다.

이러한 버추얼 창의 공격은 어떠한 방패로 막아내야 할까? 보이지 않는 공격을 막기 위해서 필요한 것은, 철벽방어를 목표로 '벽돌집'을 짓는 전통적인 방어 개념이 아니라 지푸라기나 나뭇가지를 하나하나 모아서 '그물망'을 짜는 것과 같은 복합적인 발상이다. '버추얼'보다는 쉽지만, 디지털 시대의 방패를 염두에 두고 쓴 '그물망'이라는 말도 어렵기는 마찬가지이다. 영어의 network를 번역한 그물망은 실이나 철사 등을 그물net 모양으로 엮어놓은 것을 통칭하는 용어이다. 우리말로는 '그물' 또는 '망網'이라고 부르기도 하지만 일상어에서는 그냥 네트워크라고 한다. 이러한 그물망 또는 네트워크 개념의 가장 기초적인 정의는 "상호 연결되어 있는 노드node들의 집합"이다(Castells, 2004). 바꿔 말해, 그물망은 여러 노드들이 상호 연결link되어 있는 상태이다. 이 책이 염두에 둔 그물망은 디지털의 논리를 따라 형성된 네트워크이다. 0과 1을 씨줄과 날줄로 삼아서 만드는 그물망은 아무리 촘촘히 짜도 빈틈이 있을 수밖에 없다는 의미를 담았다.

이러한 그물망 방패의 구축은 버추얼 창의 공격을 막기 위한 고육지책일 수밖에 없다. 사이버 공격을 방어하는 어려움은 컴퓨터와 인터넷이라는 시스템의 독특한 성격에서 비롯된다. 아무리 잘 설계되어도 빈틈이 생기기 때문에 외부로부터의 침투를 완벽히 막아낼 수 없다. 해킹을 막기 위해서 세운 방화벽은 대부분의 경우 크고 작은 구멍들이 숭숭 뚫린 '그물망'이지 완벽하게 공기를 차단하는 '비닐막'이 아니다. 그야말로 태생적으로 공격이 방어보다 유리한 게임이다. 기술적으로 완벽한 방화벽을 치는 것이 불가능하기 때문에 사이버 공간의 안보는 다양한 사회적 메커니즘을 빌려서 확보할 수밖에 없다. 기술과 인력, 국방의 역량을 강화하는 것뿐만 아니라 법제도 정비와 외교활동 등을 포함하는 복합적인 대응이 필요하다. 대응주체라는 점에서도 국가 행위자 이외에 민간 행위자, 국제기구 등도 참여하는 협업 모델이 요구된다. 요컨대, 디지털 시대의 '보이지 않는 위협'에 대응하기 위해서 필요한 것은 '여럿이 힘을 엮어서 합치는 해법'이다.

이러한 버추얼 창과 그물망 방패의 대결 현상이 나타나는 공간은 전국시대의 초나라 땅이 아니라 21세기 사이버 공간이다. 사이버 공간cyberspace이라는 말은, 1980년대 초반에 미국의 공상과학 소설가 윌리엄 깁슨William Gibson에 의해 컴퓨터를 매개로 새롭게 생겨난 매트릭스 공간이 지칭되면서 알려지기 시작했다(Gibson, 1984). 인터넷이 한창 보급되었던 20여 년 전까지만 해도 생소한 용어였지만, 이제는 널리 알려져서 대중적으로 사용하는 말이 되었다. 최근 사이버 공간에서 벌어지는 활동은 '사이버cyber'[1]라는 말로 통칭되고 있다. 사이버 경제, 사이버 문화, 사이버 범죄, 사이버 테러, 그리고 사이버 안보 등이 대표적인 용례들이다. 여기서 '사이버'라는 접두어는 보통 정보통신기술과 관련된 행위를 포괄적으로 의미하는데, 대체적으로 네트워크 인프라의 물리적 층위, 소프트웨어나 기술표준 등의 논리적 층위, 지식·콘텐츠·이념의 콘텐츠 층위 등 세 층위를 포괄적으로 지칭한다.

---

[1] 1947년 MIT의 수학자 노버트 위너Norbert Wiener에 의해 처음으로 사용된 '사이버'라는 말은 원래 조종·통제를 뜻하는 그리스어에 어원을 두는 단어인 사이버네틱스cybernetics에서 파생했다.

'사이버'라는 용어가 '안보安保, security'라는 용어와 결합되면서 국가안보의 함의를 갖는 사이버 안보cyber security라는 용어로 정착되어 사용되기 시작한 것은 그리 오래된 일은 아니다. 사이버 안보에 해당하는 의미는 1990년대 초반에는, 하드웨어와 소프트웨어의 오작동에서 기인하는 컴퓨터 시스템의 장애 방지나 인터넷이라는 물리망의 보호에 중점으로 둔 컴퓨터 보안과 네트워크 보안 등의 용어로 이해되었다. 그런데 2000년대에 들어서면서 인터넷의 활용이 지구적으로 확산되면서 논리적 층위에 대한 보호가 각국의 주권적 관할권을 넘어서는 정보보호의 문제로 인식되기 시작했다. 2000년대 후반 이후 사이버 공간에서 벌어지는 정치적·사회적·문화적 활동의 중요성이 강조되면서 사이버 공간의 안전이나 안보로 관심이 넓어졌다. 특히 9·11 테러 이후 악의적이고 의도적인 외부 테러의 공격으로부터 사이버 공간에서의 활동이나 그 기반이 되는 시스템과 지식정보를 보호하려는 정책적 목적이 커졌다.

사실 인터넷의 보급이 매우 미미하여 보안층위를 크게 중시하지 않던 초창기에는 컴퓨터 보안이나 정보보호는 컴퓨터 전문가나 소프트웨어 엔지니어들의 전유물이었다. 이들의 기술공학적 연구는 소프트웨어 엔지니어링이나 시스템 디자인 등의 분야에서 얻은 컴퓨터 안보, 네트워크 안보, 정보보호 등의 개념을 원용하여 세계정치 현상으로서 사이버 안보 문제를 보는 시각을 도출했다. 그러나 이들 연구가 지니는 한계는, 물리적 환경으로서 인터넷 또는 사이버 공간이라는 기술 시스템이 구동되는 이면에 존재하는 세계정치 행위자들의 의도적 전략과 그 과정에서 작동하는 권력정치의 동학을 간과하고 있다는 점이다. 하지만 인터넷이 인류가 예상했던 것보다 더 빠른 속도로 더 광범위하게 발전하면서, 오늘날 사이버 안보 문제는 국제정치학의 핵심 논제이자 국가안보를 모색하는 국가전략의 주요 사안이 되었다. 이 책은 이러한 문제의식의 연속선상에서 사이버 안보의 문제를 국제정치학의 시각에서 보려는 시도이다.

2. 2013년 사이버 안보의 전회

최근의 사태 전개는 사이버 안보의 문제가 기술공학 분야 전문가들의 손을 떠나 좀 더 넓은 의미의 사회과학적 탐구의 대상이 되어야 함을 보여준다. 특히 최근 사이버 안보를 둘러싸고 벌어지는 각국의 경쟁과 갈등은 이 문제가 이미 국제정치학의 영역으로 진입했음을 보여준다. 2000년대 초반부터 정보화 시대의 전쟁과 안보에 대한 논의가 없었던 것은 아니지만, 그동안 사이버 안보 연구는 국제정치학의 본격적인 의제로 자리 잡지는 못했다. 그러던 것이 사이버 안보를 국제정치학의 시각에서 보겠다는 국내외 학계의 문제의식을 각성시킨 계기가 2013년에 발생한 일련의 사건들을 통해서 마련되었다. 이들 사건은 이른바 '사이버 안보의 전회轉回, turn'라고 부를 정도의 파장을 낳았다. 특히 이 무렵부터 사이버 안보 문제를 군사전략의 시각에서 보기 시작했으며, 국제협력의 주요 대상으로 거론하기 시작했다. 2013년에 벌어진 사건 중에서 다음의 일곱 가지 이슈에 특별히 주목할 필요가 있다.

첫째, 북한의 소행으로 추정되는 사이버 공격 중에서 역대 가장 큰 피해를 입힌 것으로 평가되는 3·20 사이버 공격이 2013년 3월 20일 발생했다. 그 이전에도 2009년 7월 7일의 7·7 디도스 공격, 2011년 3월 4일의 3·4 디도스 공격, 2011년 4월 12일의 농협 전산망 해킹 사건, 2012년 6월 9일의 중앙일보 해킹 사건 등이 있었지만, 3·20 사이버 공격은 그 피해 규모도 컸을 뿐만 아니라 국내 주요 방송사와 금융사 6곳의 전산망을 일제히 마비시켰다는 점에서 더 주목을 받았다. 게다가 3·20 사이버 공격은 그 이전에 감행되었던 디도스 Distributed Denial of Service(DDoS) 공격 방식이 아닌 APTAdvanced Persistent Threat 공격이라는 점에서 관심이 집중되었다. 2013년 6월 25일에는 청와대를 비롯한 주요 정부기관과 일부 언론사 및 정당을 대상으로 6·25 사이버 공격이 발생하기도 했다. 그 이후에도 북한발 사이버 공격은 지속되었는데, 그중에서 사이버 안보에 대한 국내의 관심을 증폭시킨 사례로는 2014년 12월의 한수원 해킹 사건과 2016년 9월의 국방망 해킹 사건이 있었다.

둘째, 2013년 3월 나토 CCDCOE Cooperative Cyber Defence Centre of Excellence의 총괄하에 전쟁법의 사이버전 적용 여부를 검토한 탈린매뉴얼 Tallinn Manual이 발표되었다. 탈린매뉴얼의 골자는 사이버 공간에서도 전통적인 교전수칙이 적용될 수 있으며, 사이버 공격으로 인해 인명 피해가 발생할 경우 해당 국가에 대한 군사적 보복이 가능하고, 핵티비스트 hactivist 등과 같은 비국가 행위자에 대해서도 보복을 가하겠다는 것이었다. 더 나아가 사이버 공격의 배후지를 제공한 국가나 업체에 대해서도 전쟁법을 적용하여 책임을 묻겠다는 것이었다. 그러나 탈린매뉴얼은 2007년 에스토니아 사태 이후 미국과 나토 회원국들을 중심으로 만들어져서 서방 진영의 시각이 주로 반영되었다는 비판을 받았다. 따라서 탈린매뉴얼은 아직까지 규범의 가이드라인을 제시하는 정도의 의미만을 부여받는다. 그러나 한국의 입장에서 볼 때, 기존 국제법의 틀을 적용하여 북한의 사이버 공격을 불법행위로 규정하고 이에 대해 규제할 수 있는 근거의 단초가 마련되는 의미가 있다.

셋째, 2013년 2월 미국의 컴퓨터 보안업체인 맨디언트 Mandiant는 중국군의 사이버 공격 실태를 자세하게 파헤친 보고서를 발표했다. 이 보고서는 중국이 61398해커부대를 통해 미국의 주요 기업들을 해킹하고 있다고 주장했다. 중국의 해킹은 정보통신·항공우주·행정·위성·통신·과학연구·컨설팅 분야에 집중되었으며 주로 지적재산권과 연구개발의 내용을 훔치는 데 주안점을 두었다는 것이었다. 맨디언트는 2014년에도 비슷한 내용의 보고서를 냈는데, 미국 정부의 요구에도 불구하고 중국이 지속적으로 해킹을 벌이고 있다는 내용을 담았다. 이러한 주장은 2000년대 후반부터 미국 정부와 언론이 제기해왔던 이른바 '중국해커위협론'을 반영하는 것이었다. 중국 해커들의 공격이 미국의 근간을 뒤흔드는 위협이라는 담론은 이른바 '오로라 공격 Aurora attack'이라고 알려진 2009년 해킹 사건이나 2010년 구글 사건 등을 거치면서 확대되어갔으며, 2014년 5월 중국군 61398부대 장교 5명이 철강무역 비밀을 캐내려고 미국 업체를 해킹한 혐의로 미국 법정에 기소되면서 정점에 달했다.

넷째, 2013년 6월에는 에드워드 스노든Edward Snowden의 폭로에 의해서, 미국가안보국(NSA)이 2007년부터 개인정보 수집 프로그램인 프리즘PRISM을 통해 주요국 인사들을 대상으로 도·감청을 벌였다는 사실이 드러나면서 큰 파문이 일었다. 특히 미국이 메르켈 독일 총리를 비롯한 우방국의 정상들도 도청했다는 사실이 보도되면서 그 파문은 더욱 확대되었다. 스노든 사건은 미중 사이버 갈등에도 새로운 전기를 제공했다. 사실 중국 정부는 스노든 사건 이전에는 중국 해커의 공격에 대한 비난 여론이 쇄도하면서 수세에 빠져 있었다. 앞서 언급한 맨디언트의 보고서는 중국의 '사이버 절도행위'를 비난했다. 이러한 와중에 터진 스노든 사건은 결백을 주장하던 중국의 반박 주장에 명분을 실어 주었다. 중국은 스노든 사건에서 드러난 도·감청 행위를 위선적이고 이중적인 잣대를 적용하고 있는 미 패권주의의 증거라며 비난하기도 했다. 중국은 이러한 기세를 등에 업고 중국 시장에 진출한 미국 IT기업들에 대한 규제의 고삐를 죄기도 했다.

다섯째, 2013년 6월에는 오바마 미국 대통령과 시진핑 중국 국가주석이 정상회담을 갖고 사이버 안보를 공식적으로 양국의 의제로 언급했다. 오바마 대통령이 사이버 안보나 지적 재산권에 대한 중국의 책임을 지적한 반면, 시진핑 주석은 중국도 사이버 공격의 희생자라고 반박하면서 이견을 보였다. 이 정상회담은 국제정치학계에 사이버 공간의 세계정치적 중요성을 본격적으로 각인시키는 사건이 되었다. 무엇보다도 세계 최강을 겨루는 두 나라의 정상이 양국 간의 현안인 북한의 핵무기 문제와 더불어 사이버 공간의 안보 문제를 양대 쟁점으로 선정하고 긴 시간을 할애해서 의견을 나누었다는 데 의의가 있었다. 그야말로 사이버 공간의 안보 문제가 20세기 국제정치의 최대 쟁점인 핵 안보 문제와 어깨를 겨루게 된 것이다. 그 후 사이버 안보는 양국 간에 진행된 전략경제대화의 현안 중의 하나로서 다루어졌으며, 좀 더 구체적으로는 미중 사이버 보안 실무그룹의 협의가 진행되기도 했다. 그 이후에도 미중 양국 정상은 논의를 이어갔는데, 2015년 9월에는 해킹을 중지하는 상호합의에 이르기도 했다.

여섯째, 2013년 6월 유엔 군축 및 국제안보 위원회 산하 정보보안 관련 정부전문가그룹Group of Governmental Experts(이하 GGE) 제3차 회의에서 최종 권고안을 합의 도출했다. 이 최종 권고안의 도출은 사이버 안보 분야에서 국제규범 형성과 관련된 진전으로 간주되는 사건이었다. 유엔 차원에서 사이버 안보에 대한 논의를 벌이는 문제는 1998년 러시아가 제안했는데, 미국은 처음부터 러시아의 제안에 동조하지 않았고 이후로도 소극적인 자세로 사이버 안보 관련 국제협력에 대응해왔다. 그러던 것이 2013년 상반기에 발생한 몇 가지 사건이 계기가 되어 미국의 태도 변화가 이루어졌다. 그 결과 2013년 6월 개최된 제3차 회의에서는 전체 참여국들이 사이버 공간에서도 유엔헌장과 같은 기존 국제법이 적용될 수 있다는 점에 합의하고 이러한 규범을 어떻게 적용할 수 있는지에 대해서 지속적으로 연구하기로 합의했다. 기존 국제법이 사이버 공간에 적용되는지 여부에 대한 서방과 비서방 진영 간의 논란 끝에 양 진영 모두가 조금씩 양보하는 모양새를 취하게 되었다.

끝으로, 국내에서 사이버 안보의 문제가 주목받은 또 하나의 계기는 2013년 10월 서울에서 열린 사이버공간총회Conference on Cyberspace에서 마련되었다. 사이버공간총회는 2011년 런던에서 첫 총회가 열렸는데, 2012년의 부다페스트 총회를 거쳐서 2013년에는 한국에서 제3차 총회가 열리게 된 것이었다. 제3차 총회는 유엔 GGE의 권고안을 확장한 "사이버 안보에 관한 서울 프레임워크"를 발표했으며, 역량강화 의제 신설이나 러시아나 중국의 참여 등과 같은 성과를 거두었다. 그러나 사이버공간총회의 좀 더 중요한 의의는 사이버 안보의 직접적인 이해당사국의 정부 대표들이 나서서 사이버 공간이라는 포괄적 의제를 명시적으로 내건 본격적인 논의의 장이 마련되었다는 데 있었다. 또한 사이버공간총회는 정치외교적 합의 도출을 목표로 할 뿐만 아니라 사이버 공간에서의 인권, 경제사회적 이익 등을 포함한 다양한 의제의 균형 잡힌 논의를 지향했다. 한국에서도 인터넷과 사이버 공간의 실무를 담당하는 정부 부처들 이외에 전통적인 외교 전담부처인 외교부가 주도적인 역할을 하며 참여했다.

이러한 계기들을 거치면서 사이버 안보의 문제는 기술공학 분야를 넘어서 21세기 세계정치 연구의 주요 주제로서 부상했다. 특히 국가 행위자가 사이버 공격과 방어의 주요 주체로서 부상했다는 사실이 '사이버 안보의 전회'를 야기한 중요한 계기가 되었다. 사실 초창기의 사이버 테러와 공격은 국가 행위자들이 아니라 체계적으로 조직되지 않은 해커그룹이나 테러리스트들이 벌이는 게임이었다. 이런 점에서 사이버 안보의 연구주제는 비국가 행위자의 역할을 강조하는 시각에서 조명되었다. 공격이라는 면에서 사이버 테러는 비대칭 전쟁을 벌이는 초국적 행위자들의 게임이었으며, 또한 국내외 거버넌스 체계의 마련에서도 민간 전문가들의 역할이 많은 부분을 차지했기 때문이다. 그러나 2013년을 전후하여 종전에는 조연 배우의 역할에 머물렀던 국가 행위자들어 사건의 전면에 나서게 되면서, 사이버 안보는 명실상부하게 국제정치학의 논제가 되었다.

3. 국제정치학의 원용, 그 현황과 과제

국제정치학의 시각을 원용하는 사이버 안보 연구는, 단지 이 분야의 중요성을 강조하는 차원을 넘어서, 사이버 안보를 둘러싼 세계정치 전반의 구조와 동학을 탐구할 이론적 과제를 안고 있다. 그러나 사이버 안보 연구는 아직 현실주의, 자유주의, 구성주의 등으로 대변되는 국제정치이론의 연구관심사 안으로 본격적으로 편입되지 못한 것이 사실이다.[2] 그나마 이론적 시각을 직간접적으로 원용한 연구들도 보면 군사전략론, 국제규범 연구, 안보화 이론 등과 같은 국제정치학의 하위 이론에 근거하고 있다. 이들 연구는 국제정치 전반을 보는 안목을 기반으로 해서 출발했다기보다는 연구자가 몸담고 있는 분야의 구체적 사안에서부터 논제를 도출했기 때문에 사이버 안보의 세계정치를 보는 시각이 포괄적이지 못하고 제한적이다. 현재까지 진행되고 있는 사이버 안보의 국제정치학적 연구는 다음과 같은 세 가지 시각으로 대별된다.

첫째, 군사전략과 국가안보에 주목하는 국제정치학의 시각이다. 국가 행위자가 관여하는 전통 군사안보 전략의 관점에서 사이버 안보 문제를 '제5의 전장'에서 벌어지는 정보전쟁이라는 맥락에서 보려는 시도이다.[3] 국내외 학계 일각에서 제기되는 '사이버 억지'의 개념도 이와 유사한 맥락에 놓여 있다. 사이버 억지의 발상은 사이버 안보의 문제를 이해하고 해법을 모색함에 있어서 핵 안보 연구에서 비롯된 전략론의 시각을 적용하여 사이버 공간에서 발생하는 테러와 공격에 대처하겠다는 것이다. 이러한 주장들은 사이버 공격에 대해서는 그 진원지를 찾아 미사일을 발사해서라도 강력하게 보복하겠다는 2010년대 초 이래의 미국 정부의 입장과도 통한다. 사이버 안보 분야에도 전통 국제정치에서 논하던 세력균형이나 안보 딜레마 등과 유사한 현상이 발생할 것으로 예상할 수도 있다. 핵 억지를 둘러싸고 진행된 이론적 논의들을 사이버 안보 분야에 원용하는 것은 큰 유혹이 아닐 수 없다.

그러나 30여 년 전 핵 시대와 재래전 시대의 상투적인 현실주의 국제정치관을 그대로 21세기 사이버 안보 분야에 투영하려는 시도는 경계해야 한다. 사이버 안보의 문제는 전통 군사전략론의 시각에서 사이버 냉전이나 사이버

---

2 국제정치학의 시각에서 본 초창기 사이버 안보 연구로는 Eriksson and Giacomello(2007), Cavelty(2007), Kramer et al.(2009), Manjikian(2010), Peritz and Sechrist(2010), Klimburg(2011), Choucri(2012), Stevens(2012), Junio(2013), Valeriano and Maness(2015), Christou(2016) 등도 참조하기 바란다. 국내의 국제정치학적 시도로는 이상현(2008), 최인호(2011), 조현석(2012), 장노순·한인택(2013), 김상배(2014a: 제11장, 2014b, 2015a, 2015b, 2015c, 2016a), Kim(2014a), 민병원(2015), 장노순(2016) 등을 들 수 있다.

3 정보전쟁 또는 네트워크 전쟁론의 시각에서 사이버 안보의 문제를 보는 이론적 단초를 제시한 연구로는 Arquilla and Ronfeldt(1996, 2001), Libicki(2009) 등을 들 수 있다.

억지의 비유를 무분별하게 적용해서 대처할 일이 아니기 때문이다. 게다가 이러한 시각은 국가 행위자의 군사안보라는 근대 국제정치의 맥락에서 접근함으로써 사이버 안보가 지니는 탈근대 안보의 면모를 간과할 우려가 높다. 사이버 안보에서도 상대방에 대한 억지가 매우 중요하지만 핵무기를 보유한 국가 간의 대칭적 관계에서 기원한 핵 억지의 개념을 비대칭 전쟁을 핵심으로 하는 사이버 안보에 끌어오기에는 무리가 따른다. 특히 공격이 식별되고 공격자는 발각되며 이에 대한 철저한 보복이 따라야 한다는 핵 억지 전략의 기본 전제를 사이버 안보 분야에 적용하기는 어렵다. 사이버 안보 분야에서는 공격자, 심지어는 공격 행위 자체를 식별하는 것이 쉽지 않기 때문이다(Singer and Shachtman, 2011).

이러한 주장들은, 사이버 공격의 범인을 찾아 보복하거나 책임을 묻겠다는 단호함을 표명하는 데는 효과가 있을지 몰라도, 실제로 발생하는 사이버 위협에 대처하는 적절한 처방이 될 수는 없다. 무엇보다도 사이버 공간에서 발생하는 위협을 객관적으로 측정하고 이에 보복할 수 있다는 선형적linear 사고방식 자체가 논란거리이다. 인과관계를 밝힐 수 없거나, 혹은 밝힐 수 있더라도 매우 복잡한 인과관계에 기반을 두고 있어 공격의 주체와 보복의 대상을 명확히 판별할 수 없는 현상을 단순 마인드로 파악하는 오류를 범할 가능성이 크다. 기본적으로 사이버 안보의 문제는 국가 중심의 군사안보의 개념으로만 접근할 전통안보의 문제가 아니다. 오히려 원자력·에너지 안보, 환경안보·기후변화, 보건안보 등과 같이 복합적인 이슈영역과 국가·경제·사회·개인 등의 다양한 행위자들이 관여하는 초국적인 신흥안보emerging security 이슈의 하나로 이해해야 한다.

둘째, 국제규범과 국제기구를 강조하는 국제정치학의 시각이다. 이는 자유주의적 제도주의나 국제법 논의와 맥이 닿는다. 이와 관련하여 주목할 것은 전통적인 국제법(특히 전쟁법)의 틀을 원용하여 사이버 공간에서 발생하는 해킹과 공격을 이해하려는 움직임이다. 앞서 언급한 탈린매뉴얼이 일례이다. 그 주장의 골자는, 사이버 공격으로 인해 인명 피해가 발생했을 경우 해당 국가나 해커집단을 응징하고 좀 더 적극적으로는 사이버 공격의 배후지를 제공한 국가나 업체에 대해서도 책임을 묻겠다는 발상에서 발견된다. 전통적인 국제기구인 유엔 차원에서 사이버 안보 문제를 다루려는 시도도 최근 빠르게 진행되고 있다. 그 대표적인 사례가 2013년 6월 유엔 GGE에서 합의해서 도출한 최종 권고안이다. 이 권고안에서는 사이버 공간에서도 기존의 국제법이 적용될 수 있다는 점에 합의했다.

그런데 사이버 안보 분야에 뒤늦게 뛰어든 국가 행위자들의 포맷인 '국가 간inter-national'의 틀에 입각해서 이 분야의 국제규범을 만들려는 시도는 한계가 있다. 신흥안보 분야의 사이버 안보 국제규범을 국민국가들의 관계, 즉 '국제'의 틀에서 접근하는 것이 적절한가에 대한 성찰이 필요하다. 다시 말해, 탈脫지정학적이고 초국적으로 작동하는 사이버 안보의 문제를 국민국가들 간의 관계라는 틀로 보는 근대 국제정치 담론 그 자체에 대해서는 조심스러운 접근이 필요하다. 사이버 안보의 이슈는 탈린매뉴얼이나 유엔 GGE같이 전통적인 국제법과 국제기구의 형식에만 의존해서는 해결될 문제가 아니기 때문이다. 그럼에도 최근 나토와 유엔 등을 중심으로 진행되고 있는 전쟁법과 국제법 적용 시도가 한국에 주는 의미에 대해서는 긍정적으로 살펴볼 여지도 있다. 사이버 안보 문제를 다룰 적절한 국제규범이 마련되지 않은 상황에서 북한발 사이버 공격에 시달리고 있는 한국의 입장에서는 기본적으로 나토와 유엔에서 진행되고 있는 시도를 도구적으로 활용할 여지가 있다.

사실 국제규범과 국제기구를 강조하는 시각은 비국가 행위자들의 역할을 적극적으로 파악해온 자유주의 국제정치이론과 맥이 닿는다(Nye, 2010). 기본적으로 사이버 테러와 공격은 국가 행위자들이 아니라 체계적으로 조직되지 않은 네트워크 형태의 행위자들이 벌이는 게임이다. 다시 말해, 사이버 안보 분야는 해커들과 테러리스트와 같은 비국가 행위자들의 주무대이며, 최근 모색되고 있는 사이버 안보 분야 글로벌 거버넌스의 논의도 비국가 행위자들이 적극적으로 참여하여 해법의 마련에 기여할 가능성이 높다. 그러나 이러한 시각은 사이버 공격 자체나 사이버 위협의 해소 문제에 적극적으로 개입하기 시작한 국가의 영향력을 과소평가할 우려가 있다(Rattray and Healey, 2011). 특히 최근 진행되고 있는 사이버 안보 국제규범의 형성은 민간 행위자들의 주도권이 발휘되었던 글로벌 인터넷 거버넌스의 틀보다는 유엔과 같은 전통 국제기구의 틀에 좀 더 의존하는 모습을 보이고 있다.

끝으로, 관념의 구성적 역할을 강조하는 구성주의 국제정치이론의 시각이다. 사이버 안보에서 관념 변수를 강조하는 것과 관련해서는 우선 사이버 심리전에 대한 논의에 주목할 필요가 있다. 사이버 심리전은 "인터넷을 통해 특정 인물 또는 집단의 견해, 감정, 태도 및 행동을 자신의 의지대로 유도하기 위하여 실시하는 선전, 선동, 모략 및 유언비어 유포 등과 관련된 활동"을 의미한다(손영동, 2013: 185). 대상은 개인, 기업, 단체, 국가, 심지어 비정부기구를 가리지 않는다. 사이버 공간에서의 심리적 공격에 상대국의 사회 불만세력이 합세한다면 그 파장은 예측하기조차 어렵다. 2014년 12월 발생해서 국내 사회에 파장을 일으켰던 한수원 해킹 사건은 시스템에 미친 실제 피해보다 원자력 시설을 대상으로 감행된 사이버 공격이라는 점에서 사이버 심리전의 성격이 강했던 것으로 평가된다. 이 밖에도 사이버 공격의 기본적 성격이 버추얼virtual하다는 점 때문에 사이버 심리전의 요소는 항상 주요 변수가 된다.

한편, 구성주의 국제정치이론 진영 일반은 여전히 사이버 안보 문제에 대해서 이렇다 할 연구 성과를 내놓지 못하고 있다. 그럼에도 구성주의 시각이 갖는 유용성은 사이버 공격의 현실과는 별도로 진행되고 있는 사이버 안보의 개념과 그 상징적 차원을 보여줄 수 있다는 데 있다. 코펜하겐 학파로 알려진 국제안보 연구자들이 제시한 안보화securitization 이론이 일례이다(Buzan et al., 1998; Wæver et al., 1993; Wæver, 1995). 안보화 이론에 의하면, 안보는 객관적으로 존재하기보다는 안보 행위자에 의해서 현존하는 위협의 대상, 즉 안전이 보장되어야 할 안보의 대상이 무엇인지를 정치적으로 쟁점화하는 과정에서 구성된다. 이러한 시각에서 보면 사이버 안보는 전형적인 안보화의 사례이다. 사이버 안보의 문제는 실제로 큰 재앙의 형태로 발생한 실재real하는 위협이거나, 또는 검증 가능한 형태의 사건이라기보다는 아직까지는 전문가들이나 정치가들이 구성한 현실 속에서 버추얼virtual하게 존재하는 위협이기 때문이다 (Rid, 2013).

이러한 안보화에 대한 논의는 항시 '과잉 안보화hyper-securitization'의 위험성을 안고 있다(Hansen and Nissenbaum, 2009). 특히 기존의 논의들은 '국가 간' 프레임을 과도하게 강조할 '과잉-현실주의화hyper-realism'의 위험을 안고 있다. 근대 국제정치학의 주류를 이루는 현실주의 국제정치이론의 담론은 주요 행위자로서 국민국가를 설정하고 이들이 벌이는 권력정치의 과정에서 생성되는 제로섬 게임의 양상에 주목한다. 지구화, 정보화, 민주화로 대변되는 변화를 겪고 있는 오늘날에도 이렇게 현실주의 담론이 상정하고 있는 현실은 엄연히 존재한다. 그러나 오늘날 세계정치의 변화는 단지 그러한 제로섬 게임의 양상으로만 파악할 수 없는 복합적인 모습으로 전개되고 있다. 따라서 이렇게 '국가 간' 프레임에 입각한 현실주의 담론에 지나치게 집착해서 세상을 볼 경우, 자칫 담론이 현실을 왜곡하는 현상이 야기될 가능성마저도 있다.

4. 새로운 이론적 분석틀의 모색

이상에서 살펴본 바와 같이, 기존의 국제정치이론적 시각들은 사이버 안보 분야의 복합성을 제대로 설명하지 못하고 있다. 기존의 이론적 시각은 사이버 위협의 성격을 제대로 파악하지 못할 뿐만 아니라 새로운 안보위협이 국제정치의 영역과 만나는 접점이나 그 동학에 대한 분석적 안목도 결여하고 있다. 기본적으로 기존의 시각에서 나타나는 가장 우려스러운 부분은, '탈근대적 현실'을 배경으로 부상하는 사이버 안보의 위협을 이해하려 할 때 전통안보의 문제를 다루었던 경험에서 도출된 '근대적 인식론'을 원용하려는 오류에서 발견된다. 따라서 새로운 안보 패러다임의 부상이라는 맥락에서 사이버 안보의 독특한 성격을 이해하고, 이를 둘러싸고 벌어지는 갈등과 협력의 복합적 면모를 분석하는 새로운 이론적 분석틀의 개발이 필요하다. 이러한 맥락에서 이 책은 다음과 같은 세 가지 이론적 논의를 새로이 제시했다.

첫째, 새로운 안보 패러다임으로서 사이버 안보의 부상을 이해하기 위해서 '신흥안보新興安保, emerging security'의 시각을 제시했다. 사이버 안보는 단순계의 논리에 입각해서 발생하는 전통안보의 경우와는 달리, 복잡계의 환경에서 발생하는 신흥안보의 대표적 사례이다. 이 책에서 원용하는 신흥안보라는 말은 단순히 '새로운 안보'라는 의미만은 아니다. '신흥新興'은 복잡계 이론에서 말하는 'emergence'의 번역어이다. 신흥안보란 미시적 차원에서는 단순히 개인이나 작은 집단 차원의 안전安全, safety의 문제였는데, 그 이슈 자체의 양이 크게 늘어나거나 또는 다른 이슈들과 연계되면서 조직 차원의 보안保安, security 문제가 되고, 국가적 차원의 안보安保, security 문제로 창발創發, emergence하는 현상을 의미한다. 이렇게 창발하는 신흥안보 이슈가 전통안보 이슈와 연계되는 경우, 이는 명실상부한 국가안보의 문제가 된다. 여기에 이르면 국가 행위자가 개입할 근거가 발생하게 되고 문제의 해결을 위한 국제협력의 메커니즘이 가동되기도 한다.

사이버 안보는 이러한 신흥안보의 대표적인 사례이다. 예를 들어, 우리의 컴퓨터 한두 대에서 발견된 악성코드는 그냥 무시될 수도 있겠지만, 전 국민의 컴퓨터가 바이러스에 감염되거나 더 나아가 국가 기반시설을 통제하는 컴퓨터 시스템이 해킹을 당한다면 이는 국가적 차원에서 그냥 지나칠 수 없는 중대한 위험이 되는 이치이다. 해킹 공격이 원자력 발전소의 컴퓨터 시스템에 대해서 감행될 경우 그 위험은 더욱 커지며, 이러한 해킹이 정치적 목적과 결부된 테러의 수단이 될 경우 그 위험성은 더욱 증폭된다. 해커들의 장난거리였던 해킹이 최근 국가 간 사이버 전쟁으로 전화될 가능성마저도 있다. 이러한 시각에서 보면, 사이버 안보의 문제를 개인안전이냐, 시스템 보안이냐, 국가안보냐 등으로 엄밀하게 구별하려는 시도 자체는 큰 의미가 없다. 대다수 사이버 안보위협은 처음에는 인터넷상의 해커나 범죄자의 단속, 기업의 일상적인 정보보안, 이용자 개인의 보안 문제였을지라도 언제라도 그 규모와 목적이 커져 총체적 국가안보와 연계될 가능성이 있는 문제들이기 때문이다.

이러한 논의의 연속선상에서 좀 더 고민해야 할 과제는 이렇게 창발하는 신흥안보의 위험이 특정 지역의 전통안보와 관련된 지정학적인 메커니즘과 구체적으로 어떻게 연동하면서 실제적인 분쟁으로 비화되는지를 밝히는 문제일 것이다. 특히 유의할 점은 이 신흥안보의 이슈들이 지정학과 만나는 접점이, 전통적으로 현실주의 국제정치이론이 상정하는 것과 같은 고전지정학의 영역에만 관련된 것은 아니라는 사실이다. 다시 말해, 신흥안보 이슈들이 모두 획일적인 방식으로 지정학적 임계점을 넘는 것은 아니고, 각기 지니고 있는 속성에 따라 다양한 유형의 지정학 현상과 복합적인 접점을 형성한다. 이러한 관점에서 보면, 오늘날 동북아와 한반도의 지역적 특성을 반영한 지정학의 시각도 변화하는 세계정치의 상황에 부합하는 방향으로 새로워질 필요가 있다.

둘째, 이러한 맥락에서 이 책은 신흥안보의 문제가 전통적인 국제정치 영역과 만나는 접점을 좀 더 면밀하게 살펴보기 위한 이론적 분석틀로서 복합지정학complex geopolitics을 제시했다. 사이버 안보 분야는, 영토성을 기반으로 하여 국가가 독점해온 안보유지 능력의 토대가 잠식되는 현상을 보여주는 사례이다. 특히 사이버 공간의 부상은 테러 네트워크나 범죄자 집단들에 의해 도발될 비대칭 전쟁의 효과성을 크게 높여놓았다. 결과적으로 사이버 공간에서 등장한 새로운 위협은 국가에 의해 독점되어온 군사력의 개념뿐만 아니라 군사전략과 안보의 개념 자체도 그 기저에서부터 뒤흔들어 놓고 있다. 이러한 변화에 직면하여 기존의 지정학과 국가안보 중심의 국제정치학 시각은 시원스러운 해답을 제시하지 못하고 있다. 이 책은 기존의 고전지정학과 탈지정학, 비판지정학, 비지정학 등을 모두 고려하는 복합지정학의 시각에서 사이버 안보의 세계정치를 이해하고 이에 대응하는 국가전략의 방향을 제시했다.

최근 강대국들이 관여하면서 '고전지정학' 양상을 보이고 있는 사이버 안보 게임의 이면에는, 인터넷과 컴퓨터 바이러스, 악성코드 등과 같은 기술 변수와 해커나 테러리스트 등과 같은 비국가 행위자들이 벌이는 '탈지정학'의 게임이 자리 잡고 있다. 현재 미국, 중국, 러시아 등 강대국들 간에는 사이버 위협의 성격이 무엇이고 안보의 대상과 주체가 무엇인지를 놓고 벌이는 안보화의 '비판지정학' 경쟁이 진행되고 있다. 또한 사이버 공격은 어느 한 국가가 나서서 대응책을 마련한다고 막을 수 있는 문제가 아니다. 기본적으로 국민국가의 국경을 초월하여 발생하는 문제이니만큼 이해 당사국들의 긴밀한 국제협력을 통해서 그 해법을 모색하는 '비지정학'의 접근이 필요하다. 최근 국내에서 모색되고 있는 사이버 안보의 국가전략도 이러한 복합지정학적 접근을 취해야할 것이다.

더 나아가 오늘날 신흥안보의 부상은 안보담론의 변화뿐만 아니라 안보게임에 관여하는 행위자의 성격과 이들이 벌이는 안보게임의 권력정치적 양상까지도 변화시키고 있다. 이러한 점에서 신흥안보의 부상은 단순히 안보 영역의 문제만이 아니라 21세기 세계정치 전반의 변환과 밀접하게 연관되어 있는 현상이다. 신흥안보의 부상은 단순히 전통안보를 대체하는 새로운 안보현상의 등장이라는 차원을 넘어서 전통안보와 비전통안보를 모두 아우르는 의미로 이해하는 새로운 안보 패러다임의 부상이라고 할 수 있다. 우리 주위에서 발생하는 사이버 안보위협들은 이러한 복합지정학의 특성을 지닌 신흥안보 문제의 대표적인 사례이다. 이 책은 복합지정학적 성격을 갖는 신흥안보 이슈들이 구체적으로 21세기 세계정치의 과정과 어떠한 방식으로 만나는지를 살펴보기 위해서 네트워크 이론의 시각을 도입했다.

끝으로, 이 책은 네트워크 이론을 국제정치이론의 논의에 원용한 '네트워크 세계정치이론'의 시각을 제시했다. 초국적으로 발생하는 사이버 안보 문제를 해결하기 위해서는 '국가 행위자들 간의 정치'를 의미하는 '국제정치'의 발상을 넘어설 필요가 있다. 사이버 안보는 전통적인 국가 행위자들이 벌이는 '국제정치國際政治, inter-national politics'가 아니라, 복합적인 성격의 행위자들이 벌이는 다층적인 '망제정치網際政治, inter-network politics'의 시각에서 보아야 하는 문제이다. 예를 들어, 사이버 안보 문제는 버추얼 창을 들고 공격하는 비국가 행위자들의 초국적 네트워크와 이를 막으려고 그물망 방패를 구축한 국가 행위자들의 정부 간 네트워크 사이에서 벌어지는 망제정치의 양상을 보이고 있다. 심지어 그것은 '네트워크들의 네트워크'라는 별명을 가진 인터넷을 배경으로 작동하는, 컴퓨터 바이러스와 악성코드 등과 같은 비인간non-human 행위자와 해커, 기업, 국가 등과 같은 인간 행위자들 간에 벌어지는 망제정치이기도 하다.

최근에 사이버 안보에서 두드러지게 나타나는 현상은 비국가 행위자들이 시도하는 사이버 공격의 이면에 국가 행위자들이 깊숙이 관여하고 있다는 사실이다. 그러나 예전처럼 국가 행위자와 같은 어느 한 주체가 나서서 통제하고 자원을 동원하는 위계조직의 해법에 기댈 수는 없다. 오히려 국가 이외에도 지방자치단체, 기업과 개인 등의 이해당사자들이 각기 책임지고 자신의 시스템을 보호하는, 분산적이지만 자율적인 거버넌스 모델이 효과적일 수 있다. 게다가 주변국이나 해외국의 정부 및 국제기구·단체 등과 적극적인 협력관계를 구축할 필요가 발생하고 있다. 복합 네트워크의 메커니즘을 빌려 발생하는 사이버 테러와 공격은 단순히 일국 차원의 대응책 마련과 법제도의 정비 등으로 해결될 문제가 아니기 때문이다. 최근에는 초국적 위협으로 제기된 사이버 테러와 공격의 문제에 대해서 국제협력이나 국가 간 협약과 같은 메커니즘으로 해결하려는 움직임도 적극 모색되고 있다.

결국 중요한 것은 이 다양한 행위자들을 어떻게 엮어서 실제로 작동할 수 있는 메커니즘을 만드느냐의 문제이다. 궁극적으로 이러한 역할을 담당하는 것은 공익성의 담지자로서 국가 행위자일 수밖에 없다. 다만 종전과 같은 위계모델로서의 근대 국민국가가 아니라 새로운 형태와 새로운 역할을 모색하는 국가모델을 찾아야 한다. 이 책에서는 이러한 새로운 국가모델로서 네트워크 국가network state의 개념을 제시했다. 이들 네트워크 국가가 벌이는 게임은 단순한 자원권력의 게임이 아니라 누가 더 많은 세勢를 확보하느냐를 놓고 벌이는 '네트워크 권력network power' 게임이다. 이 책이 표준경쟁의 시각에서 사이버 안보 경쟁을 본 것은 바로 이러한 이유 때문이다. 더 나아가 이러한 과정에서 출현하는 미래 세계질서의 모습을 예견하면, 기성의 다양한 국가 간 질서 위에 정부 간 네트워크 및 글로벌 거버넌스 질서가 겹쳐지는 복합적인 모습이 될 가능성이 크다.

5. 사이버 한국의 디지털 모순

디지털 시대 버추얼 창과 그물망 방패가 승부를 겨루는 사이버 안보의 세계정치 분야에 한국은 어떻게 대응하고 있는가? 다시 말해, 여전히 아날로그 시대의 창과 방패의 대결을 연상케 하는 북한의 핵개발과 미사일 발사 등의 게임이 벌어지는 상황에서 한국은 새로이 부상하는 디지털 모순의 세계정치에 어떻게 대응하고 있는가? 사실 한반도에서는 여전히 근대적 긴장이 팽배한 가운데 이와 병행하여 북한발 사이버 공격은 늘어가고 있어, 그야말로 아날로그 시대와 디지털 시대의 갈등이 복합적으로 나타나는 양상을 보이고 있다. 이러한 한반도의 구조적 환경의 특성과 더불어 한국이 안고 있는 국내정치적 특성은 이러한 갈등의 복합성을 배가시키고 있다. 여기에 사이버 안보의 문제 자체가 안고 있는 모순적 성격까지 더하면 한국이 제대로 된 대응전략을 마련한다는 것은 여간 어려운 과제가 아니다. 21세기 사이버 한국이 떠안고 있는 과제는 다음의 세 가지로 요약해볼 수 있다.

첫째, 한국은 인터넷 강국이라 하지만 사이버 보안은 세계적으로 취약한 나라이다. 한국은 정보화 분야에서 괄목할 만한 성과를 이루어냈다. 스마트폰이나 고선명TV를 어느 나라보다도 많이 만들어 팔고, 인터넷과 휴대폰 사용이

편리하고, 1인당 인터넷 이용시간도 세계적 수준을 유지하며, 온라인 게임도 잘 만들어 디지털 한류라는 말도 무색하지 않은 상황이다. 이 밖에도 한국은 반도체, 워드프로세서, 인터넷 검색엔진, SNSsocial network service와 인터넷 커뮤니티 등의 분야에서도 우수한 성과를 거두었다. 이러한 맥락에서 IT 강국, 스마트폰 강국, 인터넷 강국, 사이버 강국, 매력 한국, 온라인 게임 강국 등으로 불리기도 한다. 물론 이러한 IT한국의 성과가 단순한 수사적 포장을 넘어서 얼마나 의미가 있는지에 대해서는 엄밀하게 따져보아야 할 것이다. 그럼에도 지난 수십 년간 상대적으로 IT분야는 다른 어느 분야보다도 좋은 성과를 거둔 것이 사실이며, 무엇보다도 IT분야가 지난 수십 년 동안 한국을 먹여 살려온 성장 동력이었던 것은 사실이다.

이러한 양적 성과에도 불구하고 사이버 안보 분야의 취약성은 매우 높은 것으로 나타나고 있다. 다국적 컨설팅 업체인 딜로이트Deloitte가 2016년 2월 발표한 「아태지역 국가보안 전망 보고서」에 의하면, 아태지역 18개국 중에서 한국은 사이버 공격에 가장 취약한 나라로 드러났다. 2014년 조사 기준으로 발표된 이 보고서에 따르면, 한국의 사이버 리스크 점수는 척도 기준점수인 1000점 중에 884점을 기록하여 아태지역 18개 국가 가운데 사이버 공격에 가장 취약한 것으로 나타났다. 이는 지난 2008년 평가 당시보다 약 2.7배 증가한 점수로, 한국이 초고속인터넷 등 정보통신 기반 구축 정도에 비해 보안 측면의 대응 능력 및 관련 인프라 수준은 상대적으로 하위권에 머물고 있음을 보여준다. 한국의 뒤를 이어 사이버 공격 가능성이 높은 국가는 호주(582점), 뉴질랜드(526점), 일본(421점), 싱가포르(399점) 순으로 상위 5개 국가들은 주변국들보다 사이버 공격 침해 가능성이 9배 이상 높다고 보고서는 밝혔다. 상위 5개 국가 모두 아태지역 평균점수 201점 및 세계 평균 195점을 훨씬 웃도는 수준이었다(딜로이트, 2016).

둘째, 한국은 사이버 위협으로부터의 취약도가 세계적으로 높은 데 반해 이에 대응하는 사이버 안보 분야의 법제도는 제대로 마련하지 못하고 있는 나라이다. 최근 세계 각국은 기술적인 차원에서 방화벽을 구축하고 재난관리 시스템을 마련하기 위한 법제도 방안의 강화에 한창 열을 올리고 있으며, 최근에는 더욱 공세적인 방향으로 치닫고 있다. 그런데 정작 한국은 세계에서 유례없이 사이버 위협에 적나라하게 노출되어 있음에도 국내정치에 발목이 잡혀서 관련 법제도를 마련하지 못하고 있다. 법제정의 필요성에는 대체로 동의하면서도, 그 법을 통해서 권한이 강화될 국정원에 대한 신뢰가 부족하다는 것이 문제이다. 이는 현대 한국 정치사에서 고질적인 정치불신의 문제와 밀접하게 연결되어 있다. 이러한 상황에서 '버추얼 위협'의 주체를 외부로부터의 사이버 공격이 아닌, 오히려 국내 권력기관의 빅브러더화에서 찾는 현상이 발생하고 있다.

현재 한국의 사이버 안보 관련 법제는 2005년 대통령 훈령으로 만든 「국가사이버안전관리규정」이 있고, 「전자정부법」, 「정보통신기반보호법」, 「정보통신망법」 등에 사이버 안전 관련 규정이 산재해 있지만, 이는 일상적인 정보보호에 중점을 둔 것이어서 전문적인 해커들의 치명적인 공격에 대응하기에는 역부족이라는 평가를 받고 있다. 이러한 상황에서는 사이버 위기 발생 시 체계적이고 효율적인 대응이 곤란하며 임무수행을 위한 법적 근거가 미흡해 애로가 있었다는 현장의 지적이 제기되고 있다. 법제정의 필요성에 동조하여 지난 10여 년 동안 의원 발의로 여러 가지 형태의 사이버 안보 관련 법안들이 제출되었지만 프라이버시 침해를 우려한 야당과 시민사회의 반대로 처리되지 못했는데, 2017년 1월에는 정부가 발의한 「국가사이버안보법」이 계류되어 있는 상태이다.

끝으로, 한국은 중견국으로서 국력을 쌓았지만 사이버 안보의 중견국 외교를 펼치기에는 구조적인 제약을 안고 있다. 최근 미국과 중국, 기타 주변국들이 벌이는 사이버 갈등의 틈바구니에서 사이버 안보 분야의 효과적인 국제협력을 모색하기에는 현재 한국이 처한 상황은 일종의 딜레마라고 할 수 있다. 특히 전통적인 우방이자 사이버 선진국인 미국과의 협력이 중요할 수밖에 없는데, 이를 풀어나가는 데 있어 중국이라는 변수를 고려하지 않을 수 없다. 무엇보다도 오프라인 국제정치에서와 마찬가지로 사이버 안보 분야에서도 한미동맹과 한중협력을 긴장과 갈등 없이 효과적으로 조율하는 것이 가장 큰 과제이다. 이 외에도 한미 사이버 안보 협력의 진전에 병행하여 일본과의 사이버 안보 협력을 추진하고, 더 나아가 한중관계나 남북관계의 맥락에서 러시아 변수를 활용할 과제를 안고 있다.

글로벌 외교무대에서도 한국의 전반적인 외교적 역량은 증대했지만, 미국과 서구 국가들로 대변되는 서방 진영과 러시아와 중국 등으로 대변되는 비서방 진영의 사이에서 중견국 외교의 목소리를 내기란 쉽지 않다. 최근 사이버 안보 분야의 국제규범을 모색하는 과정에서 한국은 인터넷 강국으로서 중견국의 리더십을 발휘해야 하는 외교적 과제를 안고 있다. 특히 사이버 안보 문제 이외에도 인터넷 거버넌스, 주요 기반시설 보호, 개인정보 보호 등과 같은 분야의 다양한 이슈들에 대한 논의 동향을 분석하고, 이들 분야에서 모색되는 국제규범 형성과정에 적극적으로 참여하여 한국의 국가이익을 추구할 필요가 있다. 또한 선진국 그룹과 개도국 그룹 사이에서 중견국으로서 외교적 리더십을 발휘하는 것도 중요한 문제이다. 이러한 과정에서 발생할 가능성이 있는 중견국 외교의 딜레마를 풀어가기 위해서는 해당 분야에서 형성되는 구조적 조건을 정확히 이해하고 한국의 위상을 적절히 설정하는 전략이 절실히 필요하다.

요컨대 오늘날 한국의 현실을 보면, ICT산업과 인터넷 보급의 양적 성장에 비해서 사이버 보안에 대한 관심과 투자가 매우 부족했다. 사이버 안보 분야의 컨트롤타워 설치와 사이버 안보 관련법의 제정을 둘러싸고도 정치권뿐만 아니라 시민사회와 국민들 사이에서 이견들이 난무했다. 게다가 동북아 차원에서 진행되는 미중 사이버 갈등이나 글로벌 차원에서 형성되는 서방 진영과 비서방 진영의 대립구도에서 중견국으로서 외교적 목소리를 내기도 쉽지 않다. 이렇게 사이버 한국이 당면하고 있는 디지털 모순을 타개하기 위해서는 무엇보다도 사이버 안보 전략의 대내외적 정책지향성을 제대로 설정하고, 한국의 현실에 맞는 전략을 개발하기 위한 정치사회적 합의를 도출하는 것이 우선이다. 그야말로 새로운 안보 패러다임의 도래에 직면하여 새로운 미래 국가 전략을 모색하는 마인드가 필요하다.

6. 이 책의 구성

이 책은 크게 세 부분으로 구성되었다. 제1부는 사이버 안보의 세계정치를 이해하기 위해서 원용한 분석틀을 다루었는데, 기존의 안보이론이나 국제정치학의 시각들을 넘어서는 새로운 개념적 자원과 이론적 시각들을 소개했다. 제2부는 최근 벌어지고 있는 사이버 공격과 방어의 전체적인 구도와 동학을 보여주기 위한 개괄적인 논의를 펼쳤는데, 버추얼 창의 공격과 그물망 방패의 구축으로 비유한 이 책의 논제를 경험적 시각에서 살펴보았다. 제3부는 사이버 안보 분야에서 벌어지는 경쟁과 협력의 세계정치를 네트워크 세계정치이론의 여러 개념들을 원용하여 살펴보았는데, 동북아 차원에서 관찰되는 미·중·일·러 등 주변 4국이 구성하는 세력망의 동향과 글로벌 차원에서 진행되는 국제규범 형성과정을 분석했다.

제1부 「사이버 안보의 이론적 분석틀」은 이 책에서 원용한 이론적 논의들을 세 가지 차원에서 제시하고 소개했다. 제1장 "신흥안보로 보는 사이버 안보"는 새로운 안보 패러다임에 대한 코펜하겐 학파의 문제제기를 넘어서는 새로운 시도로서 신흥안보의 개념을 제시했으며, 신흥안보의 대표적인 사례로서 사이버 안보의 특성을 살펴보았다. 제2장 "복합지정학으로 보는 사이버 안보"는 기존의 고전지정학과 비판지정학, 비지정학 및 탈지정학을 담아내는 틀로서 복합지정학을 원용하여 사이버 안보를 보는 새로운 시각을 제시했다. 제3장 "네트워크로 보는 사이버 안보"는 복잡계와 네트워크 이론의 성과를 원용

하여 사이버 안보의 세계정치에서 드러나는 행위자와 권력 및 글로벌 질서의 3중 변환을 분석하는 이론적 자원을 마련했다.

제2부 「사이버 공격과 방어의 복합지정학」은 이 책이 제시한 버추얼 창의 공격과 그물망 방패의 구축이라는 비유가 실제로 드러나는 사이버 안보의 현실을 개괄했다. 제4장 "버추얼 창 공격의 복합지정학"은 국가 행위자들이 나서서 사이버 안보의 문제가 국제정치학의 논제로 부상한 사례들을 러시아, 미국, 이란, 중국 등의 경우에 비추어 살펴보았다. 제5장 "그물망 방패 구축의 복합지정학"은 미국, 일본, 중국, 러시아, 영국, 독일, 프랑스 등의 세계 주요국의 사이버 안보 전략을 비교 국가전략론의 시각에서 살펴보았다. 제6장 "북한의 버추얼 창, 한국의 그물망 방패"는 북한발 사이버 공격의 내용과 그 기반이 되는 인식과 전략 및 제도를 살펴보았으며, 이에 대응하는 한국의 사이버 안보 전략과 제도 및 담론에 대해서 살펴보았다.

제3부 「사이버 경쟁과 협력의 망제정치」는 현재 사이버 안보 분야에서 진행되고 있는 세계정치의 구조와 동학을 동북아와 글로벌 차원에서 살펴보았다. 제7장 "사이버 안보의 미중 표준경쟁"은 21세기 패권경쟁의 양상으로 전개되고 있는 미중 두 강대국의 경쟁과 협력을 담론과 이익 및 제도의 3차원 표준경쟁이라는 시각에서 분석했다. 제8장 "사이버 안보의 주변4망網과 한국"은 네트워크 이론의 시각에서 본 동북아 사이버 안보의 국제정치와 그 안에서 한국이 추구할 전략의 방향을 짚어보았다. 제9장 "사이버 안보 국제규범의 세계정치"는 글로벌 차원에서 모색되고 있는 사이버 안보 국제규범을 국가 간, 정부 간, 거버넌스의 세 가지 프레임 경쟁이라는 시각에서 파악했다. 제10장 "사이버 안보의 중견국 외교전략"은 중견국 외교의 추구라는 시각에서 한국이 당면하고 있는 사이버 안보외교의 과제와 문제점들을 검토했다.

끝으로, 맺음말인 "사이버 안보의 미래 국가전략"에서는 이 책의 주장을 간략히 종합·요약하고, 이 책의 논의가 던지는 이론적 함의와 함께 향후 사이버 안보 분야에서 한국이 추구할 실천적 과제들을 살펴보았다. 종합컨대, 이 책의 논의는 기존의 사이버 안보 연구에 대해서 국제정치학적 시각을 가미하기 위한 문제제기이며, 기존 국제정치의 시각을 넘어서기 위한 네트워크 세계정치이론 연구의 사례연구인 동시에, 사이버 공간의 미래 국가전략을 제언하는 실천전략 연구로서의 3중적 의미를 가진다.

* * *

이 책은 필자의 네 번째 저서이다. 『정보화시대의 표준경쟁: 윈텔리즘과 일본의 컴퓨터 산업』(2007)으로 시작하여, 『정보혁명과 권력변환: 네트워크 정치학의 시각』(2010)과 『아라크네의 국제정치학: 네트워크 세계정치이론의 도전』(2014)을 거치면서 이른바 '정보혁명과 네트워크 세계정치' 연구를 이어왔다. 사실 이 책에서 던진 사이버 안보라는 주제는 이전의 작업들에서 모색해온 이론적 문제의식과 경험적 사례연구를 하나의 초점으로 모은 결과물이다. 특히 『아라크네의 국제정치학』의 제3부에서 제시한 다섯 가지 사례연구, 즉 3차원 표준경쟁, 디지털 공공외교, 사이버 안보, 정보문화산업, 글로벌 지식질서 등에 대한 연구 중의 하나를 발전시켜 단행본 규모의 연구로 내놓게 되었다. 그중에서도 사이버 안보를 다섯 가지 사례 중에서 제일 먼저 다루게 된 이유는, 사이버 안보가 지난 10여 년 동안 필자가 제시해온 '네트워크 세계정치이론'의 주장을 가장 극명하게 보여주는 사례였기 때문이다.

이 책의 작업이 진행되는 동안, 한국연구재단의 한국사회기반연구사업Social Science Korea(일명 SSK)의 지원을 받아 2016년 9월에 시작된 대형연구센터 프로젝트 "신흥권력의 부상과 중견국 미래전략"으로부터 큰 도움을 받았다. 사실 이 책의 문제의식과 기초설계가 잉태된 시점을 되짚어 보면, 2013~2015년에 진행된 SSK 중형사업단 프로젝트인 "네트워크 국가의 세계정치"뿐만 아니라 2010~2012년에 진행된 SSK 소형연구팀 프로젝트인 "동아시아 네트워크 세계정치"까지 거슬러 올라간다. 특히 연구책임자로서 이들 프로젝트를 관리하고 연구한 경험은 동아시아와 한국의 시각에서 진행해온 세계정치의 변환에 대한 이론적·경험적 작업의 성과를 이 책의 논의로 응축하는 계기가 되었다. 이러한 과정에서 이루어진 다양한 연구 활동의 성과들은 세 개의 웹사이트, 즉 '서울대학교 국제문제연구소'(http://snuiis.re.kr)와 '네트워크 세계정치'(http://net-workpolitics.ne.kr), 그리고 '정보혁명과 네트워크 세계정치'(http://www.sang-kim.net)에 담겨 있다.

이 책의 내용은 다양한 경로를 통해서 이루어진 공부모임으로부터 자양분을 얻었다. 2000년대 초반부터 정보세계정치연구회(일명 정세연), 기술사회연구회(일명 기사연), 중견국외교연구회(일명 중외연), 미래전략네트워크(일명 미전네), 사이버 안보의 세계정치 공부모임(일명 사세공) 등의 이름으로 진행된 공부모임의 독회와 토론은 이 책에 담긴 주장들의 기반이 되었다. 이들 모임 중에서 가장 큰 밑거름이 된 것은 2016년 1학기부터 진행된 사세공이었다. 사세공은 두 개의 트랙으로 진행되었는데, 기성학자들의 세미나로 진행된 '사세공 1.0'은 기본 논제들을 다룬 교과서를 목표로 2017년 5월에 『사이버 안보의 국가전략: 국제정치학의 시각』을 펴냈다. '사세공2.0'은 서울대학교와 이화여자대학교의 대학원생들과 함께 진행한 통합세미나를 통해서 응용주제들을 제시한 연구서 『사이버 안보의 국제정치학적 지평: 전략과 외교 및 규범』으로 결실을 보았다. 이러한 공부모임의 일환으로 추진했던, 2017년 5월 말과 6월 초 에스토니아 탈린에서 개최된 사이콘CyCon(International Conference on Cyber Conflict)으로의 여정은 이 책에 담긴 학적 담론을 현장의 시각에서 다각도로 투영해보는 뜻깊은 계기가 되었다. 이러한 탐구는 2017~2018년에도 서울대학교 국제문제연구소에서 주최하는 "사이버 안보 포럼"이라는 이름으로 그 명맥을 이어나가고 있다.

이 책이 나오기까지 많은 분들의 도움을 얻었다. 무엇보다도 정세연과 기사연, 중외연, 미전네, 사세공, 사이버 안보 포럼 참여자들께 감사드린다. 10여년 이상 진행한 이들 공부모임에 상당히 많은 분들이 참여했기 때문에 일일이

거명하기는 어렵지만 감사의 마음만은 모든 분들께 전하고 싶다. 그중에서도 특히 세 라운드에 걸쳐서 진행된 사세공 세미나 시리즈와 학술회의에 참여해 주신 분들을 잊을 수 없다. 이분들을 가나다순으로 적어보면 다음과 같다. 강정민(한미연합사), 강하연(KISDI), 권헌영(고려대), 김강윤(국방보안연구소), 김경곤(고려대), 김규동(국보연), 김도승(목포대), 김소정(국보연), 김승주(고려대), 김웅희(인하대), 김태환(국립외교원), 도종윤(제주평화연구원), 류동주(비트레스), 민병원(이화여대), 박노형(고려대), 박민형(국방대), 박순태(외교부), 박윤정(한국뉴욕주립대), 배영자(건국대), 손열(연세대), 손영동(한양대), 손태종(국방연구원), 서정현(외교부), 신맹호(외교부), 신범식(서울대), 신성호(서울대), 신욱희(서울대), 신인섭(청와대), 신희주(국방보안연구소), 양정윤(국보연), 유석진(서강대), 유인태(전북대), 유준구(국립외교원), 유지연(상명대), 윤재석(KISA), 이민자(서울디지털대), 이상현(세종연구소), 이승주(중앙대), 이왕휘(아주대), 이영음(방통대), 이원태(KISDI), 이정석(합참), 임재명(KISA), 임종인(고려대), 장노순(한라대), 장윤식(한림대), 전재성(서울대), 전혜원(국립외교원), 정명현(고려대), 정종필(경희대), 정태진(평택대), 조진현(KISA), 조현석(서울과기대), 조화순(연세대), 차정미(연세대), 채재병(국가안보전략연구원), 최상명(하우리), 최은창(Free Internet Project), 한인택(제주평화연구원), 한희(서울미디어대학원대학교), 황지환(서울시립대).

이 중에서도 특별히 항상 동지애 어린 조언을 아끼지 않으며 곁을 지켜준 이승주 교수께 감사의 마음을 전한다. 이 책의 연구가 마무리되는 동안 도움을 준 서울대학교 정치외교학부 외교학 전공 대학원생들에 대한 감사도 잊을 수 없다. 특히 이종진, 조문규, 박주연, 최은실, 김유정, 유신우 등의 노고에 대한 감사를 빼놓을 수 없다. 이 책의 원고 교정 작업을 도와준 주연정, 최용호에게도 고마움을 전한다. 성심껏 이 책의 출판을 맡아주신 한울엠플러스(주) 관계자들께도 감사의 말씀을 드린다. 가족들의 성원과 격려가 없었다면 이 책의 작업을 끝맺기 어려웠을 것이다. 특히 이 책을 출판하는 기쁨을, 2016~2017년의 연구년 기간 동안 공부의 벗이 되어준 아들 하원과 함께 하고 싶다.

제1부 사이버 안보의 이론적 분석틀

제1장

신흥안보로 보는 사이버 안보

1. 새로운 안보이론의 시각

기본적으로 사이버 안보는 새로운 시각에서 이해해야 하는 새로운 종류의 위협과 관련된다. 국민국가 단위에서 주로 군사안보를 중시하는 전통안보의 발상과 개념만으로는 새로운 위협의 성격을 제대로 이해하고 이에 적절히 대처할 수 없다. 국가 간 분쟁이 발생하여 전쟁이 나지 않았다는 이유만으로 국가 차원의 중요한 안보 문제가 아니라고 미뤄놓을 수만은 없는 이슈들이 많아졌다. 다양한 차원에서 상호의존이 심화되고 있는 오늘날, 대포가 날아오고 총에 맞아서 생명을 잃을 가능성만큼이나 환경오염이 악화되고 전염병에 걸려서 삶이 위태로워질 가능성이 커졌다. 게다가 신흥안보 분야의 사건들은 어느 순간에 돌발적으로 발생하여 급속히 확산될 가능성이 높으며, 그렇기 때문에 그 위험을 통제하는 것이 더욱 어려운 난제들이다. 이러한 상황에 직면하여 냉전기 안보관에 기원을 두는 전통안보를 대하는 거버넌스 방식으로 새로운 위협에 대처하겠다는 접근은 한계를 지닐 수밖에 없다.

사실 탈냉전 이후 전통안보의 발상을 넘어서 새로운 안보 패러다임을 개념화하려는 학계의 노력이 있어왔다. 예를 들어 1980~1990년대에 부상한, 이른 바 코펜하겐 학파의 안보이론은 탈냉전기의 안보 문제를 새로운 시각으로 다루었던 대표적인 시도였다.[1] 이 외에도 전통안보와 대비되는 의미에서 비전통 안보를 강조한 연구들이 활발히 진행되어왔다. 이들 연구는 구성주의 시각에서 안보현실의 화행話行, speech-act 차원을 강조하거나 종전에는 지엽적으로 취급되었던 비군사 안보 문제들에 좀 더 적극적으로 눈을 돌리게 함으로써, 탈냉전 이후의 안보연구가 국가 중심의 군사안보 연구를 넘어서 새로운 지평을 개척하는 데 기여했던 것이 사실이다. 그러나 비판적 시각에서 보면, 이들 연구는 복잡계 환경을 배경으로 해서 새로이 부상하고 있는 탈근대 안보이슈의 고유한 성격과 이로 인해서 발생하는 안보현실의 변화, 그리고 이에 대응하는 데 적합한 거버넌스의 내용에 대한 구체적인 논의를 결여했던 것도 사실이다.

이 책은 새로운 안보 패러다임을 이론적으로 탐구해온 국내외 국제정치학계 논의의 연속선상에서 사이버 안보의 개념을 이해하는 작업을 펼쳤다. 이 장이 사이버 안보와 같이 초국적으로 발생하는 새로운 위험을 이해하기 위해서 제시하는 개념은 '신흥안보emerging security'이다. 신흥안보의 개념은 기존의 비전통안보non-traditional security와 같은 소극적인 개념화의 경향을 넘어서 좀 더 적극적으로 새로운 안보연구를 수행하려는 문제의식을 바탕으로 한다(김상배, 2016b; 김상배 편, 2016).

'신흥新興'은 복잡계 이론에서 말하는 'emergence'의 번역어이다. 자연과학에서는 'emergence'를 주로 창발創發이라고 번역한다. 개념어로서의 창발이란 복잡계에서 자기조직화의 과정을 통해 새롭고 일관된 구조나 패턴, 속성 등이 나타나는 현상을 의미한다. 창발이란 미시적 단계에서는 볼 수 없던 존재들, 즉 자체적인 속성을 드러낼 수 없던 소규모의 단순한 존재들이 복잡한 상호작

---

1 코펜하겐 학파로 분류되는 안보이론가들의 저작으로는 Buzan et al.(1998), Buzan and Hensen(2009), McSweeney(2007), Huysmans(2007), Hough et al.(2015) 등을 참조하기 바란다.

용을 통해 상호 연계성을 증대시킴으로써 거시적 단계에 이르러 일정한 패턴과 규칙성을 드러내는 것을 의미한다. 다시 말해, 창발이란 미시적 단계에서는 무질서한 카오스chaos였지만 자기조직화의 과정을 통해서 거시적 단계에서는 질서order가 생성되는 현상이다. 생물현상에서 창발의 사례로서 가장 많이 거론되는 것은, 전체 디자인이 없이도 지능이 낮은 개별 개미들의 협업을 통해서 건설되는 거대한 개미탑이 있다. 물리현상에서 발견되는 창발의 사례로는 눈송이에서 발견되는 복합적인 대칭구조, 즉 프랙털fractal 패턴의 형성이 있다.

한편, 신흥과 합성한 '안보'라는 말의 의미도 되새겨 볼 필요가 있다. 'security'의 번역어인 안보라는 말은 그 의미가 고정되어 있다기보다는 안보 문제가 제기되는 맥락에 따라 그 말이 담고 있는 의미 중에서 특정한 부분이 부각되기도 한다. 예를 들어, 'security'와 관련하여 사용하는 안전安全, 보안保安, 공안公安, 안보安保 등의 용어 차이는 단순한 말뜻의 고유한 의미보다 사회적으로 구성된 의미의 차이가 중요함을 보여준다. '안보'라는 용어는 영어에서는 주로 'security', 즉 'secure(to make safe)'한 상태를 의미한다. 이를 번역하는 경우에는 그 용례에 따라서 안전安全, safety이나 보호保護, protection 등과 같은 중립적인 뉘앙스의 용어로 번역되기도 한다. 경우에 따라서는 국내정치나 치안의 뉘앙스를 갖는 보안保安이나 공안公安이라는 말로 번역되기도 한다. 대외적인 함의나 생존의 문제를 거론하는 경우 주로 안보安保라고 번역되는 경향이 있다.

이러한 창발과 안보의 개념에 입각해서 볼 때, 신흥안보란 미시적 차원에서는 단순히 소규모 단위의 안전安全, safety의 문제였는데 거시적 차원으로 가면서 좀 더 대규모 단위의 안보安保, security 문제가 되는 현상을 의미한다. 즉, 신흥안보란 미시적 차원의 개별안전individual safety의 문제가 양적으로 늘어나서 집합안전collective safety 또는 집합안보collective security의 문제가 되고, 더 나아가 질적 연계성이 커지면서 거시적 차원에서 파악되는 일반안보general security의 문제가 되는 현상이다. 이러한 창발의 맥락에서 안보 문제를 보면 우리가 이전에 알고 있던 '안보'의 개념 자체를 다시 세워야 할 필요가 발생한다. 다시 말해, 예전에는 거시적 안보만을 논했지만 이제는 창발의 가능성이 있는 미시적 안전에 대해서도 안보의 관점에서 이해해야 하는 필요성이 발생하기 때문이다.

2. 신흥안보의 개념적 이해

1) 신흥안보, 그 창발의 조건

신흥안보의 문제들은 미시적 행위자들이 대강의 규칙만 가지고 수많은 시행착오를 거쳐서 거시적 문제를 해결하는(또는 격변이 발생하는) 상향식 접근법을 통해서 발생한다. 페르 박Per Pak의 자기조직화 임계성self-organized criticality (SOC)의 개념을 원용하면, 시스템의 거시적 격변 현상으로서 신흥안보 분야의 재난은 갑작스럽게 발생한 것으로 보여도 그 내부에서 끊임없이 이루어진 복잡한 상호작용의 결과이다(박, 2012). 지진, 산불, 도시의 발달, 생태계 붕괴, 전쟁, 혁명 등의 사례를 들 수 있다. 그렇다면 이러한 과정에서 관건이 되는 것은 창발이 이루어지는 규칙을 찾아내서 격변이나 재난이 언제 어떻게 발생하는지, 그리고 이러한 재난을 어떻게 예방할 수 있는지를 밝히는 문제일 것이다. 그러나 이러한 설명과 예측을 하는 것은 쉽지 않다. 그 이유는 신흥안보의 현상이 비선형 메커니즘, 자기조직화, 분산형 상향식 네트워크 구조와 미시적 규칙 그리고 협력의 진화 등을 특징으로 하는 복잡계 현상을 배경으로 발생하기 때문이다.

복잡계의 맥락에서 보는 신흥안보는 시스템 내 미시적 상호작용이 양적·질적으로 변화하여 일정 수준을 넘어 거시적 차원에서 이르게 되면, 그전에는 드러나지 않던 패턴이 드러나는 현상이다. 이렇게 미시적 안전이 거시적 안보

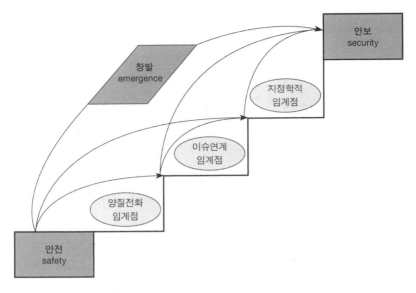

그림 1-1 신흥안보의 3단계 창발론
자료: 김상배(2015d: 17).

로 창발하는 조건, 또는 양자를 가르는 임계점critical point은 어디인가? 복잡계
이론의 논의를 원용하면, 신흥안보의 위험은 **그림 1-1**에서 보는 바와 같이 3단
계로 형성되는 '임계성criticality의 사다리'를 따라 창발한다. 이러한 3단계 창발
론은 마치 곤충이 '유충'의 단계를 거쳐서 '번데기'가 되고 더 나아가 '성충'이
되는 3단계의 과정을 따라서 변태하는transform 것을 연상케 한다. 물론 이러한
3단계 창발과정에서 발견되는 임계점은 순차적으로 형성되는 것이 아니라 상
호 중첩되고 경우에 따라서는 동시에 발생하기도 한다.

첫째, 가장 포괄적인 의미에서 신흥안보의 위험은 이슈영역 내의 안전사고
가 양적으로 증가하여 일정한 수준을 넘는 경우에 창발한다. 이는 양적 증대
가 질적 변화를 야기하는, 이른바 양질전화量質轉化의 현상을 의미한다. 평소에
는 개별 단위 차원의 안전이 문제시될 정도의 미미한 사건들이었지만, 그 발
생 숫자가 늘어나서 갑작스럽게 양질전화의 임계점을 넘게 되면 국가와 사회

의 안보를 위협하는 심각한 문제가 된다. 이러한 와중에 미시적 안전과 거시적 안보를 구분하던 종전의 경계는 무너지고, 사소한 일상생활 속의 안전문제라도 거시적 안보의 관점에서 다루어야 하는 일이 벌어진다.

이렇게 양질전화의 임계성이 문제시되는 사례는 신흥안보 분야에서 다양하게 나타난다. 예를 들어, 1인당 에너지 소비량의 증가는 어느 순간에 빙하를 녹이고 해수면을 상승시키는 지구온난화의 주범이 된다. 어느 가족 중의 한 명이 감기에 걸리는 것은 큰 위험은 아니지만 거대 도시 전체에 감기, 그것도 치사율이 높은 신종 플루가 유행하는 것은 국가안보의 문제가 된다. 컴퓨터 한 대에서 발견된 악성코드는 그냥 무시될 수도 있겠지만 국가 기반시설을 통제하는 컴퓨터 시스템에 대한 해킹은 국가적 차원에서 그냥 지나칠 수 없는 중대한 위험이다. 마찬가지로 국경을 넘는 난민의 증가는 어느 지점을 넘으면 사회안보의 문제가 된다.

둘째, 신흥안보 이슈들 간의 질적 연계성이 높아지게 되면, 어느 한 부문에서 발생한 안전의 문제가 임계점을 넘어서 거시적 안보의 문제가 될 가능성이 커진다. 이러한 이슈연계의 문제는 양적인 차원에서 단순히 링크 하나를 더하는 차원이 아니라 신흥안보의 이슈네트워크에서 발견되는 '구조적 공백 structural hole'을 메우는 질적인 변화의 문제이다(Burt, 1992). 다시 말해, 끊어진 링크들이 연결됨으로써 전체 이슈구조의 변동이 발생하게 되고 그 와중에 해당 이슈의 '연결 중심성'이 커지는 것을 의미한다. 이러한 이슈연계의 효과는 세계경제포럼WEF의 글로벌 리스크 보고서에서도 지적된 바 있다(WEF, 2015).

이렇게 이슈연계 임계점을 넘어서 신흥안보 위험이 창발하는 사례는 여러 분야에서 발견된다. 기후변화는 이슈연계성이 매우 높은 사례인데, 홍수, 가뭄 등과 같은 자연재해뿐만 아니라 수자원 및 식량위기 등과 연계되면서 환경안보의 문제로 인식된다. 이주와 난민 문제는 그 자체로서는 크게 문제될 것은 없을지 모르나 실업문제, 사회질서 불안정, 문화적 정체성, 그리고 더 심한 경우에는 인간안보의 위협 및 테러의 발생 등과 연계되는 경우 국가적 차원에서 좌시할 수 없는 안보 문제가 된다. 식량문제도 최근 에너지 문제 해결을 위해 곡물을 이용한 바이오 연료의 생산 문제와 연계되면서 심각한 식량안보 문제가 되기도 했다. 해킹 공격이 원자력 발전소의 컴퓨터 시스템에 대해서 감행될 경우는 그 위험은 더욱 커지며, 이러한 해킹이 정치적 목적과 결부된 테러의 수단이 될 경우 그 위험성은 더욱 증폭된다.

끝으로, 양질전화나 이슈연계성을 통해서 창발하는 신흥안보 이슈가 전통안보 이슈와 연계되는 경우 이는 명실상부한 국가안보의 문제가 된다. 신흥안보 위험이 아무리 심해지더라도 관련 행위자들의 협력을 통해서 무난히 풀 수 있는 성격의 것이라면 굳이 '안보'라는 말을 거론할 필요도 없을지 모른다. 그러나 신흥안보의 위험이 일종의 '지정학적 임계점'을 넘어서 국가 간 분쟁의 대상이 되면 이는 명백한 안보 문제가 된다. 이 지경에 이르면 국가 행위자가 개입할 근거가 발생하게 되고 문제의 해결을 위한 국제협력의 메커니즘이 가동된다. 이러한 관점에서 보면 신흥안보는 비전통안보의 개념과는 달리 전통안보 문제도 포함하는 개념으로 이해할 수 있다.

이렇게 신흥안보의 이슈가 전통안보의 영역으로 진입하는 사례는 많다. 자연재해와 환경악화로 인한 난민의 발생은 지정학적 차원에서 국가 간 갈등을 야기하기도 하며, 경우에 따라서는 국가 간 무력충돌도 유발하는 위험요인이다. 최근 종교적·문화적 정체성의 문제는 테러 등의 문제와 연계되면서 국가 간 분쟁 또는 전쟁의 중요한 원인으로 등장하고 있다. 또한 평화적 목적의 원자력 발전이 군사적 목적의 핵무기 개발과 연계되는 문제, 해커들의 장난거리였던 해킹이 최근 국가 간 사이버 전쟁으로 전화되는 문제, 보건안보 분야에서 생화학무기의 사용을 둘러싼 논란 등은 신흥안보가 전통안보와 만나는 현상을 보여주는 사례들이다.

2) 신흥안보의 복잡계적 특성

신흥안보의 위험은 전통안보 이슈와는 구별되는 몇 가지 독특한 특성을 지니는데, 이는 수면 아래에서 위로 떠오르는 현상을 연상케 하는 창발의 메커니즘을 따르기 때문이다. 전통안보의 위험이 대체로 수면 위에서 보이는 경우가 많다면, 신흥안보의 위험은 대부분의 경우 아직 수면 위로 떠오르지 않은, 그래서 잘 보이지 않는 위험이기 때문에 드러나는 특성들이다. 이 장에서는 다음과 같은 세 가지 특성에 주목했는데, 이들은 주로 신흥안보 분야에서 나타나는 위험발생의 예측 불가능성, 그리고 창발 중인 위험의 비가시성과 밀접한 관련이 있다.

첫째, 신흥안보 분야의 위험은 X-이벤트extreme event로 불리는 극단적 사건의 형태로 발생한다. X-이벤트는 기존 사고방식으로는 발생할 확률이 매우 낮아서 예측할 수 없기 때문에 만약에 실제로 발생할 경우 그 파급효과가 엄청난 종류의 붕괴avalanche 또는 격변catastrophe 현상이다. 일상적으로 발생하는 사건들은 정규분포를 이루기 때문에, 그 정규분포의 밖에 존재하는 X-이벤트가 실제로 발생할 확률은 매우 낮다. 그런데 이러한 정규분포는 각각의 사건이 서로 독립적으로 발생한다는 것을 전제로 한다. 따라서 만약에 앞서 언급한 바와 같이 신흥안보 이슈들 간의 상호연계성이 높은 복잡계 환경을 전제로 한다면 발생확률이 지극히 낮았던 극단적인 사건일지라도 이른바 두터운 꼬리fat-tail 분포에서 발생할 가능성이 있다(Casti et al., 2011).

존 캐스티John Casti는 X-이벤트의 발생 원인을 시스템에 내재되어 있는 복잡성에서 찾는다. 하나의 시스템을 이루는 세부 시스템 간 복잡성의 진화 정도가 차이가 날 때, 이 차이를 극복하기 위해(아니면 견디지 못해) 극단적 사건이 발생한다는 것이다. 예를 들어, 후쿠시마 원전사태는 대표적인 X-이벤트이다. 후쿠시마 원전의 설계자는 정규분포 내에서 발생 가능성이 있는 지진의 강도만을 고려하여 시스템을 디자인했다. 그러나 예상치 못했던 강도의 쓰나미가 발생하여 기술 시스템의 복잡성을 능가하게 되자 큰 재난이 발생했다. 과거 여러 번 발생하여 이미 많은 양의 데이터가 축적되어 있는 사건의 경우에는 수학적인 모델 등을 활용한 예측이 가능하겠지만, X-이벤트 영역의 사건들은 기존 데이터를 활용할 수 없어서 대비하기가 힘들다는 것이다(캐스티, 2012).

둘째, 신흥안보 위험의 예측 불가능성과 밀접한 관련이 있는 또 하나의 특징은, 위험발생의 주체로서 인간 행위자 이외에도 물리적 환경을 이루는 수많은 사물(또는 기술) 변수들이 중요한 역할을 한다는 사실이다. 이러한 사물 변수는 행위자-네트워크 이론actor-network theory(ANT)에서 말하는 비인간 행위자 non-human actor이다(홍성욱 편, 2010). ANT에 의하면, 인간이 다른 인간의 행위에 영향을 미치는 것처럼 비인간 행위자도 인간의 행위에 영향을 미치는 행위 능력agency을 갖는다. 따라서 물질적 환경을 이루는 사물 변수도, 통상적으로 이해하는 것처럼 수동적인 존재가 아니라 능동적인 존재로 그려진다. 이러한 논의를 신흥안보의 사례에 적용하면 이 분야에서 발생하는 위험은 인간 행위자에 의해서만 생성되는 것이 아니라 비인간 행위자 변수에 의해서 생성되는 성격이 강하다.

신흥안보 분야 비인간 행위자의 사례는 매우 다양하다. 사이버 안보 분야의 컴퓨터 바이러스, 악성코드, 디도스 공격에 동원되는 좀비 컴퓨터와 봇넷 등은 대표적인 사례이다. 보건안보 분야에서 전염병 바이러스는 행위능력을 갖는 비인간 행위자이다(이종구 외, 2015). 비인간 행위자 변수는 위험의 원인이기도 하면서 해결의 주체이기도 하다. 예를 들어, 신흥안보 분야에서 미시적 안전이 거시적 안보로 창발하는 상승의 고리를 끊는 차원에서 비인간 행위자, 특히 과학기술 변수가 중요한 역할을 할 수 있다. 실제로 최근 휴대폰이나 인터넷, 소셜 미디어에서 생성되는 빅데이터를 활용하여 자연재난 및 전염병 발생 징후를 조기에 감지하고, 발생 후에는 인구 이동 패턴과 주민 필요를 실시간으로 파악하며, 조기경보를 통한 신속한 대응책을 마련하려는 노력이 이루어지고 있다(Hansen and Porter, 2015).

끝으로, 신흥안보 위험이 수면 아래에 있어 보이지 않는다는 사실, 즉 비가시성은 미래의 위험에 대해서 논하는 안보담론의 역할에 힘을 실어준다. 신흥안보 이슈는 객관적으로 '실재하는 위험'이기도 하지만 안보 행위자에 의해서 '구성되는 위험'의 성격이 강하다. 이는 앞서 언급한 코펜하겐 학파의 안보화 이론과 맥이 닿는 부분이다.[2] 이렇게 구성되는 위험으로서 신흥안보 분야의 위험은 동일한 종류의 위험이라도 지역에 따라서 또는 해당 이슈의 구체적 성격에 따라서 그 창발을 결정하는 수면의 높이가 다르게 나타난다. 사실 신흥안보 이슈는 미래의 위험에 대비하는 문제이기 때문에 적절한 정도의 안보화는 필요하다. 그러나 수면 아래의 보이지 않는 잠재적 위험을 논하는 경우 항시 '과잉 안보화hyper-securitization'의 우려를 안고 있다는 사실도 잊지 말아야 한다.

실제로 신흥안보 분야에서는 과잉담론hyper-discourse, 쉽게 말해 일종의 '안보괴담'이 유포되는 경우가 많았다. 한국에서 발생한 안보괴담의 경우만 보더라도 2008년 미국산 쇠고기 수입에 반대하는 촛불집회 당시 유포된 '광우병 괴담', 후쿠시마 원전 사태 이후 국내에서 일었던 '방사능 괴담', 유전자조작농산물GMO과 관련된 보건안보 괴담, 2014년 한수원 사태 이후 사이버 심리전 논란을 야기했던 사이버 안보 괴담 등을 들 수 있다. 사실 이러한 안보담론들은 실제로는 '괴담'이 아닌 '진담眞談'일 수도 있다. 반대로 전혀 근거가 없는 '허언'이거나 '농담'일 수도 있다. 그러나 그러한 담론의 대상이 되는 위험이 현실화되기 전까지는 아무도 그 담론의 진위를 검증할 수 없다는 것이 문제이다. 여하튼 수면 아래에 있어 보이지 않는, 그리고 아직까지 아무도 경험해본 적이 없는 X-이벤트인 경우에 이러한 안보담론들은 무시할 수 없는 위력을 갖는 독자적 변수가 된다.

이상에서 제시한 신흥안보의 시각에서 본 사이버 안보의 성격은 무엇인가?

---

2 코펜하겐 학파의 학자들이 개발한 안보화 이론에 대해서는 Wæver et al.(1993), Wæver(1995), Balzacq (2011), Hansen and Nissenbaum(2009) 등을 참조하기 바란다.

사이버 안보는 전통적으로 알려져 있던 국가안보 문제와는 질적으로 다른 독특한 기술 환경을 배경으로 해서 발생하는 신흥안보의 문제이다. 사이버 공간의 기반이 되는, 네트워크로 연결된 컴퓨터들은 글로벌 차원을 염두에 두고 설계되고 발전해왔으며, 그러한 과정에서 전통적인 국민국가의 경계를 넘나들며 초국적으로 활용되고 있다. 이러한 네트워크 시스템의 복잡계적 특징은 사이버 위협의 규모와 내용을 가늠하는 것을 어렵게 한다(Castells, 2000; Newman et al., 2006; Koch and Greg, 2010). 이러한 점에서 사이버 안보 문제를 이해하고자 할 때 그 배경이 되는 사이버 공간의 구조와 동학 및 관련 행위자의 독특한 특성을 이해하는 것은 논지를 전개하기 위한 기본 전제가 될 수밖에 없다.

3. 사이버 안보의 구조적·기술적 특성

1) 복잡계의 구조적 특성

사이버 공간의 확장속도가 예상을 뛰어넘고 그 확장범위가 지구 곳곳에 미치는 것만큼, 이에 비례해서 사이버 공간의 범죄와 테러의 위협도 매우 빠른 속도로 늘어나고 있다. 인터넷이라는 네트워크 자체가 이러한 사이버 테러와 공격의 힘이 먹혀 들어가는 빌미를 제공한다. 무엇보다도 인터넷이 우리의 삶에서 차지하는 비중이 커지면서, 총알이나 포탄이 날아와 우리의 생명을 위협하지 않더라도 인터넷 자체가 다운되는 것이 공동체 차원의 위협이 된다. 사이버 테러와 공격은 사전 예측이 곤란하고 사후 식별이 어려운 문제임에 비해서, 일단 발생하면 인명 피해는 상대적으로 적더라도 사회경제적 피해는 대단하다. 따라서 사이버 공격을 가하는 해커집단이나 테러리스트와 같은 비국가 행위자들은 개별적으로는 미미한 존재이면서도 인터넷 세상에 큰 위협을 가할 수 있다. 이는 인터넷이라는 정보시스템이 지니고 있는 네트워크로서의 구조적 속성 때문이다(Deibert, 2013).

특히 네트워크 시스템의 복잡계적 특성은 사이버 위협의 잠재적 위력을 더욱 강화한다. 사이버 공간은 그 성격상 누가 사이버 공격의 주범인지를 밝히기 어려운 복잡한 구조를 가지고 있다. 게다가 시스템의 사고가 발생해도 이것이 외부로부터의 의도적인 공격 때문인지 아니면 시스템의 오작동으로 인한 사고인지를 밝히는 것도 쉽지 않다. 이란의 나탄즈 원자로에 침입했던 스턱스넷 바이러스의 경우, 2010년 6월까지는 발견되지 않다가 이란 측이 아닌 벨라루스의 보안업체에 의해서 그 감염 여부가 밝혀지기도 했다. 이러한 양상들은 모두 복잡계의 특징을 갖는 사이버 공간의 비선형적 성격에서 기인한다. 만약에 범인을 찾는다고 하더라도 확증보다는 추정하는 경우가 많다. 방어하는 측의 입장에서 보더라도 사이버 공격을 막기 위해서 완벽한 방화벽을 치는 것은 쉽지 않다. 버추얼 창이 어디에서 날아올지 모르기 때문이다.

게다가 창을 막기 위해서 세운 사이버 방화벽은 대부분의 경우 아무리 잘 만들어도 빈틈이 생긴다. 사이버 안보와 관련된 문제의 많은 부분들이 인터넷이라는 독특한 시스템에서 비롯되기 때문이다. 아무리 잘 설계된 정보시스템이라도 기술적으로 복잡하다 보면 그 부산물로서 버그bugs를 완전히 없앨 수는 없다. 이러한 빈틈은 흔히 취약점 또는 착취혈exploit이라 불린다(Galloway and Thacker, 2007). 이러한 빈틈은 해커들이 외부에서 침투하여 시스템의 변경이나 훼손을 시도하는 목표가 된다. 시스템의 보안 취약점(즉 착취혈)이 발견된 뒤 이를 막을 수 있는 백신 프로그램이 나오기 전에 그 취약점을 공략하는 제로데이 공격의 위력에 대해서는 널리 알려져 있다. 이러한 빈틈이 시스템 전체에 영향을 미치는 아킬레스건이 되는데, 그 이유는 바로 복합 네트워크라고 하는 구조적 특성에서 비롯된다. 몇 개의 빈틈이 있더라도 네트워크가 다운되지는 않지만, 그 빈틈이 치명적인 공격을 받게 된다면 그것이 전체 네트워크에 미치는 영향을 통제하기 어렵다. 특히 해커들의 공격은 어느 한 부분의 하드웨어 파괴를 노리는 것이 아니라 소프트웨어 프로그램의 교란을 노리기 때문에 더욱 그러하다.

이러한 빈틈이 완전히 메워지지 않는 한, 사이버 안보의 게임은 공격자가 방어자에 비해서 유리한 위치에 서는 게임일 수밖에 없다. 게다가 컴퓨터 시스템에 대한 사이버 공격이 미치는 피해는 기술 시스템 내에만 국한되는 것이 아니라 사회시스템 전체에도 미칠 수 있다는 점에서 그 위력이 과장되기도 한다. 착취혈의 존재는 우리가 지속적으로 패치파일의 형태로 컴퓨터 소프트웨어를 업데이트해야 하는 이유이기도 하다. 착취혈은 고정되어 있지 않고 유동적이며, 기술적인 의미를 넘어서 정치사회적으로도 다층적으로 존재한다. 착취혈은 네트워크상의 다양한 부분들이 상이한 속도와 형태로 진화하기 때문에 발생한다. 특히 소셜 네트워크의 규범이 기술 분야의 물리적 네트워크의 발전을 쫓아가지 못해서 발생한 빈틈을 착취하여 컴퓨터 바이러스의 공격이 이루어진다. 다시 말해, 이들 컴퓨터 바이러스는 소셜 네트워크와 인터넷의 물리망이 만나는 지점에서 기존에는 생각지 못했던 방식으로 네트워크를 착취함으로써 대규모의 불안정성과 혼란을 초래한다.

착취혈을 공격하려는 시도가 발생하는 것처럼 이를 메우려는 시도도 필요하다. 착취혈이 사이버 공격의 루트라면 이는 외부 세력의 침투를 막는 관문이기도 하다. 네트워크의 구조를 보는 기술적 시각에서 볼 때 사이버 안보의 문제는 착취혈을 고리로 한 위협과 방어의 문제이다. 그런데 점점 더 복잡해지는 웹 기반 서비스의 발달은 복잡한 응용 프로그램을 사이버 공격으로부터 보호하기 위한 기술적 조치, 그리고 법제도적 기반을 준비하는 조치를 어렵게 만든다. 문화적인 차원에서 본 착취혈도 사이버 안보의 시각에서 본 빈틈이다. 예를 들어, 최근 벌어진 사이버 테러 사건에 임하는 한국인의 인식과 태도를 보면 이러한 빈틈이 드러난다. 다시 말해, 한국에서는 인터넷 인프라의 기술적 발전에 비해 사이버 안보에 대한 사회적인 인식은 상대적으로 낮은 수준에 머물고 있어 층위 간 격차의 원인이 된다. 이러한 빈틈은 용의주도하게 사이버 공격을 벌이려는 해커 집단의 목표가 되기 십상이다. 컴퓨터 바이러스나 악성코드들은 이러한 빈틈으로 침투하여 시스템의 정상적인 기능을 착취하는 대표적 사례들이다.

2) 기술변수로서 악성코드와 공격수법

사이버 공간에서 발생하는 공격의 특성 중의 하나는 컴퓨터 바이러스, 악성 코드 등과 같은 기술변수가 중요하다는 사실이다. 이는 단순히 도구의 차원을 넘어서 행위능력을 갖는 행위자로서 기능한다. 앞서 설명한 바와 같이, 행위자-네트워크 이론에서는 이러한 기술변수를 비인간 행위자라고 부른다. 해킹이나 사이버 공격에서 이들 변수는 독자적인 변수로서의 성격을 갖는다. 사실 인간들의 활동에서 어떠한 도구와 기술을 활용하느냐는 인간의 능력을 이해하는 데 분리할 수 없는 매우 중요한 변수이다. 예를 들어, 전쟁에 사용하는 무기가 무엇이냐, 즉 총이냐 칼이냐, 또는 재래식 무기냐 핵무기냐에 따라서 인간이 원용하는 전략전술이 다를 수밖에 없듯이, 사이버 공격에서도 사용된 악성코드나 공격기법의 성격은 사이버 공격의 성격 자체를 규정한다. 이들 변수가 단순한 도구가 아니라 인간 행위자들의 네트워크에 영향을 미치는 행위능력을 갖는다고 말하는 것은 바로 이러한 이유 때문이다.

악성코드는 악의적인 목적을 위해 작성된 실행 가능한 코드를 통칭한다. 최근 악성코드의 증상은 점점 더 복잡해지고 그 유포 방법은 날로 지능화되고 있다. 이전에는 P2P 서비스나 불법복제 프로그램을 사용하거나 이메일의 첨부파일을 열 때 침투했지만, 이제는 감염된 웹사이트에 접속만 해도 악성코드가 침투한다. 주요 증상은 네트워크 트래픽 발생, 시스템 성능 저하, 파일 삭제, 이메일 자동발송, 개인정보 유출, 원격제어 등이 있다. 악성코드는 자기 복제 능력과 감염 대상 유무에 따라 바이러스virus, 웜worm, 트로이 목마Trojan Horse, 스파이웨어spyware 등으로 분류된다. 바이러스는 사용자 몰래 다른 프로그램을 감염시켜 정상적인 파일이나 데이터 등을 파괴한다. 웜은 특정대상에 기생하지 않고 스스로를 복제해 다른 컴퓨터로 전파된다. 트로이 목마는 겉으로 보기에는 전혀 해를 끼치지 않을 것으로 보이지만 실제로는 위험인자를 포함하고 있으며, 대개 프로그램을 실행시키면 악성코드가 함께 실행된다. 스파이웨어는 다른 사람의 컴퓨터에 잠입하여 개인정보를 빼가는 프로그램을 말한다(손영동, 2013: 130).

최근 논란이 된 악성코드로는 스턱스넷, 듀큐, 플레임, 샤문 등이 있다. 이들 악성코드 중에서도 가장 주목을 끈 것은 스턱스넷Stuxnet이다(Farwell and Rohozinski, 2011; Shakarian, 2011). 스턱스넷은 이란 나탄즈 우라늄 농축시설 시스템을 공격하기 위해서 2010년 미국과 이스라엘이 사용한 웜 바이러스로서 독일 지멘스의 SCADAsupervisory control and data acquisition 시스템의 오작동을 노렸다. 듀큐Duqu는 스턱스넷과 유사한 악성코드인데, 2011년 10월에 발견됐다. 듀큐는 기간시설에 물리적 피해를 줬던 스턱스넷과는 달리 산업제어시스템 제조업체에 침투해 설계문서 등 핵심 정보자산을 수집하여 제3의 공격을 준비하는 데 이용되었다(손영동, 2013: 242). 2012년 5월에는 플레임Flame이라는 악성코드도 새로이 발견되었다. 컴퓨터 네트워크와 USB 메모리를 통해 전파되는 플레임은 소리, 화면, 키보드 동작, 네트워크 활동 등을 엿보는 첩보 프로그램이다. 플레임은 스턱스넷보다 약 20배 정도 더 크고 더 복잡한 프로그램인데, 그 코드 분석에 10년은 걸리리라는 것이 전문가들의 평가이다. 이밖에 2012년 이란이 사우디의 아람코Aramco에 대해서 사용한 것으로 알려진 악성코드 샤문Shamoon도 있다.

한편, 이들 악성코드를 활용한 사이버 공격의 수법도 다양화되고 있다. 공격수법 중에서 가장 많이 알려진 것으로는 디도스 공격과 APT 공격이 있다. 디도스 공격은 서버가 처리할 수 있는 용량을 초과하는 정보를 한꺼번에 보내 과부하로 서버를 다운시키는 공격 방식이다. 디도스 공격은 수많은 개인 컴퓨터에 악성코드나 해킹도구 같은 것들을 유포하여 이들 컴퓨터를 이른바 '좀비 PC'로 만들고, 이렇게 좀비화된 PC를 통해 특정 서버를 목표로 하여 대량의 트래픽 과부하를 유발하는 일종의 융단폭격과도 같은 대량공격 방식이다. 이에 비해 2010년대에 새로이 나타나서 차세대 사이버 공격 방식으로 알려진 APTAdvanced Persistent Threat(지능형지속위협) 공격은 좀 더 교묘하게 특정 표적을 겨냥하여 명확한 목표를 두고, 공격대상의 취약한 정보시스템을 뚫고 내부에 침투해 악성코드를 심어놓아 오랜 기간에 걸쳐 은밀하게 기밀정보를 유출하거나 시스템을 파괴하는 공격 방식이다. 이는 일종의 정밀타격 공격 또는 스마트 공격으로 이해할 수 있다.

사이버 공간에서의 테러와 공격은 인간 행위자에 의해서 이루어지지만, 컴퓨터와 물리적 네트워크 자체가 단순한 객체가 아니라 일종의 비인간 행위자로서 행위능력을 발휘하기도 한다. 봇넷botnets이 대표적인 사례다. 일종의 행위자-네트워크로서 봇넷은 인터넷에 연결되어 악성코드에 감염된 컴퓨터들의 집합을 의미하는 것으로, 보안이 파괴되어 방어가 되지 않고 제3자에게 권한이 양도된 컴퓨터들로 구성된다. 봇넷에 의한 사이버 공격은 국가나 비국가 행위자와 같은 인간 행위자뿐만 아니라 비인간 행위자까지도 복합적으로 관여하여 비선형적인 방식으로 수행되기 때문에 누가 범인인지를 발견해내기란 쉽지가 않다. 다시 말해, 정체불명의 행위자들이 디도스 공격이나 APT 공격을 펼칠 수 있었던 것은 수많은 인간 및 비인간 행위자가 인터넷이라는 물적 네트워크를 토대로 손쉽게 연결되었기 때문이다.

4. 사이버 안보의 비국가 행위자들

1) 비국가 행위자, 사이버 공격과 방어의 주체

사이버 테러와 공격은 체계적으로 조직되지 않은 비국가 행위자들이 수행하는 게임이다. 이들은 수직적 조직의 형태를 따르지 않고 분산된 네트워크 형태로 존재하다가 필요시에는 효과적인 타격을 가하는 세력으로 결집된다. 최근 인터넷의 확산으로 인해서 네트워킹에 드는 비용이 급속히 하락함에 따라 이들 비국가 행위자들은 예전에는 상상할 수도 없었던 독특한 종류의 '힘'을 발휘하고 있다(Rattray and Healey, 2011). 이들이 핵시설과 같은 국가 기반시설에 대해 사이버 공격을 감행할 경우, 이는 국지적이고 수시로 일어나는 침해사고와는 다른 피해를 입힌다. 적의를 가진 사이버 테러리스트들이 표적국가의 통신·금융·에너지·교통 등과 같은 주요 기반시설을 공격해 성공할 경우, 해당 국가의 신뢰도는 물론이고 국가운영 자체가 위태로워질 수 있다. 특히 기반시설을 제어하는 시스템을 겨냥한 사이버 공격은 더욱 위력적이다. 이러한 점에서 볼 때, 사이버 공격은 '비대칭 전쟁'의 대표적인 사례이다. 비대칭 전쟁이란 힘과 규모의 면에서 비대칭적인 행위자들이 비대칭적인 수단을 동원하여 서로 다른 비대칭적 목적을 수행하기 위해서 벌이는 전쟁을 의미한다.

이들 비국가 행위자들의 목적은 과시효과에서부터 시작해서 테러공격과 경제적 이득에 이르기까지 다양하다. 이렇게 사이버 공격을 벌이는 이들은 악의 없는 해커일 수도 있고, 금전적 이익을 추구하는 범죄적 해커일 수도 있으며, 개인 또는 그룹이 추구하는 이상의 실현을 목적으로 하는 핵티비스트hactivist일 수도 있다. 핵티비스트는 해킹hacking과 액티비스트activist(행동주의자)의 합성어인데, 이들은 반전·반세계화 운동, 지적재산권 관련 변화 또는 국가 간 영토분쟁 등 정치사회적 이슈와 관련하여 자신들의 주장을 표출하기 위해서 사이버 공격을 벌인다. 그런데 만약에 이들이 사회 시스템의 전복을 노리는 테러리스트들의 조직일 경우 문제가 심각하다. 사실 사이버 공격에 가담하는 행위자들의 스펙트럼은 훨씬 더 넓다. 일반 사용자가 공격자가 될 수도 있고, 악의적인 공격의 대상이 되기도 하며, 디도스 공격에 이용되는 것처럼 자신도 알지 못하는 사이에 봇넷에 동원되는 소스가 되기도 한다.

최근에는 이들 비국가 행위자들의 이면에 국가의 그림자가 점점 더 짙게 드리우고 있는데, 국가고용 해커나 해커 부대원, 루머-댓글 유포부대도 사이버 공격에 점점 더 적극적으로 가담하고 있다. 이른바 애국주의 해커집단은 국가와 암암리에 연대하여 다른 국가의 주요 정보인프라를 공격하기도 한다. 심지어 조직적인 범죄집단도 단독으로 산업스파이, 해적행위, 금융자산의 절도 등을 행하지만 애국주의 해커집단과 함께 다른 국가의 정부 사이트를 공격하는 데 가담하기도 한다. 게다가 이들은 아무리 적발되어도 끊임없이 새로운 형태로 진화를 거듭해나간다. 분산 네트워크로서의 특성 때문에 특정 대상을 선정하여 미리 억지하기도, 또 대비해서 방어하기도 매우 까다로운 문제를 안고 있다(조현석, 2012: 158~159).

한편, 사이버 방어에 나서는 비국가 행위자들의 존재와 역할에도 주목할 필요가 있다. 최근에는 특히 파이어아이FireEye, 딜로이트, 맨디언트, 시만텍Symantec, 크라우드스트라이크CrowdStrike 등과 같은 민간 보안업체들의 역할이 주목을 받고 있다. 초국적으로 발생하는 특성상 사이버 공격에 대한 방어책은 일국 차원의 대응만으로는 부족하고 포괄적인 국제협력이 필요할 수밖에 없는데, 사이버 시대의 국제협력은 국가 행위자 이외에도 민간 기업이나 시민사회 등과 같은 비국가 행위자들이 참여하는 것이 특징이다. 그런데 여기서 유의해야 할 점은, 그물망 방패를 마련하려는 국제협력의 모색도 버추얼 창의 시도와 마찬가지로 인터넷의 네트워크 환경을 바탕으로 한다는 점이다. 정보기술의 급격한 발달로 사이버 공간에서의 변화속도가 빨라지고 예상할 수 없는 곳에서 위협이 등장하는 만큼 사이버 안보 분야에서 민간 행위자들은 서로가 가진 지식과 기술을 손쉽게 공유하기 위해서 다양한 네트워크를 구성하고 있다.

민간 차원에서 진행되는 그물망 방패 네트워크의 대표적인 사례로 전 지구적으로 형성된 컴퓨터침해사고대응팀Computer Emergency Response Team(이하 CERT)의 네트워크를 들 수 있다. CERT들은 국가, 기업, 소규모 단체 등 다양한 수준에서 형성되어 다층적인 사이버 안보의 네트워크를 건설하고 있다. 이 중에서도 미국에서 CERT/CC가 결성된 후 침해사고 공동대응이라는 과제를 가지고

1989년에 결성된 FIRST_{Forum of Incident Response and Security Team}의 사례에 주목할 필요가 있다. FIRST는 미주, 유럽 및 아태지역 등 아프리카를 제외한 전 세계 CERT를 회원으로 가진 비영리 국제기구로 성장했다. FIRST는 대학, 정부기관, 대규모 네트워크 보유기업 등의 CERT들과 정보시스템 개발업체, 사법기관, 그리고 정보보호 전문가들로 구성되어 있다.[3]

2) 어나니머스의 사례

어나니머스_{Anonymous}는 사이버 공격을 행하는 비국가 행위자들 중에서 가장 널리 알려진 핵티비스트들의 네트워크이다. 어나니머스는 2003년부터 사이버 검열과 감시 반대 운동을 비롯한 사이버 시민불복종 운동을 목적으로 정부, 종교, 기업 관련 웹사이트에 대한 사이버 공격을 감행해왔다. 누구나 어나니머스를 자청해 활동할 수 있으며 '작전_{Operation(#Op)}'에 대한 발상을 제공하고 뜻을 함께 해서 행동한다는 점에서 어나니머스의 체계는 개방적이며 분산적인 네트워크를 지향한다. 활동 지역이나 활동 내용이 미리 정해져 있지 않기 때문에 세계적으로 산재한 해커들이 사이버 공간에서 작전을 포고하고 수행하는 방식으로 움직인다. 어나니머스는 "우리는 이름이 없다. 우리는 군단이다. 우리는 용서하지 않는다. 우리는 잊지 않는다. 우리를 맞이하라"라는 표어를 내건 것으로 유명하다. 어나니머스의 활동에 대한 평가는 다양한데, 2012년 ≪타임_{Time}≫지는 어나니머스를 '세계에서 가장 영향력 있는 인물 100인'에 꼽히기도 했다(김경곤, 2017).

---

3 KrCERT/CC(즉 인터넷침해사고대응지원센터)는 한국을 대표하여 1996년부터 FIRST 회의에 지속적으로 참가하고 있는데, 1998년 아시아지역에서는 처음으로 정회원으로 가입하여 활동하고 있다. 2006년에는 KrCERT/CC의 스폰서로 국가사이버안전센터(NCSC)가 FIRST 정회원으로 가입했다. 이로써 한국의 FIRST 회원기관은 KrCERT/CC, 안철수연구소, SK인포섹, NCSC 등의 4개 기관이 되었다(이상현, 2008: 324).

2010년에 어나니머스는 미국 정부의 외교기밀문서를 공개한 위키리크스 Wikileaks에 대한 지지 공격으로, 위키리크스 기부금을 막은 마스터카드, 비자카드, 페이팔PayPal 등에 대해 디도스 공격을 행한 바 있다. 또한 말레이시아 정부가 위키리크스에 대한 검열을 벌이자 말레이시아 정부 웹사이트를 공격해 다운시켰다. 2011년 아랍 민주화 운동이 일어나자 어나니머스는 아랍 시위대에 대한 지지를 선언했다. 튀니지, 이집트 등 독재국가 정부 웹사이트를 공격해 마비시키고 터키 정부에 반대해 터키 의회 웹사이트를 해킹했다. 이 외에도 이란, 시리아, 리비아, 알제리 등의 정부를 대상으로 사이버 공격을 벌였다. 2011년 11월에는 이스라엘이 가자지구를 봉쇄하는 데 대항하여 이스라엘 정부기관 웹사이트들을 사이버 공격하여 다운시켰다. 2012년 12월 이스라엘이 하마스를 공격하자 어나니머스는 이스라엘의 660여 개 웹사이트를 다운시키거나 데이터베이스를 삭제했다고 주장했다. 2013년 4월 이스라엘의 대팔레스타인 정책에 대한 항의의 표시로, 국제 홀로코스트 희생자의 날인 4월 7일 이스라엘 정부기관을 공격하기도 했다(손영동, 2013: 249~250).

어나니머스의 활동은 동아시아에서도 나타났는데, 2012년 4월에는 중국의 인터넷 사전검열에 대항해 중국의 약 300개 정부기관 및 상업 웹사이트를 공격했다. 2013년에는 어나니머스의 한국 내 회원들이 주도하여 북한의 3·20 사이버 공격에 대항해서 북한에 대한 사이버 작전(#OpFreeKorea)을 선포했는데, 북한의 대남 선전용 웹사이트를 해킹하여 초기 화면을 변조하고 회원 1만 5천 명의 개인정보를 공개했다. 게다가 북한에 대해서 핵무기 개발과 핵 위협의 중단, 김정은 국방위원장 사퇴, 직접민주주의 시행, 북한 국민에게 검열되지 않은 인터넷 접근 제공 등을 주장하여 주의를 끌었다. 어나니머스는 자신들이 북한 내부망 광명성과 메일서버, 웹서버 등에 침투해 있다고 밝히기도 했다. 한편, 2013년 5월 12일에는 북한 웹사이트 10여 곳을 공격하고 북한의 라디오 방송 '조선의 소리' 홈페이지를 해킹했다. 또한 6월 25일에는 조선중앙통신을 해킹했으며 일본에서 운영되는 조선중앙통신 웹사이트를 공격하여 다운시키기도 했다(조성렬, 2016: 426).

흥미로운 점은 어나니머스와 같은 핵티비스트 활동의 이면에는 대항담론이 존재한다는 사실이다. 컴퓨터와 인터넷 시대의 초기에 등장했던 해커들의 문화와 담론은 이러한 대항담론의 원형을 담고 있다. 21세기 세계정치의 맥락에서 볼 때 이들의 대항담론은 기성세력들의 신자유주의 경제담론에 대항한다. 해커들의 네트워크는 기존 자본주의 행위자들의 기술독점에 반대하여 자유로운 기술개발과 공유를 주장한다. 오픈소스 소프트웨어 운동이 그 대표적 사례이다. 사실 이러한 관념은 다양한 분야의 글로벌 시민사회 운동이나 인권과 환경 및 여성 운동 등에서도 나타났다. 이러한 관념을 바탕으로 한 핵티비스트들의 사이버 공격은 안보의 개념 자체도 그 기저에서부터 뒤흔들어 놓고 있다. 그런데 여기서 주목할 점은 이전에는 단순히 운동의 형태로 나타나던 대항담론의 표출이 사이버 무기로 무장하면서 새로운 형태의 탈근대적 폭력으로 거듭나고 있다는 사실이다.

5. 사이버 안보에 드리운 국가의 그림자

1) 사이버 안보의 국가 행위자들

사이버 공격과 방어의 문제는 비국가 행위자들의 소관만은 아니다. 2000년대 말엽 이후로 종전에는 비국가 행위자들의 배후에서 조연 배우의 역할을 담당하던 국가 행위자들이 점점 더 사건의 전면에 나서고 있다. 국가안보에 대한 사이버 공격의 잠재적 충격에 대한 경계가 늘어나면서 많은 나라들이 사이버 전력을 확보하기 시작했으며, 실제로 사용하는 사례도 발생했다. 2007년 에스토니아에 대한 러시아의 사이버 공격이나 2008년 조지아에 대한 러시아의 디도스 공격 사례처럼, 실제로 물리적 전쟁의 개시를 전후하여 이와 병행하는 방법으로 국가 간에도 사이버 공격이 감행될 가능성은 매우 크다(Evron, 2008; Thomas, T. L., 2009). 2010년 미국과 이스라엘이 감행한 이란에 대한 사이버 공격은, 국가가 직접 나서서 사이버 공격을 주도한 것이 언론을 통해서 알려진 첫 사례이다. 미국-이스라엘과 이란 사이에서 오고간 사이버 공격은 사이버 안보를 국가안보라는 지정학적 지평에 올려놓았다. 이 밖에도 중동 내 그리고 중동발 사이버 공격의 배후에 국가나 국가의 지원을 받는 해커집단이 있는 것으로 추정된다.

실제로 2010년대 초반에 들어서 국가지원 해커의 활동이 늘어났는데. 미국의 금융기관과 인터넷 기업인 구글에 대한 중동발 사이버 공격이 발생했으며, 뱅크 오브 아메리카Bank of America, JP모건 체이스JPMorgan Chase, 웰스 파고Wells Fargo 등과 같은 미국의 유수 금융기관이 공격을 받았다. 2012년 8월 사우디 아람코에 대해 악성코드를 침투시킨 사이버 공격의 경우, '정의의 검Cutting Sword of Justice'이라는 해커집단의 소행으로 알려져 있다. '정의의 검'은 아랍의 봄을 탄압하는 사우디의 알 사우드Al-Saud 체제를 징벌하기 위해서 그 자금원인 아람코를 공격했다고 주장했다. 해커집단이 정치적인 동기를 가지고 특정 기관이나 웹 사이트를 마비시킨 사례는 다수이나 아람코에 대한 공격처럼 컴퓨터 시스템을 파괴시키는 경우는 흔하지 않다. 따라서 공격한 컴퓨터의 데이터를 파기하고 부팅을 불가능하게 만든다는 점에서 '정의의 검'은 단순한 해커집단이 아니라 국가의 후원을 받는 해커집단이라는 견해가 설득력을 얻고 있다(김경곤, 2017).

국가가 직접 사이버 공격에 개입함에 따라 사이버 공격에 따르는 피해가 더 커질 수 있게 되었을 뿐만 아니라 국가 간의 직접적 분쟁의 소지가 증가했다. 특히 국가주도의 사이버 공격이 훨씬 더 파괴적일 수 있다는 점을 고려하면 국가 간 분쟁 가능성은 더욱 심각해졌다고 볼 수 있다. 게다가 일부에서는 미국이 국가주도 사이버 공격을 시작함으로써 이제 다른 나라들도 주저하지 않고 사이버 공격에 개입할 수 있는 전례를 만들었다고 우려와 비판을 제기하고 있다. 그런데 아이러니컬하게 다른 나라들이 국가주도의 사이버 공격을 할 경우 가장 취약할 수 있는 국가가 또한 미국이다. 이러한 상황은 미국, 중국, 러시아와 같은 강대국들 간의 관계뿐만 아니라 강대국과 약소국의 관계에 새로운 변화를 가져올 가능성이 크다. 다시 말해, 통상적으로 재래식 무기로는 강대국과 경쟁할 수 없는 약소국들이 자국의 이익을 위해 사이버 전쟁을 국방전략으로 채택할 가능성이 크고, 이러한 전쟁양상은 이른바 비대칭 전쟁 전략의 일환으로서 상대방에 대한 위협이 될 수 있을 것이기 때문이다. 이러한 상황에서 사이버 전쟁에 대한 대비가 개별 국가 차원에서는 중요한 안건으로서 부각되었다.

이러한 맥락에서 사이버 공격에 대한 억지의 문제도 향후 관심사가 될 수밖에 없을 것이다. 사이버 안보 분야에도 전통 국제정치에서 논하던 세력균형이나 안보 딜레마 등과 유사한 현상이 발생할 것으로 예상할 수도 있다. 이러한 맥락에서 볼 때 핵 억지를 둘러싸고 진행된 이론적 논의들이 사이버 안보 분야에 원용될 가능성이 있다. 그렇지만 냉전시대 핵무기가 야기한 안보 문제를 분석하기 위해서 개발된 개념과 이론을 사이버 안보에 그대로 적용하려는 시도는 적절하지 않다. 사이버 안보에서도 상대방에 대한 억지가 매우 중요하지만, 핵무기를 보유한 국가 간의 대칭적 관계에서 기원한 핵 억지의 개념을 비대칭 전쟁을 핵심으로 하는 사이버 안보에 끌어오기에는 무리가 있다. 특히 공격이 식별되고 공격자가 발각되며 확실하고 철저한 보복이 따라야 한다는 핵 억지 전략의 성공조건을 적과 아, 그리고 공격자와 공격에 활용된 환경의 구분이 쉽게 구별되지는 않는 사이버 안보 분야에 적용하기는 어렵다.

2) 국가안보로서 사이버 안보의 개념적 복합성

이러한 변화 속에서 사이버 안보는 점점 더 국가안보의 문제로서 자리매김하고 있다. 국가안보는 예로부터 (국제)정치학의 주요 관심사였다. 사이버 안보 영역에서도 국가안보의 문제는 중요한 사안이 아닐 수 없다. 그러나 전통 안보의 경우와는 달리 사이버 안보는 그 안보담론의 구성방식에 따라서 국가 안보의 개념과 만나는 지점이 다를 수 있다. 다시 말해, '안보' 개념은 다양한 '국가' 개념과 만나서 상이한 방식으로 개념화될 가능성이 있다. 사이버 안보 의 개념화와 관련하여 로널드 디버트Ronald Deibert는 네 가지 경로를 지적한다. 그에 따르면, 오늘날 우리가 논하고 있는 국가안보로서의 사이버 안보의 개 념은 국가안보national security의 시각에서 본 사이버 안보, 정권보안state security or regime security의 시각에서 본 사이버 안보, 정부안전government security의 시각에 서 본 사이버 안보, 프라이버시 보호private security 등의 네 가지 시각에서 이해 해야 한다(Deibert, 2002). 이 장에서는 이를 원용하여, 사이버 안보를 담당하는 주체가 누구이냐에 따라서 네 가지 차원에서 사이버 안보를 개념적으로 구분 했다.

첫째, 국민국가nation-state 행위자, 즉 네이션nation 차원에서 이해되는 국가안 보nation security로서 사이버 안보이다. 전통 국제정치학의 시각에서 볼 때도 최 근 사이버 안보는 전쟁과 평화의 문제, 즉 군사안보 문제로 자리매김을 하고 있다. 1990년대 중후반 이래 군사전략의 공간으로서 사이버 공간의 사용 가능 성이 거론되면서 비국가 행위자들이나 테러리스트에 의한 사이버 테러와 전 쟁이 심각한 위협으로 인식되어왔다. 최근에는 영토, 영해, 영공, 우주 등의 공간에 이어 사이버 공간이 '제5의 전쟁터'가 되었다는 말까지 나온다. 이러한 국가안보와 군사안보 시각이 제기하는 주요 관심사는 사이버 공격이 국가적 생존과 국가 정체성을 훼손할 가능성이 있다는 점이다.

국가안보로서 사이버 안보에 대한 논의는 해당 이슈의 성격에 따라서 주권 sovereignty 담론과 연결되기도 한다. 예를 들어 기술주권, 정보주권, 데이터주 권, 지식주권, 문화주권 등의 논의가 사이버 안보 문제와 관련되어 거론되고 있다. 최근 글로벌 패권국인 미국이 보여주는 행보는 사이버 안보의 문제를 국가안보와 군사안보의 관점에서 접근하려는 경향을 선도하고 강화하고 있는 것으로 파악된다. 사이버 안보의 대상 및 주체와 관련하여 미국의 담론은 무엇보다도 미국 내뿐만 아니라 글로벌 차원의 물리적 네트워크 인프라의 안정성, 시스템의 안정적 작동, 지식정보 콘텐츠 자원의 보호 등을 확보하는 데 주 관심을 둔다.

둘째, 국내 정치에서 국가/시민사회state/civil society의 구분에서 도출되는 국가state, 또는 정권regime 차원에서 이해되는 정권보안regime security으로서 사이버 안보이다. 국내정치적 맥락에서 사이버 안보는 정권의 보안 또는 안보 문제로서 이해될 수 있으며 현재 미국과 경쟁을 벌이는 중국의 사례에서 이러한 인식과 담론이 나타난다. 이는 사이버 안보를 외부로부터의 공격과 위협으로부터 국가를 지키는 문제 이외에 국내정치 차원에서 법질서를 유지하고 이를 위해서 공권력을 행사하는 문제와 연결된다. 이러한 과정에서 사이버 안보라는 명분을 바탕으로 하여 반정부 세력에 대한 감시와 통제가 이루어진다는 논란을 낳기도 하고, 국가권력의 비대화 또는 정보기관의 빅브러더화와 관련된 논란을 야기하기도 한다.

이러한 점에서 사이버 안보는 국가기구state apparatus의 안보 또는 정권보안 regime security, 체제안보 등의 개념으로 인식된다. 사실 중국에서는 사이버 안보라는 용어보다는 '인터넷 안전網絡安全' 또는 '정치안전'이라는 용어를 사용하고 있는데, 이는 정권보안 차원에서 사이버 안보를 이해하는 중국의 인식과 무관하지 않다(王世偉, 2012). 실제로 중국에서는 대내적으로 정권보안, 대외적으로는 인터넷 주권이라는 맥락에서 사이버 안보의 문제를 정치적 차원에서 이해하는 경향이 크다. 이러한 중국의 사이버 안보에 대한 인식은 인터넷을 검열하고 규제하는 정책적 자율성을 정당화하는 데 담론적 자원으로서 활용된다.

셋째, 중립적인 의미로 행정을 담당하는 주체로서 정부government 차원에서 이해되는 정부안전government security으로서 사이버 안보이다. 앞서의 두 시각과는 달리 다소 중립적인(또는 정치적 색채가 탈색된) 시각에서 본 사이버 안보는 정부government 차원에서 본 네트워크와 시스템의 안전 또는 지식정보 콘텐츠의 보호이다. 이는 전문가 조직 차원에서 이루어지는 정보인프라의 관리, 시스템 아키텍처의 안정성 확보, 정보의 통일성과 지적재산권의 보호 등의 문제를 포함한다. 이는 정부 차원에서는 전자정부 사업의 정보보호, 네트워크 안전, 컴퓨터 보안, 콘텐츠 재산보호 등의 형태로 진행되어왔으며 주로 기술, 공학, 행정 등의 시각에서 원용되어왔다.

이러한 정부 차원의 네트워크 안전 담론은 정보화를 선도해온 미국의 경우에 초창기부터 존재해온 사이버 안보에 대한 인식을 바탕으로 출현했다. 특히 이러한 담론은 정부기관 네트워크 시스템의 보안 문제뿐만 아니라 전자상거래 질서의 안전성 확보라는 차원에서 남다른 관심의 대상이었다. 네트워크 안보의 담론은 정보흐름의 장애를 줄이고 속도를 향상시키는 데 초점을 두며, 컴퓨터 시스템에 대한 불법침입, 컴퓨터 바이러스의 악의적 사용의 방지를 목적으로 한다. 그러나 안보화 이론의 시각에서 볼 때 이러한 중립성과 탈정치성이 얼마나 객관적인가에 대해서는 항시 논란이 제기될 가능성이 없지 않다.

끝으로, 네티즌 개인의 사적private 안보의 차원에서 이해되는 프라이버시privacy 보호로서 사이버 안보이다. 이는 사이버 안보의 궁극적인 주체이자 대상이 네티즌 개인이라는 인식을 바탕으로 하며, 이러한 안보 과정에서 보호되어야 하는 핵심 가치는 국가nation나 정권regime 또는 정부government가 아닌 개인 차원의 정보와 인권, 표현의 자유 등이어야 한다는 철학을 바탕으로 한다. 이러한 인식과 담론은 주로 시민사회와 NGO, 야당 등에 의해서 제기되는바, 군사안보 담당기관이나 정보기관 또는 기술경제 논리를 따르는 정부기관 등의 논리에 대항하여 시민사회의 담론을 생성·전파한다.

이러한 사이버 안보의 개념은 정보화 시대의 초창기부터 인터넷 사회와 문화의 담론을 주도해온 미국에서 활발히 원용된다. 미국발 사이버 안보담론의 이면에는 인터넷 자유와 프라이버시의 보호를 주내용으로 하는 개인안보에 대한 관심이 깔려 있다. 정치적 관점에서 본 미국의 담론은 개방된 공간으로서 인터넷상에서의 개인의 권리와 표현의 자유, 프라이버시 등의 가치를 표방하고 이에 대한 침해를 경계하는 내용을 담고 있다. 특히 국가와 기업에 의한 프라이버시의 침해 가능성과 이러한 과정에서 개인의 권리 및 인권의 보호를 중요시했으며 이러한 담론은 실제로 미국 내에서 프라이버시 보호정책으로 나타난 바 있다.

이렇게 상이한 국가안보로서의 사이버 안보 개념이 가능하다는 것은 각기 다른 별개의 지시대상을 놓고 이에 대한 상이한 담론이 있다는 것이 아니라, 동일한 지시대상을 놓고 각기 다른 안보담론이 경쟁적으로 구성된다는 것을 의미한다. 게다가 이들 담론은 서로 관련이 없는 별개의 현상으로서 따로따로 진행되는 것이 아니라 상호 성찰적으로 여타 담론을 의식하면서 구성된다(Hansen and Nissenbaum, 2009: 1163). 이렇게 사이버 안보의 개념은 개별적 지시대상, 위협, 정책대안, 세계질서에 대한 각기 다른 담론을 놓고 이익과 가치가 교차하는 지점에서 생산된다(Deibert, 2002). 다시 말해 국가안보, 정권보안, 정부안전, 프라이버시 보호 중에서 무엇을 우선시하느냐에 따라서 사이버 안보의 성격이 달라지고, 위협의 대상이 물리적 인프라냐, 정보지식 자산이냐, 이념과 사상의 콘텐츠냐에 따라 사이버 안보를 보는 시각과 해법이 달라진다. 특히 이러한 사이버 안보의 성격은 국가, 정권, 사회, 기업, 개인 등과 같은 담론 형성의 주체와 관련해서 구체적인 정치적 함의를 획득한다. 사이버 안보화의 과정은 단지 '말싸움'으로 끝나는 것이 아니라 그 '말'을 통해서 구성될 미래의 방향을 놓고 벌이는 이익과 권력의 게임이기 때문이다.

6. 신흥안보로 보는 사이버 안보

이 장은 새로운 안보 패러다임의 시각에서 사이버 안보의 개념을 이해하기 위해 신흥안보에 대한 이론적 논의를 펼쳤다. 신흥안보 패러다임은 위험의 대상과 성격 및 해결주체, 그리고 여기서 파생되는 안보게임의 양상이라는 점에서 기존의 전통안보 패러다임과는 크게 다르다. 1990년대부터 탈냉전을 배경으로 하여 새로운 안보 패러다임을 이론화하려는 노력이 없었던 것은 아니지만, 좀 더 본격적인 변환의 시대를 맞이한 2010년대에 발생하는 안보 문제를 다루기에는 미흡한 점이 많았다. 이러한 맥락에서 이 장은 복잡계와 네트워크 이론 등에서 제시하는 이론적 논의들, 즉 창발, 자기조직화, 임계성 등과 같은 개념들을 원용하여 신흥안보 패러다임을 보는 이론틀을 마련하고자 시도했다.

이러한 이론적 시각을 원용해서 볼 때, 신흥안보 이슈들은 일상생활의 미시적 차원에서 발생하는 안전의 문제들이 특정한 계기를 만나서 거시적 국가안보의 문제로 증폭되는 특징을 지닌다. 다양한 국가 및 비국가 행위자, 하물며 비인간 행위자까지도 관여하기 때문에 그 발생원인과 확산경로 및 파급효과를 예측하는 것이 쉽지 않다. 신흥안보 분야의 위험은 전례 없던 극단적 사건의 형태로 발생할 가능성이 높을 뿐만 아니라 그 위험의 발생 및 확산의 양상도 개별 신흥안보 분야들 간의 상호 연계성이 증폭되는 과정에서 발생하는 경향이 있다. 이러한 특징들은 개별 신흥안보 이슈에 따라서 다르게 나타나기까지 해서 보편적 해법의 마련을 더욱 어렵게 한다. 잘 알려지지 않은 위험이다 보니 당연히 그 위험의 정체를 놓고 다양한 담론과 억측이 난무하는 경우가 발생하기도 한다. 게다가 이들 신흥안보 분야의 갈등이 전통안보 이슈들과 연계되면서 국가 간 갈등으로 비화될 가능성이 크게 높아지고 있다.

이들 신흥안보 이슈는 국가의 경계를 넘어서 글로벌한 차원에서 발생하는 위험들이다. 신흥안보 위험은 국경을 가로질러서 미시적 안전의 문제가 양적으로 증대되면서 어느 순간에 거시적 안보의 문제로 창발하는 성격을 지닌다. 따라서 전례가 없는 극단적 사건의 형태로 터지기도 한다. 다양한 신흥안보 이슈들 간의 상호연계성이 증대되면서 그 위험이 증폭될 뿐만 아니라 최근에는 전통안보 이슈와 연계되기도 하면서 국가 간 갈등의 소지가 되고 있다. 이러한 양상이 나타나는 이유는 모두 신흥안보 이슈가 복잡계 현상을 배경으로 하고 있기 때문이다. 국가 및 비국가 행위자, 그리고 비인간 행위자들까지도 포함하는 다양한 행위자들이 관여하는 현상이기 때문에 그 발생원인과 파급 효과를 쉽게 예측하는 것이 불가능하며, 이러한 특성으로 인해서 객관적인 안보현실만큼이나 주관적인 안보담론이 독자적인 역할을 담당한다.

이러한 신흥안보 위험의 발생과 확산은 기존의 전통안보 경우와는 다른 방식으로 세계정치에 영향을 미친다. 특히 신흥안보의 부상은 새로운 위험요인의 출현뿐만 아니라 안보 문제의 해결주체라는 점에서 기존의 국가 행위자 위주의 안보 관념이 조정되어야 하는 조건을 마련했다. 신흥안보에 대응하기 위해서는 국가 행위자가 혼자 나서서는 안 되고, 국가와 비국가 행위자(민간기업, 시민사회, 지역공동체, 국제기구 등), 그리고 더 나아가 비인간 행위자(컴퓨터 악성코드, 전염병 바이러스, 원자력 발전소 등)까지도 모두 참여하는 새로운 행위자 모델이 필요하다. 이들 행위자들이 벌이는 안보게임의 양상도 기존의 경우처럼 안보 분야의 물질적 자원을 둘러싸고 벌어지는 경쟁과 협력의 양상을 넘어서고 있다. 이러한 점에서 신흥안보의 부상은, 단순히 전통안보를 대체하는 새로운 안보 이슈들의 출현이라는 단편적인 차원을 넘어서, 전통안보와 비전통안보를 모두 아우르는 새로운 안보 패러다임의 부상을 예견케 한다.

위험의 대상과 성격이라는 점에서 신흥안보는 전통 군사안보 이외에도 비군사적 영역, 즉 환경안보, 원자력안보, 보건안보, 인간안보, 사회안보 등을 포괄한다. 이 책의 주제인 사이버 안보는 이러한 신흥안보의 대표적인 사례이다. 이러한 사이버 안보 문제에 적절히 대응하기 위해서는 새로운 전략이 필요하다. 어쩌면 사이버 위협을 '감기'와 같은 일상적인 위험으로 보는 의연한 태도가 필요할 수도 있다. 사이버 공간에서 제기되는 위협을 '비정상적인 위기'로 인식하여 과도하게 군사화하기보다는, 항상 겪을 수밖에 없는 일상적인 상태, 즉 '신新일상성new normalcy'의 개념으로 이해하자는 제안이 나오는 것은 바로 이러한 이유 때문이다. 질병을 완벽하게 퇴치하는 대신 적절한 수준에서 통제하려는 질병안보 전략과 마찬가지로, 웬만한 수준의 사이버 공격과 위협을 어느 정도 용인하면서 심각한 폐해를 방지하는 데 주안점을 두는 전략이 필요할 수도 있다(민병원, 2015: 16).

제2장

복합지정학으로 보는 사이버 안보

1. 복합지정학의 시각

1) 사이버 안보를 보는 새로운 시각

기본적으로 사이버 안보의 게임은 복잡계의 양상을 보이는 네트워크 구조 하에서 다양한 행위자들이 서로 얽히면서 구성해가는 탈脫지정학적 게임이다. 그러나 최근 사이버 공격과 방어의 문제가 국가 행위자들이 나서는 정치군사 적 발상을 바탕으로 이루어지고 있다. 사이버 공격으로 인해 인명 피해가 발 생했을 경우 해당 국가에 대한 군사적 보복이 가능하고, 해커나 테러리스트 등과 같은 비국가 행위자뿐만 아니라 사이버 공격의 배후지를 제공한 국가나 업체에 대해서도 전쟁법을 적용하여 책임을 묻겠다는 구상이 제기되었다. 냉 전기 핵전략에서 잉태된 핵 억지의 개념을 사이버 안보 분야에 적용한 '사이 버 억지cyber deterrence'의 개념도 적극적으로 검토되고 있다. 이러한 주장들은 기본적으로 온라인에서 벌어지는 탈脫영토 공간적 현상에 대해서 오프라인의 경험에서 추출된 지정학적 전략으로 대처하겠다는 것이다.

그러나 기존 지정학의 단순계적 발상만으로는 사이버 안보의 게임을 제대로 이해할 수 없다. 사이버 안보가 국제정치의 문제가 된 것만큼 지정학적 대응전략도 필요하지만 사이버 안보의 고유한 성격에 부합하는 비非지정학 또는 탈지정학의 전략도 복합적으로 모색되어야 한다. 그러나 이 장의 관심은, 정책연구의 관점에서 사이버 안보의 국가전략을 뒷받침하는 실천방안의 제시뿐만 아니라, 비판이론의 시각에서 각 전략방안들이 지니고 있는 문제점들을 경계하는 성찰적 시각의 제시에도 있다. 다시 말해, 단순 지정학의 시각에서 추진되는 사이버 안보의 국가전략은 일종의 과잉 안보담론으로 치우칠 위험성이 있다는 것이 이 장의 인식이다. 이러한 맥락에서 현재 거론되고 있는 국가전략의 사안들이 지나친 기술전문가 담론이나 군사안보 우선담론으로 경도되거나, 국가안보 담론을 과장하거나 정파적 이해관계를 투영하려 함으로써 지나치게 정치화될 가능성이 있다.

　　이러한 문제의식을 바탕으로 이 장은, 사이버 안보의 세계정치를 이해하고자 할 때 기존의 지정학 시각을 비판적으로 보완하는 작업의 일환으로서, 사이버 공간이라는 변수에 주목하는 탈지정학의 이론적 시각을 추가하고자 한다. 그러나 탈지정학적 공간으로서 사이버 공간을 강조하려는 이 장의 의도가 영토적이고 장소적인 발상을 기반으로 하는 기존 고전지정학의 시각을 폐기하려는 데 있지는 않다. 오히려 아날로그 시대의 오프라인 지정학과 디지털 시대의 온라인 탈지정학을 21세기 국제정치학의 관점에서 복합하려는 데 있다. 게다가 그 중간지대에서 독자적 영역을 구축하고 있는 비판지정학과 비지정학의 논의도 빼놓을 수는 없다. 이러한 맥락에서 이 장이 추구하는 이론적 시각을 굳이 명명하자면, 기존 지정학의 시각에 탈지정학, 비판지정학, 비지정학 등의 시각을 새로이 가미한다는 의미에서 복합지정학complex geopolitics이라고 부를 수 있을 것이다.

2) 복합지정학의 분석틀

최근 지정학地政學, geo-politics에 대한 관심이 커지고 있다. 1980년대 이후 일군의 학자들이 지정학의 부활을 선언했고 다양한 각도에서 연구를 수행해왔다. 이러한 지정학적 관심은 21세기 국제정치 현실의 변화를 바탕으로 해서 피어나고 있다. 대표적으로 러시아의 크림반도 점령, 중국의 공격적 해상활동, 중동 지역의 고질적인 분쟁 등이 배경이 되었다. 특히 미국이 주도해온 탈냉전 이후의 세계질서에 대한 지정학적 합의를 뒤집으려는 러시아, 중국, 이란 등의 문제제기가 이어지면서 그야말로 지정학이 부활하는 조건이 마련되고 있는 듯하다. 미·중·일·러의 틈바구니에서 생존과 번영의 길을 모색해야 하는 한반도도 이러한 지정학 부활의 연구관심으로부터 자유로울 수 없다. 특히 최근 북한이 벌이고 있는 행보는, 아무리 탈냉전과 글로벌화, 정보화, 민주화의 시대가 되었다 해도 한반도 국제정치가 여전히 지정학적 분석의 굴레에서 벗어날 수 없음을 보여주는 듯하다.

시대가 아무리 변하더라도 국제정치의 분석에서 지정학적 시각은 사라지지 않고 꾸준히 남아 있을 것이다. 특히 동아시아와 한반도 주변 국제정치에서는 더욱 그러할지도 모른다. 그러나 21세기 국제정치를 이해하기 위해서 지정학의 시각을 다시 소환한다고 할지라도, 19세기 후반과 20세기 전반의 국제정치 현실에서 잉태된 고전지정학의 시각을 그대로 복원하여 적용하려는 시도는 경계해야 한다. 글로벌화와 정보화를 배경으로 탈영토공간적인 활동이 부쩍 늘어나고 있는 오늘날의 사정을 돌아볼 때, '영토 발상'에 기반을 두고 이를 부분적으로만 개작하려는 현재의 시도로는 부족하다. 오늘날 세계와 한반도의 상황이 변화한 만큼, 이를 보는 지정학의 시각도 변화한 국제정치의 현실에 걸맞게 변용을 거쳐서 달라진 상황에 부합하는 방향으로 새로워질 필요가 있다.

지정학은 지리와 정치의 밀접한 상관관계에 착안한다. 사실 정치가 지리의 영향을 받고 있음을 강조하여 지리적 맥락에서 정치를 이해하려는 사고는 오랫동안 있어왔던 일이지만, 정치의 지리적 차원에 대해서 특별히 관심을 기울이고 이를 체계적인 학學으로 세우려는 노력이 벌어진 것은 19세기 후반과 20세기 초반의 일이다. 지정학이라는 용어 자체도 1890년대에 만들어졌다. 그 이후 지정학은 2차 대전 종전까지 많은 정치가와 관료 및 학자들에게 영향을 미쳤다. 한때 지정학은 제국주의의 이데올로기라는 비판을 받으며 역사의 뒤안길로 사라진 듯이 보였다. 그런데 1980년대부터 지정학 혹은 정치지리학의 주요 논의를 받아들이면서 고전지정학의 굴레를 벗어던지려는 새로운 시도가 등장했다. 일군의 학자들은 비판지정학이라는 이름을 내걸고 지정학의 근본적 가정을 새롭게 재검토하는 작업을 펼쳤다. 그러던 것이 2010년대에 들어 러시아의 크림반도 점령, 중국의 공격적 해상활동, 중동 지역의 고질적인 분쟁 등을 배경으로 하여 국제정치학에서 지정학에 대한 논의가 부활하는 조짐을 보이고 있다.

여기에서는 단순한 도식화의 위험을 무릅쓰고, 복합지정학에 대한 논지를 효율적으로 전개하기 위해서 기존 지정학 논의의 구도를 **그림 2-1**과 같이 대별해보고자 한다. 가로축은 지정학에 작동하는 구성요소들의 성격이라는 차원에서, 물질적 자원에 기반을 두는 '영토(地, territory) 발상'과 비물질적 자원에 기반을 두는 '흐름(流, flows) 발상'으로 나누었다(Castells, 2000). 세로축은 지정학 게임이 벌어지는 관계적 맥락의 성격이라는 차원에서 2차원적이고 구체적인 '장(場, place)'의 발상과 3차원적이고 추상적인 '공(空, space)'의 발상으로 나누었다(Giddens, 1991). 이러한 두 가지 기준에 의거해서 볼 때, 기존의 지정학은 아래에 설명하는 바와 같이 영토 발상을 기반으로 한 고전지정학1.0과 고전지정학2.0, 영토 발상을 넘어서려는 시도로서 비판지정학, 더 나아가 흐름 발상에 기반을 두고 새로운 공간 논의를 펼치는 비非지정학, 탈脫지정학 등의 다섯 가지 유형으로 대별해볼 수 있다.

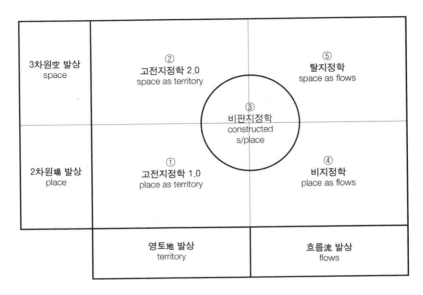

그림 2-1 복합지정학의 분석틀
자료: 김상배(2015c: 92).

2. 고전지정학으로 보는 사이버 안보

1) 고전지정학1.0의 시각: 버추얼 창과 국가의 그림자

　　그림 2-1의 [1]영역은 영토(地) 발상을 바탕으로 하여 2차원적(場)으로 파악된 '영토로서의 장소place as territory'를 탐구하는 지정학이다. 고전지정학1.0이라고 불러볼 수 있는 이 시각은 권력의 원천을 자원의 분포와 접근성이라는 물질적 또는 지리적 요소로 이해하고 이러한 자원과 시장을 확보하기 위한 경쟁이라는 차원에서 국가전략을 이해한다(지상현·플린트, 2009: 167~168). 영토 자체가 가치이며 동시에 의미를 갖는 변수이다. 이는 물질적 권력의 지표를 활용하여 국가 행위자 간의 패권경쟁과 세력전이를 설명하는 현실주의 국제정치이론의 인식과 통한다(Gilpin, 1981; Organski and Kugler, 1980). 이러한 시

각에서는 국가정책이나 국가 통치전략에 대한 서술이 위주가 되는데, 이는 강대국의 권력정치power politics의 부정적 이미지를 피하고자 지정학이라는 다소 완곡한 표현을 사용한 헨리 키신저Henry Kissinger의 용례와도 통한다. 고전지정학1.0은 1990년대까지 지정학을 강대국의 세계전략 혹은 지전략geo-strategy을 중심으로 설명하는 고전지정학 연구에 기반을 두고 이루어져 왔는데 최근에는 '지정학의 귀환the return of geopolitics'이라는 이름으로 재등장했다(Mead, 2014).

사이버 안보 문제에서 고전지정학적 시각의 도입은 해커들의 장난거리나 테러리스트들의 도발 영역으로 알려진 사이버 테러와 공격의 문제에 국가 행위자가 개입하는 데서 드러난다. 실제로 2000년대 말엽 이후로 국가 행위자들이 사이버 공격의 전면에 나서고 있다. 2007년의 에스토니아 사태나 2008년의 조지아 사태는 초기의 사례들이다. 2010년 미국-이스라엘과 이란 사이에 오고간 사이버 공격도 고전지정학적 갈등의 면모를 보여준 사례이다. 게다가 종전에는 방어자의 입장을 대변하던 미국이 나서서 국가 주도의 사이버 공격을 벌임으로써 다른 나라에서도 주저하지 않고 국가가 나서서 사이버 공격에 개입하게 되는 물꼬를 텄다는 우려와 비판도 제기되었다. 실제로 2012년 들어 미국-이스라엘의 공격에 대응하여 이란은 여러 차례에 걸쳐서 미국과 걸프만 국가들에 대해 사이버 공격을 감행한 것으로 알려져 있다.

사이버 안보를 둘러싼 국가 간 분쟁은 21세기 세계패권을 놓고 벌이는 미중관계의 현안으로도 등장했다. 특히 미국의 시각에서는 중국 해커들이 중국 정부의 지원을 받아서 미국 정부와 기업들의 컴퓨터 네트워크를 공격하는 것으로 비친다. 이러한 중국의 해킹은 미국의 기업뿐만 아니라 심지어는 미국 고위 관리의 계정까지도 목표로 하고 있어 미국의 근간을 뒤흔드는 위협이라고 인식되고 있다(US-China Economic and Security Review Commission, 2009). 예를 들어, 미국 정부가 이른바 '오로라 공격Aurora attack'이라고 명명한 2009년의 해킹 사건은 구글뿐만 아니라 어도비Adobe나 시스코Cisco 등과 같은 미국의 IT 기업들을 목표로 하여 중국 해커들이 벌인 일이라는 것이다. 2010년 구글 사건 당시에도 중국의 해커들이 적극적인 역할을 한 것으로 알려져 있다.

북미관계에서도 2014년 11월 미국의 소니 영화사에 대한 북한의 해킹 공격은 지정학적 이슈를 제기했다. 당시 미국 오바마 대통령은 북한의 사이버 공격을 미국 국가안보에 대한 중요한 도전으로 간주한다고 말했다. 그 후 2015년 들어 북한에 대한 오바마 행정부의 강한 복합 억지가 추진된 것으로 알려졌다. 북한 사이버 공간에 대한 제재(예를 들어 북한의 웹사이트에 대한 역해킹)도 한국, 일본, 호주와 같은 동맹국들과 중국을 비롯한 유관 당사국과의 협력 아래 추진된 것으로 알려졌다. 미국은 북한의 행동 변화를 위해 2015년 초에 금융제재의 행정명령을 새로이 추가하기도 했다. 그야말로 사이버 공간의 문제가 자칫하면 북미 간의 지정학적 갈등으로 번질 수도 있는 상황이 창출된 것이다.

사이버 공격의 지정학적 부각은 약소국들에게도 막대한 영향을 미칠 가능성이 크다. 재래식 무기로는 강대국과 경쟁할 수 없는 약소국들이 비대칭 전쟁의 관점에서 사이버 전쟁을 군사전략으로 채택할 가능성이 있기 때문이다. 이러한 사이버 안보의 지정학적 양상은 북한의 대남 사이버 공격에서 두드러지게 나타난다. 북한의 사이버 공격은 한국의 공공기관이나 금융사 및 언론방송사 등의 전산망의 빈틈을 노리고 디도스 공격을 벌이거나 APT 공격을 가하는 방식으로 이루어진 것으로 알려졌다. 아직은 사이버 공격의 대상이 공공기관이나 언론·방송사 또는 금융기관 등에 국한되어 있지만, 유사시에는 재래식 공격이나 핵 공격과 연계될 가능성이 매우 크다는 점에서 큰 우려를 낳고 있다(임종인 외, 2013; Jun et al., 2015). 실제로 최근 북한의 사이버 공격들은 재래식 무력도발이나 핵실험 등과 같은 지정학 이슈들과 복합되어 이루어지는 것으로 파악된다.

국가가 직접 사이버 공격에 개입함에 따라 사이버 공격에 따르는 피해가 더 커질 수 있게 되었을 뿐만 아니라 국가 간 분쟁의 소지가 당연히 증가하게 되었다. 특히 국가주도의 사이버 공격이 훨씬 더 파괴적일 수 있다는 점을 고려하면 국가 간 분쟁 가능성은 더욱 심각해졌다. 이렇듯 사이버 공간의 안보 문제는 새로운 지정학적 분쟁의 이슈가 되었으며 국가안보의 핵심적인 문제로 부상했다. 만약에 사이버 공격으로 인해서 국가 기간시설에 대한 교란과 파괴가 이루어질 경우 국가안보 자체에 큰 침해가 될 수밖에 없는 상황이 발생한 것이다. 특히 예전에는 군사력의 격차로 인해서 생심生心할 수 없었던 약소국이나 테러집단이 비대칭 전쟁의 수단으로서 사이버 공격을 채택할 가능성이 커졌다. 이러한 상황에서 보이지 않는 사이버 공격에 대한 대비가 개별 국가 차원에서 중요한 국가전략의 안건으로서 부각되었다.

2) 고전지정학2.0의 시각: 사이버 안보의 주변4망

그림 2-1의 [2]영역은 영토 발상을 바탕으로 하여 3차원적(坐)으로 파악된 '영토로서의 공간space as territory'을 탐구하는 지정학이다. [1]영역의 고전지정학과 구별한다는 의미에서 잠정적으로 고전지정학2.0이라고 명명했지만, 실제로 이 양자는 엄격하게 구별되는 것은 아니다. 다만 지정학의 논리적 구도를 보여주기 위해서 편의상 양자를 구별했다. 국제정치이론에서 이러한 고전지정학2.0의 발상을 보여주는 대표적 사례는 세계체제론을 비롯한 정치경제학적 접근(Agnew and Corbridge, 1995; Flint and Taylor, 2007; Harvey, 2003)이나 세계정치 리더십의 장주기이론(Modelski, 1978; Rapkin and Thompson, 2003) 등이 있다. 다시 말해, 비록 단순계적 발상이기는 하지만 세계정치를 '구조'와 '체제', 즉 입체적인 3차원 공간의 맥락에서 파악하고 국가 행위자들이 그 안에서 차지하는 지정학적 위상을 탐구한다는 점에서 의의가 있다. 이러한 시각은 최근 한반도의 맥락에서 거론되는, 미국을 중심으로 한 해양세력의 패권과 중국을 중심으로 하는 대륙세력의 도전 사이에서 펼쳐지는 해륙복합국가로서 한국의 지정학적 위상에 주는 시사점이 크다고 할 것이다.

사이버 안보의 대응전략을 마련하고자 할 때는 주변 국가들과 외교적으로 협력하는 것이 더 중요한 과제이다. 특히 한국의 경우에는 전통적으로 이른바 주변4강周邊4强으로 불려온 미국, 중국, 일본, 러시아 등과의 양자 및 다자 간 협력이 중요한 변수가 될 수밖에 없다. 역사적으로 19세기 말부터 주변4강은 한반도에 중요했으며, 냉전과 탈냉전에도 중요했고, 사이버 공간에서도 중요하다. 주변4강이라는 말이 의미하는 바는 동북아 차원에서 한국의 전략적 행보에 영향을 미치는 구조를 의미한다. 다시 말해, 해양세력과 대륙세력이 경합하는 가운데 형성되는 국제정치학적 굴레라고 할 수 있다. 이러한 지정학적 구조는 사이버 안보 분야에서도 드러난다. 다만 좀 더 입체적인 네트워크 구조를 형성하고 있다고 보아야 할 것이다. 네 개의 네트워크라는 의미로 주변4망周邊4網이라고 불러볼 수 있을 것이다. 이렇게 보면 한반도의 사이버 안보 문제는 단순한 남북한의 문제가 아니라 미·중·일·러 전통적인 주변4망과의 지정학적 관계 속에서 이해되어야 하는 문제이다.

사이버 안보 주변4망 중에서도 사이버 선진국이자 우방국인 미국과의 기술과 정보공유 및 협력체계를 구축하는 문제가 핵심이다. 한미 사이버 협력의 쟁점은 북한에 대한 사이버 억지력을 보강하는 차원에서 한미 상호방위조약의 틀 내에 사이버 안보를 포함시켜 미국의 '사이버 우산'을 빌려 쓸 것이냐의 문제이다. 그러나 한미 양국이 재래식 공격이나 핵공격을 받았을 때 서로 돕는다는 것의 의미와 사이버 공격을 받았을 때 서로 돕는다는 것, 그것도 오프라인의 상호방위조약을 준수하는 차원에서 돕는다는 것의 의미를 진지하게 고민해야 한다. 특히 한미 사이버 협력의 문제를 풀어나가는 데 제일 큰 고민거리는 중국이다. 한국은, 한미동맹과 한중협력의 사이에서 형성되는 이 분야의 구조적 조건을 파악하고 그 안에서 전략적으로 적절한 위치를 설정해야 하는 과제를 안고 있다. 양국의 인터넷 관련 정책과 규제제도, 즉 인터넷 거버넌스 상의 차이와 관련하여 미국의 민간주도 모델과 중국의 국가개입 모델 사이에서 한국이 어떠한 선택을 해야 하는 상황을 창출할 수도 있다(Lindsay et al., 2015).

미국이나 중국 변수와 함께 한국이 사이버 안보 분야의 국제협력을 고민할 때 빼놓을 수 없는 변수가 일본이다. 일본은 그 특성상 최근 사이버 안보 분야에서도 협력체계를 갖추어가고 있는 미일동맹의 맥락에서 보아야 한다. 최근 강화되고 있는 미국 주도의 아시아–태평양 사이버 지역동맹의 틀 중에서 약한 고리 또는 구조적 공백은 한일 사이버 협력이다. 전통적인 한미관계나 최근 활발해지고 있는 한중관계의 맥락에서 볼 때 일본은 중요한 변수이며, 아세안이나 아태 지역공간을 활용한다는 차원에서 일본이 지니는 의미는 크다. 궁극적으로 한국의 입장에서 볼 때 관건은 이렇게 미국이 주도하는 아태지역 동맹 체제의 구축과정에 한미동맹이라는 양자 협력 차원을 넘어서 얼마나 더 적극적으로 참여할 것이냐의 문제일 것이다. 아태지역 차원의 사이버 협력 이외에 동북아 지역 차원에서 한·중·일이 중심이 되어 가동하고 있는 사이버 협력도 주목할 필요가 있다(Lewis, 2015).

러시아는 상대적으로 동아시아–태평양 지역에서는 존재감이 그리 크지 않지만 유럽이나 글로벌 차원에서는 주요 행위자이다. 주변4망의 한 행위자로서 러시아에 대한 논의는 글로벌 차원에서 벌어지는 미러경쟁의 맥락에서 접근해야 한다. 최근 특히 가시화된 미중 간의 사이버 갈등에 비해서 상대적으로 드러나지는 않지만 미러 간에도 사이버 갈등이 지속적으로 발생하고 있다. 미국과 러시아 간에 형성되는 냉기류와는 달리 중국과 러시아는 사이버 협력을 강화하여 2015년 5월 중러 사이버 보안 협약을 체결하는 성과를 거두었다. 이는 중국과 러시아가 사이버 공간에서 서로에 대한 감시를 지양하고 각국의 법집행기관을 통해 기술을 전수하고 정보를 공유하겠다는 내용을 담고 있다.

3. 비판지정학으로 보는 사이버 안보

그림 2-1의 [3]영역은 영토 발상과 흐름 발상, 그리고 2차원 발상과 3차원 발

상을 구성 및 재구성하는 과정에서 '구성된 공간/장소constructed space/place'를 탐구하는 지정학이다. 포스트모더니즘과 구성주의의 영향을 받아 기존의 지정학 담론을 해체하는 방법론을 원용한다는 점에서 비판지정학이라고 부를 수 있겠다. 1980년대에 등장한 비판지정학은 지정학을 담론적 실천으로 재규정하고 텍스트의 해체와 같은 포스트모더니즘 연구방법을 채택하여 지정학적 지식이 어떤 특정 정치집단에 의해 이용되고 생산되고 왜곡되는지에 대한 권력과정을 분석한다. 이들은 지정학을 문화적 현상으로 규정하고 국가 중심의 지정학 서술에서 벗어나 다양한 지정학적 주체가 다층위의 공간 속에서 지정학을 전략적으로 이용하는 과정을 분석한다. 비판지정학자에게 지정학이란 더 이상 단순히 지리와 정치의 상관관계를 설명하는 학문이 아니다. 비판지정학에서 지정학이란 특정한 발언이나 재현이 영향력을 가지게 되는 담론의 실천이다. 비판지정학의 시각에서 세계는 단순히 존재하는 것이 아니라 재현되고 해석되는 대상이기 때문이다(Ó Tuathail and Agnew, 1992; Ó Tuathail, 1996; Dodds, 2001; Kelly, 2006).

국제정치에서 안보 문제와 관련하여 비판지정학은 이른바 코펜하겐 학파의 안보화securitization 이론과 통한다. 안보화 이론에 의하면, 안보란 객관적(또는 주관적)으로 실재하는 어떤 조건이라기보다는 현존하는 위협이 무엇인가에 대한 사회적 합의를 간주관적으로 구성하는 정치적 담론이다. 이러한 과정에서 안보화란 어떤 문제에 여타 비非안보 문제가 결여하고 있는 지위와 우선성을 부여하여 그것을 '안보 문제'로서 구성하는 과정이다. 보통의 경우라면 직접적인 위협으로 간주되지 않았을 문제라도 안보 행위자에 의해서 중대한 위협으로 부각되고 비상의 조치를 강구하는 정치적 행위의 계기가 될 수 있다. 이러한 안보화 이론의 유용성은 사이버 테러와 공격에 의해서 만들어진, 검증 가능한 사실로서의 물리적 공격과는 별도로 진행되고 있는, 사이버 안보담론을 둘러싸고 벌어지는 경쟁을 보여준다는 데 있다.

이러한 맥락에서 보면 최근에 벌어지고 있는 사이버 안보의 세계정치는 사이버 안보담론의 주도권을 장악하기 위한 경쟁의 성격을 강하게 띠고 있다. 사실 사이버 안보라는 현상은 아직까지도 그 위협의 실체와 효과가 명시적으로 입증되지 않았다. 사이버 안보의 문제는 실제로 큰 재앙의 형태로 발생한 위협이었다기보다는 아직까지는 전문가들이나 정치가들이 구성한 현실 속에서 존재하는 위협의 성격이 강하다. 일각에서 사이버 위협에 대한 논의가 다소 과장된 것이 아니냐는 회의론이 지속적으로 제기되는 것도 바로 이러한 이유 때문이다. 결국 사이버 안보담론의 형성과정은 단순히 중립적 시도가 아니라 각기 입장에 따라서 다르게 구성될 수밖에 없는 정치적인 과정이며, 그렇기 때문에 힘 있는 자가 주도하는 권력정치이다.

코펜하겐 학파의 시각에서 사이버 안보를 탐구한 한센Lene Hansen과 니센바움Helen Nissenbaum도 이를 지적하고 있는데, 그들에 의하면 안보화 시각으로 본 사이버 안보담론은 세 가지 특징을 갖는다. 첫째, 사이버 안보담론은 과장스럽게 느껴질 정도로 아직 발생하지 않은, 많은 종류의 다차원적인 사이버 재난과 그 규모 및 파장을 부각시킨다는 점에서 '하이퍼 안보화hypersecuritization'의 성격을 갖는다. 둘째, 사이버 안보담론은 하이퍼 안보화의 시나리오를 더욱 실감나고 그럴듯하게 보이게 만들기 위해서 대중들의 '일상적인 안보관행everyday security practices', 즉 대중들의 경험, 느낌, 요구, 이익에 호소하는 경향이 강하다. 끝으로, 사이버 안보담론은 일반 대중에게 잘 알려지지 않은 비밀정보와 고도의 전문지식을 독점한 전문가들에 의해서 '기술전문적 담론technical, expert discourse'의 독자적 공간을 형성하는 방식으로 생산된다(Hansen and Nissenbaum, 2009).

비판지정학의 시각에서 보면, 현재 미국과 중국 사이에는 상이한 안보담론을 가지고 현실을 재구성하려는 안보화의 게임이 벌어지고 있다. 미중 양국은 사이버 공격의 위협이 되는 잠재적인 적국을 상정하고 이들을 봉쇄해야 한다는 안보담론을 자국민들에게 심어주려는 행보를 보인다. 이러한 과정에서 사이버 안보 게임에 효율적으로 대응하기 위해서 필요한 예산, 인력, 조직 등과 같은 국내자원을 동원하는 것이 관건이다. 미중경쟁의 논점은 기본적으로 사이버 안보의 대상이 무엇이며 그 문제를 해결하는 주체가 누구인가를 규정하는 담론의 차이에서 비롯된다. 이는 단순히 관념의 차이가 아니라 이를 통해서 구성될 미래의 방향을 놓고 벌이는 이익규정의 차이에 기반을 두고 있다. 미국의 담론이 주로 물리적 정보인프라로서 컴퓨터 시스템과 네트워크 인프라, 지식정보 자산, 지적재산권의 안보를 유지하는 데 관심이 있다면, 중국의 담론은 인터넷상에서 유통되는 콘텐츠, 즉 정치적 담론과 이념에 주안점을 둔다.

4. 비지정학으로 보는 사이버 안보

그림 2-1의 [4]영역은 비非영토적인 흐름(流) 발상을 바탕으로 하여 2차원적 (場)으로 파악한 '흐름으로서의 장소place as flows'를 탐구하는 지정학이다. 엄밀한 의미에서 보면 영토적인 발상을 넘어선다는 의미에서 지정학이 아니라고 할 수 있어 '비지정학'이라고 칭했다. 이러한 발상은 냉전의 종식 이후 지정학이 사라질 것이라는 자유주의자들의 글로벌 담론과 통한다. 국가영토의 경계를 넘어서 이루어지는 흐름의 증대를 통해서 발생하는 '상호의존'과 글로벌 거버넌스의 담론과도 일맥상통한다. 사실 이러한 비지정학의 시각에서 보면, 탈냉전기에 접어들어 프랜시스 후쿠야마Francis Fukuyama 등과 같은 학자들이 주장한 '역사의 종언'이나 '지정학의 소멸'과 같은 테제가 실현되는 것으로 보이기도 했다. 국제정치의 초점이 지정학적 긴장과 갈등으로부터 개발경제, 비확산, 기후변화, 무역 등과 같이 각국 단위를 넘어서는 국제규범의 형성으로 이동했다고 평가되었다. 특히 이러한 시각은 미국 학자들에 의해서 정교화되어 전 세계로 전파되었다. 최근 들어, 탈냉전 이후의 평화를 가능하게 했던 지정학적 기반이 흔들리면서 '지정학의 부활'이 거론되기도 하지만, 자유주의적 성향의 미국 학자들은 여전히 '지정학의 환상the illusion of geopolitics'을 경계하는

논지를 펴고 있다(Ikenberry, 2014).

사이버 안보에 대한 비지정학적 접근의 의미는 글로벌 차원에서 사이버 공격을 규제할 수 있는 국제제도와 국제규범의 형성 모색으로 나타난다. 이러한 국제규범이나 제도 모색의 필요성은 사이버 안보 문제가 지니는 고유한 탈지정학적 특성 때문에 발생한다. 국가 행위자가 명시적으로 나서는 사이버 위협과 공격이라도 순수하게 기술 메커니즘에만 의거하여 방어하기란 불가능하기 때문이다. 게다가 한 국가를 상대로 발생하는 사이버 공격에 대해서 일국 차원에서만 대응하는 데도 한계가 있을 수밖에 없다. 위협과 공격 자체가 초국적이고 글로벌한 차원에서 발생하는 만큼 그 해법도 국가의 경계를 넘어서는 다양한 행위자들의 협력을 통해서 마련되어야 할 것이다. 그러나 아쉽게도 아직까지 사이버 안보 분야에 어떠한 규정이나 법규범을 적용할지에 대한 국제적 합의기반은 마련되지 않고 있다. 그럼에도 각국의 영토적 경계를 넘어서 새로운 질서와 규범이 모색되고 있는데, 제3부에서 자세히 설명한 바와 같이 현재 세 가지의 프레임이 경합 중이다.

우선 주목할 사례는 전통적인 국제법(특히 전쟁법)의 틀을 원용하여 사이버 공간에서 발생하는 해킹과 공격을 이해하려는 움직임이다. 나토가 발표한 사이버 전쟁의 교전수칙인 탈린매뉴얼이나 국제법의 적용 가능성에 대한 유엔 GGE에서의 논의가 현재 진행되고 있는 사례이다. 두 번째는 정부간협의체나 지역협력체를 활용하여 사이버 안보의 국제규범을 마련하려는 움직임인데, 이는 서방 국가들이 주도하는 사이버공간총회나 유럽사이버범죄협약(일명 부다페스트 협약)을 한편으로 하고, 러시아와 중국 등이 주도하는 상하이협력기구를 다른 한편으로 하여 경합하는 양상이 벌어지고 있다. 마지막 세 번째는 사이버 안보를 인터넷 거버넌스의 일환으로 보는 글로벌 거버넌스 모색 움직임인데, 초창기부터 미국의 주도하에 인터넷 거버넌스를 담당해온 ICANN 모델에 대해서 ITU와 같은 전통 국제기구의 틀을 활용해야 한다는 주장이 제기되고 있다(Mueller, 2002, 2010).

이렇게 세 가지 층위에서 복합적으로 전개되고 있는 사이버 안보의 제도화 과정에는 크게 두 진영의 관념과 이익이 대립 중이다. 우선 다중이해당사자주의multistakeholderism와 국가간다자주의multilateralism로 대별되는 두 가지 관념이 각을 세우고 있다. 인터넷 발전의 초기에는 선발주자로서 미국의 영향력을 사실상 인정할 수밖에 없었지만, 인터넷이 지구적으로 확산되고 다양한 이해관계의 대립이 첨예해지면서 여태까지 용인되었던 관리방식의 정당성에 문제가 제기되었다. 이러한 관념의 대립 이면에는 미국과 유럽 국가들이 주도하는 서방 진영을 한편으로 하고, 러시아와 중국을 중심으로 한 비서방 진영을 다른 한편으로 하는 두 진영이 대립하는 지정학적 구도가 겹쳐진다. 이와 같이 현재 사이버 안보(넓게는 인터넷 거버넌스)의 국제규범 형성과정은 두 개의 네트워크가 다층적으로 경쟁하는 양상이다.

이러한 사이버 안보 분야의 구조적 조건을 파악하고 이를 활용하는 전략을 세우는 것은 한국이 사이버 안보외교를 성공적으로 추진하는 데 중요한 사안이 아닐 수 없다. 특히 동북아의 지정학적 공간을 넘어서 글로벌 차원에서 제기되는 다양한 사이버 안보의 논의과정에 참여하여 서방과 비서방 진영 또는 선진국과 개도국 진영 사이에서 이익의 조율에 나서는 중개외교의 발상이 필요할 것이다. 또한 이러한 중견국 외교의 리더십을 발휘하기 위해서, 한국과 비슷한 처지에 있는 동지국가들like-minded countries과 공동보조를 취하는 연대외교의 발상도 필요하다. 사이버 안보 분야의 국제규범을 설계하는 과정에서 한국의 시각을 투영하는 규범외교의 발상이 필요한데, 중견국의 입장에서는 강대국이 주도하는 질서의 형성을 보완하거나 더 나아가 좀 더 보편적인 규범의 필요성에 대한 문제제기를 하는 적극성을 보일 필요가 있다.

5. 탈지정학으로 보는 사이버 안보

　최근 귀환 또는 부활이 거론되고 있는 지정학의 논의에는, 과거와는 달리 새로 출현한 환경으로서 사이버 공간으로 대변되는 탈지정학의 시각이 빠져 있다. 사이버 공간은 1990년대 중후반 이후 컴퓨터와 정보인프라, 인터넷과 소셜 미디어 등의 급속한 성장과 함께 국제정치적 삶의 공간으로서 자리매김 하고 있다. 30여 년이 지난 오늘날 사이버 공간은 단순한 기술 공간의 의미를 넘어서 경제·사회·문화 공간이자 국제정치 공간이 되었다. 최근 동아시아 국제정치의 전개를 보면, 사이버 공간은 이미 남북한뿐만 아니라 미국이나 중국과 같은 주변국들이 대결과 협력을 벌이는 새로운 공간으로서 자리를 잡았다. 사이버 공간의 출현은 정보혁명의 개념에 입체성을 부여하는 동시에 세계정치가 이루어지는 공간을 좀 더 복합적인 형태로 변환시키고 있다. 이것이 바로 사이버 공간의 존재가 최근 세계정치 분야에서 일종의 '독립변수'로서의 지위를 서서히 획득해가고 있는 가장 큰 이유 중의 하나이다. 다시 말해, 사이버 공간이라는 공간 변수는 복합적인 변환을 겪고 있는 21세기 세계정치를 이해하는 유용한 잣대이다.

　이러한 문제의식을 공유하여 기존의 학계에서도 사이버 공간의 '지정학'에 대한 연구가 진행되어왔다(Luke, 2003; Steinberg and McDowell, 2003). **그림 2-1**의 구도에서 보면, 비영토적인 흐름(流)의 발상을 바탕으로 하여 3차원적으로 (空) 파악한 '흐름으로서의 공간space as flows'을 탐구하는 [5]영역이 이러한 탈지정학에 해당된다(Castells, 2000). 이렇게 파악된 사이버 공간은 물리적 인프라와 기술, 정보, 지식, 문화 등의 변수가 복합적으로 관여하여 만들어내는 '복합 네트워크의 공간'이다. 이러한 사이버 공간은 이미 한반도의 국제정치 공간에 깊숙이 들어와 있다. 새로운 지정학의 논의를 한반도를 둘러싸고 작동하고 있는 사이버 공간 변수를 포함하여 보아야 하는 이유이다. 예를 들어, 북한의 소행으로 추정되는 대남 사이버 공격이 지속적으로 늘어나고 있다. 미중 사이에서도 미국의 정보인프라와 지적재산에 대한 중국 해커들의 공격을 놓고 공방이 오고가고 있다. 2014년 11월에는 소니 영화사에 대한 북한의 해킹 사건으로 북미 간에 긴장감이 감돌기도 했다.

이러한 사이버 공격은 사이버 공간이라는 초국적이고 탈지정학적인 환경에서 발생한다. 사이버 공간의 기반이 되는, 네트워크로 연결된 컴퓨터들은 글로벌 차원을 염두에 두고 설계되고 발전해왔으며 그러한 과정에서 전통적인 국민국가의 경계를 넘나들며 작동하고 있다. 이러한 네트워크 시스템의 복잡계적 특징은 단순히 영토의 경계만 넘는 것이 아니라 영토귀속성으로부터 어느 정도 자유롭기까지 하다. 사이버 테러와 공격이 발생하더라도 사이버 공간의 이러한 구조와 작동방식의 성격상 누가 주범인지를 밝히기 어렵다. 방어하는 측의 입장에서 보더라도 사이버 공격이 어디서 감행될지 알아내는 것은 전통안보의 경우처럼 쉽지 않고, 이를 막기 위해서 완벽한 방화벽을 치는 일도 거의 불가능하다. 사실 이러한 문제의 많은 부분들이 인터넷이라는 독특한 시스템을 배경으로 해서 발생한다.

물론 사이버 공격의 문제를 단순히 컴퓨터나 인터넷의 물리적 속성과 관련된 기술적인 문제로만 보기는 어렵다. 사이버 공격은 다양한 행위자들이 복합 네트워크 환경을 배경으로 하여 참여하는 비대칭 전쟁의 대표적 사례이다. 기본적으로 사이버 테러와 공격은 국가 행위자들이 아니라 위계조직의 모습을 따르지 않고 체계적으로 조직되지 않은 네트워크 형태의 다양한 비국가 행위자들이 벌이는 게임이다. 최근 인터넷의 확산으로 인해서 네트워킹에 드는 비용이 급속히 하락함에 따라 이러한 비국가 행위자들이 역사의 전면에 그 모습을 드러내고 있다. 게다가 일반 사용자가 공격자가 될 수도 있고 악의적인 공격의 대상이 되기도 하며 디도스 공격에 이용되는 것처럼 자신도 알지 못하는 사이에 봇넷Botnet에 동원되는 공범이 되기도 한다.

그렇지만 이러한 탈지정학적 행위자들이 지정학적 목적과 연계될 가능성이 있다는 점이 논란거리이다. 예를 들어, 애국주의 해커집단은 국민국가와 암암리에 연대하여 다른 국가의 주요 정보인프라를 공격하기도 한다. 심지어 조직적인 범죄집단도 단독으로 산업스파이, 해적 행위, 금융자산의 절도 등을 행하지만 국가의 사주하에 다른 국가의 공공 및 민간 시스템을 해킹하기도 한다. 특히 최근에는 국가고용해커들의 사이버 공격이 국제사회에서 문제시되고 있다. 미국과 중국 간에 사이버 갈등의 원인이 된 것도 61398부대로 알려진 중국군 해커부대였다. 그러나 이들 해커집단은 그 성격이나 공격수법에 있어서 끊임없이 새로운 형태로 진화해나간다. 분산 네트워크로서의 특성 때문에 특정대상을 선정하여 미리 억지하기도 또는 대비해서 방어하기도 매우 까다로운 상황이 창출된다(Matusitz, 2006).

6. 사이버 안보의 복합지정학

사이버 안보는 전통적인 국가안보의 지정학 시각을 넘어서 이해해야 하는 문제이다. 사이버 안보 분야는 영토성을 기반으로 하여 국가가 독점해온 안보 유지 능력의 토대가 잠식되는 현상을 보여주는 사례이다. 특히 탈지정학적 공간으로서 사이버 공간의 부상은 테러 네트워크나 범죄자 집단들에 의해 도발될 비대칭 전쟁의 효과성을 크게 높여놓았다. 그러나 탈지정학의 공간으로서 사이버 공간을 강조하려는 것이 영토적이고 장소적인 발상을 기반으로 하는 기존 지정학의 시각을 폐기하는 데 있지는 않다. 오히려 이 장은 기존의 지정학적 시각, 즉 고전지정학1.0, 고전지정학2.0, 비판지정학 등에 글로벌화 세팅의 비지정학과 사이버 공간의 탈지정학적 공간을 보완적으로 추가한 복합지정학의 시각을 제안한다. 기존의 지정학과 국가안보 중심의 국제정치학 시각은 새롭게 부상하는 사이버 안보의 세계정치에 대한 시원스러운 해답을 제시하지 못하고 있다. 이러한 맥락에서 이 장은 복합지정학의 시각에서 사이버 안보의 세계정치와 국가전략을 이해하는 분석틀을 제시하고자 했다.

첫째, 사이버 안보의 세계정치와 국가전략은 고전지정학과 탈지정학을 섞는 복합지정학의 시각에서 이해해야 한다. 최근 강대국들이 관여하면서 지정학적 양상을 보이고 있는 사이버 안보 게임의 이면에는 인터넷과 컴퓨터 바이러스, 악성코드 등과 같은 기술 변수와 해커나 테러리스트 등이 벌이는 탈지정학적 게임이 자리 잡고 있다. 이러한 탈지정학적 공간에서 다양한 해킹 수법을 동원하여 공격하는 비국가 행위자들과 이를 막으려는 국가 행위자들이 경합하는 양상을 보이고 있다. 게다가 여기에 최근 국가 행위자들이 사이버 공격에 좀 더 본격적으로 개입하는 지정학적 게임의 양상이 더해지면서 그 복잡성을 더해가고 있다.

이러한 맥락에서 한국의 국가전략은 기술역량이라는 지정학적 변수의 증대를 통해서 탈지정학적 사이버 공격을 막아야 하는 복합적인 과제를 안고 있다. 이러한 기술역량을 키우고자 할 때 인력양성은 중요한 변수가 아닐 수 없다. 한편, 적극적으로 맞받아치는 공격은 아니더라도 상대방이 공격하려고 해도 반격이 두려워 공격하지 못하게 하는 억지력의 증대에도 관심을 기울여야 한다. 현재 국내외 학계의 논의는 핵억지의 개념에서 유추한 사이버 억지의 가능성에 주목하고 있는데, 이는 예상되는 공격에 대한 방어를 강화함으로써 적의 공격 자체가 성공하지 못할 것이라는 이미지를 심어주는 데 주력한다. 그런데 이러한 사이버 억지는 기술역량으로만 달성되는 것이 아니라 외교역량의 발휘와 병행해야 한다는 점도 명심해야 한다.

둘째, 사이버 안보의 세계정치와 국가전략은 고전지정학과 비판지정학을 섞는 복합지정학의 시각에서 이해해야 한다. 최근 사이버 안보 분야에서는 미국과 서방 국가들을 한편으로 하고, 러시아와 중국을 다른 한편으로 하는 국가 행위자들 간의 지정학적 대결이 벌어지고 있다. 이들 사이에서 실제로 오고가는 공격과 방어의 실체를 파악하기는 어렵지만, 적어도 이들이 벌이는 안보화 담론경쟁은 그야말로 전쟁을 방불케 한다. 특히 미국과 중국의 안보담론경쟁은 21세기 패권경쟁의 예고편을 보는 듯하다. 현재 양국 간에는 사이버 위협의 성격이 무엇이고, 안보의 대상과 주체가 무엇인지, 그리고 사이버 안보와 관련된 양국의 국내체제와 세계질서의 미래에 대한 안보담론의 경쟁이 진행되고 있다.

이러한 맥락에서 볼 때 한국의 국가전략 모색과정에서도, 사이버 위협이 되는 잠재적인 대상을 상정하고 이들에 대응하기 위해서 예산, 인력, 조직 등과 같은 자원을 배분하는 안보화의 정치가 벌어지고 있다. 특히 이러한 자원배분의 과정은 단순히 사이버 안보 추진체계를 정비하는 차원을 넘어서 사이버 안보와 관련한 법제정의 문제에서 나타나는 중요한 관건이다. 이러한 추진체제의 정비와 법제정의 필요성에 동조하여 현재 국회에는 관련 법안이 제출되어 계류 중인데, 실무기관들의 정책집행의 효율성뿐만 아니라 국민적 동의를 얻을 수 있는 방향으로 처리되어야 할 것이다.

마지막으로, 사이버 안보의 세계정치와 국가전략은 고전지정학과 비지정학을 섞는 복합지정학의 시각에서 이해해야 한다. 사실 탈지정학적 메커니즘을 빌려서 발생하는 사이버 공격에 대한 대응은 어느 한 국가가 나서서 기술적·제도적 방책을 만든다고 충족되는 문제가 아니다. 기본적으로 국민국가의 국경을 초월하여 발생하는 문제이니만큼 이해 당사국들의 긴밀한 국제협력을 통해서 그 해법을 모색하는 것이 필요하다. 그런데 이러한 국제협력의 메커니즘을 마련하는 과정에 미국과 서방 국가들을 한편으로 하고 구사회주의권 국가들과 개도국들을 다른 한편으로 하는 지정학적 대립구도가 투영되고 있다는 사실도 잊지 말아야 한다.

이러한 맥락에서 한국의 국가전략도 주변국들과의 국제협력을 강화하고 국제규범 형성과정에도 적극적으로 참여하는 데 힘써야 한다. 한반도가 처한 지정학적 특성상 전통적 우방국인 미국이나 새로이 부상하는 중국과 기술협력과 정책공조를 펼치는 것은 매우 중요한 외교적 사안이다. 또한 사이버 안보의 대응방안을 모색하는 데 양자 간의 국제협력이라는 지정학 구도를 넘어서 좀 더 넓은 의미의 다자구도에서 접근하는 시도도 필요하다. 이러한 과정에서 국가 간 관계를 조율하는 기존의 국제규범을 정비하는 움직임과 동시에 새로운 글로벌 거버넌스의 메커니즘을 모색하는 움직임이 경합하고 있음을 주목할 필요가 있다.

　요컨대, 사이버 안보의 세계정치는 전통적인 의미의 국민국가들이 벌이는 지정학의 게임이라는 관점만으로는 이해할 수 없다. 국가 및 비국가 행위자 그리고 경우에 따라서는 네트워크 환경과 기술시스템이라는 변수들까지도 적극적으로 관여하는 복합지정학의 게임으로서 이해해야 할 것이다. 이러한 과정에서 국가 행위자는 사이버 공격이라는 위협 요인을 제공하는 주체인 동시에 초국적으로, 또는 국가 간에 발생하는 사이버 위협을 방지하는 방어의 메커니즘을 만드는 주체로서 그 입지를 강화해가고 있다. 최근 국내에서 모색되고 있는 사이버 안보의 국가전략은 이러한 사이버 안보 분야의 특성에 대한 이해를 바탕으로 추진되어야 할 것이다.

제3장

네트워크로 보는 사이버 안보

1. 네트워크 세계정치이론의 시각

복합지정학의 논리를 따라서 작동하는 사이버 안보 분야의 세계정치는 기존 전통안보 분야의 국제정치와는 상이한 양상으로 나타난다. 기본적으로 사이버 안보의 세계정치는 복잡계의 양상을 보이는 사이버 공간에서 다양한 행위자들이 상호작용하는 네트워크 게임이다. 사이버 공간의 구조적·기술적 특성이 영향을 미칠 뿐만 아니라 전통적인 안보 행위자로서 국가 행위자 이외에 초국적으로 활동하는 비국가 행위자들의 존재감이 두드러진 분야이다. 이러한 사이버 안보의 세계정치를 제대로 이해하기 위해서는 사이버 공간의 속성을 놓치지 않으면서도 국가 및 비국가 행위자의 복합성을 제대로 이해하고, 더 나아가 이러한 복합 행위자가 벌이는 권력게임의 양상을 제대로 분석하는 이론틀이 필요하다. 결국 사이버 안보의 세계정치를 탐구하는 이론적 과제는 사이버 안보와 관련된 행위자의 성격과 권력게임, 그리고 이들 행위자들이 놓여 있는 구조적 환경이나 이들이 구성해가는 세계질서의 내용을 밝히는 문제로 요약된다.

그러나 현실주의, 자유주의, 구성주의 등으로 대변되는 기존의 국제정치이론은 사이버 안보를 둘러싸고 벌어지는 세계정치의 양상을 제대로 설명하지 못한다. 사이버 안보 분야의 행위자의 성격이나 이들이 벌이는 권력게임의 양상, 그리고 그 결과로 생성되는 구조/질서의 양상이 모두 전통 국제정치이론이 상정하는 그것과 다르다. 무엇보다도 전통적인 국민국가 단위에 주목하는 안보이론으로는 복합적인 사이버 안보의 구조와 동학을 제대로 이해할 수 없다. 또한 냉전 시대에 개발된 국가안보나 핵 안보의 개념과 이론을 탈냉전과 탈근대를 시대적 배경으로 한 사이버 안보의 새로운 현실에 그대로 적용하려는 시도도 무용하다. 기존의 국제정치 연구는 주요 행위자로서 국민국가 간의 양자 또는 다자 관계라는 맥락에서 세계정치의 안보 문제를 탐구해왔다. 그러나 사이버 안보의 연구는 이러한 기존 국제정치이론의 전제를 넘어서는 작업에서부터 시작해야 한다.

이러한 맥락에서 이 장은 사이버 안보의 세계정치를 보는 새로운 이론적 분석틀을 최근 자연과학과 사회과학 분야에서 주목받고 있는 네트워크 이론의 논의로부터 원용하고자 한다. 그런데 여기서 네트워크 이론이라고 통칭해서 말했지만, 사실 네트워크 이론은 그 인식론이나 방법론의 기준으로 보았을 때 하나가 아니다. 네트워크 개념과 이론이 다를 뿐만 아니라 이들 연구가 주안점으로 삼고 있는 네트워크의 층위도 조금씩 다르다. 이러한 문제는 네트워크라는 것이 하나의 고정된 실체로서 파악되는 종류의 개념이 아니라는 특징 때문에 발생한다. 사실 어느 시점과 각도에서 관찰하느냐에 따라 네트워크는 다르게 이해된다. 다시 말해서, 분석적 층위를 어디에 고정시키느냐에 따라서 네트워크라는 존재는 유동적으로 이해될 수 있다. 이 장은 국제정치학에 주는 의미를 염두에 두면서 기존의 네트워크 이론을 네트워크 조직 이론network organization theory, 행위자-네트워크 이론actor-network theory(이하 ANT), 소셜 네트워크 이론social network theory 등의 세 가지 진영으로 대별해서 원용했다.[1]

이렇게 세 가지 네트워크 이론을 국제정치이론에 원용하여 새로이 제시한 네트워크 세계정치이론의 시각은 21세기 세계정치의 변화에 맞게 기존 국제정치이론을 수정·보완하는 데 유용한 이론적 자원을 제공한다.[2] 특히 복합적으로 설정된 네트워크 이론의 시각은 기존의 주류 국제정치이론(특히 신현실주의)에서 주로 강대국 외교를 염두에 두고 개발했던 주요 논제들, 예를 들어 구조, 국가, 권력 등의 개념을 재구성하는 데 유용하다. 사실 기존의 주류 국제정치이론은 근대 국민국가 행위자들이 자원권력의 게임을 벌이는 '국가 간 정치inter-national politics', 즉 국제정치國際政治를 분석했다. 이에 비해 이 장에서 원용한 네트워크 세계정치이론은 21세기 세계정치의 새로운 행위자로서 네트워크 국가들이 벌이는 네트워크 권력 게임의 와중에 전개되는 '네트워크 간 정치inter-network politics', 즉 망제정치網際政治를 분석하는 이론적 자원을 제공한다(김상배, 2014a).

이러한 네트워크 세계정치이론은 사이버 안보 세계정치의 복합적인 구조와 동학을 설명하는 데 유용하다. 특히 사이버 안보 분야에서 관찰되는 새로운 주체와 권력게임의 성격을 밝히는 데도 도움이 된다. 또한 사이버 안보의 세계정치를 헤쳐 나갈 대응전략을 펼쳐 나가야 하는 실천적 고민을 푸는 데도 중요한 실마리를 제공한다. 이러한 맥락에서 이 장이 사이버 안보의 세계정치와 관련하여 던지는 질문은 다음의 네 가지로 요약된다. 첫째, 사이버 안보의 세계정치 게임을 벌이는 행위자의 성격을 어떻게 이해할 것인가? 둘째, 새로운 행위자들이 벌이는 경쟁과 협력의 권력게임 양상을 어떻게 이해할 것인가?

---

[1] 여기에서 원용한 네트워크 이론에 대한 자세한 설명은 김상배(2014a)의 제1장을 참조하기 바란다.

[2] 네트워크 이론을 국제정치의 이론과 현실에 적용한 사례로는 Hafner-Burton, Kahler and Montgomery (2009), Kahler(2009), Maoz(2010), Nexon(2009), Goddard(2009) 등을 참조하기 바란다. 주로 소셜 네트워크 이론을 원용한 미국 학계의 시각과는 달리 이 글에서 제시한 세 가지 네트워크 이론의 시각을 복합적으로 원용하여 네트워크 세계정치이론을 모색한 사례로는 김상배(2014a)를 들 수 있다. 이 글에서 소개하는 네트워크 이론의 국제정치학적 원용에 대한 논의는 김상배(2014a) 제2장의 내용을 기반으로 했다.

셋째, 사이버 안보의 세계정치 과정에서 그 결과로 등장하는, 또는 이러한 과정을 규제하기 위해서 모색되는 규범과 질서의 성격은 무엇인가? 끝으로, 중견국이 처한 구조적 조건을 규정하는 사이버 안보의 세계정치에 대응하여 한국이 펼쳐야 할 전략의 내용은 무엇인가?

2. 네트워크 국가와 메타 거버넌스

1) 국가변환과 네트워크 국가론

글로벌화와 정보화 시대의 네트워크 환경에서 국민국가는 가장 효율적인 행위자, 즉 적자適者는 아니다. 오히려 새로운 환경에서 적응의 능력을 갖고 정보와 지식이라는 새로운 목표를 추구하기에 적합한 행위자는 국민국가의 경계를 넘나들며 초국적 네트워크 형태로 작동하는 비국가 행위자들이다. 사이버 안보 분야에서도 해커그룹이나 테러리스트 또는 민간 정보보안업체나 컴퓨터침해사고대응팀 등과 같은 초국적 네트워크 행위자들이 그 활동영역을 넓혀가면서 국민국가의 관리능력과 주권적 권위에 도전하고 있다. 이 분야는 영토성을 기반으로 하여 국가가 독점해온 안보유지 능력의 토대가 잠식되는 현상을 보여주는 사례이다. 사이버 공간에서 등장한 새로운 위협은 국가에 의해 독점되어온 군사력의 개념뿐만 아니라 군사전략과 안보의 개념 자체도 그 기저에서부터 뒤흔들어 놓고 있다.

그렇지만 새로운 네트워크 환경에서 국가 행위자가 비국가 행위자들에 의해 대체되어 완전히 도태된다고 볼 수는 없다. 아무리 국가 이외의 다양한 행위자들이 부상하고 이에 따른 복합의 현상이 발생한다고 할지라도 이들 행위자들이 무질서하게 난무하고 있는 것으로 보아서는 안 된다. 국가는 사라지지 않고 역할과 형태의 변환을 겪으면서도 미래 세계정치에서 여전히 중요한 역할을 담당하고 있는 것으로 파악된다. 변화하는 환경에서도 공공재를 제공하는 국가의 고유영역은 여전히 존재할 것이다. 예를 들어, 글로벌 정보격차를 해소하는 문제라든지 초국적 네트워크의 안정성과 보안성을 제공하는 문제, 그리고 다양한 행위자들의 사적 이해관계를 조율하는 공익 보장의 기능 등을 들 수 있다. 결국 세계정치의 변화는 국가의 소멸보다는 부단한 조정의 과정을 통해서 일정한 정도로 국가의 형태가 변화하는 방식으로 귀결될 가능성이 크다. 국민국가가 그 경계의 안과 밖에서 네트워크의 형태로 변환을 겪는 국가에 대한 논의가 출현하는 것은 바로 이 대목이다.

국제정치이론의 주류를 형성하고 있는 현실주의 국제정치이론에서는 주권과 영토성의 원칙을 기반으로 하여 작동하는 국민국가를 주요 행위자로서 파악했다. 이에 비해 네트워크 이론의 시각은, 국가의 존재를 완전히 무시하지는 않지만, 기존의 국민국가가 그 경계의 안과 밖으로 변환되면서 그 역할과 형태가 변화하는 '개방체계open system'로서의 새로운 국가의 부상에 주목한다.[3] 이러한 국가는 새로운 환경에 적응하는 과정에서 비국가 행위자들과의 관계를 새롭게 설정한다. 또한 국가 그 자체도 더 이상 일사불란한 모습으로 움직이는 위계조직이 아니며, 국가 기구 내의 여러 하위 행위자들의 수평적 관계가 활발해지는 개방형 조직형태로 변화한다. 이러한 맥락에서 네트워크 시각

---

[3] 새로이 부상하는 국가모델의 성격을 이해하기 위해서 원용할 수 있는 이론은 네트워크를 하나의 행위자actor로 보는 이론이다. 여기서 네트워크는 그 자체가 하나의 행위자이다. 네트워크는 특정한 속성, 즉 위계조직 모델도 아니고 경쟁 시장모델도 아닌 속성을 지닌 주체라는 차원에서 이해된다. 네트워크는 특정한 경계를 갖는 노드와 링크의 집합을 의미하며, 네트워크 그 자체가 분석의 단위이자 행위의 단위이다. 노드라는 단위 차원보다는 한 차원 위에서 노드와 노드, 그리고 그들 사이에 형성되는 링크 전체를 모아서 하나의 행위자로서 네트워크를 본다. 이렇게 네트워크를 보는 이론 진영의 대표격은 경제학과 사회학 분야의 조직이론에서 원용하는 네트워크 조직 이론이다. 이들 이론의 전제는, 이른바 '개방체계'로 파악되는 네트워크 형태의 사회조직은 동서고금을 막론하고 존재했지만 글로벌화, 정보화, 민주화 시대를 맞이하여 좀 더 두드러지게 부상하고 있다는 것이다. 이러한 네트워크 조직 이론이 제시하는 네트워크 행위자의 개념은 국민국가 행위자를 중심으로 보는 기존 국제정치이론의 전제를 수정·보완하는 데 유용하다.

에서 주목하는 국가는 '네트워크 국가network state'라고 부를 수 있을 것이다.

네트워크 국가란 대내적으로는 위계적 관료국가, 대외적으로는 영토적 국민국가의 모습을 하는 기존의 국가모델이 글로벌화와 정보화 및 네트워크 시대의 변화하는 환경에 맞추어 자기변화와 조정을 해나가는 국가이다. 네트워크 국가의 부상은, 한편으로 국가가 자신의 기능과 권한을 적절하게 국내의 하위 단위체에게 분산·이전시킴으로써 그 구성원들로부터 정당성을 확보하고, 다른 한편으로 개별국가 차원에 주어지는 도전에 효과적으로 대처하기 위해 영토적 경계를 넘어서 국제적이고 지역적이며 경우에 따라서는 초국적인 차원의 제도적 연결망을 구축하는 과정에서 발생한다(Carnoy and Castells, 2001; Ansell and Weber, 1999; Ansell, 2000; 하영선·김상배 편, 2006).

이러한 네트워크 국가는 대내외적으로 몇 가지 층위에서 그 구체적인 모습을 드러내고 있다. 대내적으로는 정치경제학 차원에서 본 정부-기업 관계의 재조정, 정치사회학적 차원에서 본 지배 엘리트 연합과 관료제의 변환, 정치·행정학적 차원에서 본 중앙-지방 관계(국가연합 또는 연방 등)의 재정비 등으로 나타난다. 대외적으로는 글로벌 사안을 놓고 공조하는 정부간협의체(예를 들어 G20), 국가 행위자뿐만 아니라 국제기구와 다국적 기업, 글로벌 시민사회 등이 모두 참여하는 글로벌 거버넌스, 공간지리적인 차원에서 영토국가의 단위를 넘어서 지역 차원에서 형성되는 지역통합체의 부상 등과 같은 형태를 띤다. 21세기 세계정치에서 이러한 네트워크 국가의 출현은 국가별 또는 지역별로 그 진행속도와 발현형태가 다르게 나타나고 있다. 현재는 여러 가지 유형의 네트워크 국가들이 서로 경합을 벌이면서 새로운 거버넌스의 방식을 모색하는 것으로 그려진다.

이러한 네트워크 국가가 그 기능을 제대로 발휘하기 위해서 요구되는 역할은 중심성centrality의 제공이다. 쉽게 말해, 이러한 중심성의 제공은 다양한 행위자들의 이해관계를 조정하고 협력을 이끌어내는 중개자broker로서의 역할과 밀접히 관련된다. 이러한 네트워크 국가의 중개자 역할은 밥 제솝Bob Jessop이 주장하는 메타 거버넌스meta governance의 개념과 맥을 같이한다(Jessop, 2003). 메타 거버넌스는 다양한 거버넌스 메커니즘들 사이에서 상대적 균형을 모색함으로써 그들 간의 우선순위를 조정하는 관리양식을 의미한다. 제솝에 의하면, 시장의 무정부 질서anarchy, 국가통제의 위계질서hierarchy, '거버넌스'의 다층질서heterarchy 중 어느 하나의 메커니즘만으로는 권력관계의 완전한 균형과 이익의 형평을 달성하는 데 한계가 있다고 한다. 다시 말해, 사회체계의 복잡성, 구조적 모순, 전략적 딜레마, 양면적인 목표의 존재 등으로 인해서 시장 메커니즘이나 국가통제 또는 거버넌스의 자기조직화에 모두 실패할 가능성이 존재한다는 것이다(Ansell, 2000: 309).

이러한 맥락에서 이들의 실패를 보정하기 위해서 일종의 '거버넌스의 거버넌스the governance of governance'로서 메타 거버넌스의 필요성이 제기된다. 제솝에 의하면, 새로운 거버넌스를 행하는 국가는 다양한 행위자들이 활동하는 장을 마련하고, 상이한 거버넌스 메커니즘의 호환성과 일관성을 유지하며, 정책공동체 내에서 대화와 담론 형성의 조직자 역할을 담당하고, 정보와 첩보를 상대적으로 독점하며, 거버넌스 관련 분쟁을 호소하는 장을 제공하고, 시스템 통합과 사회적 응집을 목적으로 권력격차의 심화를 조정하고, 개인과 집단 행위자의 정체성·전략적 능력·이해관계를 조정하고, 거버넌스가 실패하는 경우 정치적 책임을 지는 등의 메타 거버넌스 역할을 담당한다고 한다(Jessop, 2003: 242~243). 메타 거버넌스는 국가가 사안에 따라 그 개입의 수준을 적절하게 조절하는 방식으로 여러 가지 거버넌스를 동시에 운용하는 관리양식으로 정의할 수 있다. 요컨대, 이러한 메타 거버넌스는 변화하는 세계정치의 환경 속에서 네트워크 국가가 담당하는 역할을 보여준다.

2) 사이버 안보와 네트워크 국가의 거버넌스

사이버 안보의 세계정치는 네트워크 국가들이 벌이는 게임의 대표적인 사레이다. 네트워크 국가는 사이버 공격이라는 위협 요인을 제공하는 주체인 동시에 초국적으로 또는 국가 간에 발생하는 사이버 위협을 방지하기 위한 메커니즘을 만드는 주체이기도 하다. 국가–비국가 행위자의 복합체로서 네트워크 국가는 사이버 방어 분야에서도 다양하게 나타난다. 정부기관들 이외에도 지방자치단체나 민간보안업체들의 역할이 중요하다. 군조직도 나서지만 정보기관이나 관료기구의 공조체계 구축이 중요하다. 일국 차원의 대응만으로는 안 되고 주변 국가들 간의 협력이 중요하며 핵심적인 이해관계를 공유하는 국가들 간의 외교가 중요하다. 최근 미국과 일본, 한국 간에 '사이버 동맹'에 준하는 긴밀한 협조의 필요성이 거론되는 것은 바로 이러한 맥락이다. 유럽지역이나 동아시아 또는 아태지역에서 사이버 안보협력을 위한 지역협력체 활동의 존재에도 주목해야 한다. 또한 글로벌 차원에서 활동하는 정부간협의체와 국제기구에서의 규범형성 노력에도 주목해야 한다.

이러한 와중에서 '국가'는 사이버 안보의 문제를 둘러싸고 벌어지는 망제정치의 과정에서 '중심성'을 제공하는 주체이다. 최근의 양상을 보면, 사이버 공격에도 국가의 사주를 받는 해커집단이 나서고 국가가 그 뒤에서 그림자를 드리우고 있다. 공격의 대상도 국가 공공시설만 공략하는 것이 아니고 민간 정보자산에 대한 해킹도 감행된다. 이러한 과정에서 공식 군조직 내에 있는 해커 부대가 나서기도 하지만 노골적으로 국적을 내걸지는 않는다. 예전에는 뒷짐지고 있던 국가 행위자가 2000년대 후반부터 알게 모르게 나서고 있는 형국이다. 공격의 양상도 사이버 공격, 재래식 공격, 핵공격이 복합적으로 나타나는 하이브리드 전쟁이라는 새로운 전쟁양식의 출현이 거론되고 있다. 이러한 과정에서 국가는 알게 모르게 중심성을 제공하는 행위자이다. 이러한 지적은 21세기 세계정치 변환의 와중에도 국가는 그 역할을 자기조정하면서 새로운 역할과 형태를 찾아가고 있다는 논의로 통한다.

사이버 공격을 막기 위한 그물망 방패를 구축하는 데 있어 전통안보 분야의 방식을 그대로 적용하는 것은 적절하지 않다. 복잡계 환경을 배경으로 하는 신흥안보로서 사이버 안보 분야에서 이전과 같이 국가가 나서서 자원을 동원하고 관련 행위자들을 통제하는 위계조직의 발상으로는 안 된다. 사이버 안보 분야에서는 안보 거버넌스를 더욱 유연하게 유지함으로써 어떤 위험이 닥치더라도 국가의 개입 없이도 민간 차원에서 효과적으로 대응할 수 있는 방식을 도입할 필요가 있다. 국내적 차원에서 새로운 거버넌스 양식을 도입하는 것과 동시에 유사한 위험을 맞은 주변 국가들이나 국제사회 전반과 협력하고 공조하는 노력도 필요하다.[4] 결과적으로 사이버 안보의 위험에 대응하기 위해서 필요한 것은 기존의 국민국가 단위의 대응체제를 넘어서 미래 위험에 적절히 대응하는 새로운 국가모델과 이에 입각해서 새로운 거버넌스 체제를 갖추려는 노력이다.

사이버 안보 분야에서 모색되는 네트워크 국가의 (메타)거버넌스는 사이버 안보의 위험유형에 적합한 방향으로 설정되어야 한다. 김상배(2016b)의 이론적 논의를 바탕으로 볼 때, 사이버 안보는 시스템의 결합도가 높아 돌발적으로 발생할 가능성이 높고, 복잡도도 높아서 위험의 파급범위가 무한하여 조기에 인지하는 것이 어려우며, 그 결과를 예측하여 통제하는 것도 쉽지 않은 유형의 위험이다. 이는 '돌발적 무한형 위험'이라고 부를 수 있다. 일반이론의 시각에서 볼 때, 이러한 위험에 대처하기 위해서는 집중 거버넌스와 역외域外 거버넌스의 조합이 적합하다. 돌발적으로 발생하는 재난이어서 그 피해를 조기에 감지하는 것이 쉽지 않고, 일단 재난이 발생하고 나면 그 피해가 낳을 결과를 예측하는 것이 용이하지 않다. 따라서 신속하고 체계적인 재난의 복구가

---

4 이러한 국제협력과 공조의 사례 중의 하나로 사이버 범죄수사 분야의 국제공조 네트워크에 주목할 필요가 있다. 이는 사이버 범죄를 저지른 범인을 잡는 것을 목적으로 한다는 점에서, 제1장에서 살펴본, 해킹으로 인한 사고 방지를 목적으로 하는 CERT와는 다르다. 한편, 이는 민간업체와 정부기관의 협력·공조라는 점에서 전통적인 국가 행위자들 간의 협력과도 다르다. 대표적인 사례로는 국제형사사법공조법을 근거로 한 인터폴Interpol 공조와 24/7 네트워크 등이 있다. 이 외에도 수사기관 간 직접공조도 있는데, 공식채널의 한계로 비공식적 협조의 중요성이 강조된다(장윤식, 2017).

중점이 되지만 일국 차원의 노력으로는 한계가 있기 때문에 책임 있는 당국자들이 국제적으로 협력하는 '정부 간 협력 모델'이 적합한 것으로 알려져 있다(김상배, 2016b: 92~94).

이상의 논의를 종합해서 보면, 네트워크 국가가 구사할 대응전략의 관건은 사이버 안보의 위험유형에 적합한 거버넌스를 얼마나 적시에 도입할 수 있느냐의 여부에 있다. 모든 나라들이 저마다 다른 위험 대응시스템을 갖추고 있기 때문에 다양한 위험유형에 적합한 거버넌스를 선택하여 도입한다는 것은 쉽지만은 않다. 또한 어느 나라건 모든 위험유형에 대한 각각의 대응 거버넌스 양식을 미리 완비하고 있을 수도 없다. 이는 불가능할 뿐만 아니라 비효율적일 수도 있다. 따라서 새로운 위험이 발생했을 때 그 위험의 속성을 인지하고 그에 적합한 거버넌스의 형태를 적재적소에 신속하게 동원하는 메타 거버넌스의 역량을 구비하는 것이 성패의 관건이 될 수밖에 없다. 사이버 안보 분야에서 요구되는 것은 바로 이러한 메타 거버넌스를 행하는 네트워크 국가의 역할이다(김상배, 2016b: 93).

여기서 한 가지 주목할 것은 이러한 네트워크 국가의 역량이 단순히 방어능력에서만 발견되지는 않는다는 사실이다. 사이버 안보의 특성상 사전적 예방과 방어만큼이나 사후적인 복원력이 중요하다. 복원력은 '위험으로 변화된 환경에 적응하여 지속가능한 상태로 스스로를 재구성해나가는 역량'을 의미한다. 복원력은 메타 거버넌스의 역량과 결합되어 위험발생에 적합한 새로운 거버넌스를 창출하는 데 기여한다. 위험을 예측하는 것이 불가능한 사이버 안보 위험의 특성상 이 분야의 거버넌스에서는 사후적인 복원력을 갖추는 것이 중요하다. 즉, 시스템 외부의 충격을 받아 원래의 균형으로 회복하지 못한다 하더라도 시스템의 핵심기능을 보완할 수단을 찾거나 또는 시스템의 정체성을 상실하지 않을 정도로 다른 기능적 대안들을 발굴하는 역량이 필요하다.[5]

3. 네트워크 권력과 3차원 표준경쟁

1) 권력변환과 네트워크 권력론

오늘날 세계정치에서는 기존의 자원권력을 넘어서는 새로운 권력의 부상이 주목을 받고 있다. 이는 주로 경제적 상호의존, 환경(기후변화, 에너지, 원자력), 보건(전염병, 바이오 기술, 식량), 이민(난민, 이주, 탈북자), 규범(인권, 개발협력, 발전모델, 핵·원자력), 기술(IoT, 인공지능) 등과 같은 새로운 이슈영역에서 관찰된다. 특히 사이버 공간에서 벌어지는 권력게임이 기존의 국제정치와는 다른 양상을 보이고 있다. 네트워크 환경에서 발생하는 이들 분야의 권력은 행위자들이 보유한 자원이나 속성보다는 행위자들이 벌이는 상호작용의 맥락에서 작동한다는 특징을 지닌다. 다시 말해, 단순히 군사력과 경제력의 자원권력에 의지하는 게임이 아니라 기술·정보·지식·문화·커뮤니케이션 등과 같은 비물질적 자원을 매개로 하여 행위자들이 구성하는 관계적 맥락, 즉 네트워크를 통해서 작동하는 새로운 권력게임의 양상이 나타난다.

사실 국제정치이론의 주류를 이루고 있는 현실주의 국제정치이론이 염두에 두고 있는 권력 개념은 주로 행위자의 속성론이나 자원론의 관점에서 국제정치의 핵심 노드인 국가가 보유하고 있는 물질적 자원, 특히 부국강병을 보장하는 군사력이나 경제력의 보유라는 관점에서 파악된다. 그러나 21세기를 맞아 변화하는 세계정치의 맥락에서 이해되는 권력 개념은 이렇게 파악되기보다는 상황에 따라서, 그리고 다른 행위자와의 관계나 구체적인 사안에 따라서 다르게 인식되어야 하는 새로운 면모를 내보이고 있다. 이러한 맥락에서 네트워크 이론에서 주목하는 권력은 노드로서의 국가 행위자의 속성이나 보

---

5 복원력에 대한 국내외 연구로는 Holling(1973), Renn(2005), Folke(2006), Tierney and Bruneau (2007), 정지범·이재열 편(2009), 서지영(2014), 진대욱(2014) 등을 참조하기 바란다.

유자원에서 비롯되는 고정된 개념이 아니라 노드와 노드들이 맺는 관계의 구조라는 맥락에서 생성되는 권력이다. 이러한 권력은 주로 네트워크 맥락에서 발생하는 권력이라는 점에서 통칭하여 '네트워크 권력network power'이라고 부를 수 있을 것이다.[6]

네트워크 권력이란 행위자들 간에 형성되는 관계 또는 이러한 관계들을 형성하는 네트워크의 속성을 활용하거나, 더 나아가 네트워크 전체를 창출하고 변경시키는 과정에서 발생하는 권력을 의미한다. 네트워크 권력의 개념이 지니는 의미는 행위자의 내재적 속성에서 비롯되는 권력과 행위자 밖의 구조적 요소로부터 발생하는 권력을 복합적으로 파악한다는 데서 발견된다. 또한 네트워크 권력의 개념은, 상대적으로 고립된 노드 행위자들이 서로 위협하고 강제하는 권력 행사방식을 넘어서, 밀접한 상호의존의 관계를 형성하고 있는 행위자들 사이에서 발생하는 복합적인 권력의 행사방식을 이해하는 데 매우 유용하다. 다시 말해, 네트워크 권력은 서로 경쟁하면서도 협력하고, 협력하면서도 권력을 행사하려는 권력게임의 복합 현상을 드러내주는 개념이다. 이러한 특성은 새로운 권력 환경으로 설정한 네트워크 공간이 제로섬 게임의 공간인 동시에 비非제로섬 게임의 공간이기 때문에 발생한다(김상배, 2014a).

이러한 개념적 복합성을 분석적으로 드러내기 위해서 여기서는 '행위자'와

---

6 사이버 안보 분야의 권력게임을 이해하는 데 원용할 수 있는 이론은 네트워크를 하나의 동태적 과정 process으로 이해하는 이론이다. 네트워크란 어느 노드가 그 주위의 다른 노드들과 관계를 맺어가는 부단한 과정 그 자체를 의미한다. 이렇게 과정으로 파악된 네트워크의 개념은, 행위자와 구조로 구분하는 차원을 넘어서, 노드들 서로가 관계를 맺어 네트워크를 형성해가는 '자기조직화'의 과정이다. 과학기술 사회학 분야에서 주로 원용되는 행위자-네트워크 이론(ANT)은 이러한 과정으로서 네트워크에 주목한다. ANT에 의하면, 과정으로서 네트워크는 인간 행위자뿐만 아니라 그 주위의 물질적 환경에 해당하는 비인간non-human 행위자들까지도 참여하는 과정, 즉 ANT의 용어로는 '번역translation'의 과정이다. ANT에서 행위자란 노드와 같이 개체론의 시각에서 파악되는 행위자는 아니고, 오히려 행위자와 구조가 상호작용하면서 구성하는, '행위자인 동시에 네트워크'인 존재이다. 이러한 ANT가 제시하는 네트워크 전략은 자원권력의 추구를 기본적인 전략 게임으로 보는 기존 국제정치이론의 전제를 수정·보완하는 데 유용하다.

'과정,' 그리고 '체제(또는 구조)' 차원에서 작동하는 세 가지 네트워크 권력의 메커니즘에 주목했다. 가장 쉽게 이해하면, 네트워크에서 비롯되는 권력은 네트워크를 구성한 노드들의 집합인 행위자가 발휘하는 집합권력collective power 이다. 둘째, 네트워크 권력은 네트워크 환경에서 특정 노드 또는 노드군#이 네트워크상에서 어느 특정한 구조적 위치를 차지함으로 인해서 발휘하는 위치권력positional power이다. 그런데 이러한 위치권력은 주로 네트워크상에서 특정 노드와 노드 또는 군집과 군집 사이에서 '중개자'의 역할을 발휘한다는 점에서 중개권력brokerage power과도 통한다. 끝으로 네트워크 권력은, 행위자와 구조를 구별하기 힘든 네트워크의 속성을 고려할 때, 행위자와 구조를 모두 포괄하는 체제 차원의 개념으로 이해될 수도 있다. 즉, 네트워크 권력은 체제로서의 네트워크를 프로그래밍하는 과정에서 발휘되는 설계권력programming power이다.

이러한 네트워크 권력이 작동하는 과정은 네트워크의 다양한 노드들을 조정함으로써 상호작동성과 호환성 및 정체성 등을 제공하는 것을 목적으로 한다. 이러한 과정은 표준설정의 메커니즘을 연상시킨다(Grewal, 2008: 97). 기술분야뿐만 아니라 언어나 화폐, 법률과 문화적 관행에 이르기까지 다양한 종류의 표준은 이질적인 성격의 노드들로 구성된 네트워크가 원활하게 작동케 하는 조정기능을 제공한다. 그런데 이러한 표준의 조정기능은 중립적으로 이루어지는 것이 아니고 항시 권력현상을 수반하기 마련이다. 이러한 표준설정의 권력은 어느 노드가 물질적 자원을 많이 보유하고 있다고 해서 생겨나는 종류의 것이 아니다. 오히려 물질적 권력은 빈약하더라도 노드 차원을 넘어서 작동하는 네트워크의 속성을 제대로 이해하는 노드가 표준설정의 권력을 행사할 가능성이 높다. 이러한 점에서 표준권력이 작동하는 메커니즘은 네트워크 권력정치의 대표적인 사례이다.

2) 3차원 표준경쟁의 분석틀

여기에서도 네트워크 권력정치의 사례로서 사이버 안보 분야에서 벌어지는 세 가지 차원의 표준경쟁에 주목했다. 우선, 표준경쟁은 주로 기술과 시장에서 벌어지는 경쟁의 형태를 띤다. 기술의 관점에서 본 표준경쟁이란 시스템을 구성하는 단위들 간의 상호작동성과 호환성을 돕는 규칙이나 기준, 즉 표준을 선점하기 위해서 벌이는 경쟁이다. 역사적으로 표준설정은 공적인*de jure* '표준화'나 사실상*de facto* '표준경쟁'의 두 가지 형태로 진행되었는데, 최근에는 '사실상 표준경쟁'의 중요성이 더 주목받고 있다. 특히 가전, 컴퓨터, 이동통신, 디지털TV, 인터넷, 스마트폰 등과 같은 IT산업 분야에서 기술표준의 중요성이 커지면서 그 주도권을 놓고 시장에서 벌어지는 표준경쟁의 중요성이 증대되고 있다. 이러한 기술표준경쟁은 주로 민간 기업 차원에서 벌어지지만 최근에는 그 중요성이 커지면서 국가 간 경쟁의 양상을 띠기도 한다. 사이버 안보 분야에서 벌어지는 표준경쟁도 암호기술이나 정보보안 등과 관련된 기술표준경쟁의 성격을 바탕에 깔고 있다.

둘째, 표준경쟁을 기술과 산업 분야에서만 논하라는 법은 없다. 실제로 언어나 화폐, 정책과 제도, 규범, 법률과 문화적 관행에 이르기까지 다양한 분야에서 제도표준경쟁의 양상이 나타난다. 제도표준경쟁은 이른바 '제도모델'의 표준을 놓고 벌이는 경쟁이다. 새로운 기술과 표준의 개발이나 이전 및 확산은 그 자체만의 독립적인 과정이라기보다는 이를 뒷받침하는 제도환경의 변수가 관여하는 사회적 과정이다. 새로운 기술과 산업에서 효과적인 경쟁을 벌이기 위해서는 새로운 제도환경의 조성, 즉 일종의 제도표준의 우위를 겨루는 보이지 않는 경쟁이 동시에 진행된다. 보통 (국제)정치학에서 제도표준에 대한 논의는 기업모델, 산업모델, 정책모델 등의 형태로 알려져 있다. 역사적으로 국가 차원에서는 영국 모델, 후발 자본국 모델, 포디즘Fordism, 냉전모델, 일본 모델, 윈텔리즘Wintelism 등과 같은 정치경제 모델로 나타났다(김상배, 2007).

최근 워싱턴 컨센서스와 베이징 컨센서스로 불리는 미국과 중국의 정치경제 모델의 경쟁에 주목하는 것도 바로 이러한 맥락이다.

사실 이렇게 넓은 의미에서 보면 국제정치 자체가 표준경쟁이다. (국제)정치학의 시각에서 볼 때, 기술표준의 개발과 수용, 정책과 제도의 도입, 규범의 전파 등은 중립적으로 이루어지는 것이 아니고 권력현상을 수반한다. 표준설정의 권력은 어느 행위자가 물질적 자원을 많이 보유하고 있다고 해서 생겨나는 종류의 것이 아니다. 오히려 물질적 권력은 빈약하더라도 행위자 차원을 넘어서 작동하는 네트워크의 속성을 잘 이해하고 자신이 제시한 표준을 지지하는 세(勢)를 많이 모으는 것이 중요하다. 이렇게 많은 지지자를 끌어 모을 수 있는 자가 여타 표준과의 관계에서 유리한 위치를 차지하여 호환성을 제공하는 역할을 담당할 가능성이 높다. 또한 이러한 능력을 가지고 있으면 자신의 이해관계를 반영하여 네트워크상에서 게임의 규칙을 장악할 가능성도 높다. 일단 이렇게 설계된 네트워크는 지배표준으로 작동하면서 더 많은 세력을 결집하게 되는 구조적 강화의 고리를 형성한다. 국제정치학의 시각에서 볼 때 이러한 네트워크 권력정치로서의 표준경쟁의 양상은 글로벌화와 정보화, 그리고 네트워크 시대로 대변되는 21세기 세계정치에서 더욱 두드러지게 나타나고 있다.

끝으로, 가장 추상적인 의미에서 표준경쟁은 기술과 제도의 차원을 넘어서 생각과 담론, 더 나아가 이념과 가치관 등의 표준을 놓고 벌이는 경쟁, 통칭해서 담론표준경쟁으로 이해할 수 있다. 담론은 현실세계의 이익과 제도적 제약을 바탕으로 하여 출현하지만, 역으로 미래세계를 구성 및 재구성하는 방향으로 작동하기도 한다. 다시 말해, 담론은 현실을 바탕으로 하여 구성된 이익이나 제도의 비물질적 반영이기도 하지만, 기존의 이익에 반하거나 제도적 제약을 뛰어넘어 기성질서와는 다른 방향으로 현실의 변화를 꾀하는 계기를 제공하기도 한다. 이러한 과정에서 담론표준경쟁은 아직 구체화되지 않은 현실세계의 성격을 정의하며 그러한 과정에서 등장할 미래세계의 의미와 효과를 규정하는 경쟁을 뜻한다. 이러한 담론표준경쟁은 단순히 추상적인 관념의 경쟁을 의미하는 것이 아니고, 앞서 언급한 기술표준경쟁이나 제도표준경쟁과 구체적으로 연계해서 이해할 수 있는데, 보통 새로운 담론의 제시를 통해서 기술혁신이나 제도조정의 방향이 설정되기 때문이다.

이러한 맥락에서 보면, 최근에 벌어지고 있는 사이버 안보의 세계정치는 담론표준경쟁의 성격을 강하게 띠고 있다. 사실 사이버 안보라는 현상은 아직까지도 그 위험의 실체와 효과가 명시적으로 입증되지 않았다. 따라서 이 분야의 담론을 형성하는 과정이 중요할 수밖에 없다. 예를 들어, 사이버 안보 논의에서 무엇이 논의의 대상인지, 무엇이 중요하고 무엇이 위협인지, 그리고 사이버 안보를 위해서는 무엇을 해결해야 하는지 등의 담론을 생성하는 것이 중요하다. 그도 그럴 것이 사이버 안보담론의 형성은 단지 '말싸움'으로 끝나는 것이 아니라 그 '말'을 통해서 구성될 미래의 방향을 놓고 벌이는 이익과 권력의 게임이기 때문이다. 최근의 양상을 보면, 사이버 안보담론의 형성과정이 단순히 중립적 시도가 아니라 각기 입장에 따라서 다르게 구현될 수밖에 없는 정치적인 과정이며, 그렇기 때문에 힘 있는 자가 주도하는 권력정치임을 알 수 있다. 이렇게 보면 사이버 보안 기술이나 인터넷 정책 등과 관련하여 벌어지고 있는 경쟁도 모두 사이버 공간의 안보담론을 선점하려는 경쟁과 밀접하게 관련된다.

요컨대, 최근 강대국들이 사이버 안보 분야에서 벌이는 경쟁은 인터넷 기술의 혁신과 이를 뒷받침하는 인터넷 관련 정책 및 제도의 성격, 그리고 미래질서 비전의 제시라는 세 가지 차원에서 파악되는 표준경쟁이다. 이러한 표준경쟁이 작동하는 메커니즘은 네트워크 권력의 논리를 따라서 움직인다. 더 나아가 이러한 네트워크 권력경쟁은 21세기 세계정치의 플랫폼을 장악하기 위한 경쟁이기도 하다. 여기서 플랫폼 경쟁은 판을 만들고, 그 위에 다른 행위자들을 불러서 활동하게 하고, 거기서 발생하는 규모의 변수를 활용하여 이익을 취하는 경쟁을 뜻한다. 사이버 안보 분야에서 나타나는 플랫폼 경쟁도 기술-

제도-담론의 3차원 표준경쟁의 모습을 띠고 있다.

4. 네트워크로 보는 탈국제질서

1) 질서변환과 탈국제질서에 대한 논의

앞서 제시한 것처럼, 21세기 세계정치의 기본단위가 노드형의 국민국가가 아니고 그 영토적 경계의 안과 밖으로 네트워크화되는 국가라면 이들이 구성하는 관계의 성격을 어떻게 개념화해야 할까? 질서를 구성하는 기본단위의 성격이 변한다면 당연히 이들이 단위가 되어 형성하는 관계, 그리고 더 나아가 질서의 성격도 달라질 수밖에 없을 것이다. 적어도 현재 떠올려 볼 수 있는 21세기 세계질서의 이미지는 기존의 현실주의 국제정치이론이 개념화하고 있는 무정부 질서anarchy보다는 좀 더 복합적인 모습이다. 탈냉전 이후 경제적 상호의존의 심화와 글로벌화, 그리고 9·11 테러 이후 테러집단의 발흥 등과 같은 사건들이 벌어지면서, 더 이상 기존의 주류 국제정치이론에서 개념화하던 무정부 질서로서 21세기 세계정치의 구성원리를 논하기는 어려워졌다. 실제로 기존의 주류 국제정치이론 진영 내에서도 국민국가들이 구성하는 단순질서, 즉 무정부 질서를 넘어서는 복합질서로서 탈脫국제질서에 대한 논의가 진행되어왔다(김상배, 2014a: 333~335).

사실 네트워크의 시각에서 복합질서로서 탈국제질서의 구성원리를 밝힌다는 것은 매우 도전적인 일이 아닐 수 없다. 여기서 말하는 복합질서는 무정부질서나 위계질서 등과 동일한 수준에서 이들 개념을 대체하는 또 하나의 질서 개념은 아니기 때문이다. 오히려 이러한 복합질서는 '질서들의 질서archy of archies', 또는 '네트워크들의 네트워크network of networks', 즉 망중망網重網 등으로 이해되는 일종의 메타질서meta-order로 보아야 한다. 다시 말해, 새로운 질서는 상이한 구성원리를 가지고 있는 몇 가지 유형의 질서가 복합된 질서가 될 가능성이 크다. 기존의 국가 노드들이 벌이는 국제정치, 새로운 네트워크 행위자들이 벌이는 네트워크 세계정치, 그리고 노드 행위자와 네트워크 행위자들 간에 벌어지는 망제정치網際政治 등을 모두 포괄하는 질서 개념인 것이다.

이상에서 벌인 논의를 바탕으로 보면, 현재 부상하고 있는 새로운 세계질서는 단선적인 '이행transition'과 '이동shift'의 모델이 아니라 '변환變換, transformation'의 모델로 이해해야 한다. 실제로 네트워크 권력의 메커니즘이 복합적으로 작동하는 것만큼, 이를 추구하는 세력들이 창출하는 질서의 결과물도 두 가지 이상의 네트워크들이 교차하는 지점에서 교묘하게 얽히면서 운영되는 복합적인 모습이다. 다시 말해, 네트워크 국가들이 구성하는 질서는 현실주의가 그리는 것처럼 무정부 질서의 국제체제도 아니고 세계체제론에서 말하는 것처럼 어느 국가가 다른 국가의 상위 권위로서 군림하는 위계질서도 아니다. 또한 개인의 상위에 정부가 존재하는 국내사회와도 다르다. 네트워크 국가들이 구성하는 체제는 무정부 질서와 위계질서의 중간에 설정되는 '네트워크아키networkarchy' 또는 '네트워크 질서network order' 정도로 볼 수 있다.

사이버 안보 분야에서도 기존의 국제질서(즉 무정부 질서)의 단일 이미지를 넘어서는 복합질서가 출현하고 있다. 이러한 방식으로 파악되는 질서는 고정 불변한 것이 아니라 역사상 나타난 다양한 국제정치의 패권구조 및 구성원리 등과 조응하며 변천해왔다(전재성, 2012). 21세기 세계정치 공간으로서 사이버 공간에서도 글로벌화와 정보화의 추세 속에 비국가 행위자들이 전면에 나서면서 기존의 국민국가 중심의 질서가 변화를 겪게 되고 이를 반영하는 새로운 규범의 필요성이 제기되고 있다. 전망컨대, 새로운 규범은 기존 국제정치의 테두리를 넘어서 새롭게 부상하는 권력구조와 구성원리를 반영한 규범이 될 가능성이 높다. 특히 사이버 공간을 매개로 부상하는 글로벌 질서에 조응하는 국제규범은 여타 사례들보다 훨씬 더 복합적인 양상으로 출현할 것이다. 여기서 관건은 이렇게 복합적으로 등장할 질서와 규범의 내용을 예견하는 것이라고 할 수 있다.

여기서는 사이버 안보의 국제규범과 관련하여 세 가지 프레임으로 보는 질서상에 주목한다. 첫째, 기존의 '국가 간inter-national' 프레임으로 보는 사이버 공간의 질서상이다. 이는 주권국가로서 국민국가 행위자를 기본단위로 설정하고 그들의 관계에서 형성되는 규범을 논한다. 이러한 국제규범의 사례로는 헤들리 불Hedley Bull이 제기했던 국제사회international society와 무정부적 사회anarchical society의 개념을 들 수 있다(Bull, 1977). 둘째, 좀 더 유연해진 네트워크 국가의 틀에서 이해한, '정부 간inter-governmental' 프레임으로 보는 사이버 공간의 질서상이다. 이러한 규범의 사례로는, 탈냉전 이후 글로벌화의 추세 속에서 초국적 문제의 해결을 위해 구성되는 '정부 간 네트워크'를 통해서 모색되는 규범을 들 수 있다. 끝으로, 탈집중화된 '글로벌 거버넌스' 프레임으로 보는 사이버 공간의 질서상이다. 그 사례로는 탈근대적이고 글로벌한 난제들을 풀기 위해서 국가뿐만 아니라 다양한 비국가 행위자들도 참여하는 규범 형성을 들 수 있다.

이렇게 세 가지 프레임을 기반으로 한 사이버 안보의 국제규범은 각기 상이한 글로벌 질서상을 상정한다. 사실 이러한 질서상은 서로 다른 아키텍처와 작동방식을 지니고 있으며, 21세기 질서변환의 시대를 맞이하여 서로 경합하면서 구성하는 '네트워크 질서'의 모습을 보여준다. 이러한 과정에서 이 글이 특히 주목하는 것은 서로 상이하게 주장되는 국제규범 프레임의 기저에 깔린 이익과 이를 구현하기 위한 담론의 경쟁, 즉 '프레임 경쟁'이다. 사실 사이버 안보의 국제규범과 관련하여 제시되는 프레임은 단순히 중립적인 것이 아니라 이를 통해서 미래를 자신에게 유리하게 재구성하려는 이익이 반영된 것이다. 실제로 사이버 안보의 국제규범 형성과정의 이면에는 미국과 서구로 대변되는 서방 진영과 러시아와 중국으로 대변되는 비서방 진영이 각기 자신들의 이익을 반영한 프레임을 관철하기 위한 경쟁을 벌이고 있다.

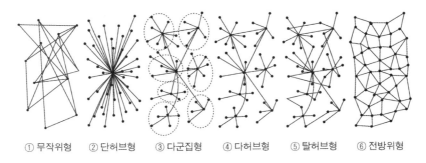

① 무작위형   ② 단허브형   ③ 다군집형   ④ 다허브형   ⑤ 탈허브형   ⑥ 전방위형

그림 3-1 네트워크의 유형 구분
자료: Baran(1964)과 김상배(2005)에서 응용.

2) 네트워크로 보는 사이버 공간의 복합질서

이 글은 각 프레임이 지향하는 질서상의 내용적 차이를 좀 더 구체적으로
보여주기 위한 논의를 펼쳤다. 특히 네트워크 이론의 시각을 원용하여 사이버
안보 국제규범의 기저에 깔려 있는 복합질서의 내용과 함의를 좀 더 가시적이
고 분석적인 방식으로 그려보기 위해서 네트워크의 유형에 대한 논의를 펼쳤
다. 폴 배런Paul Baran과 김상배의 논의에 의하면, 이념형으로 설정되는 무작위
형과 전방위형을 양 극단으로 하는 스펙트럼의 사이에서 몇 가지 네트워크의
유형을 구분해볼 수 있다(Baran, 1964; 김상배, 2005). 여기서는 네트워크상에
존재하는 허브의 숫자와 형태에 따라서 단허브mono-hub형, 다군집multi-cluster
형, 다허브multi-hub형, 탈허브hub-bypass형 등 네 가지 유형의 네트워크 아키텍
처로 나누어 보았다(그림 3-1 참조).

먼저 '국가 간' 프레임은 기본적으로 다군집형 네트워크의 질서를 상정한다
(그림 3-1의 [3]). 다군집형은 국민국가들로 구성되는 근대 국제질서 모델을 연
상케 하는데, 여기서 국가nation는 각 허브와 그 주위의 노드들에 그룹핑을 위
한 테두리 선을 그어놓은 노드군群으로 묘사된다. 이들 노드군의 상위에 또 다
른 권위체가 없다는 의미에서 '무정부 질서anarchy'이지만, '무질서 상태'를 의

미하는 것은 아니어서 국제법이나 국제기구 등과 같이 국가nation, 즉 노드군 단위의 상호작용을 통해서 규범이 모색된다. 21세기 세계정치에서 국가 간 프레임은 군집을 이루는 테두리 선들이 약해지는 현상, 즉 개방적 글로벌화에 저항하여 국가주권의 쇠퇴를 늦춰보려는 보수적인 프레임으로 이용되는 경향이 있다. 실제로 사이버 공간에서의 국가주권을 주장하는 비서방 진영과 개도국들의 주장에서 이러한 국가 간 프레임이 확인된다.

둘째, '정부 간' 프레임은 다허브형 네트워크의 질서를 상정한다(그림 3-1의 [4]). 다허브형은 정부간협의체 모델을 연상케 하는데, 특정 허브와 그 주변의 노드들이 군집을 이루어 집합적으로 상호작용하는 다군집형 네트워크의 아키텍처와는 달리, 군집을 이룬 노드들 중에서 허브에 해당하는 정부가 다른 군집의 허브(즉 정부)와의 상호작용을 주도하는 모델이다. G7/8, G20 등과 같은 정부간협의체나 OECD와 같은 선진국 클럽 형태의 국제기구 등이 상정하는 질서상이다. 최근 글로벌한 난제들을 풀어가기 위해서 이해당사자인 선진국들이 활발히 나서는 과정에서 부각되었지만, 20세기 국제정치에서도 앞서 언급한 국가 간 프레임은 상대적으로 명분상으로만 작동하는 가운데 강대국들이 주도하는 정부 간 프레임이 면면히 작동했던 바가 없지 않았다. 이는 근대 국제질서의 다군집형이 글로벌 거버넌스의 탈허브형에 대항하기 위해서 수세적으로 변용하는 모델로 이해될 수도 있다.

끝으로, '글로벌 거버넌스' 프레임은 기본적으로 탈허브형 네트워크의 질서를 상정한다(그림 3-1의 [5]). 탈허브형은 수평적이고 분산적인 네트워크 모델을 연상케 하는데, 다허브형에서 허브(즉 정부)를 경유하지 않는 노드들 간의 교류(다국적 기업이나 글로벌 시민사회와 같은 비국가 행위자들의 활동)가 점차로 증대하여 허브인 정부를 우회하면서 국제규범에 대해 논하는 모델이다. 그러나 21세기 글로벌 거버넌스 모델은 완전한 탈허브형 네트워크로만 작동하지 않고, 그 이면에 사실상의 지배를 행사하는 단허브형 네트워크의 메커니즘, 즉 제국이 있다는 비판이 받아왔다(그림 3-1의 [2]). 사실 역사적으로 존재했던 제국들은 모두 중심으로부터 주변으로 네트워크를 쳐나가는 단허브형으로 이해할 수 있다. 이러한 시각에서 보면 글로벌 거버넌스 프레임은 앞서의 두 프레임과는 달리 탈허브형과 단허브형 네트워크의 아키텍처가 복합된 형태로 보아야 한다.

이 책에서 제시하는 사이버 안보 분야의 네트워크 질서 개념은, 이상의 세 가지 유형의 네트워크들이 모두 합쳐지는 복합질서인 동시에 서로 상이한 이들 네트워크들을 엮어내는 메타질서와 관련된다. 네트워크 질서는, 다허브형 네트워크로 개념화되는 근대 국가체제가 변환을 겪는 와중에 단허브형 네트워크의 제국질서와 탈/단허브형 네트워크의 글로벌 거버넌스형 질서가 중첩되는 형태이다. 다시 말해, 기존의 국민국가 중심의 질서가 변화를 겪고 있는 것은 사실이지만, 그렇다고 새로운 행위자들이 득세하는 전면적인 탈허브형의 분산 네트워크만 관찰되는 것은 아니고, 그 반대로 어느 특정 국가의 세력이 전체 네트워크를 압도하는 단허브형의 집중 네트워크가 부상하는 것도 아니다. 오히려 21세기 세계정치의 현실은 세 가지 네트워크가 교차하는 지점에서 교묘하게 얽히면서 운영되는 네트워크 국가의 복합질서가 부상하고 있는 것으로 보아야 할 것이다.

5. 네트워크 전략과 중견국 외교

1) 네트워크로 보는 구조의 새로운 이해

분석이론의 차원에서 제기한 네트워크 세계정치이론의 논의들은 자연스럽게 네트워크 세계정치의 현실을 헤쳐 나가는 실천이론을 개발하는 과제로 연결된다. 네트워크 이론의 시각에서 본 외교전략은, 현실주의 국제정치이론이 처방하는 바와 같이 자원권력을 증대하는 전략이 아니라, 네트워크상에서 작동하는 권력 메커니즘의 속성을 잘 이해하고 이를 적극적으로 활용하는 네트워크 전략을 추구하라는 것이다. 그리고 상황에 따라서는 새로이 네트워크를 치지 못하면 기존의 네트워크를 활용하라는 것이고, 더 나아가 행위자 자신의 모습이 네트워크를 닮으라는 것이다. 이러한 실천전략의 방도를 모색하는 목적은 강대국이 아닌 중견국의 관점을 투영하는 데 있다. 네트워크의 시각에서 보면 강대국 중심의 국제정치에서도 중견국이 설자리가 넓어진다. 비록 행위자 자체의 규모와 능력은 크지 않더라도 주위의 네트워크가 어떻게 짜이느냐에 따라서 약소국이나 중견국일지라도 나름대로 담당할 역할이 발생하게 되기 때문이다.

이러한 외교전략은 네트워크의 전반적인 구조를 파악하고 관련 행위자들의 성격과 이해관계를 파악하는 데에서 시작해야 한다. 따라서 새로운 실천전략에 대한 논의를 펼치기 위해서 먼저 필요한 것은 주위에 형성되는 '구조'에 대한 새로운 이론적 이해이다. 이러한 '구조' 개념을 바탕으로 중견국의 위상과 역할을 이론화하는 작업이 뒤따라야 한다. 사실 여태까지 기존의 국제정치이론들은 대체적으로 행위자의 능력, 행태, 정체성 등과 같은 '속성론'의 변수에 주목하여 중견국의 역할을 일반화하는 경향이 강했다. 물론 중견국을 이해하는 데 속성론은 중요하고, 그러한 속성론의 요건을 충족한 나라들이 특정한 행태의 중견국 외교를 펼친 것도 사실이다. 그러나 중견국 외교론을 제대로 마련하기 위해서는 행위자 기반의 속성론만으로는 부족하고 그 중견국이 처해 있는 상황을 좀 더 적극적으로 고려하는 '구조론'의 발상이 필요하다.

주류 국제정치이론을 구성하고 있는 신현실주의 국제정치이론이 말하는 '구조'는 국민국가를 주요 행위자로 하는 국제체제에서 국가들 간의 힘의 분포이다(Waltz, 1979). 그러나 국제정치에서 구조를 이렇게 거시적 구조로만 보는 것은 제한적이다. 자원권력 게임의 양상을 넘어서 다양한 행위자들이 관여하는 21세기 세계정치에서 신현실주의가 말하는 세력분포로서의 '구조'와 같은 지정학적 관점에서만 '구조'를 이해할 수는 없다. 그 구조를 세력전이론이나 세계체제론에서 말하는 단순계적 위계구조로만 보는 것 또한 부족하기는 마찬가지이다. 국가 행위자뿐만 아니라 다양한 형태의 비국가 행위자들이 다양한 이슈영역에서 기존 국가의 경계를 넘나들며 형성하는 관계의 구조를 적극적으로 개념화할 필요가 있다. 이러한 맥락에서 네트워크 이론이 제시하는 구조는 행위자들 간의 관계구도relational configuration 또는 상호작용 자체의 패턴으로서 개념화된다.[7]

이러한 문제의식을 바탕으로 행위자와 구조를 복합적으로 엮어서 '구조적 위치론'을 제안한다. 구조적 위치론의 관점에서 보면, 중견국의 위상과 역할은 주위의 구조적 조건과의 관계 속에서 의미를 갖는다. 따라서 중견국에게 글로벌 이슈구조(또는 지정학적 구조)의 판세를 읽어내는 '상황지성contextual intelligence'을 갖추는 것은 필수적이다(Nye, 2008). 이러한 능력을 바탕으로 네트워크상의 구조적 공백을 찾아서 메우거나 활용함으로써 자신이 차지하는 위치의 전략적 가치를 높일 수 있어야 한다. 특히 중견국 외교전략은 네트워크 권력론에서 도출된 세 가지 지성, 즉 글로벌 및 지역 구조에서 중개자의 역할을 담당하는 위치지성positional intelligence, 여타 중견국 또는 약소국들과 연대하는 집합지성collective intelligence, 글로벌 질서의 작동방식을 보완하는 설계지성programming intelligence 등을 활용하는 네트워크 전략을 내용으로 해야 한다.

---

7 사이버 안보 분야의 국제규범과 세계질서의 성격을 이해하는 데 원용할 수 있는 이론은, 네트워크를 하나의 구조structure로 보는 이론이다. 네트워크란 노드로서의 중견국의 행동에 영향을 미치는 일종의 구조이다. 네트워크의 구도가 어떻게 짜이느냐에 따라서 그 안에서 행동하는 단위로서 노드들의 활동조건들이 달라진다. 네트워크는 노드들의 활동의 결과이기도 하지만 일단 형성된 네트워크는 노드의 활동에 영향을 미치는 구조적 환경이다. 소셜 네트워크 이론은 네트워크를 일종의 구조로 보고 그 특징을 밝히거나 이러한 네트워크 구조의 효과를 분석한다. 사회연결망 분석social network analysis(이하 SNA)은 구조로서 네트워크의 아키텍처와 작동방식을 실증적으로 밝히는 데 크게 기여했다. 최근 국제정치학 분야에서도 국가 및 비국가 행위자들이 구성하는 다양한 네트워크에 대한 구조분석이 이루어지고 있다. 이렇게 소셜 네트워크 이론이 제시하는 구조의 개념은 신현실주의의 고정적 구조 개념을 수정·보완하는 데 유용하다.

2) 중견국의 네트워크 외교전략

첫째, 중견국 외교는 구조적 공백을 찾아내고 공략하는 위치지성을 바탕으로 둔 중개외교를 추진해야 한다. 중견국이 수행할 중개외교의 내용과 관련하여 우선 생각해볼 수 있는 것은 '대칭적 중개'의 역할이다. 이는 기존에 존재하는 관계구도를 변화시키지 않으면서 그 관계의 상호작동성을 원활하게 하는 일종의 거래적 중개transactional brokerage라고 할 수 있다. 대칭적인 관계 사이에서 거래적으로 중개의 역할을 수행하기 때문에 네트워크 전체에 질적인 변화를 수행하지 않는 경우가 대부분이다. 그렇기 때문에 이러한 중개의 역할이 요구되는 부분은, 소셜 네트워크 이론에서 말하는 '구조적 공백'이라기보다는 단순한 빈틈, 즉 일종의 '기능적 공백'인 경우가 많다. 이러한 공백을 메우는 중개의 역할은 단순히 정보의 흐름을 중개하는 '연결자'나 의미의 흐름을 이어주는 '전달자' 등으로 나누어 생각해볼 수 있다(김상배, 2014a: 265~267).

그런데 중견국 외교에서 좀 더 기대를 모으는 부분은 '비대칭적 중개'이다. 이는 그야말로 구조적 공백을 메움으로써 네트워크상의 흐름을 변화시키고 더 나아가 행위자들 간의 관계구도에 변화를 가져오는, 따라서 각 행위자들의 이익의 구도를 넘어서 새로운 비전을 제시하는 것이 중요한 변환적 중개transformative brokerage를 의미한다. 이러한 변환적 중개에서는 단순한 정보의 흐름이 아닌 의미의 흐름을 중개해야 하는 '번역'의 과정이 필요하기도 하다. 사실 현재 한국이 동아시아지역 차원에서 당면하고 있는 중견국 외교의 현실은 바로 이러한 변환적 중개가 기대되는 상황이다. 다시 말해, 한국은 글로벌 패권국으로서의 미국과 지역 패권국으로 부상하는 중국의 사이에서, 이러한 지정학적 구조와 글로벌 이슈구조의 사이에서, 그리고 개도국의 이익구조와 선진국의 패권구조 사이에서, 또한 동서양의 서로 다른 문명코드 사이에서 비대칭적이면서도 변환적인 중개의 역할에 대한 기대를 받고 있다는 것이 사실이다.

둘째, 중견국 외교를 추진하는 과정에서는 집합지성을 활용하는 연대외교의 모색도 필요하다. 복합적으로 구성되는 구조하에서 어느 중견국이라도 혼자 나서서 효과적인 결과를 얻어내기는 쉽지 않다. 이러한 점에서 중견국 외교에서 가장 중요한 부분은 생각을 공유하고 행동을 같이하는 동지국가同志國家, like-minded country를 가능한 한 많이 모으는 것이다. 예를 들어, 구조적 공백을 메우려는 중견국의 외교적 역할이 궁극적으로 성공하는 길은 남들에 비해서 얼마나 많은 행위자들을 자신의 주위에 모을 수 있느냐에 달렸다. 여기서 한 가지 유의할 점은, 전통 국제정치의 경우에는 주로 군사력이나 경제력과 같은 하드파워 자원에 의거해서 집합권력이 작동했다면, 최근에는 지식, 문화, 이념 등을 통해서 상대방을 끌어들이고 설득하는 소프트파워의 게임이 중요한 집합권력의 메커니즘이 되었다는 사실이다. 이러한 연속선상에서 보면 중견국 외교에서 대내외적으로 매력을 발산하는 공공외교는 매우 중요한 의미를 갖는다.

이러한 전략은 지역 차원에서 제도화된 정부간협의체의 모습을 띠기도 하지만, 많은 경우 글로벌 거버넌스의 장에서 동지국가들의 연대외교로 나타난다. 동지국가 외교에서 그 연대 효과를 가시화할 수 있는 공동의제의 발굴은 매우 중요한 관건이다. 최근 글로벌 차원에서 공동의제로 제기되는 분야인 개발협력, 기후변화, 사이버 안보, 보건안보, 재난관리, 인도적 지원 등은 어느 한 국가 또는 소수 선진국들의 힘만으로는 풀 수 없는 초국가적 난제들이다. 그런데 이들 분야의 특징은 모두 공부하지 않으면 제대로 풀 수 없는 어려운 숙제들이라는 데 있다. 중견국 외교는 '구조적 위치'를 잘 잡아야 한다고 했지만, 구체적인 이슈구조하에서 중견국의 이익과 리더십을 반영한 '위치잡기'를 한다는 것은 쉬운 일이 아니다. 중견국 외교가 다양한 국가 및 비국가 행위자들이 참여하여 모두의 중지衆智를 모으는 '지식외교'를 지향해야 하는 이유가 바로 여기에 있다.

마지막으로, 중견국으로서 나름대로의 세계질서를 구상하는 설계지성을 바탕으로 한 규범외교도 필요하다. 중견국 외교가 상정하는 세계질서의 상(像)은 기존의 중견국론이 상정하던 것과 같은 냉전과 탈냉전기의 세계질서와는 다른 모습일 수밖에 없다. 이러한 맥락에서, 기존의 구상을 답습할 것이 아니라, 21세기 세계정치 환경의 변환을 반영하는 새로운 세계질서의 밑그림을 가질 필요가 있다. 이는 궁극적으로는 세계질서 전체의 판세를 읽고 나름대로의 프레임을 짜는 능력을 갖추어야 함을 의미한다. 예를 들어, 최근 주목을 받고 있는 '중국몽(中國夢)'과 '아메리칸 드림'으로 대변되는 강대국들의 동상이몽 사이에서 한국은 '중견국의 꿈'을 제시할 수 있을까? 다시 말해, 어떻게 세계질서 또는 동아시아 질서의 프레임을 짜야 주변 국가들이 동의할까? 여기서 관건은 한국이 과거 약소국의 경험에 갇히지 않고 중견국의 미래를 짚어내는 꿈을 꿀수 있느냐, 그래서 남의 꿈을 대신 꿔주는 것과도 같은 설득력을 얻어낼 수 있느냐의 여부일 것이다.

　세계질서에 대한 중견국의 구상은 어느 정도의 범위에서 제시되어야 할까? 현재의 중견국들은 기존의 세계질서 운영과정에 수동적으로 편입되는 약소국은 아니지만, 그렇다고 강대국을 대신해서 판 전체를 새로이 구상할 수 있는 처지도 아니다. 사실 중견국이 세계질서에 대한 구상을 제시한 사례는 매우 드물다. 오히려 세계정치의 제도와 규범, 그리고 철학적 목표와 가치를 제공하는 설계지성을 발휘했던 측은 강대국들이었다. 그러나 중견국이 세계질서 전체를 설계할 수는 없더라도 주어진 플랫폼 위에 부가가치를 늘리는 하위 설계자 정도의 역할을 하는 것은 떠올릴 수 있다. 다시 말해, 중견국의 경우에도 강대국들이 설계한 플랫폼 위에 적절한 역할을 설정함으로써 시스템 자체가 원활히 작동하는 개선책과 보완책을 제시할 수는 있을 것이다. 그러기 위해서는 반드시 전체 프로그램의 설계자가 될 필요는 없으며, 플랫폼 위에서 작동하는 응용 프로그램을 설계하거나, 시스템의 상호작동성과 호환성을 증대시키는 메타 프로그램을 개발하고, 또는 전체 시스템의 규범적 가치와 정당성을 강화하는 보완적 역할은 담당할 수 있다.

이상의 논의를 바탕으로 볼 때 중견국 외교론은 기존처럼 강대국 외교를 추수하는 약소국 외교와는 다른 '중견국 외교middle power diplomacy'라는 새로운 개념적 범주를 설정해야 한다. 그렇다고 한국의 중견국 외교가 또 하나의 강대국이 되기 위해서 힘의 논리를 따르는 '강대국 외교great power diplomacy'의 발상과 행태가 되어서는 곤란하다. 다시 말해, 이제는 강대국을 추수하는 약소국 외교의 발상을 넘어서야 한다는 것은 맞는데 이것이 또 다른 강대국이 되겠다는 것을 의미하는 것은 아니다. 현시점에서 한국이 지향하는 중견국의 꿈은 적어도 언젠가는 또 다른 강대국이 되어서 한국이 정점에 올라서는 위계질서를 만들겠다는 것이어서는 안 된다. 비유컨대, 패권을 추구하기 위해서 혼자서 거미줄을 치는 '거미의 꿈'이 아니라 비슷한 처지에 있는 나라들이 함께 어울려서 좋은 세상을 만들겠다는 '꿀벌의 꿈'을 가져야 할 것이다.

6. 사이버 안보의 네트워크 세계정치

네트워크 현상으로 이해한 사이버 안보의 세계정치에서는 다층적이고 비대칭적인 양상이 벌어진다. 사이버 테러와 공격은 오프라인에서 발생하는 전통안보 이슈와는 달리 복합 네트워크를 특징으로 하는 사이버 공간의 구조와 동학을 바탕으로 해서 벌어진다. 사이버 안보의 부상은 전통적인 안보의 경계로 간주되었던 국민국가 단위의 영토적 경계의 의미도 점차로 허물어가고 있다. 안보 게임에 관여하는 행위자의 성격 변화도 급속히 벌어지고 있다. 대부분의 사이버 공격 주체는 해커집단이나 테러리스트와 같은 비국가 행위자들이었다. 그러나 최근 정부의 비호를 받는 사이버 부대원들 또는 국가지원 해커들이 암약하고 있다. 이런 점에서 보면, 사이버 안보 분야는 안보게임에 임하는 주체로서 국가 행위자와 비국가 행위자 간의 경계가 희미해지고 있는 대표적인 사례이다. 사이버 안보의 세계정치는 그야말로 다양한 행위자들이 온라인과 오프라인을 오고가며 복합적인 경합의 양상을 보이는 이른바 '비대칭 망제정치'의 사례이다(김상배, 2014a).

무엇보다도 사이버 안보의 세계정치는 초국적 테러 네트워크와 국가 행위자들이 벌이는 망제정치이다. 다시 말해, 버추얼 창을 들고 공격하는 비국가 행위자들의 초국적 네트워크와 이를 막으려고 그물망 방패를 든 국가 행위자들의 정부 간 네트워크 사이에서 벌어지는 망제정치이다. 이러한 망제정치는 인터넷으로 대변되는 물리적 네트워크를 배경으로 전개된다. 사이버 안보 문제는 '네트워크들의 네트워크'라는 별명을 가진 인터넷이라는 비인간 행위자/네트워크와 해커와 국가라는 인간 행위자들이 형성하는 네트워크의 게임이다. 이러한 네트워크 게임은 네트워크 이론에서 말하는 네트워크상의 구조적 공백, 특히 착취혈이라고 불리는 취약점을 해커들이 공략하거나, 반대로 국가 행위자가 나서서 그 공백을 메우는 망제정치의 게임이다. 이러한 기술 시스템의 독자성에 대한 부분은 기존의 국제정치이론들이 상대적으로 인식을 결여하고 있는 부분이다.

아울러, 사이버 안보의 게임은 국가들 간에 벌어지는 버추얼 창과 디지털 방패의 망제정치이다. 최근 비국가 행위자들이 시도하는 사이버 테러와 공격의 이면에는 국가 행위자들이 깊숙이 관여하고 있다. 최근 러시아, 중국, 북한 등에서 보고되는 사이버 테러 부대의 존재는 이러한 국가의 그림자를 엿보게 하는 증거이다. 이에 대해서 미국처럼 상대적으로 발달한 정보 시스템을 보유하고 있는 나라들은 이러한 사이버 공격을 방어하려는 법제도적 차원의 방책들을 모색하고 있다. 최근 한국도 북한의 사이버 공격에 대비하는 계획을 수립한 바 있다. 여기에 상황을 더욱 복잡하게 만드는 것은 사이버 공격과 관련하여 가장 많은 자원력과 기술력을 지닌 미국이 새로운 사이버 공격의 주체로 등장했다는 사실이다. 이러한 와중에 사이버 군비경쟁과 이를 상쇄하기 위한 사이버 군축의 발상들이 피어나고 있다.

그러나 이러한 국가 간 경쟁도 네트워크 현상으로 이해할 수 있다. 일국 차원에서 기술적·군사적·법제도적 대응의 국내 네트워크를 모색하는 노력과 여러 나라가 협력하는 국가 간 네트워크를 모색하는 노력 사이에서 나타나는 망제정치의 모습인 것이다. 복합 네트워크의 메커니즘을 빌려 발생하는 사이버 테러와 공격에 효과적으로 대응하기 위해서는 일국 단위에서뿐만 아니라 국가 간의 관계에서도 복합적인 네트워크의 메커니즘을 도입할 필요가 있다. 기본적으로 국민국가의 국경을 초월하여 발생하는 문제이니만큼 긴밀한 국제협력을 통해서 그 해법을 모색하는 것이 필요하다. 다양한 차원에서 사이버 안보 문제를 풀어가기 위한 국가 간 협력이 펼쳐지고 있다. 동아시아지역에서도 이러한 국제협력의 움직임이 진행되고 있다. 사이버 공격을 불법행위로 규정하거나 이에 대한 징벌의 국제규범을 형성하는 일, 그리고 사이버 반격에 대한 정당방위의 합법적 근거를 마련하는 일 등이 쟁점이 될 것이다.

마지막으로, 사이버 안보의 게임은 전통적인 국가 간 관계의 틀을 기반으로 한 정부 간 협력의 틀과 민간 행위자들도 참여하는 글로벌 거버넌스의 틀 사이에서 형성되는 망제정치이다. 최근에는 초국적 위협으로 제기된 사이버 테러와 공격의 문제에 대해서 국제협력이나 국가 간 협약과 같은 메커니즘으로 해결하려는 움직임이 등장하고 있다. 그러나 초국적으로 발생하는 사이버 안보 문제의 해결을 위해서는 '국가 행위자들 간의 정치'를 의미하는 '국제정치'의 발상을 넘어설 필요가 있다. 사이버 안보 분야는 전문기술 영역의 성격상 정부 관료만이 아니라 다양한 참여자들이 만나서 의견을 교환하고 대책을 마련하는 노력이 중요하다. WSIS의 개최나 그 이후 IGF의 틀을 빌려 사이버 안보의 문제가 논의되어왔다. 이러한 과정에서 국제레짐의 메커니즘과 민간 행위자가 참여하는 글로벌 거버넌스 모델이 경합하고 있다.

제2부 사이버 공격과 방어의 복합지정학

| 제4장 |

버추얼 창 공격의 복합지정학

1. 사이버 공격의 진화

초창기에는 해커들의 장난거리나 테러리스트들의 도발로 여겨지던 사이버 공격이 최근 들어 국가 행위자들이 직간접적으로 개입하면서 새로운 양상을 보이고 있다. 물론 사이버 공격의 문제를 너무 전통적인 국가안보와 지정학의 시각으로만 봐서는 곤란하다. 기본적으로 사이버 공격은 전통안보의 경우처럼 국가 행위자들이 주도하기보다는 버추얼 창을 든 비국가 행위자들이 중요한 역할을 하기 때문이다. 그럼에도 최근의 양상을 보면 국가 행위자들이 점차로 전면에 나서는 추세인 것만은 분명하다. 후술하는 바와 같이, 2007년 에스토니아에 대한 러시아의 사이버 공격, 2008년 조지아에 대한 러시아의 사이버 공격, 2010년 이란에 대한 미국과 이스라엘의 사이버 공격, 2012년 미국과 사우디 및 카타르에 대한 이란의 사이버 공격, 그리고 2013년 이후 부쩍 논란이 된 미국과 중국 간의 사이버 공방 등의 이면에서는 국가의 지원을 받는 해커들이 암약한 것으로 알려져 있다.

이렇게 사이버 공격의 전개과정에서 국가 행위자들이 개입해서 작전을 벌인 역사는 1990년대 초까지 거슬러 올라간다. 이른바 사이버전으로 부를 수 있는 최초의 사례는 1990년 미국이 이라크에 수출하는 프린트 장치에 컴퓨터 바이러스를 이식하여 1991년 걸프전 때 이라크의 방공망을 마비시키는 데 사용했던 사건을 들 수 있다. 그 이후 사이버전은 진화를 거듭해왔는데, 조직되지 않은 해커들이 충동적인 목적으로 대상국가의 기반시설에 사이버 공격을 가하던 단계에서부터, 점차로 민간 해커가 아닌 군이 개입하여 사이버전을 수행하는 단계를 거쳐서, 아예 군사전략의 일부로 사이버전이 편입되어 수행되는 형태로 발전해온 것으로 평가된다. 이러한 잣대를 가지고 볼 때 사이버전의 진화는 대략 다음과 같은 세 가지 세대를 거치면서 진행되었다고 볼 수 있다(손영동, 2010: 127~143).

제1세대 사이버전은 2000년 초반까지 발생했던 사이버 공격을 지칭한다. 이 시기는 해커 개인이나 그룹이 정부기관이나 군 사이트에 대한 해킹을 벌이던 단계인데, 직간접적으로 군사적 충돌과 연계되어 사이버 공격 기법이 활용되었다. 1999년 코소보 사태 당시 나토가 유고를 공격하자 이에 반대하는 해커들이 나토군 사령부에 악성코드를 침투시켜 군 시스템을 교란한 사건이 일례이다. 미군의 유고 주재 중국 대사관 오폭 사건 당시 중국 해커들이 미국 내 사이트에 대해 보복해킹을 가한 사건도 있었다. 또 다른 사례로는 2001년 4월 중국 전투기가 미군 정찰기와 충돌 후 추락하는 사고가 발생하자 중국 해커들이 사이버 공격을 감행한 사건도 있었다. 이들 사건이 지니는 특징은, 해커 개인이 산발적이고 독자적인 활동을 벌인 이전의 사례들과는 달리, 중국 해커들이 사이버 커뮤니티를 통해 공격 목표와 시기 및 방법 등을 모의하고 집단적으로 행동했다는 점에서 발견된다.

제2세대 사이버전은 2003년에서 2007년경까지의 사이버 공격을 지칭한다. 이 시기에는 군이 사이버 공격을 주도하기 시작했는데, 사이버전 기술들을 이용해 군 정보시스템을 공격하여 오프라인 전쟁의 수행을 지원하는 양상을 보였다. 2003년 미군이 이라크에 전면 침공하기 직전 이라크의 정보시스템에 대해 벌인 광범위한 사이버 공격이 대표적인 사례이다. 2007년 9월 이스라엘이 시리아의 원자로 의혹시설을 공중폭격하기 전에 시리아의 레이더 시스템에 악성코드를 침투시켜 방공망을 무력화시켰던 공격도 유사한 사례라고 할 수 있다. 특히 이라크전은 민간이 나서던 사이버 공격이 군 주도의 사이버전으로 넘어가는 전환점이 된 사건이었는데, 세계 각국은 이라크전을 통해 사이버전의 효용성을 깨닫기 시작했다. 북한도 이라크전을 교훈삼아 사이버 전력 확보에 심혈을 기울이기 시작한 것으로 알려져 있다.

제3세대 사이버전은 2008년경부터 현재까지의 사이버 공격을 지칭한다. 이 시기에는 사이버 전력이 오프라인 군사 전력의 일부로 편입되어 작전이 수행되었으며, 오프라인 군사작전 단독으로는 목표를 달성하기 어려운 상황에서 사이버 공격을 병행하여 그 효과를 극대화했다. 대표적인 사례로서, 2008년 러시아가 조지아에 대한 지상공격을 가하기 직전에 정부기관의 웹사이트와 전산망과 방위시설에 대한 사이버 공격을 감행한 사건을 들 수 있다. 러시아가 조지아에 대해서 수행한 사이버전은 사이버 공격이 물리적 공격과 통합되어 군사전력의 요소로 활용되었다는 점뿐만 아니라 사이버 공격이 실제로 전쟁 수행과정에 영향을 준 사례였다는 점, 그리고 사이버 공격이 상대국의 국가 기반시설을 목표로 해서 감행된 사례였다는 점에서 주목을 끌었다. 또한 2010년 미국과 이스라엘이 이란 원자력 시설에 대한 스틱스넷 공격을 감행한 것도 제3세대 사이버전에 해당되는 대표적인 사례이다.

사이버 공격 기술의 발달과 함께 사이버전도 계속 진화하여 머지않아 제4세대 사이버전의 시대가 도래할 것으로 예견된다. 제4세대 사이버전은 사이버 공간에서 독자적인 전쟁수행의 형태를 띠면서 물리적인 군사력과 완전히 통합된 전쟁을 지칭한다. 이렇게 사이버전이 독자적인 영역을 구축함으로써 그 효과와 가치를 입증하게 되는 것의 의미는 두 가지 차원의 기대와 관련된다. 그 하나는 현재의 물리적 군사력과 연계는 하더라도 사이버 공간에서의 독자적인 사이버전 영역이 구축될 수 있으리라는 기대이다. 경우에 따라서 사이버 무기의 파괴력이 그 쓰임에 따라 핵폭탄을 능가할 것이라는 전망이 나오는 것은 바로 이 대목이다. 다른 하나는 사이버 공격이 물리적 군사력과 완전히 통합되어 전력요소가 될 것이라는 전망이다. 이는 향후 사이버 공간이 육·해·공과 우주에 이어서 '제5의 전장'이 될 것이며, 미래 전쟁은 이들 5차원이 복합되는 '하이브리드 전쟁'이 될 것이라는 전망으로 연결된다.

2. 사이버 공격의 개념적 복합성

이렇듯 진화를 거듭하고 있는 사이버 공격을 단순히 전통안보론과 지정학에서 상정하는 바와 같은 '전쟁'이라고 규정하기는 어렵다. 사이버 전쟁 자체를 별도의 전쟁 유형으로 다룰 것인가의 문제에서부터 논란의 여지가 많다. 사실 전통적인 의미의 국가 간 전쟁의 연속선상에서 규정하기에는 최근 발생하고 있는 사이버 공격의 형태가 매우 다양한 데다가 관여하는 주체의 성격도 복잡하다. 사이버 전쟁이라고 부르기에는 다소 애매하고, 경우에 따라서는 사이버 테러나 사이버 간첩, 사이버 교란, 사이버 범죄 등으로 부르는 것이 더 적합한 경우도 있다. 이 글에서 포괄적인 의미로 사용한 사이버 공격이라는 말도 모두가 다 합의할 수 있는 개념 정의를 내리기가 쉽지 않다. 이러한 사이버 공격의 개념을 좀 더 분석적으로 이해하기 위해서, **그림 4-1**에서 보는 바와 같이, 두 가지 기준에 의거한 분석틀을 마련해보았다.

우선 사이버 공격은 목적에 따라서, i) 사이버 공간의 물리층에 대한 파괴 행위, ii) 사이버 공간의 논리층에 대한 시스템 교란 행위, iii) 사이버 공간의 콘텐츠 층위에 대한 정보·지식 자원의 획득 행위 등으로 나누어볼 수 있다. 한편 사이버 공격을 행하는 주체에 따라서, i) 전통적인 국제정치 행위자로서 국가 행위자가 벌이는 사이버 공격, ii) 테러집단이나 범죄집단 등과 같은 비국가 행위자 그룹이 벌이는 사이버 공격, iii) 해커 개인 차원에서 벌이는 사이

그림 4-1 '사이버 공격' 관련 개념의 구분

공격 주체 \ 공격 목적	물리적 파괴	시스템 교란	자원의 획득
국가	사이버 전쟁	사이버 교란 (사보타지, 서브버전)	사이버 간첩
집단	사이버 테러		
개인			사이버 범죄

버 공격 등으로 구분해볼 수 있다. 이러한 분석틀에 입각해서 사이버 공격의 개념을 대별해보면, **그림 4-1**에서 보는 바와 같이 사이버 전쟁, 사이버 테러, 사이버 교란, 사이버 간첩, 사이버 범죄 등의 다섯 가지 유형으로 나누어볼 수 있다.

첫째, 사이버 전쟁cyber war이란 국가 행위자들이 군사적 무력행동의 일부로 서 국가 기반시설에 대해 감행한 사이버 공격이 국가 간 분쟁으로 상승한 상 태를 지칭한다(Godwin III et al., 2014). 사이버 전쟁을 전통적인 전쟁으로 규정 하기 위해서는 두 가지 요건이 충족되어야 한다. 우선, 국가 또는 국가의 지원 을 받는 행위자들에 의해서 사이버 공격이 감행되는 경우 이를 사이버 전쟁으 로 볼 수 있다. 이 경우에 어느 일방의 당국자가 공식적de jure으로 전쟁을 선포 하는 형태와 그러한 선포가 없이 진행되는 사실상de facto 사이버 전쟁으로 나 누어볼 수 있다. 그러나 좀 더 엄밀하게 보면, 사이버 전쟁은 사이버 공격이 전통적인 의미의 무력공격에 준하는 수준으로 감행되거나 또는 이로 인해 무 력충돌의 상황이 발생했을 경우에만 국한하는 것이 맞다. 이러한 시각에서 보 면, 토머스 리드Thomas Rid의 주장처럼, 역사적으로는 아직 사이버 전쟁이 벌어 진 적이 없다고 할 수 있다(Rid, 2012).

그러나 일반적으로 사이버 전쟁이라는 말은 국가 간에 발생하는 물리적 전쟁을 염두에 두고 사용되기보다는 좀 더 넓은 의미의 행동을 지칭하는 데 사용된다. 다시 말해, 사이버 전쟁이라는 말을 사용할 경우 전통적인 의미의 무력분쟁을 지칭하기도 하지만, 좀 더 포괄적인 의미의 은유로서 사이버 안보와 관련하여 발생하는 적대적인 갈등관계를 지칭한다. 다시 말해, 앞서 언급한 사이버 공간의 물리적 층위를 공격함으로써 국가 간에 발생하는 '무혈전쟁 bloodless war'에 준하는 상태를 의미한다. 그러나 이렇게 사이버 공간에서 벌어지는 국가 간의 충돌만을 사이버 전쟁이라고 볼 수는 없으며, 현재 온라인과 오프라인 공간의 상호연계성과 복합성을 고려한 개념정의가 필요하다. 이러한 맥락에서 볼 때, 좀 더 유용한 사이버 전쟁의 정의는 "무력충돌에 준하거나 이를 증폭시킬 효과를 가진 사이버 공간에서의 적대적 행동" 정도로 보는 것이 맞을 것이다(Nye, 2011: 20~21).

둘째, 사이버 테러cyber terror는 특정한 정치사회적 목적을 가진 테러집단이나 범죄집단 또는 개인 등과 같은 비국가 행위자들이 국가 기반시설 또는 불특정 일반 대중에 대한 공격을 감행하여 공포심이나 불안감을 조성하는 행위를 의미한다. 앞서 살펴본 사이버 전쟁의 개념과 마찬가지로 사이버 테러의 개념도 포괄적이고 다의적이어서 다소 추상적으로 원용될 가능성이 크다. 게다가 사이버 테러의 개념이 지니는 오남용 가능성은, 사이버 공격이 이루어지는 현실을 지나치게 과장하여 '안보화'하는 담론에 활용될 소지가 크다는 데서 발견된다. 한동안 국회에서 발의된 사이버 안보 관련 법안이 '사이버테러방지법'이라는 이름을 내걸었던 데 대한 비판은 바로 이러한 성격을 겨냥하기도 했다. 이러한 점에서 여태까지 벌어진 다양한 형태의 사이버 공격 중에서 오프라인의 테러처럼 인명을 살상하고 물리적 시설을 파괴한 사례가 있는지, 따라서 이를 '테러'라고 명명할 수 있는지 등에 대한 검토가 필요하다.

이러한 맥락에서 사이버 테러의 개념을 좀 더 정확히 이해하기 위해서 인접개념과의 비교가 필요하다. 먼저 앞서 언급한 사이버 전쟁과 비교할 때 사이버 테러는 물리적 파괴의 행위를 수반하거나 야기한다는 점에서는 유사하다.

그러나 이를 수행하는 주체가 국가 행위자인 사이버 전쟁에 비해서 사이버 테러는 테러집단과 같은 비국가 행위자들이 수행한다는 점에서 다르다. 또한 사이버 테러는 유사개념으로서 핵티비즘hacktivism과 구별할 필요가 있다. 핵티비즘은 사이버 테러와 마찬가지로 정치적인 목적을 위해 수행되지만 민간에 대한 직접적인 피해를 동반하지 않는다는 점에서 사이버 테러와 구분된다. 한편, 사이버 테러는 정치적인 목적을 가진다는 점에서 개인·집단 차원의 경제적 이익을 노리는 사이버 범죄와 구별된다. 소니 해킹사건 이후 사용되는 용어인 사이버 반달리즘은 사이버 테러보다는 낮고 사이버 범죄보다는 높은 수준의 사이버 공격을 의미한다.

셋째, 사이버 교란cyber disruption은 사이버 공간의 논리층에 해당하는 시스템을 교란하는 행위를 지칭하는데, 데이터 조작, 시스템 다운, 정보흐름 방해 등이 해당된다. 리드는 이러한 사이버 교란의 개념을 사보타지sabotage와 서브버전subversion의 두 가지로 나누어 설명하고 있다(Rid, 2012). 사보타지는 경제적·군사적 시스템, 특히 기술시스템을 약화 또는 파괴하기 위해서 감행되는 행위이다. 이러한 사보타지는 인명이 아닌 사물에 대한 폭력을 의미하며, 전략적으로 이루어지기보다는 전술적 차원에서 수행되는 행동이라는 특징을 지닌다. 사보타지의 사례로는 2007년 이스라엘이 시리아의 핵시설에 대해서 수행한 전자전 타격, 일명 오차드 작전Operation Orchard을 들 수 있다. 또한 2010년 미국과 이스라엘이 이란의 핵시설에 대해서 감행한 스턱스넷 공격도 사보타지의 사례로 볼 수 있다.

한편, 서브버전은 기성 권위와 질서를 잠식하고 파괴하기 위한 행위로서 물리적 파괴보다는 심리적 교란을 목적으로 하는 행위이다. 영어 'subversion'의 사전적인 의미는 '누군가의 정직성이나 충성심을 파괴하는 것'인데, 이를 우리말로 번역하면 '뒤집혀 엎어짐'의 뜻을 가진 전복顚覆이 되며 물리적 파괴의 뉘앙스를 갖게 된다. 따라서 여기에서는 오해의 소지를 피하기 위해서 번역하지 않고 서브버전이라 했다. 토머스 리드가 말하는 서브버전이란 기성 정부를 몰아내고 사회적 유대와 믿음, 신뢰 등을 잠식할 목적으로 이루어지는 행위이며, 그 목표가 시스템과 같은 물적 대상이 아닌 사람의 심리와 정서적 측면이고, 이를 통해서 지지자들을 동원하는 액티비즘activism의 성격을 가진다. 이러한 서브버전의 사례로는 어나니머스 등과 같은 핵티비스트 운동, 2007년 러시아의 에스토니아에 대한 사이버 공격 사례, 그리고 2014년 한국의 한수원 사태 등을 들 수 있다.

넷째, 사이버 간첩cyber espionage은 국가 행위자 또는 집단 행위자들이 상대의 시스템에 침투하여 지식정보 자원을 획득하려는 시도인데, 주된 목적은 시스템의 파괴나 교란에 있는 것이 아니라 들키지 않고 필요한 지식정보를 빼내오는 데 있다(Godwin III et al., 2014). 이러한 사이버 간첩 활동의 사례로는 크게 밝혀진 것만 해도 다음과 같은 것들을 들 수 있다. 1999년 미 공군 네트워크에 대해서 러시아가 감행했던 문라이트 메이즈Moonlight Maze 작전, 2003년 미군과 미 정부 컴퓨터 시스템에 대해 중국이 감행한 타이탄 레인Titan Rain 작전, 2008년 미 국방부의 비밀 네트워크에 대한 악성코드 침입 사건, 2009년 토론토 대학 고스트넷GhostNet에 대한 중국 해커로 추정되는 세력의 침투 사건, 그리고 최근 계속 논란이 되고 있는 중국 해커들의 미국 내 시스템에 대한 침투 및 정보 자산 탈취행위 등이 있다.

끝으로, 사이버 범죄cyber crime는 국내외 법에 의해서 규정된 범죄행위를 자행할 목적으로 사이버 공간을 이용하는 행위로 볼 수 있다(Godwin III et al., 2014). 이러한 사이버 범죄는 개인 또는 집단에 의해서 자원을 획득하려는 시도라는 점에서는 사이버 간첩 활동과 유사하나 그 목적이 정치적·군사적 도발이라기보다는 경제적 이익의 획득이라는 점에서 다르며, 따라서 국내외적으로 일반 범죄를 단속하는 기관들에 의해서 다루어지고 있다. 이러한 사이버 범죄는 다양한 유형이 있는데, 최근에는 계속 진화하면서 교묘해지고 있다. 예를 들어, 통상적으로는 컴퓨터를 대상으로 한 범죄, 컴퓨터를 이용한 범죄, 그리고 컴퓨터 안에서의 범죄 등으로 구분하는 경우가 많다. 이 밖에도 일반

범죄와 유사한 사이버 범죄와 컴퓨터로 인해 새롭게 생긴 사이버 범죄로 나누어 보기도 한다.

3. 러시아발 사이버 공격의 복합지정학

1) 에스토니아에 대한 사이버 공격

2007년 4월 에스토니아 정부의 전산망에 연결된 수만 대의 컴퓨터들이 디도스 공격을 받아 3주가 넘는 기간 동안 국가의 주요 기능이 마비되는 사건이 발생했다. 2007년 총선에서 반反러시아계 정당이 집권한 후 구성된 에스토니아 정부가, 2차 대전 참전을 기념해서 수도 탈린에 세워진 옛 소련 군인의 동상을 수도 외곽지역으로 이전하려던 사건이 빌미를 제공했다. 이러한 시도는 에스토니아 국내 러시아계 주민들의 반발을 샀음은 물론 러시아와의 갈등도 야기했다. 러시아계 주민들은 동상 이전에 반대하는 시위를 벌였고 끝내 유혈 사태가 발생하기까지 했다. 이후 에스토니아를 향한 디도스 공격이 발생했는데, 100만 대 이상의 좀비 PC가 동원된 공격으로 인구 130만 명에 불과한 에스토니아는 속수무책으로 당할 수밖에 없었다. 에스토니아Estonia는 'E-stonia'라고 불리며 세계 최초로 온라인 투표를 도입했을 정도로 인터넷이 발달했던 나라였던 만큼 사이버 공격의 충격은 매우 컸다(Geers, 2008).

사이버 공격에 대한 직접적인 개입사실을 부인했음에도, 러시아가 이들 공격을 주도한 해커집단과 연루되었다는 의혹은 가시지 않았다. 공격의 강도로 보건대 해커 그룹의 능력을 훨씬 뛰어넘는 것이었으며, 국가 수준의 지원 없이는 불가능한 대규모 사이버 공격이었다. 게다가 일부 사이버 공격이 러시아 정부에 할당된 IP주소에서 왔다고 알려져 있다(Evron, 2008). 처음에는 러시아 정부에 연결된 컴퓨터가 공격에 개입한 듯했지만 곧 전 세계의 컴퓨터 수천

대가 일제 공격에 가담했다. 특히 봇넷botnet이 위력적이었다. 러시아는 2007년 에스토니아에 대한 공격을 통해 사이버 작전이 물리적인 분쟁에서 유리한 위치를 확보하는 수단으로 활용될 수 있음을 알게 된 것으로 보인다. 이후 러시아는 전쟁 패러다임의 변화를 선언하면서 전쟁에서 국가통제와 정보시스템, 통신시스템, 정보체계에 대한 공격의 중요성을 강조하기 시작했다(조성렬, 2016: 401).

이 사건을 통해서 사이버 공격의 파괴력에 대한 서방 진영의 인식이 매우 높아졌다. 사이버 공격의 효과에 대한 인식이 확산되면서 물리적 전쟁의 개시를 전후하여 이와 병행하는 방법으로 국가 행위자 또는 국가의 지원을 받는 해커 집단의 사이버 공격이 감행될 가능성이 커졌다. 나토 회원국인 에스토니아에 대한 재래식 공격은 나토의 집단 자위권을 발동시킬 우려가 있어 러시아는 에스토니아에 대한 직접적인 물리적 충돌 대신 사이버 위협 행위를 통해 에스토니아 내부의 갈등에 개입한 것으로 볼 수 있다. 이러한 공격행위에 대하여 에스토니아는 나토에 집단방위 명목으로 러시아에 대항해줄 것을 요구했다. 하지만 사이버 공격에 대한 명확한 국제규범이 부재한 상황에서 나토는 물리적 피해나 사상자가 발생하지 않았다는 이유로 직접 군사적 개입에 나서지는 않았다. 그러나 에스토니아 사태는 이후 나토가 탈린에 CCDCOECooperative Cyber Defense Centre of Excellence를 설립하고 20명의 법학자를 기용해 탈린매뉴얼을 만드는 계기가 되었다.

2) 조지아에 대한 사이버 공격

에스토니아에 대한 사이버 공격 사건이 발생한 다음 해인 2008년 8월, 조지아에 대한 러시아의 사이버 공격이 감행되었다. 친러시아 성향의 분리주의자들의 주도로 조지아로부터의 독립을 결정한 남오세티아를 향해 조지아군이 진군하자 러시아는 남오세티아 내 러시아계 주민 보호를 명분으로 내세우며 전쟁을 개시했고 전쟁 시작 5일 만에 조지아는 굴복했다. 그런데 조지아 사태에서 주목할 점은, 2007년에 일어난 에스토니아 사태와는 달리, 양국 간의 물리적 충돌과 병행하여 조지아에 대한 러시아의 사이버 공격이 동시에 발생했다는 사실이다(Hollis, 2011).

당시 러시아군은 폭격기와 미사일, 탱크 등을 내세우며 조지아로 진격하여 조지아 측에 1300여 명이 넘는 사상자가 나오게 했다. 그런데 러시아와 조지아 간의 전면전이 발발하기 3주 전부터 조지아는 정부, 군, 금융기관 등에 대한 디도스 공격을 비롯한 통신 방해, 정보 유출, 웹사이트 변조 등의 사이버 공격을 받았다(Rid, 2012). 조지아에 대한 사이버 공격은 러시아 정보기관이 제공한 것으로 추정되는 조지아 정부 웹사이트 목록을 대상으로 이루어진 것으로 밝혀졌다(Singer and Friedman, 2014). 러시아의 사이버 공격으로 인한 조지아의 피해는 에스토니아의 경우보다 크지 않았다. 조지아 사태의 경우 실제 피해가 크지 않았던 이유는 조지아의 인터넷 보급이 에스토니아보다 낮은 수준이었기 때문이다(조현석, 2012: 174~177).

러시아와 조지아 간의 영토분쟁은 사이버 기술이 전쟁에 사용됨으로써 군사적 공세와 사이버 작전이 결합된 최초의 사례이다. 조지아의 경우에는 러시아에 의한 무력공격이 있기 이전부터, 그리고 양국 간 재래식 전쟁이 진행 중일 당시에도 사이버 공간에서 위협행위가 진행되었다. 이러한 사이버 공격은 정치적, 안보적 목적을 가지고 벌인 무력충돌을 배경으로 하여 발생했으며, 사이버 반달리즘부터 간첩행위, 디도스 공격 등에 이르기까지 여러 유형의 대규모 사이버 공격이 가해졌다. 재래식 전쟁과 병행하여 사이버 공격이 추진되면서 적을 교란시키고 외부와의 접촉을 단절시킴으로써 인적, 물적 피해를 극대화하고자 했다. 요컨대, 조지아에 대한 사이버 공격은 군사적 공격과 병행해서 사이버 공격이 진행될 수 있음을 보여준 제3세대 사이버전의 도래를 알려주었다(Heickeroe and Peterson, 2012).

3) 우크라이나에 대한 사이버 공격과 그 이후

2014년 3월 러시아는 크림반도를 점령하는 과정에서 우크라이나에 대한 사이버 공격을 감행했다. 당시 러시아는 우크라이나가 나토 가입 등 친서방 진영으로 갈 것을 두려워했으며, 이러한 와중에 러시아계 주민을 보호한다는 명분으로 크림반도를 자국 영토로 편입시켰다. 당시 러시아는 오우로보로스 Ouroboros(뱀)라고 불리는 사이버 무기를 사용해 우크라이나 정부의 전산망을 파괴한 것으로 알려져 있다(Weedon, 2015). 그러나 우크라이나 사태의 경우 러시아는 에스토니아나 조지아 사태와는 달리 국제적 비난을 피하고자 했으며, 따라서 전략적 목적을 달성할 수단으로 소규모의 제한적인 사이버 작전을 벌였다. 이에 따라 러시아–우크라이나 갈등에서 사이버 공격은 물리적 파괴가 아니라 정보의 절도와 조작을 위주로 하는 사이버 스파이 활동의 형태로 진행되었다. 러시아는 사이버 스파이 활동을 통해 적을 파악, 예측, 조종하려 했는데, 이러한 방법은 디도스 공격이나 여타 파괴적인 방식의 공격에 대한 대안으로 인식되었다(신범식, 2017: 261~262).

러시아는 수차례의 굵직한 사이버전을 통해 강경책과 온건책을 효과적으로 통합하는 역량을 키워갔는데, 이러한 역량 구축은 러시아를 위협적인 사이버 공격력의 보유 국가로 각인시키는 효과를 낳았다. 특히 러시아는 우크라이나 사태를 거치며 사이버 전력을 효과적으로 활용하는 모습을 보였다. 다시 말해, 러시아는 우크라이나 사태 이후 포괄적이며 파상적인 사이버 공격과 정보수집 등의 다양한 사이버 전술을 구사함으로써 더욱 진일보한 사이버전 역량을 구축해나가고 있는 것으로 평가되었다. 예를 들어, 러시아의 사이버군에 소속된 해커 부대원들은 프랑스의 TV 네트워크, 폴란드 주식시장, 미국 국무부 등 서방의 주요 목표물들에 침투하는 데 성공한 것으로 알려졌다. 따라서 러시아는 향후 각 지역에서 서방 국가들과의 분쟁이 발생할 경우 사이버 전력을 포함한 하이브리드 전술을 활용할 것으로 예상되었다(신범식, 2017: 244).

우크라이나 사태를 전후하여 미국과 러시아의 관계는 급속히 악화되었다. 2014년 여름 양국 간의 '사이버 공간의 신뢰조치에 관한 협정'이 폐기되었으며, 아울러 2009년에 메드베데프 러시아 대통령과 오바마 미국 대통령이 선포했던 "사이버 공간에서의 신뢰에 관한 양자 간 대통령자문위원회"도 폐지됐다 (≪Russia포커스≫, 2015.6.26). 2015년 4월 미국 국방부는 새로운 사이버 보안 전략서인 "DoD Cyber Strategy"를 발표하면서 미국 국방부 네트워크를 해킹한 주체는 러시아 해커라고 명시하기도 했다. 서방 전문가들도 러시아를 주요 위협으로 보기는 마찬가지였다. 2015년 5월 ≪뉴스위크Newsweek≫는 '러시아의 가장 훌륭한 무기는 해커'라는 기사를 실었는데, 러시아 해커들은 프로그래밍 분야에서 가장 창의적이고 뛰어난 사이버 전사로 언급됐다. 그 기사에서 사이버 보안 컨설팅 업체 타이아 글로벌Taia Global의 대표 제프리 카Jeffrey Carr는 "중국 위협은 과장됐고 러시아 위협은 과소평가됐다. 러시아인의 기술이 가장 높다"고 말했는데, 이와 같은 인식은 러시아에 대한 미국과 서방 세계의 경계심을 극명하게 반영하는 것으로 해석된다(≪중앙일보≫, 2015.6.26).

최근 미러 사이버 관계는, 2016년 미국 대통령 선거과정에서 러시아가 트럼프 후보의 승리를 위해 사이버 공격을 벌인 것으로 알려지면서 새로운 국면을 맞았다. 미국과 러시아가 러시아의 크림반도 침공과 시리아 내전 등의 이슈를 놓고 갈등을 겪고 있는 상황에서, 대선후보 경선을 벌이고 있던 민주당 내 지도부 인사들의 이메일이 해킹되는 사건이 발생했다. 구체적으로 말하면, 민주당 경선이 한창이던 2016년 6월에 경선을 관리하는 민주당 전국위원회와 민주당 지도부, 힐러리 대선캠프 측 인사 100여 명의 이메일이 러시아 정부와 연관된 것으로 추정되는 해커집단에 의해 유출되어 공개되었다. 이 과정에서 공정해야 할 민주당 지도부가 힐러리 측에 유리한 경선 구도를 만들기 위해 노력했다는 점을 암시하는 이메일 내용이 알려지면서 선거가 혼선에 빠지기도 했다(≪조선일보≫, 2017.7.26). 이후 치러진 대선투표에서 트럼프 후보가 예상을 깨고 승리하면서 힐러리 후보 진영에 대한 러시아의 이메일 해킹 공작에 대한 논란이 일었다.

4. 미국/이스라엘과 이란의 사이버 공방

1) 이란에 대한 스턱스넷 공격

미국과 이스라엘이 이란의 핵개발을 저지하기 위해 벌인 사이버 작전은 국가 행위자가 개입하는 사이버 공격의 새로운 국면을 보여주었다. 미국은 부시 행정부 때부터 사이버 공격을 통해 이란의 핵시설에 물리적 손상을 가할 수 있는 사이버 작전을 개시했으며 이는 오바마 행정부가 들어선 이후에도 계속되었다. 2006년 미국과 이스라엘은 공동으로, 우라늄 농축을 위해 사용되는 원심분리기를 통제하는 시스템에 악성코드를 집어넣는 프로젝트를 시작했고 2008년 모의실험에 성공했다. 그리고 2010년에는 스턱스넷을 사용해 이란 나탄즈 우라늄 농축시설에서 사용되는 독일 지멘스 산업제어시스템을 집중 공격하여 원심분리기의 가동을 방해함으로써 이란의 핵무기 개발을 지연시켰다(손영동, 2013: 241~242).

미국과 이스라엘이 사용한 웜 바이러스인 스턱스넷은 치밀한 정보수집과 실험을 거쳐 탄생한 정교하고 정밀한 프로그램이었다. 해커들이 만드는 일반적인 웜 바이러스보다 50배 정도 규모가 크고, 기존의 방식으로는 탐지가 되지 않으며, 만약 탐지되어 코드를 분석해도 누가 만들었는지 알 수 없다. 스턱스넷은 당시 알려져 있던 악성코드 중에서 가장 복잡하고 비용이 많이 드는 공격 방식이었다. 스턱스넷은 USB를 이용하여 네트워크와 분리되어 있는 시스템에 직접 침투되었는데, 특정 대상물인 SCADAsupervisory control and data acquisition 시스템의 오작동을 노리고 그 시스템에 활용되는 프로그램의 논리제어장치를 목표로 삼았다(Shakarian, 2011).

스턱스넷 공격이 언론에 공개되자 이란은 스턱스넷이 핵시설에 경미한 영향을 입혔을 뿐이라고 밝혔지만, 이 공격으로 인해 이란의 핵 프로그램은 짧게는 1년, 길게는 수년 이상 지연된 것으로 평가된다. 게다가 컴퓨터 보안 전문가들에 의해서 그 존재가 확인되기 전까지 이란은 자신들의 시설이 공격을 받은 사실을 모르고 있었으며, 나탄즈 핵개발 단지의 원심분리기들이 오작동하는 원인을 찾아내지 못했던 것으로 알려졌다. 그러다가 나탄즈에 머물러 있도록 설계된 스턱스넷이 잘 밝혀지지 않은 경로로 유출되어 나탄즈를 빠져나와 전 세계로 퍼져 나가면서 그때서야 사건의 전모를 파악하게 되었다. 한때 155개국의 컴퓨터 약 10만 대가 스턱스넷에 감염된 것으로 알려졌는데, 이란에서만 6만 대 이상의 컴퓨터가 감염되었으며 인도, 인도네시아, 중국, 한국, 말레이시아, 아제르바이잔, 미국, 영국, 호주, 핀란드, 독일 등이 피해를 입었다(Farwell and Rohozinski, 2011).

이란의 핵개발을 저지하겠다는 동기 외에 미국이 스턱스넷을 개발한 이유는 이란 농축우라늄 시설에 대한 이스라엘의 공습 시도를 막기 위한 것으로 알려져 있다. 공습 대신 이란의 핵개발 프로그램을 지연 내지 좌절시킬 수 있는 방안으로 전에는 시도해본 적이 없는 사이버 공격을 시도했다는 것이다. 사실 사이버 공격은 물리적 공격보다 효과적이고 은밀한 공격이라는 장점을 갖는다. 그러나 미국과 이스라엘이 벌인 사이버 공격의 경우 그 타격이 단순한 첩보나 다른 컴퓨터에 대한 피해에 그치지 않고 원심분리기를 파괴시켜 사이버 공간과 현실 공간 사이의 벽을 뛰어넘었다는 사실에 주목할 필요가 있다. 국가개입에 이어서 사이버 공간에서 현실 공간으로의 도약은 사이버 공격의 위력을 증대시키는 직접적 효과를 가져온 것은 물론, 그동안 사이버 공간 내의 공격을 사이버 공간 안에 제한해온 암묵적 합의를 파기함으로써 향후 사이버 공격이 물리적 피해를 동반하게 될 가능성이 증대되었다.

이 외에도 2102년 5월 역사상 가장 정교하게 제작된 악성코드인 플레임 Flame도 발견되었다. 플레임의 출현은 스턱스넷 공격 이후 이란에 대한 사이버 공격이 시행된 추가적 증거로 간주된다. 컴퓨터 네트워크와 USB 메모리를 통해 전파되는 플레임은 소리, 화면, 키보드 동작, 네트워크 활동 등을 엿보는 첩보 프로그램이다. 하물며 블루투스가 설치되어 있는 컴퓨터의 경우 그 주변에 있는 블루투스 기기의 활동과 데이터까지도 탐지하는 종합적인 기능을 지니고 있다. 예를 들어, 블루투스를 통해서 컴퓨터 주변에 있는 스마트폰의 전화번호부에도 접근할 수 있다. 플레임은 스틱스넷보다 약 20배 정도 큰 대용량 악성코드임에도 불구하고 최소 2년 이상을 보안 소프트웨어 및 보안장비에 탐지되지 않아 보안기능을 우회하는 다양한 기법들이 포함되어 있었을 것으로 추정된다. 게다가 발각되는 것을 피하기 위해 프로그램의 흔적을 스스로 지워버리는 기능도 탑재하고 있었다(손영동, 2013: 243).

2) 미국과 사우디, 카타르에 대한 이란의 사이버 공격

미국과 중동의 우방국들도 이란으로부터 사이버 공격을 받기는 마찬가지였다. 2008년 중동의 한 미군기지 주차장에 버려진 USB 메모리를 통해서 미국방부 중동사령부의 컴퓨터들이 악성코드에 감염되어 군 전체의 기밀정보가 유출되고 보안 시스템이 교란되는 사고가 발생했다. 이를 발견한 미군 당국에 의해서 14개월에 걸쳐 악성코드가 제거되었지만, 이 사건은 미군 역사상 최악의 사이버 공격 피해로 기록되었다. 이 사건 이후 미국은 2009년 국방부 산하에 사이버사령부를 설치하고 새로운 전장으로 부상한 사이버 공간에서의 위협과 공격에 대비하는 조치를 취하게 되었다(Knowlton, 2010).

또한 2012년에 들어 이란은 여러 차례에 걸쳐서 미국과 걸프만 국가들에 대해 사이버 공격을 감행한 것으로 알려져 있다. 2012년 8월 사우디의 석유기업 아람코와 카타르의 국영가스회사인 라스가스RasGas에 대한 사이버 공격의 배후에 이란이 있다는 것이다. 사우디의 아람코는 이란의 공격으로 수만 대의 컴퓨터 파일이 삭제되고 전체 전산망 가동이 일시 중단되는 등 상당한 피해를 입었다. 또한 이란은 카타르의 라스가스에도 악성코드를 침투시켜 웹사이트의 이메일 서버를 다운시켰다. 2012년 9월 뱅크 오브 아메리카, 씨티그룹 등미국의 6개 대형 금융회사들도 디도스 공격을 받았다. 이란 해커그룹은 미국은행들에 대한 디도스 공격이 자신의 소행이라고 밝혔지만, 미국은 이란 정부의 지원 없이는 이와 같은 대규모 공격이 가능하지 않았을 것이라고 판단했다. 이러한 이란의 공격은 미국과 이스라엘이 가한 2010년의 사이버 공격에대한 보복 차원으로 알려졌다(손영동, 2013: 246).

2012년 이란은 사우디의 아람코에 대한 사이버 공격에 샤문Shamoon이라는악성코드를 사용했다. 샤문은 아람코를 공격하여 아람코 전체 컴퓨터의 4분의 3에 해당하는 약 3만 대의 컴퓨터의 데이터를 지워버리는 사태를 야기했다. 샤문은 감염된 컴퓨터의 파일을 지우고 마스터 부팅 레코드를 파괴하여컴퓨터가 부팅하지 못하게 만들었다. 아울러 공격당한 컴퓨터에 있는 패스워드 등의 정보를 추출하여 인터넷에 올리는 기능도 있는 것으로 알려져 있다.해커 집단이 정치적인 동기를 가지고 특정 기관이나 웹 사이트를 마비시킨 사례는 다수이나 사우디 아람코에 대한 공격처럼 컴퓨터 시스템을 파괴시키는경우는 흔하지 않았다. 일부 전문가들에 의하면 사우디 아람코에 대한 공격은해커집단이 디도스 공격 대신에 악성코드 프로그램을 사용한 최초의 사이버공격 사례라고 한다(김상배, 2014a: 488).

이러한 미국-이스라엘과 이란 간의 사이버 공방은 사이버 안보 분야의 국가 간 갈등을 새로운 국면으로 접어들게 했다. 이러한 사태의 진전에 대해서2012년 10월 미국 정보기관 관계자들은 미국과 이란이 사이버 공간에서 공격과 반격을 주고받는 '그림자 전쟁'이 진행 중이라고 밝힌 바 있다(New York Times, 2012.10.13). 이와 관련하여 리언 패네타Leon Panetta 미 국방장관은 2012년 10월 11일 이란을 직접 거론하지는 않은 채, 적대적 국가나 집단이 미국의핵심 전산망을 장악할 때 대규모 손실을 볼 수 있으며 미국이 '사이버 진주만'공격을 받을 위험에 처했다고 지적했다. 이러한 발언은 중동 지역에서 벌어진 최근의 해킹 공격이 이란인들의 소행이고, 이란 해커들은 이란 정부의 지원을 받았을 가능성이 매우 높다는 미 당국자들의 인식을 반영하는 것이었다.

5. 미중 사이버 공방의 복합지정학

1) 미중 사이버 공방의 전개

미국과 중국은 1990년대 후반과 2000년대 초반부터 사이버 공간에서 공방을 벌여왔다. 1999년 유고슬라비아 벨그라드의 중국 대사관 오폭 사건 이후 중국 해커들은 민족주의적 정서에서 미국과 나토의 기구들을 사이버 공격했다. 2001년 4월과 5월에 미국의 정찰기 사건 당시에도 비슷한 일이 벌어졌다. 중국 하이난 섬 부근에서 중국의 전투기가 미국의 정찰기와 충돌하여 추락하고 중국 조종사들이 사망하자 미국 정찰기를 중국에 강제로 착륙시켰다. 이 사건이 발생하자 인터넷은 네티즌들의 정보 수집과 담론 교환 활동의 허브가 되었다. 게다가 당시 발생했던 해킹은 미국과 중국 간의 '사이버 전쟁'을 방불케 할 정도였다. 당시 이 사건에 대한 미국 내의 여론도 악화되었다. 미국의 스파이 비행기 사건 직후 퓨연구소가 실시한 설문조사에 의하면, 중국을 부정적으로 인식하는 미국인들의 숫자가 사건이 터지기 전인 2000년 3월에 61퍼센트였는데 사건이 터진 이후에는 70퍼센트로 나타나기도 했다(Kluver, 2001: 5~7; 김상배, 2014a: 498).

앞서 언급한 제2세대 사이버전의 시기로 접어든 2003년 이후에는 중국 해커들의 배후에 중국 정부의 그림자가 점점 더 짙게 드리우기 시작했다. 사실 중국은 비밀리에 해커 부대를 양성하는 것으로 알려진 대표적인 나라이다. 중국은 2003년 군 첨단, 현대화 계획의 일환으로 베이징에 최초의 전자전 부대를 창설한 것으로 알려져 있다. 또한 서부지역 청두의 한 방공부대에서는 청군과 홍군으로 부대를 나눠 컴퓨터 바이러스로 상대의 전자전 장비를 공격하거나 방어하는 해커전쟁 훈련을 실시했다는 이야기가 외신을 타기도 했다. 중국 해커 부대가 다른 나라의 관심을 끈 이유는 중국 해커들이 상당한 실력을 가지고 있기 때문이었다. 예를 들어, 2003년 전 세계를 휩쓴 웰치아Welchia 바이러스는 미국 정부 전산망을 공격하여 비자 발급업무를 일시 중단시키는 괴력을 발휘했는데, 전문가들은 웰치아가 중국산일 것으로 추정하고 있다(이상현, 2008: 312~313).

2003년 타이탄 레인 사건은 미중 사이버 공방의 본격적인 신호탄이었다. 당시 미국 내 군사연구소와 미 항공우주국, 세계은행 등에 대한 해킹 공격으로 정보가 대량 유출된 것으로 밝혀졌다. 해킹 흔적을 역추적한 결과, 진원지는 중국 광둥성이었다. 미국 정부가 '오로라 공격'이라고 명명한 2009년의 해킹 사건은 구글뿐만 아니라 어도비나 시스코 등과 같은 미국의 30여 개 IT기업들을 목표로 하여 중국 해커들이 벌인 일이었다(Clarke, 2011). 유튜브 차단과 지메일 해킹이 논란이 되었던 2010년 구글 사건 당시에도 중국의 해커들이 적극적인 역할을 한 것으로 알려져 있다. 예를 들어, 중국의 어느 젊은 해커는 ≪뉴욕타임스New York Times≫ 기자와의 비밀 인터뷰에서 구글 공격의 구체적인 부분을 밝혔는데, 구글 해킹에 투입된 트로이 목마 바이러스는 외국 해커에 의해서 개발되었지만 중국 해커들이 그 바이러스를 변형하여 사용했다고 주장했다(Barboza, 2010; Manson, 2011). 이러한 중국의 해킹은 미국의 기업뿐만 아니라 미국 고위 관리의 계정까지도 목표로 하고 있어 미국의 근간을 뒤흔드는 위협이라고 인식되었다(US-China Economic and Security Review Commission, 2009).

이러한 위협인식은 중국 정부와 군이 미국에 대한 비대칭 전쟁을 수행할 목적으로 '애국주의적' 해커 부대를 조직적으로 양성하고 있다는 사실이 확인되면서 더욱 증폭되고 있다(Thomas, N., 2009; Hvistendahl, 2010; Barboza, 2010). 2000년대 후반부터 미국 정부와 언론은 중국 해커들의 공격이 미국의 경제와 국가안보의 근간을 뒤흔드는 위협을 초래하고 있다는 이른바 '중국해커위협론'을 펼치기 시작했다. 사이버 안보는 오바마 행정부 출범 직후부터 2009년 이후 양국 간에 진행된 전략경제대화의 의제 중 하나로서 다루어졌으며, 좀 더 구체적으로는 미중 사이버 보안 실무그룹의 협의가 진행되어왔다. 그러나 이러한 협력의 노력에도 불구하고 물밑에서는 미중 사이버 갈등이 계속 진행되었다. 대표적으로 2011년 미국의 정부, 국제기구, 기업, 연구소 등 72개 기관에 침투한 '셰이디 랫Shady RAT' 공격은 미국에 대한 중국의 해킹 사례로 대량의 자료 복제 및 유출이 이루어졌다(Gross, 2011).

2) 2013년 맨디언트 보고서 이후

이렇게 전개되던 미중 사이버 갈등이 격화된 계기는 2013년 2월 미국의 사이버보안업체인 맨디언트가 내놓은 보고서였다. 맨디언트는 76쪽에 걸친 보고서를 통해 그동안 간헐적으로 탐지된 중국군의 사이버 공격 실태를 종합적이고 자세하게 파헤쳤다. 보고서에는 중국 상하이에 기반을 둔 61398부대의 해킹 방법 등이 자세하게 담겼다. 중국군 61398부대는 2006년부터 미국과 서구 국가의 공공 및 민간 기관을 대상으로 수백 테라바이트의 정보를 유출했으며, 그중 81퍼센트가 미국 기업이나 공공기관을 대상으로 한 것으로 밝혀졌다. 이들 공격은 정보통신·항공우주·행정·위성·통신·과학연구·컨설팅 분야에 집중되었으며, 주로 지적재산권과 연구개발의 내용을 훔치는 데 주안점을 두었다고 했다. 해킹 문제가 커지자 백악관 국가안보보좌관 토머스 도닐런Thomas Donilon은 중국에 해킹을 중단하라고 촉구하기도 했다(≪조선일보≫, 2013.2.20).

맨디언트는 2014년에도 비슷한 내용의 보고서를 냈는데, 미국 정부의 요구에도 불구하고 중국이 지속적으로 해킹을 벌이고 있다는 내용을 담았다. 보고서는 미국 기업들이 보유한 첨단기술과 정보에 대한 중국의 해킹이 여전히 심각하다고 밝혔다(〈연합뉴스〉, 2014.4.11). 이러한 갈등은 2014년 5월 미 법무부가 미국 내 기관들에 대해서 해킹을 감행한 것으로 지목한 중국군 61398부대 장교 5인을 철강무역 비밀을 캐내려고 미국 회사를 해킹한 혐의로 미국에서 기소하면서 정점에 달한 듯이 보였다. 미국 정부는 이후 중국의 사이버 범죄를 비난하며 압박 전략을 펼쳤다(≪전자신문≫, 2016.12.26). 2015년 1월 연방대배심은 구체적으로 중국 장교 5명을 사이버 범죄 혐의로 기소하고 이들의 실명과 기소자료를 이례적으로 공개했다.

중국은 이에 즉각 반발하며 미국과의 대화를 중단하는 동시에 중국 시장에 진출한 미국 IT기업들에 대한 규제의 고삐를 죄는 조치를 취했다. 중국은 오히려 자국이 미국으로부터의 사이버 공격에 더 취약하며, 매년 3만 4천 건으로 추산되는 미국의 사이버 공격을 받았다고 주장했다. 또한 중국은 미국의 비대칭적 우위로 세계 전체 인터넷 운영에 필요한 13개의 루트 서버 중 10개가 미국에 소재하고 인터넷 주소를 관리하는 기관도 미국의 영향력 아래 있다고 주장했다. 미국이 사이버 공격력에서 여전히 절대적인 우위를 차지하고 있다는 것이었다(Lieberthal and Singer, 2012: 4~5). 실제로 미국도 중국을 상대로 비밀스러운 정보작전을 벌였는데, 중국이 벌인 역공세의 빌미는 스노든 사건에서 제공되었다. 2013년 6월 미국 중앙정보국CIA 전 직원인 에드워드 스노든 Edward Snowden이 폭로한 내용에 따르면, 미국 정부는 '프리즘PRISM'이라는 프로그램을 통해서 장기간에 걸쳐 개인 이메일을 비롯한 각종 데이터를 감청해온 것으로 드러났다(*Guardian*, 2014.5.20).

그 이후에도 중국의 해킹은 계속되었는데, 2014년 미국 국가안보국(NSA)의 기밀 자료에 따르면 5년 이상 600개 이상의 기업과 정부 기관이 중국의 정보 유출 행위로 피해를 본 것으로 밝혀졌다. 특히 서부 실리콘밸리와 함께 동부의 워싱턴과 보스턴 지역 내 전력, 통신, 인터넷, 군 시설 등에 피해가 집중됐다. 대표적으로 하이브리드 자동차 제조 기술, 제약 공식과 같은 산업 기술과 군의 항공·교통 통제 시스템, 정부-군의 네트워크 등 모든 분야를 대상으로 중국의 사이버 공격과 사이버 스파이 행위가 이뤄졌으며 이로 인한 미국의 피해는 심각한 수준이라고 알려졌다(정종필·조윤영, 2017: 187).

한편, 2015년 6월 미 연방인사관리처OPM가 중국으로 추정되는 세력에 해킹을 당하여 미국 전현직 공무원들의 신상 정보가 유출되었다. 최초에는 400만 건으로 알려졌으나 확인 결과 최소 1800만 명의 개인정보가 유출된 것으로 확인되었으며 그 이상이 될 수도 있다는 것이었다. 미국은 중국을 OPM 해킹의 배후로 지목했고 중국은 이를 공식적으로 부인했으나, 2014년 3월부터 유출이 있었던 것으로 추정되었다. 유출된 것은 미국의 상하원 의원과 FBI 요원 등과 같은 공무원들의 장기간 누적된 인사정보로서, 미 정부를 대상으로 한 향후 사이버 공격의 기반이 될 수 있다는 점에서 심각한 문제로 받아들여졌다. 또한 2016년 12월 25일에는 중국군이 지원하는 해커조직이 미 연방예금보험공사FDIC를 해킹한 것으로 드러났다고 보도되었는데, 2010년부터 FDIC 컴퓨터에 중국군이 후원한 해커가 침투했다는 것이었다(≪전자신문≫, 2016.12.26).

3) 2015년 미중 정상회담 이후

2015년 9월 미중 정상회담은 10여 년 이상 벌여온 미중 사이버 공방이 새로운 국면을 맞는 전기를 마련했다. 오바마 대통령과 시진핑 주석은 백악관에서 열린 정상회담에서 상호 사이버 절도행위 금지, 수사협조 및 정보공유, 최신 수사정보 공유, 국제행위 규범 마련 노력 등의 네 가지 사항을 합의했다. 다시 말해, 자국 기업들에 경쟁우위를 제공할 목적으로 지적재산에 대한 사이버 절도행위를 수행하거나, 알면서도 지원하는 행위를 하지 않는다는 것에 동의했다. 또한 자국의 영토로부터 비롯되는 악의적인 사이버 행위에 대한 상대방의 사이버 범죄수사와 증거수집, 위협감소 요구에 협력하고 적시에 대응하기로 하며, 수사 진행상황과 결과물에 대한 최신 내용을 상대국에 제공하기로 했다. 더 나아가 양국은, 유엔 정부자문가그룹GGE 활동의 노력을 지지하며 사이버 공간의 국제규범을 마련하기 위한 논의를 진전시키고자 미중 수석 전문가 그룹을 구성하기로 했다(〈연합뉴스〉, 2017.9.23).

2015년 12월에는 정상 간 합의에 대해 구체적으로 논의하기 위해 궈성쿤郭聲琨 중국 공안부장이 미국을 방문하여 제이 존슨Jeh Johnson 미 국토안보부 장관과 사이버 안보와 해킹 문제 해결을 논의했다. 이는 사이버 안보에 관한 미중 간 최초의 실무 장관급 회동으로, 미국 측은 미국 기업에 대한 해킹 방지와 미국의 지적재산권 등에 대한 적극적인 보호 조치를 중국에 요청했다. 회담에서 양국은 정부 주도로 사이버 공격을 벌여 기업 기밀을 훔치거나 해킹을 지원하지 않기로 합의했고 향후 미중 당국의 정기적인 만남을 이어가기로 했다. 또한 양측은 미중 '사이버 안보 대책 핫라인 설치'에 합의하며 2015년 일련의 사이버 공격 사건으로 악화한 양국 관계의 회복을 위해 노력한 것으로 보도되었다(신성호, 2017: 163). 또한 2016년 5월에는 사이버 문제를 전문적으로 다루는 외교와 국방, 유관 부처의 사이버 전문가 간 협의를 워싱턴에서 처음으로 개최했다(〈뉴시스〉, 2016.5.12).

흥미로운 것은 이러한 합의 이후 실제로 중국발 해킹이 감소했다는 사실이다. 러시아의 보안업체인 카스퍼스키Kaspersky에 의하면, 미국과 영국 조직을 겨냥한 중국발 APT 공격이 급격하게 줄어들었다고 하는데, 이러한 현상이 시작된 시점은 2015년 9월 미국의 오바마 대통령과 중국의 시진핑 주석이 사이버 공격을 자제하는 합의를 맺은 시점부터라고 분석했다(≪보안뉴스≫, 2016.2.11). 그러나 좀 더 엄밀히 말하면, 시진핑 주석이 미국을 방문하기 1년 쯤 전부터 중국발 사이버 공격이 급격히 줄어들었다고 알려졌다. 2016년 6월 발표한 파이어아이FireEye의 보고서에 따르면, 중국을 기반으로 하는 조직들로부터 사이버 공격이 계속해서 진행되고 있지만 2014년 중반부터 현저한 감소세를 보이고 있다고 한다. 실제로 2013년과 2014년 초반 한 달에 50~70건에 달하던 중국 측의 사이버 공격은 2014년 중반부터 줄기 시작해 2015년 10월 이후에는 한 달 10건으로 급격히 감소했다는 것이다(≪아이티데일리≫, 2016.6.27).

파이어아이는 오바마 대통령과 시진핑 주석이 상호 해킹 중단을 합의한 것 이외에도 중국에서 시진핑 주석이 군 통제의 강화를 시도하고 정치군사 개혁이 본격화되는 등의 요소가 중국발 사이버 공격의 감소에 영향을 미쳤다고 분석했다. 또 다른 보안업체인 크라우드스트라이크CrowdStrike도 중국의 전면적인 군사조직 재정비가 사이버 공격의 급감에 영향을 끼쳤을 것이라고 분석했다(〈연합뉴스〉, 2016.6.21). 그러나 ≪월스트리트저널Wall Street Journal≫은 중국이 미국에 해킹 중단을 약속한 진짜 이유가, 중국의 경제발전과 경제구조 변화로 과거처럼 해킹을 하면서까지 미국 기업들의 노하우를 알아낼 필요성이 줄어들었다는 데 있다고 파이어아이의 분석을 인용했다. 이러한 환경의 변화 때문에 중국은 이제 미국 기업들의 기술을 확보하는 것보다는 오히려 핵심 고급 인력들을 확보하는 것이 더 중요해졌다는 것이었다(≪한국경제≫, 2016.4.24).

중국발 해킹은 줄어들었지만 해킹 자체가 완전히 사라진 것은 아니었다. 파이어아이에 의하면, 중국을 기반으로 하는 해커집단이 2015년 말부터 2016년까지 중국 주변 국가의 정부기관과 군사조직들을 계속해서 공격했으며 더욱 조직화되고 있다고 분석했다(≪아이티데일리≫, 2016.6.27). 특히 중국 해커들의 사이버 공격이 미국으로부터 러시아로 그 공격의 방향을 바꾸었다는 보도도 나왔다. 2016년 카스퍼스키는 러시아를 향한 중국 해커들의 공격이 2개월간 무려 300%나 증가했다고 보도했다(≪보안뉴스≫, 2016.2.11). 또한 파이어아이 보고서는 중국의 해킹집단이 한국과 러시아, 베트남 등을 공격하거나, 영유권 분쟁을 벌이는 남중국해 국가들을 공격 대상으로 삼고 있다고 분석했다. 그리고 이 보고서는, 양적인 면에서 공격이 줄어들기는 했지만 중국 해커들의 공격이 점점 더 세련되게 이루어져서 목표물을 신중하게 고르는 러시아 해커들처럼 행동한다고 설명했다(〈연합뉴스〉, 2016.6.21).

6. 버추얼 창 공격의 복합지정학

사이버 공간에서 등장한 새로운 위협은 국가에 의해 독점되어온 군사력의 개념뿐만 아니라 군사전략과 안보의 개념 자체도 그 기저에서부터 뒤흔들어 놓고 있다. 인터넷 환경은 테러 네트워크나 범죄자 집단들에 의해 도발될 이른바 비대칭 전쟁의 효과성을 크게 높여놓았다. 이러한 비대칭 전쟁이 가장 첨예하게 드러나는 분야가 바로 사이버 공격이다. 이러한 상황에서 최근 주요 국가들 간에 벌어진 사이버 공방은 해커들의 장난이나 도발적인 비국가 행위자들의 테러 정도로만 인식되었던 사이버 안보의 영역에 국가 행위자가 명시적으로 개입함으로써 사태를 더욱 복잡하게 만들었다. 그러나 아무리 국가 행위자가 적극적인 주체로 나서더라도 사이버 공격은 전통적인 지정학의 시각으로만 볼 문제는 아니다. 오히려 사이버 안보 분야는 영토성을 기반으로 하여 국가가 독점해온 안보유지 능력의 토대가 잠식되는 현상을 보여주는 좋은 사례이며, 이러한 점에서 사이버 안보는 전형적인 복합지정학의 현상이다.

이상에서 살펴본 바와 같이, 사이버 공격은 다양한 개념들과 사례들이 서로 혼재되어 나타나는 하이브리드전의 양상을 띤다. 사이버 공격은 점점 더 오프라인 공간의 물리적 공격과 복합되는 양상을 보이고 있으며, 사이버전의 중요성이 커지면서 각국은 사이버전 역량을 기르기 위한 경쟁을 벌이고 있다. 이러한 하이브리드전은 공격양식, 공격주체, 사이버전 양상의 복합이라는 세 가지 차원에서 나타난다. 공격 양식의 복합이라는 점에서 미래의 사이버 전쟁은 핵전, 재래식전, 산업전, 심리전 등과 서로 복합되는 모습으로 나타날 가능성이 크다. 공격주체의 복합이라는 점에서도 사이버 공격은 비국가 행위자와 국가 행위자 이외에 비인간 행위자까지도 관여하는 형태이다. 좀 더 구체적인 맥락에서 보는 사이버전의 양상도, 앞서 개념적으로 구분했던 사이버 전쟁, 사이버 테러, 사이버 교란, 사이버 간첩, 사이버 범죄 등이 점점 더 상호 구분하기 힘들 정도로 복합적인 양상을 보이고 있다.

그런데 이러한 상황의 전개과정에서 우려스러운 부분은 사이버 안보의 게임이 강대국들이 주도하는 근대 국제정치의 논리를 향해 치닫고 있다는 점이다. 특히 현실주의 국제정치이론에서 상정하고 있는 제로섬 담론이 과도하게 강조되는 경향이 나타나고 있다. 근대 국제정치이론의 주류를 이루는 현실주의 담론은 국제정치의 주요 행위자로서 국민국가를 설정하고 이들이 벌이는 하드파워 게임의 과정에서 생성되는 국제정치의 제로섬 게임적인 양상에 주목한다. 글로벌화, 정보화, 민주화로 대변되는 변화를 겪고 있는 오늘날에도 이렇게 현실주의 담론이 상정하고 있는 현실은 엄연히 존재한다. 그러나 오늘날 세계정치의 변화는 단지 그러한 제로섬 게임의 양상으로만 파악할 수 없는 복합적인 모습으로 전개되고 있다. 따라서 현실주의 국제정치이론의 담론에 지나치게 집착해서 세상을 볼 경우, 자칫 담론이 현실을 왜곡하는 과잉 담론 현상이 출현할 가능성이 있다.

최근 사이버 공간에서 벌어지는 경쟁과 갈등, 그리고 그러한 연속선상에서 출현하는 주요 국가들의 사이버 안보 전략의 양상을 보면, 이러한 과잉 현실주의 담론에 의해서 현실이 재구성되고 있는 것 같은 느낌을 지울 수 없다. 특히 미국이나 중국, 러시아 등과 같은 강대국들이 벌이는 안보화 게임이나 사이버 공간의 군사화 게임은 단순히 관련 행위자들의 이해관계가 조정되고 갈등하는 차원을 넘어서 강대국들이 나서서 벌이는 21세기 패권경쟁의 한 단면을 보는 듯하다. 게다가 아직 사이버 안보 문제를 다룰 국제규범이 마련되지 않은 상황에서 사이버 안보 분야는, 현실주의 국제정치이론이 상정하는 것과 유사한 전형적인 무정부상태anarchy로 개념화되고, 그러한 환경 아래에서 전통적인 국제정치 행위자로서 국가 행위자들이 전면에 나서 제로섬 게임의 경쟁을 벌이는 세상으로 그려진다.

실제로 미국은 중국 해커들의 소행으로 추정되는 사이버 공격을 국가안보의 위협으로 인식하고, 미사일을 발사해서라도 '사이버 진주만'의 재난을 막겠다고 공언하고 있다. 이에 대해서 중국도 사이버 공간의 질서 형성과정에서 나타나는 미국의 패권을 비난하면서 자국의 기술 시스템과 정치체제에 대한 주권적 통제의 필요성을 주장한다. 이러한 와중에 21세기 패권을 겨루는 두 강대국 간에 진행되고 있는 것으로 보이는 사이버 공격과 방어의 게임은 계속 상승작용을 벌이고 있다. 이러한 양상은 정치와 군사 영역을 넘어서 경제와 무역 분야에도 확대되어, 미국은 2012년 「국방수권법National Defense Authorization Act」을 제정해 외국 장비가 국가시설에 도입되는 것을 사실상 원천 봉쇄했다. 마찬가지로 중국도 외산(특히 미국산) 장비를 국가시설에 들이려면 소스코드를 공개하라는 원칙을 주장하고 있다(≪디지털타임스≫, 2015.5.13). 자칫 잘못하다가는 양국 간의 무역 분쟁이 발생할 가능성까지도 우려되고 있는 실정이다.

이렇게 강대국들이 벌이는 패권경쟁 담론이 사이버 공간에까지 침투하는 구도는 한국의 입장에서 볼 때 결코 좋을 것이 없다. 게다가 남북한이 대치하고 있고 한반도를 두고 미국과 중국이 주도권 경쟁을 하는 상황에서 한국이 미국과 중국의 사이에 벌어질 사이버 전쟁이나 무역 분쟁에서 어느 한편을 들기는 어려운 실정이다. 미국에 대한 안보 의존도나 중국에 대한 무역 의존도가 매우 높은 상황에서 자칫 큰 문제가 불거질 우려가 있기 때문이다. 또한 미국과 중국 사이에서, 그리고 북한과의 관계에서 과잉 현실주의 담론에 기반을 둔 군사전략의 시각으로 현실을 이해하는 접근도 조심스럽게 살펴보아야 한다. 이러한 군사전략 담론에 의거하여 한미 간의 사이버 안보협력을 이해하고 중국이나 북한과의 관계를 설정하는 것은 자칫 큰 부담으로 다가올 우려가 있다. 예를 들어, 중국이나 북한의 소행으로 추정되는 사이버 공격에 대해서 한미 간의 집단 자위권을 근거로 물리적 반격을 가해야만 하는 상황이 창출될 경우 자칫 한반도가 사이버 전쟁터, 더 나아가 물리적 전쟁터가 될 우려도 있다.

| 제5장 |

그물망 방패 구축의 복합지정학

1. 사이버 방어의 국가전략

최근 사이버 안보가 국가전략의 관심사로 떠올랐다. 한국의 핵심 기반시설을 겨냥한 북한의 사이버 공격은 핵실험과 미사일 발사에 못지않게 중요한 위협이 아닐 수 없다. 지난 수년 동안 부쩍 거세지고 있는 미중 사이버 갈등은 사이버 안보라는 문제가 이미 두 강대국의 주요 현안이 되었음을 보여준다. 2016년 말 미국의 대선 과정에서 불거진 러시아의 해킹 논란으로 사이버 안보의 문제는 국내정치 과정의 일부가 되었다. 이러한 강대국들 간의 사이버 공방으로부터 한국도 자유로울 수 없다. 최근 들어 발생한 미국의 한반도 사드 배치를 둘러싼 논란의 와중에 중국과 러시아의 해커들이 한국을 공격하는 일이 벌어졌다. 사이버 위협에 대응하여 각국은 기술적으로 방어역량을 강화하는 것 외에도 공세적 방어의 전략을 제시하고 법제도를 정비하거나 국제협력을 강화하는 등의 대책 마련에 힘쓰고 있다. 그야말로 사이버 안보는 단순히 정보보안 전문가들의 기술개발 문제를 넘어서 다양한 분야를 아울러 종합적인 대응책을 마련해야 하는 21세기 국가전략의 문제가 되었다(김상배, 2017c).

날로 교묘해지고 있는 사이버 공격을 전통안보의 대응방식으로 막아내기는 역부족이다. 사이버 안보의 특성상 기술적으로 철벽방어를 구축하려는 단순한 발상은 해법이 될 수 없다. 오히려 사전예방과 사후복원까지도 고려하는 복합적인 방식이 필요하다. 정책내용 면에서 기술, 국방, 법제도, 국제협력에 이르기까지 다양한 노력이 필요하며, 추진주체 면에서도 어느 한 기관이 전담하는 모델보다는 해당 주체들이 역할과 책임을 다하는 가운데 그 상위에 총괄·조정역을 설계하는 중층모델이 적합하다. 물론 나라마다 차이는 있을 수밖에 없다. 정치와 사회와 문화의 차이가 있기 때문이고, 여타 정책이나 제도와의 관계 또는 역사적 경로의존성의 제약을 받기 때문이다. 더 중요하게는 국가마다 사이버 위협의 기원과 성격, 그리고 각국이 처한 국제적 위상 등이 다르기 때문에 각기 상이한 해법을 모색하는 것은 당연하다. 그럼에도 지난 10여 년 동안 세계 각국이 사이버 위협에 대처하기 위해서 모색해온 해법들은 전통안보의 경우와는 달리 좀 더 새롭고 복합적인 내용과 형식을 지니고 있는 것이 사실이다.

　이 글은 세계 주요국, 특히 한반도 주변4국으로 대변되는 미국, 일본, 중국, 러시아와 유럽의 주요 3국으로 거론되는 영국, 독일, 프랑스 등 7개국의 사례를 살펴보고자 한다. 사실 이 나라들은 오랫동안 한국이 정책과 제도모델을 고민하는 과정에서 일종의 '일반모델'로서 참조되었던 대표적인 나라들이다. 이들 나라는 지금 사이버 안보 분야에서도 모델 경쟁을 하고 있다. 대략 서방 진영을 이끌고 있는 미국과 일본이 한편을 이루고, 비서방 진영의 중국과 러시아가 다른 한편에 서 있다면, 그 중간지대에 영국, 독일, 프랑스 등과 같은 유럽 국가들이 위치하는 형세이다. 이들 국가의 행보를 이해하는 것이 중요한 이유는 현 시점에서 한국이 모색할 사이버 안보 전략의 기본방향과 구성내용을 검토하고 이를 토대로 구체적인 실천방안을 궁리하려는 필요성 때문이다. 더 나아가 기존의 산업화 및 정보화 전략의 경우처럼 사이버 안보 분야에서도 한국이 스스로 '모델'을 개발하려는 기대 때문이기도 하다. 한국의 현실에 맞는 이른바 '한국형 사이버 안보 전략 모델'을 장차 스스로 추구해야 맞겠지만, 그 준비단계에서 세계 주요국들의 사례를 살펴보는 작업의 의미는 충분하다.

이 글은 비교 국가전략론의 시각에서 이들 7개국의 사이버 안보 전략을 비교분석하고자 한다. 사실 여태까지 국내에서 진행된 각국의 사이버 안보 전략에 대한 연구는, 새로운 전략이 발표되거나 법이 제정되면 이를 소개하고, '우리가 이만큼 부진하니 빨리 따라잡자'는 식의 개괄적이고 단편적인 연구나 정책보고서가 주류를 이루었다. 주로 미국의 사례(이강규, 2011; 송은지·강원영, 2014)가 소개되었으며, 개괄적으로 미·중·일·러(조성렬, 2016; 김상배 편, 2017)나 한·중·일(김희연, 2015), 미국·영국·EU(배병환·강원영·김정희, 2014) 등의 사례를 비교하거나, 좀 더 구체적으로는 일본(박상돈, 2015), 중국(양정윤·배선하·김규동, 2015; 고은송, 2016), 영국(배병환·송은지, 2014) 등의 사례를 탐구하는 선에 머물러 있었다. 해외연구를 보더라도 아직까지 각국의 사이버 안보 전략을 비교분석하여 이론적 함의를 도출하는 수준에는 미치지 못하고, 주로 단편적인 연구나 정책보고서 차원에서 각국의 현황을 소개하는 수준에 머물고 있는 것이 현재 학계의 엄연한 현실이다(Peritz and Sechrist, 2010; Lewis, 2015; Chang, 2014; Lindsay et al., 2015; Thomas, T. L., 2009; Nocetti, 2015; Christou, 2016).

이러한 맥락에서 이 글은 국제정치학의 개념을 원용한 비교분석의 연구를 시도해보고자 한다. 이러한 비교분석 연구의 바탕이 되는 것은 '네트워크 국가network state'에 대한 논의이다(Carnoy and Castells, 2001; 하영선·김상배 편, 2006; 김상배, 2014a). 네트워크 국가는 글로벌화, 정보화, 민주화의 시대를 맞이하여 발생하고 있는 근대 국민국가의 변환을 잡아내려는 개념 중의 하나이다. 사실 오늘날 국가의 양상은 부국강병에 주력하는 위계조직으로 개념화되던 근대 국민국가의 모델을 넘어서고 있다. 또한 오늘날 국가의 활동반경도 영토적 경계를 넘어서 그 안과 밖으로 광역화되고 있다. 이러한 과정에서 지난 수백 년 동안 이념형적 국가모델로 인식되어온 국민국가는 변환을 겪고 있다. 그러나 국가변환의 양상은 글로벌 차원에서 획일적으로 나타나지 않고 각 국가와 지역마다 다르게 나타난다. 게다가 각 국가와 지역이 미래 국가모델을 놓고서 경합을 벌이는 양상도 나타나고 있다. 이러한 국가변환의 모델 경쟁이 사이버 안보 분야에서도 극명하게 나타나고 있으며, 이러한 양상을 제대로 읽어내는 것은 향후 미래 국가전략을 모색하는 데 매우 중요하다.

2. 사이버 안보 전략의 분석틀

사이버 안보는 전통안보와 다른 특성을 지니고 있을 뿐만 아니라 상이한 환경을 배경으로 발생한다. 컴퓨터 시스템은 아무리 잘 설계되어도 외부로부터의 침투를 완벽히 막아낼 수 없기 때문에, 공격이 방어보다 유리한 게임인 데다가 경우에 따라서는 피해여부와 피해대상 자체를 구분하기도 쉽지 않다. 사이버 공격의 주체도 국가 행위자들이라기보다는 주로 해커집단이나 테러리스트 등과 같은 비국가 행위자들이 나서는 경우가 많으며, 사용되는 컴퓨터 바이러스나 악성코드, 공격기법 등이 '행위능력'을 지닌 중요한 변수가 되기도 한다. 따라서 누가 사이버 공격의 주범인지를 밝혀내기 어렵고, 그 범인을 밝힐 수 있더라도 매우 복잡한 인과관계에 기반을 두고 있어 공격의 주체와 보복의 대상을 명확히 판별하기 어렵다. 따라서 실제 범인을 색출하는 것만큼 누가 범인인지, 즉 무엇이 안보위협인지를 규정하는 '안보화securitization'의 과정이 중요한 변수가 되기도 한다. 이러한 맥락에서 이해한 사이버 공격은 마치 보이지 않는 위협으로서 '버추얼virtual 창'의 공격을 방불케 한다.

이러한 버추얼 창을 막아내기 위해서 필요한 것은, 철벽방어를 목표로 '벽돌집'을 짓는 전통적인 발상이 아니라 나뭇가지 하나하나를 모아서 '그물망'을 짜는 것과 같은 복합적인 발상이다. 시스템 차원의 불확실성이 커지는 상황에서, 전통안보에 대응하는 경우처럼, 국가가 나서서 통제하고 자원을 집중적으로 동원하려는 위계조직의 발상은 효과적이지 않다. 다시 말해, 어느 한 주체가 나서서 집중적인 해법을 제시하기보다는 오히려 이해당사자들이 각기 책임지고 자신의 시스템을 보호하는 분산적 대책이 효과적일 수도 있다. 대응주체라는 점에서 국가 행위자 이외에 민간 행위자도 참여하는 네트워크 모델이 필요하고, 동원하는 수단이라는 면에서도 기술과 인력, 국방의 역량을 강화하는 것뿐만 아니라 법제도 정비와 국제협력 등을 포괄하는 복합적인 대응이 필요하다. 그리고 난 연후에 해당 당사자들이 담당할 수 없는 '구조적 공백'을 메워주는 총괄·조정의 역할이 빛을 발한다. 비유컨대, '네트워크 위협'에는 '네트워크 해법'을 찾아야 한다고 할까?(Christou, 2016).

이러한 맥락에서 볼 때 사이버 위협의 성격을 정확히 이해하고 이에 적합한 새로운 국가모델과 안보 거버넌스를 모색하는 것이 필요하다. 이와 관련하여 이 장의 논의는 네트워크 국가network state와 메타 거버넌스meta governance의 개념과 이론에 그 인식론적 뿌리를 두고 있다. 네트워크 국가란 대내적으로는 위계적 관료국가, 대외적으로는 영토적 국민국가의 모습을 하는 기존의 근대 국가모델이 글로벌화와 정보화 및 네트워크 시대의 변화하는 환경에 맞추어 자기변화와 구조조정을 해나가는 국가이다. 변화하는 국가의 모습은 중앙정부와 지방정부 내의 공조, 국가-민간기업-시민사회의 협업, 지역 및 글로벌 차원에서 진행되는 정부 간 협력, 초국적 차원의 연결망 구축 등에서 다양하게 나타난다. 이렇게 다층적인 네트워크가 형성되어 작동하는 과정에서 중요한 국가의 역할은, 다양한 행위자들의 이해관계를 조정하고 협력을 이끌어내는 중심성centrality 제공의 역할, 즉 메타 거버넌스이다. 이러한 네트워크 국가의 메타 거버넌스는 행정조직들의 관할권의 경계를 넘어서 또는 공공영역과 사적 영역의 구분을 넘어서, 그리고 국가의 경계를 넘어서 이루어진다(Jessop, 2003; 김상배, 2014a).

사이버 안보는 네트워크 국가의 메타 거버넌스 기능을 필요로 하는 대표적인 분야이다. 사이버 공간의 구조적 속성상 사이버 위협에 대한 예방-방어-억지-복원은, 수평적 네트워크의 형태로 활동하는 비국가 행위자들과 밀접히 협력하는 동시에 다양한 수단들을 적시적소에 유연하게 동원하는 국가의 역할이 요구되는 분야이다. 그런데 이러한 네트워크 국가와 메타 거버넌스의 역할은 국가별로, 그리고 지역별로 그 진행속도와 발현형태가 다르게 나타난다. 물론 수직적 '조직'으로부터 수평적 '네트워크'로의 전반적인 변환의 추세에 자유로울 수 있는 나라는 없을 것이다. 그럼에도 그 변환의 추세가 수용되는 정도는 각 국가와 지역마다 다르게 나타날 수 있다. 다시 말해, 비국가 행위자들뿐만 아니라 여타 국가 행위자들을 적극적으로 네트워킹하여 대응하려는 국가가 있는가 하면, 여전히 전통적인 위계조직 모델에 기대어 새로운 위협에 대응하려는 국가도 있을 수 있다. 이러한 국가변환의 차이는 분야별로도 다르게 나타난다. 예를 들어, 전통안보 분야는 변화의 수용 정도가 느린 분야이며 경제·문화·환경 분야는 새로운 변화를 빠르게 수용하고 있다. 이 장에서 다루는 사이버 안보 분야는 이상에서 언급한 국가변환의 추세가 빠르게 진행되는 대표적인 분야이다.

여기에서는 각국의 사이버 안보 전략에서 나타나는 국가변환의 추세와 국가별 차이를 분석적으로 이해하기 위해서 두 가지의 기준을 마련했다(그림 5-1). 첫째, 국가의 기능적 측면에서 본 대내외 정책지향성인데, 이는 주로 사이버 위협에 대한 기본인식과 역량강화의 전략, 사이버 국방의 전략과 역량 및 조직, 사이버 안보 분야의 국제협력에 임하는 원칙, 프라이버시 보호와 국가안보 추구의 비중 등을 고려하여 판단했다. 이러한 요소들의 복합 정도에 따라서 볼 때, 사이버 안보 전략의 대내외 정책지향성은 크게 기술경제적 논리를 바탕으로 정보인프라와 지적재산의 보호를 위한 글로벌 메커니즘을 지향하는 '거버넌스Governance 프레임'과 정치사회적 논리를 바탕으로 내정불간섭과 국가주권의 원칙에 입각하여 국내체제의 안전을 관철하려는 '거번먼트Government 프레임', 그리고 그 중간의 '복합 프레임'으로 나누어 볼 수 있다.

둘째, 국가의 구조적 측면에서 본 추진주체의 구성원리인데, 이는 주로 범정부 컨트롤타워의 설치 여부와 소재, 전담지원기관의 설치 여부, 각 실무부

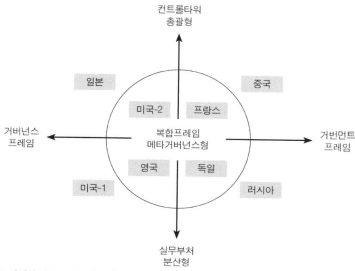

컨트롤타워
총괄형

일본

미국-2   프랑스

중국

거버넌스
프레임

복합프레임
메타거버넌스형

거번먼트
프레임

영국   독일

미국-1

러시아

실무부처
분산형

그림 5-1 사이버 안보 전략의 유형화

처의 역할과 상호 업무분장의 형태, 관련법의 제정 및 운용 방식 등을 고려하여 판단했다. 이러한 요소들의 복합 정도에 따라서 볼 때, 사이버 안보 전략의 추진체계는 크게 범정부 컨트롤타워 또는 전담지원기관이 존재하는 '컨트롤타워 총괄형'과 실무부처들의 상위에 총괄기관을 설치하지 않고 실무부처 중의 한 부처가 총괄하거나 각 실무부처의 개별 거버넌스를 상호 간에 조정하는 '실무부처 분산형', 그리고 그 중간의 '메타 거버넌스형'으로 나누어 볼 수 있다.

이러한 두 가지 분석기준을 바탕으로 볼 때, 여기서 선정한 7개국의 사이버 안보 전략은 대략 **그림 5-1**과 같이 위치시켜 볼 수 있다. 미국과 일본 등으로 대변되는 서방 국가모델은 거버넌스 프레임을 지향하는 가운데 실무부처 분산형으로부터 범정부적 컨트롤타워를 설치하는 방향으로 진화하는 모델로 판단할 수 있다. 이에 비해 중국과 러시아로 대변되는 비서방 국가모델은 전반적으로 거번먼트 프레임을 지향하는 가운데 각국의 국내정치적 특성에 따라서 범정부 컨트롤타워를 두거나 아니면 좀 더 비공식적인 방식으로 실무부처들의 업무를 조정하는 모델로 이해할 수 있다. 그 중간지대에 영국, 독일, 프랑스 등과 같은 유럽 국가들의 사이버 안보 전략을 설정할 수 있는데, 이들 국가는 각기 사정에 따라서 거버넌스 프레임과 거번먼트 프레임, 그리고 컨트롤타워 총괄형과 실무부처 분산형 등이 다양하게 조합되는 '복합 프레임'의 '메타 거버넌스형'이라고 볼 수 있다.

여기서 시도한 사이버 안보 전략의 유형 구분이 다소 도식적이라는 점은 부인할 수 없다. 이들 국가들의 전략을 서너 개의 유형을 상정하는 분석틀에 모두 담는다는 것은 무리가 없지 않다. 게다가 각국의 전략유형은 고정적인 것이 아니라 시간이 지남에 따라 진화를 거듭하고 있는 중이다. 실제로 미국의 사례는 2000년대 부시 행정부 시기의 〈미국-1〉 유형에서 2010년대 오바마 행정부의 〈미국-2〉 유형으로 진화했다. 그럼에도 여기서 시도한 사이버 안보 전략의 유형 구분이 비교분석의 효율성이나 실천적 함의 도출의 편의성이라는 측면에서 나름대로 유용함은 물론이다. 이하에서는 이러한 도식적 유형화의 한계를 보완하는 차원에서 7개국 사례의 구체적인 내용을 앞서 제시한 분석기준에 의거해서 하나씩 살펴보고자 한다.

3. 미국과 일본의 사이버 안보 전략

1) 미국의 사이버 안보 전략

미국에서는 1990년대부터 사이버 안보를 '안보화'하는 정책적 논의가 시작되었는데 2000년대 들어 9·11 테러가 발생하면서 더욱 본격화되었다. 부시 행정부는 2002년 11월 「국토안보법」, 12월 「연방정보보안관리법(FISMA)」을 제정하고 사이버 공격에 대해서 국토안보부(DHS)가 주도하는 대응체계를 갖추었다. 부시 행정부는 2003년 2월 "National Strategy to Secure Cyberspace

(NSSC)"라는 전략서를 발표한 데에 이어(White House, 2003), 2008년 1월 국가 안보 차원에서 사이버 안보 문제를 인식하고 대응책을 마련한 최초의 작업으로 평가받는 CNCIComprehensive National Cybersecurity Initiative를 발표했다(White House, 2008). CNCI의 기조는 오바마 행정부에서도 이어졌는데, 2009년 5월에 미국 사이버 안보 전략의 근간을 형성한 전략서인 "Cyberspace Policy Review (CPR)"를 발표했다(U.S. Department of Homeland Security, 2009). CPR은 연방 정부기관에게 각기 역할과 책임을 명확히 분담하는 동시에 사이버 안보 대응체계의 중심을 기존의 국토안보부로부터 백악관으로 이전시켰는데, 백악관의 컨트롤타워로서 사이버안보조정관Cybersecurity Coordinator을 신설했다.[1]

이 무렵 미국의 사이버 안보 전략에는 '군사화' 담론이 강하게 가미되기 시작했는데, 이는 관련 기구의 설치와 예산증액 등으로 이어졌다. 그중에서 가장 대표적인 사례는 오바마 행정부 출범 이후 2009년 6월에 창설된 사이버사령부Cybercom이다. 2011년 7월에 국방부는 "DoD Strategy for Operating in Cyberspace"를 통해서 사이버 국방의 중요성과 능동적 방어의 필요성을 강조했다(U.S. Department of Defense, 2011). 2012년 이후 일련의 전개과정에서 주목할 것은, 사이버 공격을 억지하기 위해서 그 진원지를 찾아 선제공격하겠다는 결연한 입장이 등장했다는 사실이다. 미 국방부는 2012년 5월 플랜-X 프로젝트를 발표했는데, 이 프로젝트는 미 국방부의 사이버 안보 전략을 증강하는 차원에서 사이버 무기 개발을 본격화하고, 전 세계 수백억 대에 달하는 컴퓨터의 위치를 식별하기 위한 사이버 전장지도를 개발하는 계획을 담고 있었다. 2012년 10월 사이버 예비군의 창설이 발표되었으며, 2013년에는 「국방수권법」을 통해 사이버 공간에서 군의 위상과 역할 및 권한을 강화했다. 이러한 공세적 대응으로의 전환 구상들은 2015년 4월 발표된 "DoD Cyber Strategy"

---

1 엄밀하게 보면 사이버안보조정관의 역할을 한 백악관 특보는 2003년부터 활동했다. 국무부에도 대외협력을 담당한 사이버조정관Coordinator for Cyber Issues이 국무장관 산하에 설치되어 있다.

에서 더욱 구체화되었다(U.S. Department of Defense, 2015). 2017년 8월에 이르러서는 사이버사령부를 독자적인 지휘체계를 갖춘 통합전투사령부로 격상시켰다.

이러한 '안보화'와 '군사화'의 득세와 병행하여 미국은 국제협력 전략도 적극적으로 추구했다. 오바마 행정부는 2011년 5월 "International Strategy for Cyberspace(ISC)"를 발표하여 사이버 공간에서의 기본적 자유와 재산권의 존중, 프라이버시의 보호, 사이버 범죄 색출, 사이버 공격에 대한 자위권 행사 등을 위해서 국제협력이 필요하다고 역설했다(White House, 2011). 아울러 미국은 양자 및 지역협력 차원에서 기존의 동맹을 사이버 공간에도 적용하는 전략을 추구했다. 유럽지역에서는 나토나 EU, 특히 영국과의 사이버 협력을 강화했다. 또한 아태지역에서도 일본, 호주, 한국 등과 사이버 안보 협력을 도모했다. 미국은 국제기구와 다자외교의 장에서도 사이버 안보 분야의 국제규범 형성과정에 참여했는데, 유엔 GGE나 ITU 등과 같은 기성 국제기구의 틀을 활용하기보다는 ICANN이나 사이버공간총회, 유럽사이버범죄협약 등과 같이 민간 이해당사자들이나 선진국 정부들이 주도하는 글로벌 거버넌스의 메커니즘에 좀 더 주력하는 모습을 보였다. 이러한 미국의 접근은, 이하에서 살펴보는 바와 같이, 중국이나 러시아로 대변되는 비서방 진영 국가들의 입장과 대립했다.

사이버 위협정보의 공유과정에서 발생하는 프라이버시와 자유의 침해 문제가 큰 논란거리였는데, 2015년 12월에 위협정보의 공유를 주요 내용으로 하는 「사이버안보법Cybersecurity Act」이 최종적으로 통과되면서 해결의 실마리를 찾았다. 「사이버안보법」은 단일법이 아니라 2015년 10월에 상원에서 통과된 CISACybersecurity Information Sharing Act를 중심으로, 하원을 통과한 여타 법안들을 통합·조정한 수정안이다. 이 법의 제정을 통해서 사이버 안보를 위해 필요한 경우 민간 분야가 소유한 방대한 양의 개인정보를 연방 정부기관에 자발적으로 넘기도록 하는 정보공유체계가 구축되었다. 그 핵심 내용으로는 기관

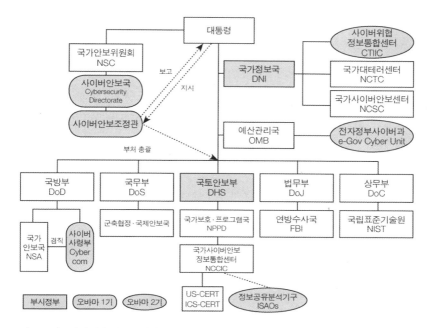

그림 5-2 미국의 사이버 안보 추진체계
자료: 임재명(2016: 4)을 부분적으로 수정.

들 간의 사이버 안보 정보공유의 절차와 가이드라인 마련, 특정 개인을 식별
할 수 있는 정보를 심사·삭제하는 절차 확보, 이 법에 따라 정보를 제공한 민
간기관에 대한 면책 규정, 연방기관은 공유받은 정보를 제한적으로만 사용한
다는 규정 등이 포함되었다. 법안이 최초 발의된 2009년 이후 프라이버시 침
해를 우려하는 정치권 및 시민사회의 반대의견과, 개인정보 침해에 대한 책임
부과를 우려하는 민간 기업들의 반발에 의해 법안 통과가 지연되다가 2015년
에야 통과되었다.

미국의 사이버 안보 추진체계는 기본적으로 연방정부의 각 기관이 각기 역
할과 책임을 다하는 분산 시스템을 운영하는 가운데, 정책의 통합성을 제고하
고 각 기관들의 유기적 협력을 도모하기 위한 총괄·조정 기능이 세 층위로 중
첩되는 형태로 진화했다(**그림 5-2**). 부시 행정부에서는 국토안보부와 국가정보

국(DNI)이 총괄 기능을 수행했다. 오바마 행정부 1기에 접어들어 국가안보위
원회National Security Council(NSC) 산하 사이버안보국Cybersecurity Directorate 내의
사이버조정관이 국토안보부, 국가안보국, 연방수사국, 국무부, 상무부 등 실
무부처들이 개별적으로 수행하는 사이버 안보 업무를 총괄하도록 했다. 이후
오바마 행정부 2기에는 실무부처 업무의 통합성과 민관협력의 실현을 위해
서 세 개의 기관이 추가로 설치되었다. DNI 산하에는 사이버위협정보통합센
터Cyber Threat Intelligence Integration Center(CTIIC)가 설치되어 사이버 위협과 사고
를 종합적으로 분석하여 유관기관에 정보를 제공하게 했다. 예산관리국(OMB)
내에는 전자정부사이버과E-Gov Cyber Unit를 설치하여 연방기관의 업무를 감독·
조율하게 했다. 민관협력을 촉진하기 위해 정보공유분석기구Information Sharing
and Analysis Organizations(ISAOs)를 설치하여, 국토안보부 산하에서 민관 정보공유
를 담당하는 국가사이버안보정보통합센터National Cybersecurity and Communications
Integration Center(NCCIC)와 협력하도록 했다(신성호, 2017: 149).

　요컨대, 미국은 자국의 정보인프라와 지적재산의 보호를 위해서 일찌감치
사이버 안보를 강조하는 전략을 추진해왔다. 더불어 억지역량의 강화라는 명
목으로 군사적인 공세전략도 병행했다. 국제협력도 양자·지역 동맹 강화와
민간 이해당사자들이 참여하는 글로벌 거버넌스의 구축을 동시에 지향했다.
사이버 위협정보의 공유체계를 구축하는 과정에서 프라이버시 보호를 고려
하는 법제도를 마련한 것은 인상적이다. 이러한 점에서 미국의 대내외 정책
지향성은 기본적으로 거버넌스 프레임에 기반을 두고 있다고 보아야 할 것이
다. 한편, 미국에서는 실무부처들이 소관 업무를 담당하는 가운데 국토안보부
(DHS)가 주도하던 모델(그림 5-2의 좌하단)로부터 백악관이 컨트롤타워 역할을
수행하는 모델(그림 5-2의 좌상단)로 진화했으며, 이후에는 DNI 산하 CTIIC의
종합정보분석 역할, 전자정부사이버과의 감독·조율 역할, 국토안보부 산하
NCCIC와 ISAOs 협력체제 구축 등의 총괄 및 지원 기능이 추가되었다. 이러한
점에서 미국의 추진체계는 실무부처의 역할을 강조하는 가운데 컨트롤타워의

총괄·조정 기능이 중층적으로 작동하는 메타 거버넌스형으로 파악할 수 있다.[2]

2) 일본의 사이버 안보 전략

일본은 2000년대 초반부터 'e-Japan전략'을 발표하기 시작했는데, 2006년부터는 "시큐어재팬"(2006-2009), "정보재팬"(2010-2012), "사이버시큐리티"(2013-) 등으로 이름을 바꾸어가며 '정보보호 전략'을 발표했다. 2013년 6월에 이르러서는 "사이버시큐리티전략"을 발표하면서 기존의 '정보보호 전략'을 '사이버 안보 전략'으로 개명하는 인식의 변화를 보였다(情報セキュリティ政策会議, 2013a). 그 후 2015년 6월 일본연금기구에 대한 대규모 해킹 사건의 발생에 따른 충격과 2020년 개최 예정인 도쿄올림픽의 안전한 운영에 대한 우려 등이 반영되어 2015년 9월에는 기존 전략의 일부 내용을 수정하여 "사이버시큐리티전략"을 발표하기도 했다(閣議決定, 2015). 내각의 명의로 발표된 새로운 사이버 안보 전략은 자유롭고 공정한 사이버 공간의 실현을 목표로 내걸고 정보의 자유로운 유통, 법의 지배, 개방성, 자율성, 다양한 주체의 제휴 등을 제시했다. 특히 컨트롤타워의 역할을 담당하는 내각사이버시큐리티센터National center of Incident readiness and Strategy for Cybersecurity(NISC)의 기능을 강화하고, 조사 및 감시대상을 정부뿐만 아니라 독립행정법인 및 특수법인으로 확대하는 내용을 담았다.

일본 방위성과 자위대는 사이버 공격에 대응하는 군사적 역량을 강화하고

---

2 2017년 들어 사이버 역량의 강화를 대통령 공약으로 내세운 트럼프 행정부가 출범하면서, 향후 미국의 사이버 안보 전략이 좀 더 공세적인 군사화의 경향을 띨 가능성이 전망되었다. 그러나 실제로 미국의 사이버 안보 전략은 다소 속도를 조절하는 양상으로 진행되었고 러시아나 중국과의 관계도 크게 악화되지는 않는 선에서 소강상태를 맞았다. 이러한 와중에 2017년 5월 트럼프 대통령은 연방정부 및 주요 기반시설의 사이버 보안 수준 강화와 보안책임이 각 정부기관 수장들에게 있다는 내용 등을 골자로 하는 행정명령에 서명했다.

군조직을 개편하는 데 노력을 기울이고 있다. 2011년 통합막료감부 예하 지휘 통신시스템부에 사이버 공간 방위대를 설치했으며, 2014년 3월 사이버 전문 인력 90명으로 구성된 사이버방위대를 새로 창설했다. 이는 육상, 해상, 항공 자위대 소속 사이버 전문 인력과 NISC의 전문 인력이 파견되어 편성된 것이었 다. 이러한 조직개편의 결과로 자위대는 단순한 방어의 차원을 넘어 공격수단 을 개발하고 군사작전의 일부로 사이버전을 적극 활용할 수 있는 길을 연 것 으로 평가되었다(조성렬, 2016: 413~414). 한편, 2016년 일본『방위백서防衛白書』 는 중국, 러시아, 북한이 일본의 핵심 기반시설을 상대로 한 사이버 공격을 벌 이고 있으며 기술적으로 더욱 교묘해지고 있다는 인식을 천명했다(防衛省·自 衛隊, 2016). 이렇듯 사이버 방어 태세를 증진시키는 노력을 펼쳐왔음에도 일 본은 자원의 부족과 부처 간 조정의 어려움을 노정했으며, 좀 더 중요하게는 국가적 차원에서 사이버 안보의 위험성을 과소평가하거나 때로는 과도하게 보수적인 접근을 한다는 비판을 받기도 했다(이승주, 2017: 228~229).

이러한 맥락에서 2013년 2월 일본이 발표한 "사이버시큐리티국제협력전략 サイバーセキュリティ国際連携取組方針: j-initiative for Cybersecurity"은 미국을 포함한 주변국 들과의 협력을 강조한 의미가 있다(情報セキュリティ政策会議, 2013b). 자국 내 의 정책만으로는 모든 위협에 대응할 수 없다는 판단하에, 타국 정부와의 협 력을 통한 공조체제 구축, 국제법에 입각한 공통된 대응체계의 마련을 강조했 다. 이러한 연속선상에서 2015년 4월 미일 정상회담에서 양국은 사이버 협력 이 포함된 방위협력지침 개정안에 합의했으며, 뒤이어 미일 사이버 안보 정책 실무 워킹그룹의 공동성명을 발표하기도 했다. 이러한 행보는 일본이 미국과 의 협력을 통해 자체적인 사이버 안보 역량을 강화하는 것은 물론, 미국의 사 이버 방위능력을 직접 활용하여 일본의 사이버 안보를 보장받으려는 것으로 비쳐졌고, 내외신 언론에서는 이를 일본이 미국의 '사이버 우산'에 포괄되었다 고 표현했다. 이러한 구도하에서 일본은 2015년 7월 호주와 사이버 안보 협력 에 합의했으며, 이 밖에도 다양한 채널을 통한 양자 및 다자협력을 추구했다.

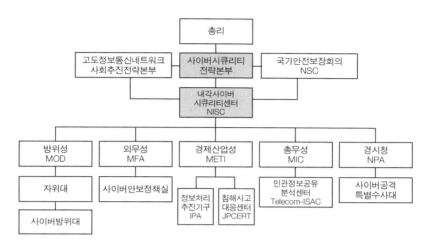

그림 5-3 일본의 사이버 안보 추진체계
자료: 김희연(2015: 52)을 기반으로 보완하여 작성.

에스토니아, 영국, 프랑스, 이스라엘, 한국, EU, 인도 등과 사이버 정책대화를 진행했으며, 아세안과도 사이버 안보 협력을 강화했고, 유엔, OECD, APEC 등에서의 다자외교에도 적극적으로 임하고 있다(이승주, 2017: 229~236).

한편, 일본은 2014년 11월에 「사이버시큐리티기본법」을 제정하고, 2015년 1월부터 시행 중이다. 이 법은 사이버 안보 정책의 기본원칙을 규정하고, 중앙정부와 지방정부 및 기타 공공기관의 책임을 명시함으로써 사이버 안보 전략의 추진 기반을 포괄적으로 마련했다는 평가를 받았다. 특히 이 법의 제정을 통해서 일본의 사이버 안보 추진체계는 큰 변화를 맞이했다. 그중에서 핵심은 2015년 1월 컨트롤타워의 역할을 담당하는 사이버시큐리티전략본부와 그 산하에 전담지원기관의 역할을 수행할 내각사이버시큐리티센터(NISC)를 설치한 것이었다. **그림 5-3**에서 보는 바와 같이, NICS는 사이버 안보의 전략안을 작성하고 국가안전보장회의(NSC) 및 고도정보통신네트워크사회추진전략본부와 협력해 정부차원의 사이버 안보 정책에 대한 조정과 통제뿐만 아니라 정보 시스템에 대한 부정 활동을 감시·분석하여 대응하는 역할을 담당하고 있다(박상돈, 2015: 158~159). NISC가 사이버 안보 전략을 총괄·조정하는 가운데, 방위성과 자위대는 사이버 국방, 외무성은 사이버 국제협력, 경제산업성은 IT산업정책, 총무성은 통신 및 네트워크 정책, 경시청은 사이버 범죄 대응 등의 분야를 맡아서 실무부처 차원의 소관 업무를 실행하는 구도를 형성하고 있다.

요컨대, 2010년대 접어들어 일본의 사이버 안보 전략은 날로 늘어나고 있는 사이버 위협을 중대하게 인식하고 국가안보의 차원에서 적극적으로 대응하여 기존의 반응적 정책에서 선제적 정책으로, 수동적 정책에서 주도적 정책으로 변화를 꾀했다. 사이버 국방 전략의 차원에서도 자위대 산하에 사이버방위대를 창설하는 등 적극적인 대응책을 모색했으며, 자체적으로 감행하기 벅찬 위험을 분담하기 위해서 전통적 우방인 미국과의 국제협력을 강화했다. 일본이 벌이는 사이버 안보 분야의 양자 협력이나 다자외교의 양상은 미국이 주도하는 아태지역 전략과 글로벌 거버넌스의 구상 내에서 파악할 수 있다. 이러한 점에서 일본의 대내외적 정책지향성은 대체로 미국과 같은 거버넌스 프레임으로 파악할 수 있다. 그러나 추진주체의 구성원리라는 차원에서 일본은 미국보다는 좀 더 집중적인 형태를 갖추고 있다. 2014년 「사이버시큐리티기본법」 제정을 통해서 컨트롤타워의 역할을 하는 내각관방 산하의 사이버시큐리티전략본부와 전담지원기관인 NISC를 설치하여 정부기관뿐만 아니라 지방자치단체와 독립행정법인, 국립대학, 특수법인, 인가법인 등의 사이버 안보를 총괄·조정하는 체계를 갖춤으로써, 상대적으로 집중적인 컨트롤타워 총괄형을 유지하고 있는 것으로 판단된다.

4. 중국과 러시아의 사이버 안보 전략

1) 중국의 사이버 안보 전략

중국에서는 1990년대 후반부터 금순공정金盾工程, Golden Project이라는 이름으로 사이버 안보 관련 정책을 추구해왔는데, 시진핑 체제가 본격적으로 자리를 잡으면서 좀 더 공격적으로 사이버 안보 전략을 추구하고 있다. 시진핑 주석은 2014년 2월 안전한 네트워크 구축이 향후 중국 국가이익의 핵심이 될 것이라고 전망했다(≪新华网≫, 2014.2.27). 이러한 기조를 이어받아 중국은 2016년 12월 중국의 사이버 안보 이념과 정책을 명확히 담은 최초의 전략서 『국가사이버공간안전전략国家网络空间安全战略』을 발표했다. 이 전략서는 사이버 주권의 중요성을 강조하면서 국가안전 유지, 정보 기반시설 보호, 사이버 문화 건설, 사이버 범죄와 테러 예방, 사이버 거버넌스 체제 개선, 사이버 안전기초 마련, 사이버 방어력 향상, 그리고 사이버 국제협력 강화 등 9개의 전략목표를 제시했다. 특히 해킹으로 인한 국가분열이나 반란선동 기도, 국가기밀 누설 등의 행위를 중대 불법행위로 간주하고 이를 막기 위해 군사적인 수단까지 동원하겠다고 천명했다(国家互联网信息办公室, 2016).

이러한 기조는 사이버 국방 분야에서도 구체화된 바 있다. 2013년 국방백서(『中国武装力量的多样化运用白皮书』)와 2015년 국방백서(『中国的军事战略白皮书』)를 통해서 기존의 방어적인 개념으로부터 사이버 공격에 대한 보복공격까지도 포함하는 '적극적 방어' 전략으로 이행을 천명한 바 있다(国务院新闻办公室, 2013, 2015). 이러한 전략의 변화는 사이버전 수행 군부대의 변천과 연동해서 이해할 필요가 있다. 중국에서는 1997년 4월에 컴퓨터 바이러스 부대, 2000년 2월에 해커부대(Net Force), 2003년 7월에는 4개 군구 예하에 전자전 부대가 창설되었다. 2010년 7월에는 인민해방군 총참모부 산하에 미국의 사이버사령부에 해당하는 인터넷기초총부를 창설했다. 총참모부 산하 3부서는 사이버 작전을 수행하고 있는데, 지난 수년간 미국 정부기관과 기업 등을 해킹한 것으로 의심을 받고 있는 61398부대가 이 3부서 소속이다(정종필·조윤영, 2017: 182~183). 2015년 10월에는 중국군이 군 개혁의 일환으로 사이버전통합사령부를 창설할 것을 천명했다(〈연합뉴스〉, 2015.10.26). 그리고 2016년 1월에는 군구조 개혁에 따라 사이버군이 포함된 전략지원부대가 창설되어 정보수집, 기술정찰, 전자대항, 사이버 방어 및 공격, 심리전을 수행하게 되었다(≪腾讯新闻≫, 2016.1.1).

중국이 추진하는 사이버 안보 분야 국제협력 전략의 기조는 사이버 주권과 내정불간섭의 원칙을 기반으로 미국의 사이버 패권에 대항하는 국제 연합전선의 구축이다. 특히 2013년 스노든 사건 이후 중국은 글로벌 인터넷 거버넌스를 주도하는 미국을 견제하며, 중국이 중심이 되는 사이버 진영 건설을 목표로 국제협력을 강화하고 있다. 대표적인 사례가 중국이 주도하여 2014년부터 2016년까지 중국 우전에서 개최한 세계인터넷대회World Internet Conference인데, 중국은 각국의 사이버 주권을 강조하며 안전한 사이버 공간의 구축을 위한 국제연대를 주창했다. 중국은 상하이협력기구(SCO), 아세안지역안보포럼(ARF) 등과 같은 지역협력기구에서의 사이버 안보에 대한 논의에도 적극적으로 참여할 뿐만 아니라 유엔 GGE나 ITU 등과 같은 전통 국제기구의 틀을 빌어서 진행되는 국제규범 형성과정에도 적극적으로 나서고 있다. 이러한 중국의 국제협력 전략 기조는 2017년에 발표된 "사이버공간국제협력전략网络空间国际合作战略"에서도 강조되었다(国家互联网信息办公室, 2017).

사이버 안보와 관련된 중국의 국가주권 수호의 의지는 관련법의 제정 과정에서도 나타났다. 2015년 7월 중국 전국인민대표대회가 「신국가안전법」을 통과시키면서 사이버 공간의 테러와 해킹에 대응하는 중국의 주권수호 활동의 명분을 마련했다(≪보안뉴스≫, 2015.7.6). 발표 직후 「신국가안전법」은 서방 언론으로부터 사이버 안보 강화라는 명분으로 "사회에 전 방위적인 통제를 가하고 … 공산당 정권의 안전을 보호하기 위한 기반"을 마련함으로써 외국계

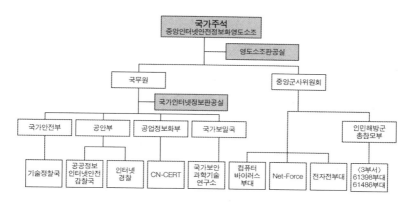

그림 5-4 중국의 사이버 안보 추진체계
자료: 김희연(2015: 49)을 수정·보완.

기업의 활동을 통제하려 한다는 비판을 받았다(≪한겨레≫, 2015.7.1). 한편 2016년 12월에는 「인터넷안전법」이 제정되었으며 2017년 6월 시행되었다. 「인터넷안전법」은 핵심 기반시설의 보안 심사 및 안전 평가, 온라인 실명제 도입, 핵심 기반시설 관련 개인정보의 중국 현지 서버 저장 의무화, 인터넷 검열 및 정부당국 개입 명문화, 사업자의 불법정보 차단 전달 의무화, 인터넷 관련 제품 또는 서비스에 대한 규제 등을 주요 내용으로 하고 있다(KOTRA 해외 시장뉴스, 2016.11.28).

중국에서는 2014년 2월 공산당 정치국 및 상무위원회 산하에 국가주석을 조장으로 하는 중앙인터넷안전정보화영도소조가 신설되어 사이버 안보와 인터넷 관리·단속을 총괄하고 있으며, 사무기구로 중앙인터넷안전정보화영도소조판공실이 설치되어 있다(**그림 5-4**). 국무원 차원에서는 2011년 설립된 국가인터넷정보판공실이, 사이버 관련 정부 부처들이 인터넷 정보 관리를 강화하도록 지도·감독하고 인터넷 뉴스 및 기타 업무에 대한 허가 및 감독권을 갖고 있다. 실무부처 차원에서는 국가안전부가 국내적 차원에서 사이버 안보 업무를 총괄하는 한편, 산하의 기술정찰국을 통해 사이버 보안정책을 수립하는 역할을 수행하고 있다. 공안부는 주로 국가 기밀 보호를 위한 역할을 수행하는데, 그 산하의 인터넷 경찰은 사이버 범죄 퇴치와 인터넷 반체제 운동에 대한 감시 활동을 하고 있다. 공업정보화부는 장비개발과 자주혁신을 통해 정보화를 추진하는데, 그 산하의 침해사고대응센터(CN-CERT)는 민간분야의 사이버 침해사고 조사 및 대응 활동을 벌인다. 국가보밀국은 보안 감사, 보안정책 수립, 통제 감독 등 공공기관의 보안 업무 전반을 관장하고 있으며, 그 산하에 국가보안과학기술연구소를 운영하고 있다(양정윤·배선하·김규동, 2015).

요컨대, 중국의 사이버 안보 전략은 자국 핵심 기반시설에 대한 사이버 공격의 위협뿐만 아니라 미국에 의한 국가주권 침해에 대한 방어적 태도를 바탕에 깔고 있다. 그러나 시진핑 시대에 접어들어 공세적인 방향으로 전략이 설정되고 있는데, 이는 국방전략의 구체화나 사이버전을 담당하는 전략지원부대의 창설 등을 통해서 가시화되었다. 국제협력 전략의 지향성도 미국이 주도하는 글로벌 거버넌스의 질서 구축에 대항하여 중국 주도의 새로운 사이버 질서를 모색하는데, 중국의 입장에 동조하는 국가들과 지역협력 및 국제기구 활동을 함께하려 하고 있다. 최근 제정된 「인터넷안전법」은, 미국의 경우처럼 프라이버시 보호나 자유의 보장이라는 가치를 추구하기보다는 국내사회의 통제와 외국기업에 대한 규제 등을 목적으로 한다. 이런 점에서 파악된 중국의 대내외 정책지향성은 전형적인 거번먼트 프레임이라고 할 수 있다. 사이버 안보 전략의 추진체계는 중앙인터넷안전정보화영도소조의 지도하에 작동하는 전형적인 컨트롤타워 총괄형이며, 국가안전부, 공안부, 공업정보화부, 국가보밀국 등의 각 실무부처가 사이버 안보와 인터넷 통제의 업무를 담당하고 있다.

2) 러시아의 사이버 안보 전략

사이버 안보에 관한 러시아의 전략은, 서방 국가들의 경우와 같이, 문서로 정리되어 발표된 것이 없다. 2000년 9월에 발표된 「러시아연방 정보보안 독트린Doctrine of the Information Security of the Russian Federation」 정도가 있을 뿐이다

(President of the Russian Federation, 2000). 러시아의 사이버 안보에 대한 관심이 본격화된 시점은 2010년 미국과 이스라엘이 스틱스넷으로 이란의 핵 시설을 공격한 이후라고 알려져 있다(≪Russia포커스≫, 2016.12.14). 이후 2016년 12월 푸틴 대통령은 러시아 연방보안부(FSB)가 작성한 새로운 정보보안 독트린을 승인했다(President of the Russian Federation, 2016). 신新독트린에는 러시아가 직면한 주요 위협 중 하나가 "주변국이 군사적 목적으로 러시아의 정보인프라에 대한 영향력을 확대하는 것"이라는 우려와 함께 "국가 정보기관들이 주권을 훼손하고 다른 국가의 영토 보전에 손상을 입히며 세계에 불안정한 상황을 몰고 오는 사이버 심리전을 이용하고 있다"는 내용이 명시되었다. 신독트린은 법률이 아니어서 직접적인 효력은 없지만, 2013년 FSB가 마련한 법안이 뒷전으로 밀려 있는 상황에서 후속 문건이나 법률을 만드는 데 필요한 기반이 될 것이라는 평가이다(≪Sputnik 코리아≫, 2016.12.6).

러시아는 2002년 세계에서 처음으로 해커부대를 창설했으며 사이버 전문 인력의 양성과 기술개발을 적극 추진하여 물리적 전쟁을 위한 지원역량으로 사이버 공격을 활용해왔다. 2008년 8월 조지아에 대한 군사작전에서 사이버전을 병행했으나 제대로 이루어지지 못했다는 자체 평가에 따라 러시아군 내에 사이버전을 전담하는 사이버전 부대를 창설했는데, 이는 러시아가 적극적인 공세정책으로 전환하는 상징적 사건으로 이해되었다(신범식, 2017: 260). 그 뒤 2013년에는 국방장관의 검토 지시에 따라 '사이버사령부' 창설 논의가 진행된 것으로 알려졌다. 2014년 5월에는 러시아 군지휘통신체계 보안을 위한 사이버전 부대가 창설됐다는 발표가 있었다. 이후 2015년 2월에는 "2020 러시아군 정보통신기술 발전구상"이 서명되었으며, 동년 3월에는 스마트 무기에 기반을 두고 러시아군의 사이버전 역량을 더욱 강화한다는 발표가 있었다. 또한 러시아 국방부는 2015년 10~11월 크림반도에 독립 사이버 부대를 창설하겠다는 계획을 밝혔다(≪Russia포커스≫, 2015.6.26).

사이버 안보 국제협력과 관련하여 러시아는 스노든 사건 이후인 2013년 7월 러시아 대통령 명령으로 "2020년 국제정보안보정책기본원칙"을 발표하여 주권국가의 내정간섭을 포함한 극단주의적 목적으로 감행되는 사이버 위협에 대응하기 위한 국제협력을 강조했다(President of the Russian Federation, 2013). 스노든 사태에도 불구하고 러시아와 미국의 상호협력은 계속되다가, 2014년 2월 우크라이나 사태 이후 미러관계가 악화되면서 소강상태를 맞고 있다. 이에 비해 러시아와 중국의 협력은 진전되어, 2015년 5월 양국은 사이버 안보 협약을 체결했다. 러시아는 서방 진영의 입장에 반대하여 사이버 공간에서도 국가주권이 존중되어야 한다는 주장을 펼치고 있으며, 이를 지원하는 우호세력을 확보하기 위해서 집단안보조약기구(CSTO), 상하이협력기구(SCO), 독립국가연합(CIS) 등과 같은 지역협력기구 활동에 참여하고 있다. 이 외에도 러시아는 브릭스(BRICS) 국가들과도 사이버 안보 분야의 공동보조를 맞추기 위한 협의도 진행해왔으며, 유럽안보협력기구(OSCE)나 아세안지역안보포럼(ARF)의 사이버 안보 협의에도 적극 참여하고 있다(신범식, 2017: 262~266).

러시아에서 정보보안 관련 법제도의 발전은 국제적 기준에 맞추기보다는 독자적인 방향으로 이루어져 왔다. 러시아는 1996년 2월 독립국가연합(CIS) 구성원들과 협력하여 기본형법을 채택하는 과정에서 컴퓨터 범죄에 대한 형사상의 책임을 적시했다. 이러한 형사규정은, 타자의 컴퓨터 정보에 관한 불법적 접근, 유해 컴퓨터 프로그램의 제작, 사용 및 유포 등을 처벌하는 법적 근거가 되고 있으며, 컴퓨터 시스템 및 네트워크 운용을 위한 규정 위반에도 적용된다. 이 외의 사이버 안보와 관련하여 러시아가 원용하고 있는 관련 법률로 2006년 7월 발효된 러시아 연방 법률인「정보, 정보기술 및 정보보호법」을 들 수 있는데, 이는 각급 기관에서 정보시스템을 구축할 때에 보안시스템에 대한 대책을 마련하고, 이 밖에도 접근이 제한된 정보의 비밀성을 지키고, 동시에 적절한 정보 접근을 실현하기 위한 법률적·기술적 조치들을 담고 있다. 그러나 아직 러시아는 독립적인 사이버안보법을 제정하지 않고 있으며, 앞서 언급한 정보보안 독트린이 이를 대체하고 있다(신범식, 2017: 255~256).

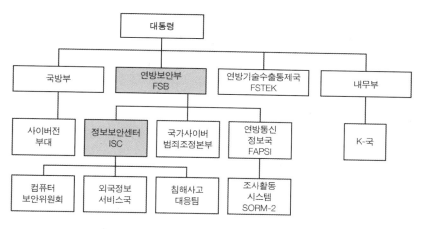

그림 5-5 러시아의 사이버 안보 추진체계
자료: 조성렬(2016: 405)을 수정·보완.

러시아의 사이버 안보 추진체계는 연방보안부(FSB)가 관련 기관을 총괄하는 구조로 되어 있다(**그림 5-5**). FSB는 국가비밀을 포함한 주요 정보에 대한 통제와 예방 조치는 물론 관련 기관에 대해 기술 및 암호 서비스를 제공한다. FSB 산하 정보보안센터(ISC)는 통신보안 업무와 정보보호 시스템의 평가 및 인증을 총괄·조정하고, 침해사고대응팀(RU-CERT)을 운영하며, 비밀리에 공격기술을 개발하고 각급 정보를 수집하는 업무까지도 담당하고 있다고 한다. 한편, FSB 산하에는 국가사이버범죄조정본부라는 특수분과가 설치되어 러시아 연방기관들의 인터넷 홈페이지 보안을 담당하고 있는 것으로 알려져 있다 (≪Russia포커스≫, 2015.6.26). 또한 정보 및 보안기관 중에서 예산을 가장 많이 사용하는 연방통신정보국(FAPSI)에서는 조사활동시스템(SORM-2)의 프로그램을 이용하여 러시아 내의 인터넷 서비스망을 통해 광범위한 정보를 수집하고 있다. 그리고 연방기술수출통제국(FSTEK)에서는 국가정책의 시행과 부처 간 정책 조정 및 협조 그리고 정보보호 문제 등에 대한 통제 기능을 수행하고 있다(신범식, 2017: 255). 이 밖에 해킹 및 정보활동을 담당하는 내무부의 K국 Directorate K에도 주목할 필요가 있다(조성렬, 2016: 403).

요컨대, 러시아 사이버 안보 전략의 기본방향은 정보인프라나 지적재산의 보호보다는 러시아 정치사회체제의 안전을 확보하는 데 두어져 있었다. 그러나 2010년대 들어서 사이버 환경의 변화에 직면하여 국방전략의 관점에서 본 사이버 안보 대책들을 강조하는 방향으로 진화하고 있다. 특히 여타 국가에 비해서 일찌감치 시작한 사이버 부대의 운영이나 사이버사령부의 창설 논의 등을 통해서 적극적이고 공세적인 대책들을 마련하고 있다. 국제협력의 추구에 있어서는 기존의 국제기구나 지역협력체의 틀을 활용하여 주권국가들이 협의하는 사이버 안보 질서 모색의 선봉에 나서고 있다. 한편, 러시아에서 정보보안 관련 법제도는 아직 독립된 법체계를 갖추는 데까지 나아가고 있지는 않으며, 정보보안 독트린과 같은 러시아만의 독자적인 형식을 고수하고 있다. 전반적으로 러시아 사이버 안보 전략의 대내외 정책지향성은 개인권리보다는 국가주권이 강조되는 전형적인 거번먼트 프레임으로 파악된다. 한편, 사이버 안보 추진체계는 범정부적으로 총괄하는 컨트롤타워를 제도적으로 설치하기보다는 정보기관인 FSB와 그 산하의 정보보안센터(ISC)가 주도하는 사실상의 총괄 메커니즘이 작동하는 모습이다. 그러나 전반적으로 공식 컨트롤타워가 없는 실무부처 분산형의 사례로 보는 것이 맞다.

5. 영국과 독일, 프랑스의 사이버 안보 전략

1) 영국의 사이버 안보 전략

영국은 2009년 6월 처음으로 사이버 안보 전략을 발표한 이후, 2011년 11월 내각부_{Cabinet Office} 명의로 "The UK Cyber Security Strategy"를 발표하여 공공·민간·국제 협력을 통한 안전한 사이버 공간의 구현을 강조했다(Cabinet Office, 2011). 2013년 3월에는 정부와 업체 간의 효율적인 정보공유를 위해서

「Cyber Security Information Sharing Partnership(CISP)」이라는 전략서를 발표했다(Cabinet Office, 2013). 2013년 12월에는 네트워크의 복원력 강화를 강조한 "The National Cyber Security Our Forward Plans"를 발표했다(Cabinet Office, 2013). 2016년 11월에 이르러 영국은 사이버 안보 주무 부처인 내각부와 재무부가 주도하여 「National Cyber Security Strategy 2016-2021」라는 제목으로 새로운 전략서를 발표했다. 이 전략서는 방어, 억지, 개발이라는 3대 목표를 설정하고 다양한 실행과제들을 제시했으며, 국제협력의 차원에서 우방 국가들과의 양자협력과 유엔, EU, 나토 등을 통한 다자 파트너십의 구축을 강화한다는 입장을 천명했다(Government of the United Kingdom, 2016).

영국은 2013년 새로운 사이버 부대 창설을 발표했는데, 이 부대는 정규군과 함께 임무를 맡게 되며, 컴퓨터 전문가를 비롯한 수백 명의 예비군으로 구성된다고 알려졌다. 2015년 11월 영국은 사이버군의 해킹능력 강화를 골자로 하는 "National Security Strategy and Strategic Defence and Security Review"라는 제목의 보고서를 발표했다(Joint Committee on the National Security Strategy, 2015). 사이버 작전역량 강화의 임무는 영국 국방부와 정보기관인 정보통신본부Government Communications Headquarters(GCHQ)가 맡았다. 앞서 언급한 2016년 「National Cyber Security Strategy」에 이르러서는, 사이버 공격 역량 향상을 위한 '사이버공격프로그램National Offensive Cyber Programme'의 구축이 제시되기도 했다. 2016년 전략서는 사이버 공격으로부터 영국의 핵심 기반시설을 방어하는 것뿐만 아니라 예방 및 선제공격, 그리고 더 나아가 보복 공격까지 고려하겠다는 강력한 의지를 드러내기도 했다(Government of the United Kingdom, 2016).

이러한 국가 사이버 전략을 수행하는 데 있어 영국은 국제협력의 중요성을 강조하는데, 2016년 전략서는 영국이 추구하는 사이버 외교의 방향이 사이버 공간에서 국제법의 적용을 강화하고, 자발적이고 비구속적인 규범에 대한 합의를 촉진하며, 신뢰 구축을 실천하는 데 있음을 명시했다. 또한 영국은 2011

년부터 이른바 '런던 프로세스'로 알려진 사이버공간총회를 새로이 주도하며 자유롭고 개방적이며 평화롭고 안전한 사이버 공간에 대한 국제적인 합의를 이끌어내는 데 노력을 기울이고 있다. 또한 유엔, G20, EU, 나토, OSCE 등과 같은 기존의 국제기구와 다자외교의 프레임워크를 활용한 국제공조에도 참여하고 있다. 한편, 양자협력의 차원에서는 2015년 1월 미국과 사이버 안보 역량 강화를 위한 양국 간 협력 프로그램의 진행에 합의했는데, 양국은 사이버 해킹에 좀 더 폭넓게 대응하기 위해 사이버 위게임을 합동으로 추진할 계획임을 밝히기도 했다(KISTI 글로벌 동향 브리핑, 2015.1.21). 이러한 영미 밀월관계와 다소 모순이 될 수도 있지만, 2015년 10월 영국과 중국은 사이버 안보 협정을 체결하고 상호 간에 사이버 첩보활동을 벌이지 않겠다고 합의하기도 했다(〈연합뉴스〉, 2015.10.22).

한편, 영국은 2016년 11월 새로운 감시법인 「수사권 법안Investigatory Powers Bill」을 입법화했는데, 이 법은 프라이버시 침해의 여지가 상당하여 일명 '엿보기법snooper's charter'이라고 불렀다. 이 법은 2015년 11월 초안이 공개된 이후 프라이버시를 침해하는 법안이라는 거센 비판에 직면했다. 그러나 파리 연쇄 테러 등 유럽 대륙에서 테러가 잇따르는 가운데, 영국이 프라이버시의 침해 가능성보다는 국가안보 차원에서 본 대테러와 사이버 안보 대응체계 확립에 우선적 가치를 부여하면서 궁극적으로 법안이 통과된 것이었다. 이 법의 주요 내용으로는 인터넷 서비스 업체와 통신업체에 이용자가 웹사이트, 앱, 메시징 서비스 등을 방문한 기록을 12개월 동안 보관하도록 요구하는 것이나 이들 정보에 경찰과 보안당국, 정부부처, 세관 등의 접근을 가능하게 하고, 정보기관과 경찰이 사망, 부상, 신체적 또는 정신적 건강의 손상을 예방할 목적으로 '장비 개입'(데이터 해킹 행위)하는 행위를 허용하는 내용 등이 담겼다(〈연합뉴스〉, 2016.11.30).

영국의 사이버 안보 추진체계는 내각부Cabinet Office가 총괄하는 형태를 취하고 있는 가운데, 해외 부문은 GCHQ가 주요 역할을 하는 일종의 이원시스템

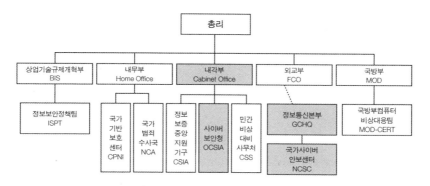

그림 5-6 영국의 사이버 안보 추진체계
자료: 배병환·송은지(2014: 9)를 수정·보완.

으로 되어 있다(**그림 5-6**). 내각부는 정보보증중앙지원기구(CSIA), 사이버보안청(OCSIA), 민간비상대비사무처(CSS) 등 산하 기관을 통해 사이버 안보 정책의 일관성을 제고하는 업무를 수행하고 있다. 이 중에서 2009년 설치된 사이버보안청(OCSIA)은 20개 정부부처 및 공공기관에 대한 전략방향 설정, 사이버보안 프로그램 조정, 사이버 보안 정보인증 등의 업무를 관할한다(배병환·강원영·김정희, 2014: 9). 이러한 내각부 총괄체제와 병행하여 영국은 대외적 사이버 안보위협에 신속하게 대처하기 위해서 정보기관들이 각기 독자적 역할을 담당하고 있다. 특히 GCHQ는 사이버 안보 관련 정보의 수집과 암호해독 등의 업무를 수행해왔다. 2016년 10월 GCHQ 산하에 신설된 국가사이버안보센터National Cyber Security Center(NCSC)는 외부의 사이버 공격, 조직화된 사이버 범죄 및 테러로부터 각 부처와 민간 기업을 보호하고 침해사고에 대한 효과적인 대응과 모니터링을 실시하고 있다. 또한 GCHQ는 내무부 보안정보부(MI5) 산하 국가기반보호센터Center for the Protection of National Infrastructure(CPNI), 국방부 Ministry of Defence 등과 협력하고 있다.

요컨대, 영국의 사이버 안보 전략은 핵심 기반시설의 안전을 확보하고 사이버 공격, 특히 사이버 범죄에 대응하는 역량과 네트워크의 복원력을 강조하는 기조를 유지하고 있다. 민간 부문의 사이버 활동과 경제 활성화를 우선시하지만, 최근에는 국방부문에서 보복공격까지도 언급할 정도로 강경한 태도를 드러내고 있다. 대외적인 방어를 위해서 국방부와 외교부 산하 GCHQ가 특별 프로그램을 수립하고 사이버 부대를 창설하는 대응책을 마련했지만, 아직 사이버사령부를 창설하는 수준에는 이르지 않고 있다. 국제협력의 지향성은 런던 프로세스의 추진에서 드러난 바와 같이, 신뢰구축과 자발적이고 비구속적인 규범의 도출에 중점을 둔다. 최근에는 사이버 위협정보에 대한 규정을 담은 「수사권 법안」이 통과됨으로써 프라이버시 보호보다는 테러와 범죄를 막는 권한강화에 무게중심을 두고 있다. 대내외 정책지향성은 복합적인 양상을 보이지만 기본적으로는 거버넌스 프레임으로 볼 수 있다. 한편, 추진체계의 구성이라는 점에서 정부기관들의 사이버 안보 업무는 내각부가 총괄하지만 범정부 컨트롤타워가 설치된 것으로 보기는 어렵고, 사이버 안보 대응체계의 대외부문은 GCHQ 산하의 NCSC를 통해서 관련 기관들과 협력하는 체계를 운영하고 있는 것이 특기할 만하다. 이원모델 또는 메타모델의 성격이 없지 않지만, 굳이 따지자면 실무부처 분산형의 응용모델이라고 보는 것이 맞다.

2) 독일의 사이버 안보 전략

독일 사이버 안보 전략의 특징은 2011년 2월에 연방내무부BMI에서 발표한 「Cyber Security Strategy for Germany(CSSG)」라는 전략서에 드러난 바 있다. 이 전략서에 의하면, 사이버 안보는 민간을 중심으로 이루어져야 하지만, 동시에 군대의 조치에 의해 보완되어야 한다고 밝히고 있다(Federal Ministry of the Interior, 2011). 이는 사이버전에서 실제 군사력의 사용을 배제하지 않는 미국의 경우와 유사하며, 예방 차원의 조치가 실제 무력 사용, 즉 자위권의 동원으로 이어질 수도 있음을 암시한다는 점에서 주목할 필요가 있다. 2016년 11월 연방 내무부에서 발표한 사이버 안보 전략도 2011년의 전략을 기반으로 수립되었는데, 그 기조가 시스템 및 시설 보호조치 중심에서 개인 및 기업 중심의 보호 및 새로운 사이버 위협 대비로 이동했다(Federal Ministry of the Interior, 2016). 특히 2016년 사이버 안보 전략서는 4대 활동영역을 중심으로 구성되었는데, 디지털 환경에서 안전하게 스스로 결정하는 행위, 국가와 경제 분야의 공동 임무, 능률적이고 지속적인 국가 사이버 안보 아키텍처, 유럽 및 국제 사이버 안보 정책에서의 독일의 적극적 포지셔닝 등을 강조하고 있다.

독일은 나토 국가 중에서 사이버 부대를 운영하는 첫 번째 나라로 등장했다. 2009년 76명의 군인으로 구성된 사이버 해킹 부대를 창설했는데, 국방 차원에서 사이버 공격으로부터 국가 기반시설을 방어하기 위한 임무를 수행했다. 이 부대를 모체로 2011년 1월에는 사이버국방센터가 신설되기도 했다. 앞서 언급한, 2016년의 독일 사이버 안보 전략서도 전반적으로 정보통신산업이나 프라이버시의 보호 측면보다는 주요 기반시설에 대한 사이버 방위 강화를 강조했다. 이렇게 사이버 방위가 강조되면서 EU보다는 나토에서의 활동이 활발해졌는데, 나토를 사이버 방위에 적극 활용함으로써 물리전과 사이버전이 결합된 하이브리드 위협에 맞서 억지력과 방위력을 증가시킬 것을 강조했다. 독일이 하이브리드전에 맞서 방위력을 증가시키고 사이버전을 군이 개입하는 군사영역으로 상정하는 점들은 러시아와 대립하고 있는 유럽 국가들의 상황을 반영한 것이기도 했다. 한편, 2017년 4월에 독일은 사이버 맞대응 부대를 창설했는데, 1만 3500명 규모의 부대로 확대할 예정인 것으로 보도되었다(〈연합뉴스〉, 2017.4.6).

2011년 전략서는 사이버 공간을 보호하기 위해서는 국제사회의 통합성과 역량을 제고해야 한다고 강조하고 있다. 다만, 국제공조에서 국가 단위를 언급하기보다는 유엔, EU, 나토, G8 등 다자기구와의 협력을 강조하고 있다는 점이 특징이다(Federal Ministry of the Interior, 2011). 또한 2016년 전략서는, EU와 나토의 테두리 안에서 경찰과 사법부가 협력하고 공동으로 대외정책을 수행함으로써 유럽의 사이버 안보 정책 수립과정에서 입지를 확보할 것을 거론하고 있다. 이러한 맥락에서 독일은 유럽의 사이버범죄협약에 따라 사이버 범죄수사를 하고 있으며, 독일의 사이버 역량을 주변국에게 지원하여 우호적인 관계를 유지하고자 양자 및 지역 협력에 주력하고 있다(Federal Ministry of the Interior, 2016). 한편, 미국과의 관계는 2013년 스노든 사건 이후 다소 소원한데, 미국의 스파이 활동에 반발하여 자국의 사이버 역량을 제고시키는 한편으로 양국 간의 사이버 안보 협력에는 적극적인 태도를 드러내지 않고 있다.

그 대신 독일은 「IT안보법IT Security Act」 제정 등을 통해 IT시스템의 보안을 제고하기 위한 조치에 나섰다. 2015년 7월부터 시행된 「IT안보법」은 2011년의 사이버 안보 전략(CSSG)을 구체화한 최초의 결과물로 평가된다. 이는 단일법이 아니라 「연방정보기술보안청법(BSIG)」, 「전기통신법(TKG)」, 「텔레미디어법(TMG)」, 「연방범죄수사청법(BKAG)」의 규정 중 사이버 안보와 관련된 규정을 일괄 정비한 법률이다. 이 법을 통해서 독일 연방정부는 IT시스템 또는 디지털 세계의 안전과 무결성에 대한 신뢰 없이는 경제적, 사회적 잠재력을 성장시킬 수 없다는 믿음을 바탕으로, 국가가 인터넷에서의 위험과 범죄를 효과적으로 방어할 책임을 지고 있다고 강조했다(김도승, 2017). 독일 사이버 안보 전략의 전반적 특징은 프라이버시 보호를 강조하기보다는 사이버 국가안보 강화에 치중하고 있다는 점에서 발견된다. 이러한 양상은 연방정부-주정부-지자체 간의 사이버 안보 거버넌스를 정립하는 과정에서 연방정부와 주정부 간에 위협정보 이전을 의무화한 대목에서도 드러난다.

연방제 국가인 독일은 연방내무부와 그 산하의 연방정보기술보안청(BSI)을 중심으로 연방 경제에너지부, 연방 교육연구부, 연방 국방부 등이 사이버 안보와 관련된 역할을 분담하는 형태를 취하고 있다(그림 5-7). BSI는 기술 업무뿐만 아니라 사법적 임무 수행 지원, 테러정보 수집 및 평가, 정보보안 관련 자문 등 광범위한 사이버 안보 업무를 총괄·집행하고 있다. BSI 산하 국가사이버방어센터(Cyber-AZ)는 여러 기관에서 동시에 사고가 발생할 경우 위기대응을 주도하며 연방정부를 포함한 모든 주체들을 총괄하는 역할을 담당한다.

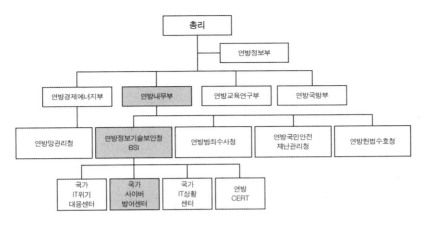

그림 5-7 독일의 사이버 안보 추진체계
자료: 김도승(2017: 29)을 수정·보완.

또한 2016년 전략서에 의해서, BSI 내에 모바일사고대응팀(MIRTs)이 신설되어 보안 사고의 기술적 처리를 위한 신속하고 유연한 대응을 지원하도록 했다. 이 외에도 연방내무부 산하의 연방범죄수사청(BKA)은 사이버 범죄를 수사하며 특별수사기관(QRF)을 설립하고, 연방헌법수호청(BfV)은 연방정부 차원에서 외국 정보기관 및 극단주의자와 테러리스트들의 활동을 모니터링하고 있다.

요컨대, 대내외 정책지향성이라는 차원에서 볼 때 독일의 사이버 안보 전략은 정보통신산업이나 프라이버시 보호보다는 주요 기반시설에 대한 사이버 방위에 상대적으로 많은 관심을 기울이고 있다. 사이버 위협의 원인으로서 러시아를 상정할 수밖에 없는 독일의 상황이 사이버전을 포함한 하이브리드 위협에 맞서 군사 담론과 정책이 주도하는 국가사회적 분위기를 창출한 것으로 판단된다. 이러한 경향은 독일의 국제협력 전략에서도 나타나는데, 유럽 차원에서의 사이버 안보 협력을 위해서 외교안보뿐만 아니라 범죄예방과 단속 등의 분야에서 주체적인 역할을 자임하고 있다. 이렇게 파악된 독일의 전략은 거번먼트 프레임에 입각하고 있는 것으로 볼 수 있다. 한편, 독일의 사이버 안보 추진체계는 연방 내무부가 사이버 안보 정책 전반을 총괄하는 가운데 다른 정부기관들이 영역별로 소관 업무를 관장하는 구조이며, 그 산하의 BSI와 국가사이버방어센터가 전담지원기관의 역할을 한다. 연방정부와 주정부 사이에 사이버 위협정보 이전을 의무화한 점은, 이전의 사이버 안보 추진체계가 상대적으로 분산적이었기 때문에 긴급 상황에 대처하기 어려웠다는 지적을 반영한 것이지만, 대체적으로 독일의 추진체계는 실무부처 분산형의 형태를 띠고 있다.

3) 프랑스의 사이버 안보 전략

2008년과 2013년 프랑스의 『국방 및 국가안보 백서Défense et Sécurité Nationale』는 사이버 안보를 국가적 우선과제로 제시하고 사이버 공격에 대한 예방과 대응을 강조했다(President of the French Republic, 2008, 2013). 2015년 10월에는 유럽의 '디지털 전략 자율성을 위한 로드맵'의 선두주자를 목표로 한 『국가디지털안보전략Stratégie Nationale pour la Sécurité du Numérique』을 발표했는데, 이는 2010년대로 넘어오면서 국가적 우선과제로 채택된 사이버 안보를 추진하는 총괄적 국가전략이 수립됨을 의미했다(Premier Ministre, 2015). 이 전략은 사이버 공간에서의 '안전한 디지털 전환'을 위한 전략 목표를 제시하고, 이를 달성하기 위한 세부 과제들을 지적했다. 특히 프랑스는 역량 강화를 통한 사이버 안보 및 디지털 경제의 신뢰성 강화를 전략의 가장 큰 목표로 설정했다. 이 외에도 사이버 안보와 경제적 역동성 간의 적절한 균형을 유지함으로써 국제 경쟁력을 높일 것을 주문했으며, 프랑스 시민의 사생활 보호를 주요 이슈로 다루어야 한다고 강조했다. 특히 디지털 서비스에 위탁된 데이터의 사용을 감시하기 위한 '디지털 신원 확인 로드맵road map for digital identity'을 수립하고자 한 것이 눈에 띈다.

2011년 프랑스 국방부는 사이버 국방 전략의 일환으로서 사이버 위기 시

조정역을 맡는 사이버방어담당총관Officier général chargé de la cyberdéfense을 신설했으며, 2014년에는 "사이버방위정책Pacte Défense Cyber을 발표했다(Ministre de la Défense, 2014). 이 문건에서는 사이버 국방 정책과 관련하여 정보시스템 보안 수준 강화 및 국방부와 안보 관련 기관의 적극적인 대책 강구, 미래 국방태세 강화를 위한 기술·학문·작전수행·연구개발 장려와 산업기반 지원, '브르타뉴 단지'로 알려진 사이버 안보 협력단지 조성계획 등이 제시되었다. 프랑스 국방부는 2016년 12월에도 사이버 안보 강화를 주된 내용으로 하는 국방정책을 발표했는데, 여기에 사이버 공격에 응전하고 이를 제압할 수 있는 공격력을 갖춘 별도의 군조직 추진, 국방인력 중 사이버전 병력 3200명 확보, 국방예산 연간 약 5천여억 원 투자, 사이버 안보 예비군 제도 운영 등의 내용을 담았다.

프랑스는 미국과의 사이버 안보 협력에는 큰 관심을 보이지 않고 있는데, 미국이 적 개념으로 상정하는 러시아나 중국보다는 중동의 이슬람 세력들이 벌이는 테러와 사이버 공격을 더욱 위협적인 것으로 인식하고 있기 때문이다. 실제로 프랑스는 2015년 파리 테러 등의 위협에 대응하는 대내외적 대책 마련에 적극 나섰다. 예를 들어, 프랑스는 2015년 "국가디지털안보전략"에서 "유럽의 디지털 전략 자율성을 위한 로드맵" 작성을 제안했고 이를 위한 교육과 국제협력을 강조한 바 있다. 구체적으로는 EU의 주요 사이버 안보 원칙과 정책의 동일성 및 회원국 간 결속을 중시하고, 표준화 및 인증, 연구개발, 디지털 기술에 대한 신뢰구축을 목표로 하는 유럽의 "디지털 전략의 자율성을 위한 로드맵"을 수립했다. 또한 이 전략서는 대외적으로 EU 전체에 걸친 네트워크 및 정보시스템 보안을 강화하고자 주요 사이버 위기에 대응하기 위한 다자간 협력을 강조했는데, 국제적 영향력을 강화하기 위해 국제법 준수와 유엔 및 유럽안보협력기구(OSCE)에서의 다자간 협상에 참여할 것을 주문했다(유지연, 2017).

프랑스에서는 「국방법전Code de la Défense」이 민간영역과 공공영역 전체에

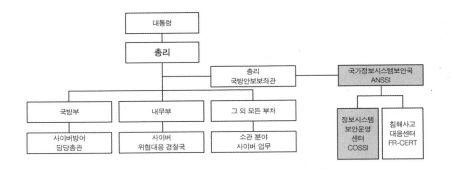

그림 5-8 프랑스의 사이버 안보 추진체계
자료: 김도승(2017: 52)과 유지연(2017: 27)을 수정·보완.

대해서 가해지는 사이버 위협에 대한 대응책을 규율하고 있다. 사이버 안보에 관한 국가의 권한, 민간의 의무, 신고제도 등 구체적인 내용을 규정하고 있는 데, 여기서 한 가지 주의할 점은 「국방법전」은 국방부 및 군조직에만 한정되는 것이 아니라 대통령과 총리를 필두로 하는 국가 전체의 국방업무 전반을 아우르는 일반 법령이라는 사실이다. 한편, 2016년 10월 발표된 「디지털공화국법」은, 프랑스 정부가 국가행정 영역뿐 아니라 다양한 산업 분야에 걸쳐 정보화를 활용한 사회적 개혁을 단행하고자 추진하고 있는 사회 정보화 정책을 담은 법률이다. 데이터와 지식의 유통, 디지털사회 권리 보호, 디지털 접근권 등에 대한 규정을 담고 있다. 특히 디지털 사회의 권리 보호와 관련된 내용으로 사이버 공간과 프라이버시 보호에 대한 내용을 규율하고 있는데, 열린 공간으로서 사이버 공간에서의 권리 보호는 인터넷 중립성, 데이터의 이동성과 회수, 플랫폼 신뢰성과 소비자 정보 등으로 구성된다(김도승, 2017).

프랑스의 사이버 안보 추진체계는 총리를 사이버 안보에 대한 권한과 책임을 지는 주체로 하여 총리 국방안보보좌관 소속의 국가정보시스템보안국Agence Nationale de Sécurité des Systèmes d'information(ANSSI)이 사이버 안보 업무를 총괄하는 컨트롤타워의 역할을 하는 구조로 되어 있다(**그림 5-8**). ANSSI는 2009년 창립되었는데 2013년 조직의 지위가 격상되었고, 2015년 10월에는 발표된 국가디지털안보전략을 통해서 그 역할이 더욱 강화되었다. ANSSI는 국가 공공기관의 정보시스템 보안에 영향을 미치거나 위협하는 사이버 위기에 대응하고 이를 해결하기 위해 조치를 취하고 있는데, 그 산하에 정보시스템보안운영센터 Le Centre Opérationnel de la Sécurité des Systèmes d'Information(COSSI)와 침해사고대응센터(FR-CERT)를 두고 있다. 한편, 실무부처 차원에서는 내무부 산하의 경찰국이 사이버 범죄 대책을 맡고 있다고 할 수 있는데, 2014년에 사이버 위협에 대한 대응을 담당하는 경찰국장직이 신설되었다.

요컨대, 프랑스의 사이버 안보 전략은 러시아나 중국과 같은 국가 행위자로부터의 위협보다는 중동지역 이슬람 세력을 더 심각한 위협으로 인식하고 대응하는 과정에서 형성되었다. 따라서 프랑스가 국방 차원에서 구축한 사이버 방위의 시스템은 전통적인 군사안보의 시각에서 본 대응이라기보다는 국가업무 전반을 강조하는 신흥안보의 관점으로 이해할 필요가 있다.

사이버 안보의 국제협력을 추진하는 방향도 글로벌 차원의 국제규범 형성 과정에 대한 참여 이외에도 유럽 차원에서 진행되는 다자간 협상에의 참여와 그 과정에서 프랑스의 역할 설정에 관심을 두고 있다. 이런 점에서 볼 때, 프랑스의 전략은 거번먼트 프레임 경향을 기본으로 하면서 거버넌스 프레임이 복합되는 형태라고 할 수 있다. 추진체계의 구성은 전문기관으로서 ANSSI가 총리를 보좌하며 총괄·조정 기능을 담당하고, 각 실무부처들은 소관 업무에 속하는 사이버 안보 관련 사항에 대응하는 구조이다. 2009년과 2013년 두 차례에 걸쳐서 범정부 컨트롤타워로서 국가정보시스템보안국의 지위와 역할이 강화되면서 점점 더 컨트롤타워 총괄형의 모습을 갖춰가는 것으로 판단된다.

6. 그물망 방패 구축의 복합지정학

최근 사이버 공격이 단순한 컴퓨터 보안과 정보보호의 문제가 아니라 국가안보의 문제로 인식되면서 이에 대응하는 각국의 전략도 군사, 외교, 경제, 정치, 사회 등을 아우르는 총체적인 국가전략으로서 이해되기 시작했다. 게다가 끊임없이 진화하는 복잡한 환경을 배경으로 발생하는 사이버 공간의 위협은 그 성격상 전통안보의 경우와는 크게 달라서 예전과 같은 단순발상을 넘어서는 새로운 안보 거버넌스를 요구하고 있다. 이 장의 서두에서 사이버 안보 분야의 대응양식을 보이지 않는 버추얼 창에 대응하는 그물망 방패의 구축이라고 비유한 것은 바로 이러한 이유 때문이다. 이러한 문제의식을 바탕으로, 이 글은 사이버 위협에 대응하는 그물망 방패의 구축에 나서고 있는 세계 주요국, 특히 미국, 일본, 중국, 러시아, 영국, 독일, 프랑스 등 7개국의 사례를 비교국가전략론의 시각에서 살펴봄으로써 향후 한국이 사이버 안보 분야에서 모색할 국가전략의 방향을 가늠하고자 했다.

이들 국가가 지난 10여 년 동안 추진해온 사이버 안보 전략을 살펴보면 뚜렷한 공통점을 찾을 수 있다. 무엇보다도 모든 국가들이 점점 더 사이버 위협의 문제를 국가안보의 시각에서 인식하고, 이에 대한 대비책을 한층 강화하고 있다는 사실이다. 각국은 사이버 안보의 전략적 우선순위를 높이고 이를 실현하기 위한 물적·인적 역량의 강화와 법제도 정비에 박차를 가하고 있다. 이 장에서 살펴본 각종 전략서의 발표나 기구의 설치 및 법제정 등의 사례는 이러한 추세를 잘 보여준다. 또한 이들 국가는 모두 사이버 안보의 문제를 단순한 '안보화'의 차원을 넘어서 '군사화'하는 경향을 보이고 있다. 사이버 위협에 대한 군사적 대응태세의 강화는 군 차원의 사이버 역량 강화, 사이버전을 수행하는 부대의 창설과 통합지휘체계의 구축, 사이버 자위권 개념의 도입, 사후적 반응이 아닌 선제적 대응 개념의 도입 등에서 나타나고 있다.

그러나 이들의 사이버 안보 전략의 내용을 좀 더 자세히 살펴보면, 그 대내외적 정책지향성이라는 측면에서 존재하는 차이도 무시할 수 없다. 민간 주도로 기술경제적 인프라와 지적재산 및 사회적 권리의 보호를 중시하는, 이른바 거버넌스 프레임의 국가들이 있는가 하면, 정부 주도로 정치 논리를 앞세워 자국체제의 이데올로기, 또한 국가주권의 논리를 강조하는 이른바 거번먼트 프레임의 국가들도 있으며, 이 두 프레임이 형성하는 스펙트럼의 중간지대에 위치하는 복합 프레임의 정책을 펴는 국가들도 있다. 이 장의 분석에 따르면, 이러한 차이는 대략 미국과 일본으로 대변되는 서방 진영의 거버넌스 프레임과 중국과 러시아로 대변되는 비서방 진영 거번먼트 프레임의 대립 구도로 나타나고, 영국, 독일, 프랑스 등의 유럽 국가들은 그 중간지대에 위치하는 양상으로 나타난다.

사이버 안보의 추진체계 측면에서 본 각국의 차이도 간과할 수 없다. 대체로 사이버 안보 정책을 담당하는 기관의 설치나 이를 지원하는 법을 제정하는 추세이다. 이 글에서 다룬 국가들은 형태와 명칭이 다르지만, 미국의 DHS, 일본의 NISC, 중국의 '영도소조,' 러시아의 FSB, 영국의 NCSC, 독일의 BSI, 프랑스의 ANSSI 등과 같이 사이버 안보 전략을 총괄 수행하는 기관들을 설치하고 있다. 그러나 어떤 기관을 어떻게 설치하고, 필요한 법을 어떤 내용과 형식으로 제정·운영할 것인가에 대해서는 국가들마다 다르다. 범정부 차원에서 정책을 관장하는 컨트롤타워를 설치하고 그 업무를 지원하는 단일법을 제정하는 국가가 있는가 하면(일본, 중국, 프랑스), 실무부처들이 각기 소관 영역에서 사이버 안보 업무를 담당하거나(독일), 새로이 법을 제정하지 않고 대통령 명령이나 독트린에 의거해서 정책을 추진하는 나라(러시아)도 있으며, 이 두 양식을 아울러서 개별 실무부처의 업무를 조정하는 시스템을 갖추거나 개별법들을 집합적으로 조정하여 적용하는 일종의 메타 거버넌스형의 추진체계를 구비한 국가(미국, 영국)도 있다.

이러한 논의를 토대로 여기서는 **그림 5-1**에서 제시한 유형화를 뒷받침하기 위해서 각국의 사례를 검토하고 이들을 대략 세 그룹으로 구분했다. 첫째, 미국과 일본 모델로서 정책지향성은 기본적으로 거버넌스 프레임을 지향하는 가운데 추진체계는 컨트롤타워의 설치와 운영 과정에서 메타 거버넌스를 모색하는 유형이다. 둘째, 중국과 러시아 모델로서 정책지향성은 거번먼트 프레임에 기반을 두고 있으며 각기 정치사회적·법제도적 특성에 맞추어 컨트롤타워 총괄형과 실무부처 분산형을 선택적으로 채택하는 유형이다. 끝으로, 유럽의 주요 3국의 모델인데, 영국, 독일, 프랑스 등의 정책지향성과 추진체계는 각국의 정치적·제도적 특성에 맞춘 복합 프레임과 메타 거버넌스형을 추구한다. 물론 이들 모델은 결코 각국의 유형을 규정하는 고정된 것이 아니고 앞으로도 계속 진화할 가능성이 있는 유동성을 지니고 있다.

이들 국가의 사례에 대한 비교분석은 한국의 사이버 안보 전략에 일반론적 함의를 던진다. 사실 이들 국가의 사례는 사이버 안보 전략 분야의 세계적인 선도국들로서 한국에게는 일종의 '모델'로서의 의미가 있다. 그러나 이들이 아무리 이 분야의 선도국이라 할지라도, 그 어느 나라도 한국이 그대로 베낄 수 있는 벤치마킹의 사례는 아니다. 각국의 정치·사회·문화와 역사적 경로의존성이 다르고, 각기 당면한 사이버 위협의 종류와 이들을 둘러싼 국제안보 환경의 성격이 다르기 때문이다. 향후 연구과제로 비교분석의 사례를 늘리려는 시도는 부분적 유용성이 있을 수 있다. 예를 들어, 이 분야에서 눈에 띄는 행보를 보이고 있는 호주, 에스토니아, 네덜란드, 싱가포르, 이스라엘 등과 같은, 이른바 중견국의 사례들을 살펴볼 필요가 있다. 그럼에도 궁극적으로 필요한 것은 한국의 현실에 맞는 사이버 안보 전략을 스스로 고민하는 성찰적 노력일 것이다.

오늘날 한국의 사이버 안보 현실을 보면, 인터넷 인프라 강국이라고 하면서도 사이버 안보는 취약국임을 자탄하게 된다. 북한발 사이버 공격, 최근에는 중국과 러시아의 사이버 공격마저 증가하여 사이버 위협도는 세계적으로 유례가 없을 정도로 높은데, 관련 법제도는 제대로 구비되지 못한 상황이다. 컨트롤타워의 설치와 사이버 안보 관련법의 제정을 둘러싸고 과잉 안보화와 과잉 정치화 담론 사이에서 표류하고 있기 때문이다. 게다가 대외적인 차원에서도 미중 사이버 갈등의 틈바구니에 낄 가능성이 다분하다. 글로벌 차원에서도 서방 진영과 비서방 진영의 사이에서 중견국의 이익을 주장하는 외교적 목소리를 내기도 쉽지 않다. 이러한 상황인식을 바탕으로 볼 때 지금 우리에게 시급히 필요한 것은, 한국이 추구할 전략의 대내외적 정책지향성을 제대로 파악하고 한국의 현실에 맞는 추진체계의 구축과 법제정에 대한 정치사회적 합의를 도출하는 일이다.

| 제6장 |

북한의 버추얼 창, 한국의 그물망 방패

1. 한반도 디지털 모순의 공방

2010년대 들어서 북한의 소행으로 추정되는 사이버 공격이 지속적으로 발생하고 있다. 크게 밝혀진 것만 보아도 2009년 7월 7일의 디도스 공격, 2011년 3월 4일의 디도스 공격, 2011년 4월 12일 농협 전산망 해킹 사건, 2012년 6월 9일 중앙일보 해킹 사건, 2013년 3월 20일의 방송·금융사 침입 사건, 2013년 6월 25일의 디도스 공격 등이 있다. 가장 최근에 사이버 안보에 대한 국내의 관심을 증폭시킨 사례로는 2014년 12월 한국수력원자력(이하 한수원)에 대한 해킹 사건과 2016년 8월 인터파크 해킹 사건, 2016년 9월의 국방망 해킹 사건 등이 있었다. 한반도 밖에서 북한이 벌인 해킹 사례를 보면, 2014년 11월 소니 해킹 사건이 발생하여 북미 간에 긴장감이 감돌았으며, 2016년 2월의 방글라데시 중앙은행 해킹 사건과 2017년 5월 워너크라이WannaCry 랜섬웨어 공격의 뒤에도 북한이 있다고 알려졌다.

이들 사이버 공격은 국내의 공공기관, 언론방송사, 금융기관 등에 큰 피해를 주었지만 이를 사전에 탐지하거나 완벽하게 막아내는 것은 쉽지 않다. 그렇다고 사이버 공격의 피해가 엄연히 존재하는 상황에서 그냥 손놓고 있을 수만도 없다. 새로운 위협이니만큼 새로운 대응책을 마련해야 한다는 지적이 제기될 뿐만 아니라 경우에 따라서는 공세적인 방안까지도 포함해야 한다는 목소리가 커지고 있다. 그렇다고 강대국인 미국이 소니 해킹 사건 당시 북한에 대해서 꺼내 보였던 '비례적 대응'의 카드를 내놓기도 쉽지는 않다. 버추얼 창의 공격에 대해서 군사적 보복을 가하겠다는 발상도 위험스럽기는 마찬가지이다. 자칫 잘못하다가는 물리적 전쟁을 무릅쓰게 될지도 모르기 때문이다. 그렇다면 한반도의 국내외적 상황과 한국의 역량에 걸맞은 적절한 대응방안은 무엇일까?

이러한 고민을 풀기 위해서 최근 다양한 대응방안이 검토 또는 모색되고 있다. 예를 들어, 한수원 사태와 소니 해킹 사건을 겪고 난 이후 청와대 안보특보의 임명, 사이버안보비서관의 신설 등을 포함하여 사이버 안보 추진체계가 정비되었고, 다양한 기술을 개발하고 인력을 양성하기 위한 재정적·제도적 지원책들이 논의되고 있다. 또한 북한의 해킹 공격을 국가안보에 대한 중대한 위협으로 보는 인식이 확산되면서 '국가 사이버 안보 전략'의 수립이나 사이버 안보 관련법의 제정 필요성에 대한 논의도 가속도를 내고 있다. 대외적으로도 미국이나 중국과의 외교관계를 적극 활용해야 한다는 인식도 커지고 있다. 이들 대응방안은 사이버 안보가 국가안보에 미치는 영향을 인식한 다양한 시도들이라는 점에서 고무적이며 향후 체계적인 대책으로 거듭나야 할 것이다. 그러나 이러한 대책들이 지나친 기술효율성의 논리나 사이버 공간의 군사화 담론으로 경도되거나 국가안보 담론을 과장하고 정파적 이해관계를 투영하여 지나치게 정치화될 가능성을 경계해야 할 것이다.

이러한 문제의식을 바탕으로 이 장은 북한발 사이버 공격의 현황을 살펴보고 이에 대응하기 위해서 한국이 취할 수 있는 대응방안을 개념적·경험적 측면에서 검토하고자 한다. 여기서는 국내적 차원에서 제기해볼 수 있는 두 가지 대응방안을 중심으로 논의를 펼쳤다. 먼저, 사이버 안보 전략의 차원에서 본 방어와 억지 역량의 강화방안을 살펴보았으며, 이와 더불어 사이버 안보의 추진체계와 법제도 정비방안을 검토했고, 그 이면에서 작동하는 사이버 안보 관련 기술담론, 국방담론, 정보담론, 정치담론의 경합을 분석했다. 이러한 방안들을 검토하면서 주안점을 둔 것은 실질적으로 실천으로 옮길 수 있는 정책방안의 제언뿐만 아니라 각 방안이 지니고 있는 문제점을 인식하는 성찰적 마인드의 제시였다. 결국 현재 한국이 필요로 하는 것은, 냉전 시기의 전통적인 군사안보나 경직된 국가안보의 개념을 넘어서, 21세기 신흥안보 이슈로서 사이버 안보가 지니는 복합지정학적 성격을 고려한 대응방안을 마련하는 데 있다.

2. 북한발 사이버 공격의 복합지정학

1) 북한의 대남 사이버 공격

국가 행위자들이 나서 분쟁을 벌이는 사이버 안보의 고전지정학적 양상은 북한의 대남 사이버 공격에서 두드러지게 나타난다. 이 중에서 널리 알려진 주요 사건은 표 6-1에 요약한 바와 같이, 7·7 디도스 공격, 3·4 디도스 공격, 농협 전산망 해킹, 중앙일보 해킹, 3·20 방송·금융사 침입 사건, 6·25 디도스 공격, 그리고 한수원 해킹, 인터파크 해킹, 국방망 해킹 등이 있다. 이들 북한발 사이버 공격은 다양한 공격수법을 활용했는데, 수십만 대의 좀비 PC를 동원하여 디도스 공격을 벌이거나, 좀 더 교묘하게 이루어지는 APT 공격, 또는 기타 알려지지 않은 악성코드 공격을 감행한 것으로 알려졌다. 그러나 표 6-1에서 정리한 바와 같이, 사이버 공격에 동원된 IP주소, 해킹의 수법, 악성코드의 종류 등으로 미루어 보아 북한의 소행으로 추정되지만, 버추얼 창을 내세운 사이버 공격의 특성상 그 공격의 주체와 진원지, 경로 등을 객관적으로 밝

표 6-1 북한의 주요 대남 사이버 공격, 2009~2016년

구분	피해 내용	추정 근거	공격 방법
7·7 디도스 공격 (2009.7.7)	청와대와 국회, 네이버, 미국 재무부와 국토안보부 등 23개 사이트 마비	"테러에 동원된 IP 추적 결과, 북 체신성이 사용해온 것으로 확인" (국정원 국정감사, 2009.10.29)	디도스 공격, 61개국 435개 서버 활용 좀비PC 27만여 대 동원
3·4 디도스 공격 (2011.3.4)	청와대, 국가정보원 등 국가기관과 국민은행 등 금융기관 주요 웹사이트 마비	"사건 분석 결과 공격 방식이 2009년 7월 발생한 디도스 공격과 일치"(경찰청 발표, 2011.4.6)	디도스 공격, 70개국 746대 서버 활용 좀비PC 10만여 대 동원
농협전산망 해킹 (2011.4.12)	농협 전산망 악성코드 감염으로 장애 발생, 인터넷 뱅킹 등 서비스 중단	"공격 진원지인 노트북에서 발견된 IP가 과거 정찰총국에서 사용된 것" (검찰청 발표, 2011.5.3)	디도스 공격, 13개국 27개의 서버 동원
중앙일보 해킹 (2012.6.9)	내부관리자 PC를 경유하여 중앙일보 전산망 침입으로 홈페이지 변조 및 일부 데이터 삭제	"조선체신회사(체신청 산하)가 중국회사로부터 임대한 IP대역을 통해 접속" (경찰청 발표, 2013.1.16)	APT 공격, 국내 서버(2대) 해외 10개국 서버(17대) 동원
3·20 방송·금융사 침입 (2013.3.20)	KBS, MBC, YTN 등 언론사와 신한은행, 농협 등 금융기관 전산망 마비, 내부망 백신업데이트 서버 및 업무 PC 감염	"공격에 사용된 IP주소 및 해킹 수법 분석 결과 7·7 디도스와 같이 북한 소행으로 추정되는 증거 상당량 확보" (민관군 합동대응팀, 2013.4.10)	APT 공격, 국내외 경유지 49개 동원 악성 코드 76종 사용
6·25 디도스 공격 (2013.6.25)	청와대, 국무조정실 홈페이지 해킹, 11개 언론사, 5개 정부기관 및 정당 등 16개 기관 해킹	"북한이 사용한 IP 발견, 공격방법이 3·20 사이버 테러와 동일" (민관군 합동대응팀, 2013.7.16)	변종 디도스 공격, 악성코드 82종 좀비PC 활용
한수원 해킹 (2014.12)	한국수력자력의 고리·월성 PC 5대 파괴 및 설계도·직원연락처 등 자료 84건 유출	"북한 해커조직이 사용해온 'kimsuky(김수키)' 계열과 유사한 악성코드를 사용해 해킹" (합수단, 2015.3.17)	자료파괴형 악성코드 유포 및 피싱기법 사용
인터파크 해킹 (2016.7)	온라인 쇼핑몰인 인터파크 내부 시스템에 침투하여 2665만 건의 개인정보 유출	북한 정찰총국 소행으로 추정. 북한이 외화벌이 등의 목적 (경찰, 2016.7.28)	악성코드가 첨부된 이메일 발송 후 감염시킴
국방망 해킹 (2016.9.23)	망분리된 국방부 내부망이 해킹되어 3200여 대의 컴퓨터가 감염되고 군사정보 유출	"발견된 IP주소가 중국 선양이며 사용된 악성코드의 형태가 북한 소행을 추정케 함" (합동수사팀, 2016.12.6)	2만여 대의 백신 중개 서버를 통해 악성코드 유포

히는 것은 쉽지 않다. 이것이 사이버 공격으로 인한 피해가 발생할 때마다 그 것이 북한의 소행인지에 대한 논란이 벌어졌던 까닭이다.

여하튼 이러한 사이버 공격이 늘어나면서 해킹과 악성코드에 의한 공격은 잠재적 위험이 아니라 실재하는 위협으로 인식되고 있다. 무엇보다도 인터넷 이 우리의 삶에서 차지하는 비중이 커지면서 인터넷이 다운되는 것 자체가 큰 위협이 될 수 있다는 인식이 커졌다. 아직은 국내 공공기관이나 언론·방송사 또는 금융기관 등에 사이버 공격이 가해지는 수준이지만, 유사시에는 재래식 공격이나 핵공격과 연계될 가능성이 있다는 우려도 낳고 있다. 만약에 한반도 에서 재래식 전쟁이나 핵전쟁이라도 발발한다면, 사이버 공격이 뇌관의 역할 을 할 것이고 그 피해는 상상을 넘을 것이 뻔하다. 실제로 북한은 지난 십여 년 동안 재래식 전력의 약점을 보완하기 위한 수단으로서 핵무기와 함께 사이 버 전력을 육성해왔다. 아직까지는 객관적으로 입증하는 것이 어렵다는 유보 사항이 있지만, 북한의 사이버 공격은 재래식 무력도발이나 핵실험, 미사일 발사 등과 같은 이슈들과 연동하여 감행된 것으로 보인다.

핵-재래식-사이버 공격이 복합되는 양상의 가장 대표적인 사례는, 2009년 5월 25일 강행된 제2차 핵실험을 전후한 2009~2011년의 한반도 위기국면에 서 나타났다. 2009년 1월 20일 미국 오바마 행정부 출범 이후 북한은 4월 5일 장거리 로켓인 은하 2호와 광명성 2호를 시험·발사했다. 이후 5월 25일에는 제2차 핵실험을 강행했으며, 7월 7일에는 사이버 공격으로서 최초로 큰 주목 을 받은 7·7 디도스 공격이 가해져 청와대와 정부기관, 금융기관, 포털사이트 등의 35개 주요 홈페이지가 마비되었다. 이후 11월 10일에는 서해교전이 발 발했으며, 이렇게 발생한 갈등 국면은 2010년 3월 26일의 천안함 피격 사건과 11월 23일의 연평도 포격사건 등에 이르러 위기의 정점으로 치달았다. 이어서 2011년 3월 4일에는 좀비PC 십만여 대를 동원해 20개 정부기관 홈페이지와 금융기관 등 20개 민간 홈페이지를 디도스 공격한 사건이 발생했으며, 4월 12 일에는 농협 전산망이 해킹되어 업무가 마비되는 사건이 발생했다.

2013년 2월에 강행된 제3차 핵실험을 전후한 2012~2013년에도 핵-재래식-사이버 공격이 복합되는 위기의 양상이 나타났다. 2012년 4월 13일 북한은 장거리 로켓 광명성 3호를 발사(실패)하는 도발을 벌였으며, 그 후 두 달도 안 되어 6월 9일에는 중앙일보 해킹 사건이 발생했다. 또한 12월 12일에는 장거리 로켓 은하 3호를 발사했으며, 마찬가지로 두 달 만인 2013년 2월 12일에는 제3차 핵실험을 강행했다. 이어서 3월 15일에는 동해 공해상에서 단거리 미사일 두 발을 시험 발사했으며, 그 며칠 후인 3월 20일에는 역대 해킹 공격 중에서 가장 큰 피해를 낳은 3·20 사이버 공격이 발생하여 주요 방송사와 금융기관의 전산망이 동시다발적으로 악성코드에 감염되는 사건이 벌어졌다. 또한 4월 2일 북한은 영변 원자로의 재가동을 선언했으며, 5월 18일에는 동해안 일대에 단거리 유도탄 3발을 발사했는데, 이는 6월 25일 정부기관과 정당 및 언론기관에 대한 동시다발적 사이버 공격으로 이어졌다.

여태까지 가용한 자료로 놓고 볼 때 이상의 사건들 사이에 존재하는 인과관계를 밝히기는 쉽지 않다. 그럼에도 한 가지 확실한 것은, 북한발 사이버 공격이 그 자체로서 단독으로 구상되어 감행되기보다는 재래식 전략이나 핵전략을 포함한 하이브리드전 수행의 복합적인 맥락에서 발생한다는 사실이다. 사이버 공격이 발생하는 양상도 사이버 전쟁까지 치닫지는 않았더라도 사이버 테러, 사이버 교란, 사이버 간첩, 사이버 범죄 등의 양상이 상황에 따라서 복합적으로 원용되는 양상이 나타났다. 사이버 공격의 목적도 정치군사적 목적뿐만 아니라 금전적 목적이나 심리적 선동에 이르기까지 다양한 방식으로 나타나고 있다. 또한 북한의 사이버 공격은 북한 지역을 기반으로 직접 한국을 겨냥하기보다는 중국과 같은 제3국을 경유하는 국제적인 양상을 보이고 있다. 요컨대, 버추얼 창을 내세운 북한의 대남 사이버 공격은 그야말로 복합지정학적인 양상을 보이면서 그 위력을 발휘하고 있다.

2) 북한의 해외 대상 사이버 공격

최근에는 북한의 사이버 공격이 한국 내의 기반시설에 대한 공격에만 그치는 것이 아니라 해외로 향하고 있는 양상이다. 한반도 밖에서도 2014년 11월 소니 영화사에 대한 북한의 해킹 사건이 발생하여 북미 간에 긴장감이 감돌았다. 북한 김정은 암살을 다룬 영화 〈인터뷰〉를 미국 소니 영화사가 개봉하려 하자 북한은 미국과 해당 영화 개봉국가에게 보복을 가할 것이라 엄포를 놓았다. 2014년 11월 24일 '평화의 수호자Guardians of Peace'라는 해커집단이 소니 영화사 내부망에 침투해 기밀정보를 유출하고 내부 시스템을 파괴하는 사건이 발생했다. 2014년 12월 19일 미 FBI는 보도자료를 통해 소니 영화사 해킹 조사 결과 북한이 배후라고 밝혔다. 이러한 과정에서 사이버 안보의 문제는, 단순히 민간 영화사의 정보시스템에 대한 해커들의 침입을 넘어 미국 영토 내에 위치한 시설에 대한 공격이라는 의미가 부여되면서 북미 양국 간의 물리적 분쟁을 야기할 수도 있는 국제정치적 사건으로 간주되었다. 미국은 북한의 소니 해킹을 자국의 국가안보에 대한 중요한 도전으로 간주하고 강경한 반응을 보였다. 오바마 대통령은 북한의 해킹 공격을 사이버 반달리즘이라고 비판하며 이른바 '비례적 대응'을 천명했다. 이후 북한의 인터넷 접속이 전면 불통되고 이동통신망이 마비되는 일이 벌어졌으며, 북한에 대한 금융제재를 위한 행정명령이 내려지기도 했다(〈연합뉴스〉, 2014.12.31).

2016년 2월, 방글라데시 중앙은행의 SWIFT 시스템 해킹으로 추정되는 사이버 절도로 뉴욕 연방준비은행에 예치된 8100만 달러가 유출되는 사건이 발생했다. 2016년 2월 5일, 미 뉴욕 연방준비은행에 방글라데시 중앙은행 명의로 SWIFT망을 통해 필리핀 은행과 스리랑카 은행에 8100만 달러(938억 원)와 2000만 달러(231억 원)를 각각 이체하라는 요청이 접수되었다. 그중 스리랑카 은행으로 요청된 2000만 달러는 수령인 오타로 송금이 거절되었지만, 필리핀 은행으로는 8100만 달러가 먼저 송금되어 회수하지 못하는 사건이 발생했다.

해커들은 범행 몇 주 전 방글라데시 중앙은행 서버에 알 수 없는 경로로 악성 코드를 침투시켜 원격 감시했던 것으로 드러났다. 민간 정보보안 업체인 파이어아이의 보고서에 따르면, 최소 32개의 은행 서버 컴퓨터가 악성 코드에 감염되었다. 이 악성코드는 방글라데시 중앙은행의 SWIFT 시스템을 해킹하기 위해 특별히 제작된 코드로 알려졌다. SWIFT는 전 세계 은행들이 해외 송금을 위해 사용하는 은행 간 네트워크 시스템이다. 조사 결과 방글라데시 중앙은행은 방화벽을 설치하지 않았고, 10달러짜리 조악한 라우터를 사용하는 등 보안에 문제가 있었음이 드러났다. 시만텍, 이슈메이커스랩IssueMakersLab 등 보안 전문업체들은 악성코드 분석을 통해 이 사건이 북한의 소행일 가능성이 높다고 발표했다(≪경향신문≫, 2016.3.23).

2017년 5월 들어 논란을 일으킨 해킹 사건은 '라자루스Lazarus'로 알려진 해킹 그룹의 워너크라이 랜섬웨어 공격 사건이다. 단숨에 전 세계 150여 개국 30만 대 이상의 컴퓨터를 감염시켜 큰 피해를 입힌 워너크라이 랜섬웨어 공격의 배후세력으로 북한이 지목됐다. 해커들은 감염된 컴퓨터에 비트코인을 지급하면 감염을 풀어주겠다는 메시지를 남겼다. 파일을 인질로 삼아 돈을 요구한 셈이다. 구글, 카스퍼스키, 시만텍 등 글로벌 업체들과 국내 보안 전문가들은 기존에 북한이 사이버 공격에 사용한 것으로 분석된 악성코드와 공격수법이 발견됐다는 사실을 근거로 북한이 배후에 있을 가능성을 제기했다. 북한의 사이버 공격을 추적하는 전문가그룹 이슈메이커스랩도 북한이 외화벌이 수단으로 랜섬웨어를 활용하고 있으며 비트코인을 거래한 흔적이 있다고 밝히기도 했다(Byline Network, 2017.5.16). 또한 워너크라이 랜섬웨어 공격에 대한 국제 조사를 주도했던 영국 정보기관인 정보통신본부(GCHQ) 내 국가사이버보안센터(NCSC)도, 북한 정부가 배후에 있는 것으로 알려져 있는 해커집단인 '라자루스'가 랜섬웨어 공격을 감행했다고 밝혔다. 라자루스는 2014년 소니 영화사 해킹 사건과 2016년 방글라데시 중앙은행 해킹 사건의 배후로도 지목된 해커그룹이다(〈연합뉴스〉, 2017.6.16).

3. 북한의 사이버전 인식과 역량, 조직

1) 북한의 사이버전 인식과 전략

북한은 사이버 전력을 핵무기나 대량살상무기의 개발과 같은 핵심 전력으로 인식하고 최첨단 정보기술을 동원해 키워오고 있다. 북한의 국내 정보인프라가 매우 낙후되어 있음에도 전문적인 해킹인력의 양성과 사이버전 기술을 개발하고 습득하는 데는 1980년대 중반부터 노력을 기울여왔다. 최근의 증언들에 의하면, 북한은 사이버 공격의 특성을 잘 이해하고 이를 적극적으로 활용하려는 시도를 하고 있다. 예를 들어, 탈북 이전 북한의 컴퓨터공학과 교수이기도 했던 'NK지식인연대'의 김흥광 대표에 의하면, 북한은 첨단 IT의 급속한 발전을 따라잡지 못하고서는 국가발전은커녕 체제유지도 사실상 어렵다는 사실을 깨닫고 1990년 초부터 지도부가 직접 나서 IT 발전의 필요성을 역설하고 중국과 인도의 IT기술을 벤치마킹했다고 한다. 실제로 북한은 1995년경부터 사이버 전력을 확보하기 위한 전략 수립과 부대 창설, 사이버 공격기술 연마, 지휘체계 구축에 집중하기 시작했다고 알려져 있다(김흥광, 2011).

북한이 사이버전에 본격적으로 관심을 갖게 된 것은 미국의 이라크 침공 작전인 2003년 '사막의 폭풍 작전' 때부터라고 알려져 있다. 당시 김정일 위원장은 이라크전에서 IT가 군사적으로 활용되는 것을 보면서 "지금까지의 전쟁이 총알전쟁, 기름전쟁이었다면 21세기 전쟁은 정보전"이라고 말하며 "누가 평소에 적의 군사기술 정보를 더 많이 장악하고 있는가, 그리고 전장에서 적의 군사지휘 정보를 얼마나 강력하게 제어하고, 자신의 정보력을 충분히 구사할 수 있는가에 따라 전쟁의 승패가 좌우된다"고 강조한 것으로 알려져 있다(김흥광, 2011). 김정일 위원장은 2009년에는 "사이버 부대는 나의 별동대이자 작전 예비전력"이라며 사이버 전력을 대대적으로 증강할 것을 지시했다고 전해진다(≪동아일보≫, 2013.3.21). 이러한 노력을 반영하듯이 2009년 이후 북한 언론에서 전자정보전, 컴퓨터 네트워크전, 심리전, 정보전 등의 용어 사용이 급속하게 증가되었다고 한다(Mansourov, 2014).

김정은 위원장도 "사이버전이 핵, 미사일과 함께 인민군대의 무자비한 타격 능력을 담보하는 만능의 보검"이라고 언급하며 사이버전의 중요성을 강조했다(≪조선일보≫, 2013.11.5). 사실 북한이 사이버전 전략을 강조하는 이유는 사이버 공간의 속성상 보복이나 위기고조의 가능성을 최소화하면서도 한국의 안보 취약성을 공략할 수 있기 때문이다. 다시 말해, 사이버 전력은 구축 및 유지비용이 여타 전력에 비해 적게 들고, 평상시에도 효과적으로 활용할 수 있고, 공격행위를 쉽게 은닉할 수 있기 때문이다. 특히 북한은 사이버전을 평시에 위기를 고조시키지 않으면서도 한반도의 안정을 뒤흔드는 저강도 분쟁을 벌이는 데 적절한 정책으로 인식하고 있다(Jun et al., 2015: 11~17; 황지환, 2017: 293). 이러한 인식을 반영하듯이 김정은이 조선인민군 최고사령관으로 추대된 2011년 12월 29일 이후 2년여의 기간 동안 대남 사이버 공격이 여타 재래식 및 핵전략과 연동되어 집중적으로 발생하기도 했다(표 6-1 참조).

북한에게 사이버전 전략은 군사투자의 열세를 극복할 수 있게 할 뿐만 아니라 비대칭 전쟁을 수행하려는 북한 안보전략에 큰 도움이 된다(한희, 2017). 북한은 그동안 한국과 미국의 재래식 전력에 대응하여 군사적 균형을 맞추어 나가는 데 커다란 어려움을 겪어왔다. 특히 냉전이 종식된 1990년대 이후 이러한 군사적 열세 상황을 극복하기 위해 핵과 미사일 능력의 배양에 초점을 두어왔다. 이러한 상황에서 북한은 사이버전을 통해서 미군이나 한국군에 대한 전력의 열세를 보강하고, 평상시에도 한국군에 대한 정보적 우위를 선점하려 하고 있다. 이러한 관점에서 볼 때, 사이버 전력은 북한의 대남전략 실현에서 더없이 안성맞춤의 전력이자 강력한 비대칭성을 구사할 수 있는 수단이 아닐 수 없다. 요컨대, 북한이 보기에 한국의 사이버 공간은 보안에 취약하며 공권력이 덜 미치는 '해방 공간'이 아닐 수 없는 것이다(김흥광, 2011).

2) 북한의 사이버전 역량

인터넷이나 휴대폰, 그리고 기타 정보기기의 보급률이 매우 낮은 것으로 알려진 북한의 상황을 고려할 때 북한은 여전히 '아날로그 국가'로 분류할 수 있겠지만, 최근 감행되고 있는 사이버 공격의 수준만 놓고 보면 사이버 선진국인 미국에 버금가는 능력을 갖추고 있는 것으로 추정된다. 국력 전반에서 파악된 북한의 역량에 비하면, 이러한 수준의 사이버전 역량을 보유하고 있다는 것은 매우 이례적인 일이 아닐 수 없다. 이는 최고 지도부의 판단에 따른 전폭적인 지원의 결과가 아니고서는 불가능하다. 실제로 제한된 범위 내에서 알려져 있는 사실만을 종합해보더라도, 북한은 장비, 기술력, 인력 등의 차원에서 상당한 수준의 사이버전 역량을 보유하고 있는 것으로 평가된다.

북한은 사이버 전사들에게 최고 사양의 각종 컴퓨터와 메인프레임, 주변기기, 인터넷 훈련망 등과 같은 첨단 장비시설들을 구비해주는 데 돈을 아끼지 않았다고 한다. 1990년대 바세나르 협약이나 미국 상무성 규제에 의하면 북한에 반입될 수 있는 컴퓨터는 IBM PC XT급 정도였다. 그러나 이러한 급의 컴퓨터로는 효과적인 해킹을 할 수 없다는 판단하에 북한은 "정보전사들이 사용할 고성능 컴퓨터를 비롯한 첨단장비들을 중국과 해외에서 대량 입하"했다. 특히 "중앙당 9국은 김정일과 일가족, 중앙당 특수부서들에서 필요되는 첨단 전자제품들을 수입해오는 업무를 전담하는 부서"인데, 1995년 이후 사이버 부대가 해킹공격 능력 함양에 필요한 일체 설비들을 구입해주었다고 한다. 중앙당 9국이 바세나르 협약에 가입하지 않은 국가에서 활동하는 해외공관과 무역회사들을 활용하여 사이버 전력을 증강하기 위해 필요한 모든 장비와 설비들을 최신으로 구입했다는 것이다(김흥광, 2011). 북한이 사용하는 사이버 무기체계의 최근 현황을 보면, 바이러스, 웜, 해킹, 디도스 공격, 우회 공격 및 역추적 방지기술, 해킹통신 암호화, 흔적삭제, EMPElectromagnetic Pulse 공격, GPS 교란 등을 수행하는 데 필요한 첨단 소프트웨어를 보유하고 있는 것으로 평가

된다(손태종, 2017).

그런데 북한은 정보인프라 환경이 매우 취약하기 때문에 중국이 사이버전과 관련된 서버, 라우터 등 하드웨어를 제공해왔을 뿐만 아니라 기술교육 등을 통해서도 북한의 사이버전 능력을 지원해온 것으로 알려져 있다. 중국 동북지역의 발달된 정보인프라는 인터넷 기반이 취약한 북한이 용이하게 사이버전을 수행할 수 있는 배후지로서의 역할을 담당했다. 특히 북한의 사이버전 부대인 정찰총국의 전자정찰국(121국)은 중국 선양을 중심으로 임무 수행을 벌여왔다. 또한 북한은 러시아 및 이란과도 긴밀하게 사이버 협력을 진행해왔던 것으로 알려져 있다. 러시아는 프룬제 군사학교 출신 교수 25명을 파견하여 북한의 사이버 전문가 양성교육을 지원했다고 한다. 또한 러시아의 전자파 공격 기술과 인터넷 통제 기술이 북한에 제공되었다고도 알려져 있다. 이란의 경우에도 북한과 사이버 기술교류협정을 체결하여 관련 기술을 공유하고 합동 연구 및 학생 교환을 실시했다고 알려져 있다(황지환, 2017: 295).

북한은 사이버 전사 양성을 사이버 전력 강화의 핵심으로 받아들이고 국가 차원에서 우수 엘리트 인재에 대해 전폭적으로 지원하고 있다. 그 일환으로 최고 엘리트를 선발하여 10년 이상 집중교육 후 사이버 군관으로 활용하고 있다. "정보전사 양성을 위해 북한은 1995년경 중앙과 도소재지들에만 설치되어 있던 1중학교(영재학교)를 시, 군, 구역마다 하나씩 세우고 중앙에는 평양 1중학교 외에 금성 1중학교와 2중학교에 컴퓨터 영재반을 새로 조직했다"고 한다. 또한 "북한은 이들을 김일성종합대학, 김책공업종합대학, 평양컴퓨터대학과 이과대학, 미림대학에 우선 입학시켜 전문기술을 배워주고 대학 졸업 후 전원 외국유학을 보내며, 귀국 후 대부분 해킹 전문부대들에 배치되기 때문에 전투원들의 평균 나이는 20대"라고 한다. 그뿐 아니라 북한은 "수시로 리더급 컴퓨터 영재들을 장교로 선발해 해킹공격에 대한 작전조직 지휘능력을 향상" 시키고 있는 것으로 보인다(김흥광, 2011).

이러한 과정을 거쳐서 군부대로 배치된 해커들은 대남 사이버 공격의 전사들이 된다. 국내 정보보안업체 하우리의 최상명 실장에 의하면, 북한의 해킹 공격은 수행 작전, 주요 목적, 공격대상, 주요 활동 IP대역 등이 다른 A-B-C 세 개의 팀에 의해서 수행되었다고 한다. 이 중에서 정찰총국 소속으로 알려진 A 팀은 대국민, 정부기관, 언론·금융기관 등을 대상으로 국가기밀 정보수집, 사 회혼란 등을 목적으로 작전을 수행했는데, 7·7 디도스 공격(2009), 3·4 디도스 공격(2011), 농협전산망 해킹(2011), 중앙일보 해킹(2012), 소니 영화사 해킹 (2014), 방글라데시 중앙은행 공격(2016). 인터파크 해킹(2016) 등은 이들의 소 행이라고 한다. 이 중에서 7·7 디도스 공격은 2009년 2월 정찰총국이 창설된 직후 시도한 작품으로, 과시 효과와 심리전 효과를 노리고 일부러 흔적을 남 기기까지 했다고 한다. B팀은 주요 목적이 군사기밀 정보수집, 기간망 침투인 데, 주로 국방·군사·방송·기간시설에 대한 해킹 공격을 수행하며, 역대 가장 큰 피해를 준 3·20 방송·금융사 침입 공격(2013)을 감행한 팀이고, A팀과 합 동으로 6·25 디도스 공격(2013)을 벌인 것으로 알려져 있다. 끝으로, 국내 정 보수집, 해외 정보수집을 목적으로 하는 C팀은 동북 3성의 선양을 근거지로 하여 외교·통일·안보·국방 연구 분야를 주요 공격대상으로 삼았는데, 한수원 해킹(2014), 청와대 사칭 이메일 공격(2016) 등을 벌인 것으로 알려져 있다(최 상명, 2017).

3) 북한의 사이버전 조직

북한은 1990년대 초반 걸프전쟁 이후 조선인민군 총참모부 산하에 지휘자 동화국을 설치하고, 전자전연구소를 설치한 후 사이버전 역량을 강화하기 위 해 노력해왔다. 2007년부터는 독립적인 해킹공격 능력을 갖춘 복수의 공격조 를 운영해오던 종전의 시스템을 효율성 제고 차원에서 대폭 개편했다. 북한은 사이버전과 전투실행, 명령지휘체계를 일체화하기 위한 사이버공격 시스템 완성에 주력해왔는데, 현재 북한의 사이버전 조직은 정찰총국과 총참모부 등

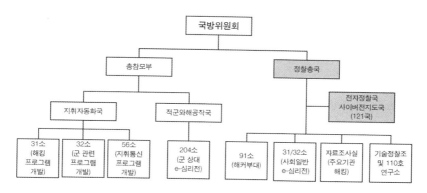

그림 6-1 북한의 사이버전 조직체계
자료: 〈연합뉴스〉(2013.4.10)를 수정·보완.

에 배속되어 있다(**그림 6-1** 참조).

먼저, 북한 사이버전의 본산은 국방위원회(현 국무위원회) 직속의 정찰총국이다. 정찰총국은 북한의 대남 및 해외 사이버 활동을 포함한 대부분의 사이버 능력을 총괄하고 있는 것으로 알려져 있다. "사이버 전력증강과 공격에 대한 일체화된 지휘를 위해 2010년에 인민무력성 정찰국 예하로 있던 사이버부대 121소를 정찰총국에 직속시키고 별도의 사이버전국(121국)을 만들어 남한의 전략적 기관들에 대한 사이버 테러와 공격, 민간기관과 단체들에 대한 해킹 및 인터넷 대란을 일으키는 작전들을 총괄하는 총본산"으로 만들었다고 한다(김홍광, 2011). 창설 당시 김정일 위원장은 121국을 세계 최정예의 정보전 부대로 육성하기 위해 필요한 모든 시설과 장비, 기재들을 확보하고자 막대한 외화 사용을 승인해준 것으로 알려져 있다. 정찰총국 산하에는 121국의 해커 부대인 128연락소 및 414연락소가 있고 정치·경제·사회기관의 해킹을 전담하는 자료조사실, 군·전략기관에 대한 사이버 공격을 전담하는 기술정찰조 및 산하의 110호 연구소가 있는 것으로 밝혀졌다(조성렬, 2016: 420~421).

정찰총국과 함께 북한 사이버전 조직의 또 다른 축은 조선인민군 총참모부이다. 총참모부는 정찰총국처럼 직접적인 사이버 공격을 수행하는 것은 아니지만, 기존의 군사작전을 지원하는 사이버 작전을 수행하는 것으로 알려져 있다. 총참모부 산하 지휘자동화국은 해킹 및 통신 프로그램 개발을 담당하는데, 31소는 악성코드 개발을 맡고 있고, 32소는 군사용 소프트웨어 개발을 담당하고, 56소는 군사 지휘 통제 소프트웨어를 담당하고 있다고 한다. 적군와 해공작국(적공국)은 204소를 운영하면서 한국군을 상대로 선전, 선동, 기만 활동 등의 사이버 심리전을 전개하고 있다. 또한 1980년대 중반에 설립된 전자전국은 모든 전자전과 전자 정보자산 관리를 맡고 있다. 아울러 통일전선부는 2012년 대남간첩공작을 담당하는 225국을 흡수하여 '구국전선' 및 '우리민족끼리' 등의 웹사이트를 통해 북한 체제를 홍보하고 한국 사회에서 사이버 심리전을 담당하고 있다. 이 밖에도 북한군 일선 부대들도 사이버전 능력을 갖추고 있다. 북한 전자전 부대의 경우, 평양권에 1개 연대가 있고 전방 군단에 각 1개 대대 규모의 전자전 부대가 배치된 것으로 알려졌다(조성렬, 2016: 420~421; 황지환, 2017: 290~291).

최근 몇몇 기관들의 조직 위상에 변화가 있었을 것으로 추정된다. 특히 정찰총국은 그동안 국방위원회의 지휘를 받은 것으로 알려져 있었으나, 2016년 6월 말 최고인민회의에서 국방위원회가 폐지되고 국무위원회로 개편됨으로써 사이버전 조직에도 변화가 있었을 것으로 예상된다(황지환, 2017: 290). 한편, 김정은 체제의 등장 이후 북한은 핵·미사일과 함께 사이버전 역량을 핵심적인 비대칭 전력으로 육성하면서 사이버전 조직을 새로 창설한 것으로 전해지기도 한다. 이는 한국군이 2010년 국방부 직할부대로 사이버사령부를 창설한 데 대한 대응으로 보이는데, 2012년 정찰총국 산하기구인 110호 연구소를 방문한 김정은 위원장의 지시로 정찰총국과 총참모부에 흩어져 있는 사이버전 관련 부서들을 통합해 전략사이버사령부를 창설하려는 움직임이 있는 것으로 파악되고 있다(조성렬, 2016: 421).

4. 사이버 방어와 억지 및 역량강화 전략

1) 사이버 방어 전략의 모색

(1) 능동적 대응전략의 발상

사이버 안보라는 분야의 특성상 사이버 공격에 대한 대응방안의 첫 단계는 기술적인 측면에서 방어의 역량을 강화하는 데 있을 수밖에 없다. 미국의 군사전문가인 리처드 클라크Richard A. Clarke도 "공격력 향상은 사이버전 격차를 줄일 수 없고, 네트워크에 대한 의존도를 줄이는 것도 현실적으로 불가능하기에 사이버 역량을 강화하는 유일한 방법은 방어력을 향상시키는 것"이라 주장했다(Clarke and Knake, 2010; ≪아이티비즈≫, 2015.6.25에서 재인용). 북한의 사이버 공격에 대해서 선제공격 또는 보복공격 등을 통해서 방어의 효과를 올리기에는 정보인프라 면에서 너무나도 큰 '비대칭적 취약성'이 한국 측에 존재한다. 북한에는 공격할 정보인프라도 없고 자칫 잘못 공격하다가는 물리적 전쟁으로 비화할 가능성이 있는 데다가, 한국의 발달된 정보인프라로 인해 손해 볼 것은 너무 많다.

따라서 한국이 취할 수 있는 대응방안은 어쩔 수 없이 방어 전략에서 시작할 수밖에 없다. 특히 북한의 사이버 공격에 대처하는 일차적인 방안의 핵심은 기술적인 차원에서 방패를 짜서 방어력을 키우는 것이다. 그런데 여기서 문제가 되는 것은 그 방패가 '비닐막'이 아니라 '그물망'이라는 데 있다. 이 책에서 그물망이라는 은유를 사용한 것은 그물망을 아무리 촘촘하게 짜더라도 빈틈은 있다는 의미를 살리기 위해서이다. 앞서 언급한 바와 같이 사이버 공간의 네트워크 구조는 디지털의 논리에 맞추어 0과 1을 모아서 씨줄과 날줄을 삼아 아무리 촘촘하게 짤지라도 빈틈을 없앨 수 없기 때문이다. 그럼에도 그물망 방패를 만드는 것 이외에는 딱히 다른 묘책이 없는 상황이라면, 일단은 그러한 방패를 가능한 한 촘촘히 짜서 사이버 공격을 막아내려는 노력을 벌일 수밖에 없을 것이다. 다시 말해, 북한의 사이버 공격에 대비하여 현실적으로 활용 가능한 모든 방안을 포함하는 총체적인 대응 능력의 강화가 필요하다.

기존의 사이버 방어 전략은 북한의 사이버 공격에 대한 수세적 대응 위주로 짜여 있어 빠르게 다양화되고 있는 사이버 위협에 대응하는 데 일정한 한계를 드러냈다. 북한발 사이버 공격의 대상은 정부뿐만 아니라 점차 민간 영역으로 확대되고 있으며, 국가안보의 위협뿐만 아니라 경제적 이익의 침해와 심리전의 효과까지도 노리고 발생하고 있다. 게다가 여태까지는 국내 시스템에 대한 사이버 공격을 감행하는 범인으로 주로 북한을 지목했다면, 최근에는 그 공격의 주체도 다양화되고 있다. 예를 들어, 최근에는 부쩍 중국발 사이버 공격이 한국 기업이나 공공기관을 겨냥하는 사례가 늘어나고 있다. 더욱이 국가 행위자가 아닌 초국적으로 활동하는 비국가 행위자들의 사이버 공격과 간첩 활동도 점차 늘어나고 있다. 이러한 상황의 변화는 기존에 주로 북한 또는 국가 행위자에 의한 사이버 공격에 대한 대응을 위주로 구축된 방어 태세를 되돌아보고 좀 더 포괄적인 대응전략을 수립할 필요성을 제기한다.

이러한 맥락에서 최근 초국적 사이버 공격에 대한 '능동적 대응전략'으로 전환할 필요성이 거론되고 있다. 여기서 말하는 능동적 대응전략의 핵심은 방어 또는 억지 전략을 추진하는 가운데 이와 병행하여 선제적 대응전략의 가능성을 배제하지 않는 데 있다. 그렇지만 사이버 선제공격이 우선적인 대응방안이 되기는 어렵다는 현실적인 고려를 염두에 두지 않을 수 없다. 이러한 상황에서 채택할 수 있는 능동적 대응전략은, 공격을 위한 공격이 아니라 방어-억지-공격 능력을 모두 보유하고 있으면서, 가해지는 사이버 공격의 유형과 범위, 예상 피해규모 등을 감안하여 상황에 적합하게 대응하는 것을 의미한다. 다시 말해, 방어-억지-공격 가운데 가장 효과적인 대응수단을 상황에 따라 선택하고, 필요할 경우 두 가지 이상의 대응전략을 결합하여 신축적으로 반응하는 것이다. 이러한 능동적 대응전략을 실행하는 데는 사이버 공격의 탐지와 방어에서부터 잠재적 공격에 대한 선제적 대응에 이르기까지 다양한 선택지들이 있을 수 있다.

(2) 사이버 킬체인의 개념

이러한 능동적인 대응전략을 모색하는 과정에서 최근 국내외에서 주목을 받는 것이 '사이버 킬체인cyber kill chain'의 개념이다. 사이버 킬체인이라는 개념은 2009년 미국의 방위산업체 록히드 마틴Lockheed Martin의 컴퓨터 침해사고대응팀에서 제시되었는데, 특히 미국의 산업과 공공기관을 대상으로 증가하는 조직적이고 지능적인 네트워크 침투에 체계적으로 대응하기 위해서 제시되었다. 사이버 킬체인은 미 공군의 킬체인 개념을 응용했는데, 적을 표적화하고 교전하는 체계적으로 통합된 종단 간 절차의 구축을 목적으로 한다. 킬체인의 여러 절차 중에서 어느 하나만 없어도 전체 절차가 방해받는다는 의미에서 체인chain으로 묘사되었다(손태종, 2017).

이러한 개념에 입각해서 미 국방부 정보작전 담당부서는 각 침투 단계별로 방어자의 입장에서 취할 수 있는 예방과 방어 작전을 수행하기 위해 현존하는 사이버 위협을 모두 일곱 단계의 사이버 킬체인으로 나누고 이에 대한 대응방안을 제시했다. 첫째, 정찰reconnaissance 단계로서 공격 목표와 표적을 조사 및 식별하고 선정한다. 둘째, 무기화weaponization 단계로서 자동화 도구를 이용하여 원격 접근이 가능한 악성코드를 생성한다. 셋째, 유포delivery 단계로서 목표환경에 악성코드 등을 전송한다. 넷째, 권한탈취exploitation 단계로서 방어자 시스템에 악성코드를 전달한 후 악성코드의 작동을 촉발한다. 다섯째, 설치installation 단계로서 공격 대상 자산에 악성프로그램을 설치한다. 여섯째, 명령 및 제어command and control 단계로서 대상 시스템을 원격 조작하기 위해 채널을 열어 명령하고 제어한다. 끝으로, 목적달성actions on objectives 단계로서 키보드를 직접 다루는 것과 같은 접근이 가능하게 되면, 침입자는 본연의 목적을 달성하게 된다(손태종, 2017).

킬체인에서 구분된 앞의 여섯 단계를 통과해야 비로소 최종 목표인 제7단계에 도달하여 대상 시스템을 통제하는 것이 가능하다. 그런데 제7단계에 도달하기 전에 어느 한 곳의 체인이라도 끊는 데 성공한다면, 공격자의 침투는 실패할 수밖에 없다. 사실 기존의 대응은 사후대처 방식이거나 사고 발생 시에만 일회성으로 원용되는 대응방식이어서 후속조치가 부족하다는 지적이 있어왔다. 따라서 사이버 킬체인의 개념을 도입하게 되면 여러 방면에서 그 효과가 기대된다. 예를 들어, 각 단계별로 선제적이고 체계적인 대응으로 시스템 피해를 신속히 복구하는 것이 가능하다. 사전 방어조치로 공격자가 체인을 타고 이동하는 도중에 실패했을 경우, 공격자에게 차후 침투비용을 증가시키는 효과가 있다. 사후에도 공격자의 침투방식, 피해규모 등 완전한 피해조사를 위한 유용한 분석틀을 확보할 수 있다. 또한 킬체인 개념의 도입은 방어를 위한 신기술과 프로세스 도입과정에서 합리적으로 투자하기 위한 우선순위 결정을 지원할 수 있다(손태종, 2017).

2) 사이버 억지 전략의 개념적 검토

(1) 사이버 억지의 발상과 그 문제점

적극적으로 맞받아치는 공격은 아니더라도 상대방이 공격하려고 해도 반격이 두려워 공격하지 못하게 하는 억지력의 증대에도 관심을 기울일 필요가 있다. 사실 사이버 공격은 그 성격이 기본적으로 '버추얼virtual'하다. 여기서 버추얼이라는 은유를 사용한 이유는, 사이버 공격이라는 것이 그 주체와 기원을 실증적으로 입증할 수 있는 문제라기보다는 여러 가지 정황 증거에 의해서 추정하는 문제이기 때문이다. 다시 말해, 사이버 공격을 받아 피해를 본 것은 실재real하지만 그 공격의 진원지와 경로를 객관적으로 밝히는 것은 쉽지 않은 버추얼virtual 현상이 벌어지고 있다. '사이버 억지cyber deterrence'에 대한 논의는 바로 이러한 사이버 공격의 버추얼한 성격을 뒤집어서 활용하는 데서 출발한다. 즉, 실재하는real 공격으로 응징하기 쉽지 않다면 버추얼 효과를 볼 수 있는 억지의 상황을 만들어보자는 것이다.

　최근 수년 동안 사이버 공격에 대한 미국의 반응을 보면, 냉전 시대 이래로 거론되어온 핵억지의 개념에서 유추한 '사이버 억지' 개념이 원용되고 있다고 할 수 있다. 앞서 언급한 북한의 소니 영화사에 대한 해킹에 대해서 미국이 보인 복합적인 대응은 이러한 해석을 입증한다. 2015년 2월 26일 미국 국가정보국(DNI) 제임스 클래퍼James Clapper 국장이 상원에서 한 증언은, 미국이 북한의 소니 해킹을 미국 영토를 목표로 사이버 공격을 감행하여 민간 기업에게 피해를 입힌 사건으로 인식하고 있음을 보여주었다(≪아주경제≫, 2015.2.27). 마찬가지로 2015년 4월 1일 오바마 대통령은 사이버 공격을 국가안보에 심각한 위협을 초래하는 국가 비상상황으로 규정하고 사이버 범죄 주체에 대해 미국 내 자산동결 등 경제제재 조치를 취할 수 있는 행정명령에도 서명했다. 이 밖에도 실제로 북한의 통신망을 마비시키거나 금융제재 조치를 단행한 것으로도 알려져 있다. 그야말로 복합적인 대응을 통해서 미국에 대한 사이버 공격이 어떠한 보복을 야기할 수 있는지를 보여주려 한 것으로 보인다.

　사이버 억지는 핵 안보 연구에서 비롯된 '핵 억지'의 개념을 적용하여 사이버 공간에서 발생하는 테러와 공격에 대처하겠다는 발상이다(Morgan, 2010; Lupovici, 2011; Singer and Shachtman, 2011; 장노순·한인택, 2013). 사이버 억지라는 표현은 1990년대 초 제임스 데어 데리안James Der Derian에 의해 처음 사용되었는데, 복합 네트워크의 확산 속에서 상대방을 통제하기 위한 새로운 전략적 패러다임이 필요하다는 인식을 기반으로 했다. 핵 시대의 억지전략과 마찬가지로 가급적이면 전쟁을 하지 않으면서 상대방을 굴복시키거나, 또는 전쟁을 하더라도 신속하고 결정적인 승리를 거둘 수 있는 전략적 대안이 필요했던 것이다(Der Derian, 1994; 민병원, 2015: 48에서 재인용). 이러한 발상이 더욱 관심을 끈 것은, 최근 사이버 공격에 대해서 그 진원지를 찾아 미사일을 발사해서라도 강력하게 보복하겠다는 미국 정부의 입장이 표명되면서부터이다. 2012년 5월 미 국무부는 사이버 공격의 배후지를 제공한 국가의 주요 시설에 대해 사이버 보복을 가하거나 또는 그 가능성이 있는 국가에 대해 사이버 선제공격을 가하겠다고 발표한 바 있다.

그런데 이러한 사이버 억지의 개념은, 사이버 공격의 범인을 찾아 보복하거나 책임을 묻겠다는 단호함을 표명하는 데는 효과가 있을지 몰라도 실제로 발생하는 사이버 위협에 대처하는 절대적인 처방이 되기는 어렵다. 무엇보다도 사이버 공간에서 발생하는 위협을 객관적으로 측정하고 이에 보복할 수 있다는 선형적linear 사고방식 자체가 논란거리이다. 복잡계 현상에 기반을 두고 있는 사이버 위협에 대한 대책을 단순계 발상에 기반을 둔 전통적인 지정학과 국가안보 및 억지의 개념에서 구하는 잘못을 범할 우려가 있다. 다시 말해, 인과관계를 밝힐 수 없거나, 혹은 밝힐 수 있더라도 매우 복잡한 인과관계에 기반을 두고 있어 공격의 주체와 보복의 대상을 명확히 판별할 수 없는 현상을 단순 마인드로 파악하는 오류를 범할 가능성이 있다(Beck, 1999, 2005; 민병원, 2007).

사실 이러한 사정을 고려하면 사이버 공격을 효과적으로 억지할 묘책을 찾기는 쉽지 않다. 이러한 어려움은 2015년 7월 중국 해커의 소행으로 단정된, 미국 연방인사관리처(OPM)의 전산시스템 해킹사건 이후 대책을 찾는 과정에서도 드러났다. 당시 미국 정부는 중국에 대해 보복할 어떠한 방안도 선택하지 못했다. 중국에 대한 경제제재가 거론됐으나, 중국의 대미 무역 보복 가능성 때문에 제동이 걸렸다. 해킹 관련자를 기소하는 방안도 반대에 부닥쳤다. 2014년 중국군 장교 5명을 기소했던 경우처럼 이들이 미국이나 우방국의 영토 내로 오지 않는 한 체포해서 미 법정에 세우기는 어렵다는 무용론이 제기되었다. 동일한 해킹으로 보복하는 차원에서 중국 정부의 인터넷검열 프로그램을 공격하는 방안도 언급된 것으로 알려졌다. 그러나 2015년에 들어서 미중 양국 정상이 새로운 사이버 안보 질서를 모색하는 시점에서 이러한 방안은 양국 간의 사이버 전쟁을 촉발할 것이라는 우려가 제기되었다(〈연합뉴스〉, 2015.8.2).

이러한 어려움에도 사이버 공격의 여러 면모를 살펴보면 사이버 억지의 개념을 원용하는 것이 완전히 불가능한 것은 아니라는 주장도 제기된다. 사이버 공간에서 책임소재를 가리는 일이 기술적으로 어려운 문제이기는 하지만 완전히 불가능한 일은 아니기 때문이다. 이러한 맥락에서 사이버 억지의 어려움이 이론적 차원에서 지나치게 과장되었고, 실제로는 훨씬 더 수월하게 억지가 이루어질 수 있다는 반론도 있다(Goodman, 2010: 128; 민병원, 2015: 50에서 재인용). 그럼에도 핵 시대의 억지 개념을 그대로 원용할 수 없다는 사실 또한 부인할 수는 없다. 이러한 사정을 고려할 때 사이버 억지의 개념을 원용하는 것은 어느 정도의 수준까지 가능할까? 현재 국내외 학계의 논의는 억지의 개념을 형성하는 두 개의 축, 즉 '보복punishment에 의한 억지'와 '거부denial에 의한 억지' 중에서 전자의 실효성은 의심하지만 후자의 가능성은 인정하는 쪽으로 기울고 있다(장노순·한인택, 2013; 민병원, 2015).

(2) '보복에 의한 억지'와 '거부에 의한 억지'

먼저 '보복에 의한 억지'의 개념을 살펴보자. '보복에 의한 억지'는 예상되는 적의 공격에 대하여 이익보다는 비용이 더 클 것이라는 부담을 줌으로써 공격을 사전에 차단하는 전략이다. 예를 들어, 적국이 핵 공격을 가할 경우 그에 상응하는 핵무기로 보복하겠다는 메시지를 전달함으로써 적국의 공격을 억지하는 것이다(민병원, 2015: 52). 최근 이러한 '보복에 의한 억지'의 개념에 기반을 둔 사이버 안보의 대응방안들이 제기되고 있다. 즉, 사이버 공격을 하려고 해도 상대방의 보복이 두려워 공격하지 못하는 억지책을 마련하자는 것이다. 또한 상대가 공격할 것인지 미리 살피고 공격행위 이전에 '방어'하는 차원에서 선제공격을 하자는 구상도 제기된다. 앞서 언급한 '사이버 킬체인'의 구상이 그 사례인데, 이는 공격자가 시스템에 침투하기에 앞서 사전작업을 할 때 이를 면밀히 감시하여 선제 대응을 하자는 것이다(≪디지털타임스≫, 2015.5.13). 요컨대, '보복에 의한 억지'는 바로 이러한 선제공격과 보복공격의 가능성이 상존하기 때문에 섣불리 먼저 공격을 감행하지 못하게 한다는 전략발상이다.

그러나 이러한 발상에 대한 우려의 목소리가 크다. 사이버 공격의 경우에는 이러한 단순계적 인과관계의 논리를 그대로 적용하기가 곤란하다는 것이다. 특히 '보복에 의한 억지'를 수행하는 데는 '누구에게 보복할 것인가'의 문제가 중요한데, 사이버 공격의 경우 보복의 대상을 확인하는 과정은 재래식 전쟁이나 핵전쟁에 비해서 훨씬 복잡하다. 사이버 공격은 그 진입비용도 낮고 대부분의 경우 초국적으로 발생하기 때문에 국가 행위자들뿐만 아니라 해커나 테러리스트 등과 같은 비국가 행위자들이 관여한다. 이러한 '비대칭 전쟁'의 환경에서 사이버 공격을 사전 탐지하거나 사후 확인한다는 것이 쉬운 일은 아니다. 게다가 북한의 경우처럼 정보 인프라가 제대로 구축되지 않은 상대에게는 보복공격의 효과가 매우 낮기 때문에 억지력을 기대하기도 쉽지 않다.

'보복에 의한 억지'에서 중요한 것은 보복의 대상에 대하여 의심할 여지가 없이 보복의지를 전달하는 것인데, 물리적 전쟁으로의 확전을 감행할 생각이 있는 것이 아니라면 북한은 사이버 공간에서 잃을 것이 그리 많지 않다는 것이 문제이다. 게다가 한국처럼 방어하는 쪽의 취약성이 비대칭적으로 높을 경우에는 보복행위로 인한 사태 악화의 가능성 때문에 보복의지를 강하게 전달하기도 쉽지 않다(Lupovici, 2011: 52~53). 이러한 맥락에서 볼 때 최근 군 내에서 논의의 대상이 되고 있는 문제, 즉 국제법상의 자위권에 근거한 사이버 맞대응의 문제는 그 적법성의 여부를 따지는 것을 떠나서 그 실현가능성 자체가 높지 않다는 점에 유의할 필요가 있다.

이에 비해 '거부에 의한 억지' 개념은 사이버 안보 분야에 원용할 여지가 조금 더 많다. '거부에 의한 억지'는 예상되는 공격에 대한 '방어'를 강화함으로써 적의 공격 자체가 성공하지 못할 것이라는 확신을 주는 데 주안점을 둔다(민병원, 2015: 49). 사이버 안보에서도 이러한 '거부에 의한 억지'는 '공격해봤자 헛수고'라는 인상을 심어주어 상대방의 공격의지를 무력화시키는 시스템의 구비가 중요하다. 이는 앞서 언급한 그물망 방패의 전략과 일맥상통한다.

아무리 예리한 창으로 공격해도 뚫을 수 없는 방패라는 일종의 '철옹성 이미지'를 심어주어 공격 자체를 아예 단념시키는 것이다. 최근 크라우드스트라이크CrowdStrike라는 미국의 민간 정보보안 업체가 허리케인 팬더Hurricane Panda라고 불리는 중국 해커 그룹의 공격을 최초로 저지했다고 주장했다. 이 업체에 의하면, 중국 해커 그룹이 자신들의 침입 비용이 높아지고 있다는 사실을 인지하고 이전의 공격 시도 때 자신들이 낭비한 시간과 비용을 고려해서 2015년 1월의 사이버 공격을 포기했다면서 "공격 가치가 없다고 공격을 포기하는 경우는 우리도 처음 봤다"는 설명을 덧붙였다(〈뉴시스〉, 2015.4.14).

그러나 기술적인 측면에서 볼 때, 공격이 방어에 비해 압도적으로 유리하다는 점이 여전히 '거부에 의한 억지' 개념을 원용하는 데 있어 제약요인으로 작용한다. 이런 점에서 보면 사이버 억지의 개념은 기술 변수에만 전적으로 의존할 문제가 아니라 정치외교적 해법과 병행해서 검토해야 한다. 이를 고려하여 학계에서는 '수정된 사이버 억지'의 개념들이 논의되고 있다. 예를 들어, 지리적으로 사이버 공격이 시작된 국가에게 책임을 물어 사이버 위법 행위를 자국의 국내법에 따라 처벌하고 통제하도록 유인하자는 구상이 거론된다(Goodman, 2010). 이러한 방안은 국제법적 검토가 필요한 사항이기는 하지만, 사이버 억지가 궁극적으로는 공격의 배후지가 되는 국가와 협력하는 외교를 바탕으로 작동한다는 사실을 보여준다. 한편, 네트워크 환경의 붕괴가 모두에게 재앙이 될 수 있다는, 이른바 '사이버 상호확증파괴mutually assured debilitation'의 상황에 대한 인식을 바탕으로 해당 국가뿐만 아니라 여러 나라가 함께 관여하는 일종의 '집단적 사이버 억지collective cyber deterrence'도 논의되고 있다(Kugler, 2009; Crosston, 2011). 결국 이러한 '수정된 사이버 억지'의 개념들이 담고 있는 취지는, 사이버 억지를 기술과 전략에만 의존할 것이 아니라 정치외교적인 노력까지도 포함하는 복합적인 개념으로 이해해야 한다는 점이다.

3) 사이버 안보의 역량강화 전략

(1) 예방과 탐지 및 복원의 기술개발

사이버 안보 역량을 강화하기 위해서는 사이버 위협 대응, 사이버 역추적, 사이버 증거 확보, 나아가 사이버 공격까지도 포함하는 기술의 연구개발이 필요하다. 정보인프라와 주요 기반시설 등을 방호하기 위한 기술뿐만 아니라 사이버 공격의 책임귀속attribution을 위한 역추적을 통해 공격주체를 식별하고 공격 진원지를 역추적하는 사이버 게놈 지도 등과 같은 기술, 사이버 공격 발생 시 즉각적이고 객관적인 증거를 수집하기 위한 네트워크 포렌식 기술, 예상되는 적의 임박한 사이버 공격의 자동화된 탐지, 현재 진행 중인 공격을 차단하기 위한 능동적 방어 기술 등의 개발 필요성이 제기되고 있다. 이러한 기술개발에 기반을 둔 그물망 방패의 구축을 통해서 예방력과 탐지력 및 복원력을 키워야 할 것이다.

첫째, 공격을 미리 예측하고 사고 발생을 최소화하는 예방력을 키워야 한다. 이와 관련해서 이른바 '사이버 보안 인텔리전스' 네트워크를 기반으로 하는 국가 통신망 모니터링 체계의 구축이 거론된다. 후술하는 '디지털 포렌식'이 사후 대응에 초점을 둔 것이라면, 사이버 보안 인텔리전스는 사이버 공격의 사전 예방에 초점을 둔 것이다. 사이버 보안 인텔리전스는 지구상의 군사적인 움직임을 감시하는 인공위성처럼 사이버 영토에 대한 순찰을 통해 취약한 시스템을 탐지하고 민, 관, 군의 공동대응체제를 지원하는 개념이다(손영동, 2013: 312). 이러한 선제예방에도 불구하고 사이버 공격을 완벽히 막아내리라는 보장은 없다는 것이 아이러니이다.

이 밖에도 i) 전력·금융·의료 등 기반 시스템 운영기관 및 기업들의 중요 정보 암호화 등 보호조치를 강화하고, ii) 주요 핵심시설에 백업센터 및 재해복구 시스템을 확대 구축하며, iii) 정부 소프트웨어 개발 단계에서의 보안취약점 사전 진단 제도를 의무화하는 것 등이 거론된다. 이는 국민 인식 제고나 직원

내부통제, 민감한 조직에 공급되는 소프트웨어를 감시하는 공급망 보안 등의 조치에 의해서 보완되어야 한다. 한편, 사이버 테러와 공격을 예방하고 대응하기 위한 국내외 정보공유 네트워크(예를 들어, 사이버 위협 정보 종합 수집·분석·공유 시스템)를 구축하는 것도 중요하다. 이는 해커들의 동향이나 악성코드에 대한 정보, 특히 빅데이터를 공유하는 환경을 구축하여 고도화된 사이버 공격을 막을 수 있다는 인식을 바탕으로 한다.

둘째, 해킹 공격 루트에 대해 수사하고 공격자를 확인하는 탐지력을 키워야한다. 이러한 탐지력은 "근원지를 역추적하고 공격자의 신원을 식별하며, 사이버 공격 증거들을 확보하고 공격 원점을 타격하거나 동일한 수준의 목표물에 대해 부수적 피해 없이 동일한 수준의 대응공격을 할 수 있는 능력"을 의미한다(임종인 외, 2013). 특히 공격의 원인을 분석하여 근원지를 역추적하는 대책으로서 '포렌식 준비도forensic readiness'가 주목받고 있다. 포렌식 준비도란 사후 대응 시에 디지털 포렌식 증거를 수집하고 분석하는 역량을 극대화하고 비용을 최소화하기 위한 환경을 사전에 준비하는 것이다. 2009년 영국에서 제도화되어 널리 알려졌지만 아직 국내에서는 제도화되지 못한 상태이다.

포렌식 준비도가 도입되면 효과적인 사후 대응을 위해 보안 전문인력을 보유하고, 하드웨어(네트워크, 보안 장비)와 소프트웨어(운영체제, 응용프로그램)가 로그를 많이 남기도록 정책을 설정하는 등의 준비를 통해 사이버 공격에 의한 침해 사고가 발생했을 시에 신속한 대응으로 피해를 최소화할 수 있다(≪보안뉴스미디어≫, 2013.4.14). 대응적 차원에서의 디지털 포렌식은 디지털 사회의 모든 영역에서 신뢰성을 유지하기 위한 기반기술이다. 체계적인 사후 대응을 통해 피해를 최소화하고 신속하게 공격의 원인을 분석하여 근원지를 역추적할 수 있기 때문이다. 사이버 게놈과 연계한 디지털 포렌식은 사이버 공간에서의 전쟁을 효과적으로 억제하고 국가 사이버 안보를 보장해주는 기술적 장치로 여겨지고 있다(손영동, 2013: 312~313).

끝으로, 공격이 발생했을 때 최단시간 내에 차단하여 피해를 최소화하고 빠르고 원활하게 복구하는 복원력resilience을 키워야 한다. 이러한 복원력의 배양은 해킹과 사이버 공격을 바라보는 발상의 전환을 전제로 하는데, 전문가들은 "이제 해킹은 피할 수 없다"고 인정하는 태도의 도입이 필요하다고 지적한다 (≪전자신문≫, 2013.3.26). 다시 말해, 그동안 보안 분야의 주된 관심과 투자가 사이버 공격을 막거나 예방하는 데 있었다면, 앞으로는 공격을 당하더라도 피해를 최소화할 수 있는 방향으로 전환하자는 것이다. 비유컨대, 방패가 뚫리더라도 중상을 입지 않고 타박상에 그칠 수 있는 대응전략이 필요하다는 것이다.

사실 방어가 기술적으로 쉽지 않은 상황에서 완벽한 사이버 방어 시스템을 구축하겠다는 계획은 합리적이지도 않으며 바람직하지도 않다. 무엇보다도 큰 효과를 볼 수 없는 분야에 비용을 낭비할 가능성마저 있다. 이보다는 오히려 일정한 정도의 공격을 받더라도 시스템이 굴러갈 수 있게 설계하고 운영하는 것이 더 효과적일 수 있다. 이러한 맥락에서 일각에서는 기업경영이나 국정운영, 에너지·자원 등 사이버 공격이 예상되는 분야를 중심으로 '해킹 리스크'를 상수로 설정하자는 의견도 제기된다. 이 밖에 유사시에 대비한 위기대응 매뉴얼이나 사이버 위기 상황을 가정한 모의훈련, 민간 차원의 사이버 민방위 훈련, 사이버 심리전에 대한 대응 등도 이러한 맥락에서 이해할 수 있다.

(2) 전문인력의 양성과 정보보호산업의 지원

이러한 기술역량을 강화하는 데 있어 인력양성은 중요한 이슈가 아닐 수 없다. 효과적인 사전 예방과 사후 대응을 위해서는 하드웨어, 소프트웨어, 네트워크, 정보보호, 디지털 포렌식 등의 지식을 두루 갖춘 고도의 전문가가 필요하다. 그러나 현재 국내에서는 이들 인력이 부족한 상황이다. 먼저 공공 영역에서 사이버 방어에 종사하는 이른바 '사이버 전사' 인력이 부족하다. 구체적으로 말해, "사이버 전사를 양성하기 위한 국가적인 차원의 체계적인 계획이 부족하고 이들에 대한 활용계획과 적절한 대우와 포상정책 또한 없으며, 사이버 전사들을 효과적으로 활용하기 위한 사이버 병과도 없는 상황이다"(임종인 외, 2013). 또한 민간 영역에서도 주요 기반시설의 보안관리와 정보보호 산업에 종사할 전문인력 육성의 필요성이 강력하게 제기되고 있다. 그러나 현재는 정보보호 전문기업 대부분이 중소업체 위주로 되어 있고, 대학의 전문인력 배출도 미흡한 상황이다.

이러한 상황을 인식하고 정부는 공공 및 민간 부문에서 사이버 전문인력을 양성하기 위한 대책들을 내놓았다. 예를 들어, 2015년 정부는 정보보호 인력의 3대 고민인 진학, 군복무, 취업을 동시에 해결하고, 이른바 '화이트 해커'로 알려진 사이버 안보 분야 인력을 양성하기 위한 계획을 내놓은 바 있다. 그 골자를 보면, 사이버 능력이 우수한 특기자 전형의 사이버 특화 고교·대학을 확대하고, 국내 대학의 컴퓨터 및 정보보호 학과 졸업자들이 민간 기업에 채용될 수 있도록 기회를 제공하는 것으로 되어 있다. 이렇게 양성된 인력은 안정적인 취업과 지속적인 재교육을 통해 전문인력으로 성장할 수 있도록 틀을 마련한다는 것이었다. 군에서도 전문인력을 효과적으로 양성할 수 있는 교육훈련체계와 사이버병과체계, 공공과 민간의 사이버인력 활용체계를 마련하고 합당한 대우와 보상체계를 제공함으로써 안정적인 사이버 전사 육성·활용체계를 마련하는 안을 제시했다. 또한 군 전역 후에도 사회 각 분야에서 활용되도록 사이버 인력 생태계를 조성하는 방안도 거론되었는데, 이른바 사이버예비군제도 도입의 필요성이 제기되었다. 군에서 양성된 정예요원이 민·관·산·학과 연계해 군의 노하우를 사이버 안보에 걸맞은 창업으로 이어지게 하는 시스템을 마련하겠다는 것이었다(≪조선닷컴≫, 2015.7.25).

이러한 사이버 전문인력의 양성 이외에도 사이버 안전 조기교육과 평생교육의 필요성에 대한 목소리도 높아지고 있다. 청소년이나 일반 국민을 대상으로 하여 교육과 캠페인 등 인터넷 윤리의식을 제고하기 위한 사업을 펼치고, 디지털 기술의 작동방식을 이해하고 다른 사람들이 기술적 무지를 악용하지 못하도록 역량을 갖춰나갈 수 있는 조기 및 평생 교육 프로그램을 마련하는 것이 필요하다. 또한 정부기관과 지자체가 연계하여 전 국민의 보안교육 지원 방안을 마련하는 문제의 중요성에 대한 인식도 높아져야 한다. 개인정보보호를 포함한 사이버 안전 조기교육 프로그램 개발, 사이버 안전 평생교육을 위한 애플리케이션 개발 및 보급, 각계 전문가들의 사회봉사, 재능기부를 통한 사회참여 및 공헌기회 제공 등이 그 내용이다(손영동, 2017).

한편, 사이버 공격을 막아낼 방패를 만들기 위해서 필요한 것은 기술역량의 증대를 위한 재정적·제도적 지원인데, 안정적이고 체계적인 사이버 안보 분야의 R&D 전략과 시스템의 구축이 이루어져야 한다. 이러한 인식을 바탕으로 최근 연구개발을 위한 예산지원을 늘리고, 정보보호산업의 육성을 위한 민간 및 정부 지원사업을 확대하기 위한 대책들이 강구되고 있다. 이러한 맥락에서 2015년 6월 22일 공포된 「정보보호산업의 진흥에 관한 법률」이 낳을 효과를 기대할 수 있다. 이 법률에는 정보보호 제품에 대한 제값 주기(소프트웨어 지급대가를 인건비 기준이 아니라 가치 중심으로 전환), 보안성 지속 대가 신설, 가격 대신 성능 중심 제품 선택, 정보보호 투자 기업에 대한 인센티브 제공 등 정보보호산업을 위한 다양한 경제적 지원책이 담겨 있다. 물론 이 법률만으로 정보보호산업이 갑자기 활황을 맞으리라는 기대를 하지는 않더라도, 이러한 조치가 국내 정보보호시장 확대와 정보보호산업의 융합을 촉진하는 데 크게 기여할 "최소한의 마중물 역할은 해줄 수 있지 않나"라는 것이 전문가들의 기대이다(≪디지털타임스≫, 2015.5.13; ≪아이티비즈≫, 2015.7.2).

5. 사이버 안보의 추진체계와 법제정

1) 사이버 안보 추진체계의 정비 문제

초국적 사이버 공격의 위협이 증가하면서 국내 거버넌스 체계를 정비하는

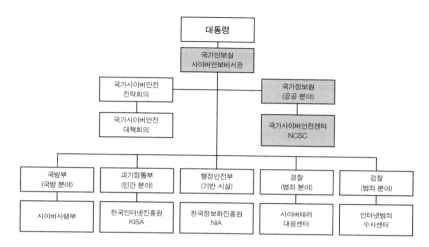

```
                        대통령

                     국가안보실
                   사이버안보비서관

        국가사이버안전                    국가정보원
         전략회의                      (공공 분야)

        국가사이버안전                  국가사이버안전센터
         대책회의                        NCSC

    국방부        과기정통부      행정안전부        경찰          검찰
   (국방 분야)     (민간 분야)     (기반 시설)     (범죄 분야)    (범죄 분야)

  사이버사령부   한국인터넷진흥원  한국정보화진흥원   사이버테러    인터넷범죄
                 KISA           NIA        대응센터     수사센터
```

그림 6-2 한국의 사이버 안보 추진체계
자료: 조성렬(2016: 437)을 수정.

주요국들의 움직임이 활발하다. 한국에서는 여태까지 유관 기관별로 관련 법규에 따라 소관 분야에서 사이버 안보 업무를 수행했기 때문에 정보공유 및 협력이 제대로 이루어지지 않아 실효성이 떨어진다는 지적이 늘어나고 있었다. 그러던 것이 2014년 말 한수원 해킹 사건을 계기로 국가적 차원에서 사이버 안보의 중요성이 크게 강조되면서 사이버 안보 추진체계의 정비가 급물살을 타고 있다. 특히 청와대 국가안보실을 중심으로 사이버 안보 컨트롤타워 기능을 강화하기로 했다. 새로이 설치된 컨트롤타워에는 사이버 안보 정책의 조정뿐만 아니라 중앙 행정부처 간의 업무협력을 조율하는 역할이 기대되고 있다. 특히 2015년 3월 말 청와대 국가안보실 내에 사이버안보비서관이 신설되며 청와대가 사이버 위기 상황의 보고·전파 및 대응활동을 총괄하면서 각 기관과의 협력체계가 가동될 것이 기대되었다.

이러한 사이버 안보 추진체계는 최상위에 위치한 컨트롤타워(청와대 국가안보실)를 주축으로 국가정보원(이하 국정원), 국방부, 과학기술정보통신부, 행정안전부, 경찰청, 검찰청 등이 기타 정부기관들과 협력하는 이른바 '국가사이버안전체계'의 근간을 이룬다(그림 6-2 참조). 이들 기관들은 각 분야별로 사이버 안보 업무를 담당하고 있는데, 공공분야는 국가정보원 국가사이버안전센터(NCSC), 국방분야는 국방부 사이버사령부, 민간분야는 과학기술정보통신부 한국인터넷진흥원(KISA), 주요 정보통신기반시설에 대한 정보보호는 행정안전부 한국정보화진흥원(NIA), 범죄분야는 경찰의 사이비테러대응센터와 검찰의 인터넷범죄수사센터 등이 주관하고 있다. 사이버 공격 등 위기상황 발생 시 각급기관은 국가안보실과 국가정보원(국가사이버안전센터)에 동시에 최초 상황보고를 하고, 국가정보원은 사이버 공격 피해 및 대응상황을 국가안보실을 통해 대통령에게 보고하게 된다.

국정원은 공공분야 사이버 안전 업무를 주관하며 실무 총괄기관의 역할을 수행 중이다. 특히 2005년 2월 발표된 「국가사이버안전관리규정」을 기초로 국가정보원장을 의장으로 하여 16개 유관부처가 참여하는 국가사이버안전전략회의를 설치하고 사이버안보체계의 개선이나 종합대책의 마련 등과 같은 중요 정책사항을 심의·의결하고 있다. 국가사이버안전전략회의는 국가사이버안전체계 수립 및 개선, 국가사이버안전 관련 정책기관 간 역할조정, 대통령 지시사항 조치방안 심의 등의 업무를 맡는다. 실무기관인 국가사이버안전센터National Cyber Security Center(NCSC)는 공공분야 사이버 공격 예방 및 침해사고 조사를 하고 있으며, 사이버 위협 정보를 수집·분석·배포하는 역할을 담당해왔다.

국방부는 「국방정보화법」에 따라 국방분야 정보보호 업무를 수행하고 있다. 2009년 7월 7일 디도스 공격을 계기로 군 차원의 사이버 안보의 필요성이 대두됨으로써 2010년 1월 국방정보본부 산하에 국군사이버사령부가 창설되었는데, 2011년 국방부 직속 사령부로 독립했다. 국방부 사이버사령부는 국방 사이버전의 기획·계획을 수립하고 국방 사이버전을 수행한다. 그리고 사이버 전문인력 육성 및 기술개발, 부대 훈련을 하고 있다. 또한 유관기관과의 정보 공유 및 협조체계 구축, 국방분야 침해사고 예방 및 대응 등의 업무를 수행하고 있다.

과학기술정보통신부는 민간 정보보호 및 정보보호산업 업무를 총괄한다. 「정보통신망법」, 「국가정보화기본법」, 「전자서명법」, 「정보통신기반보호법」, 「정보통신산업진흥법」에 근거하여 정보보호업무를 수행한다. 과기정통부는 민간 정보보호 정책 수립·총괄·조정, 민간분야 주요 정보통신기반시설에 대한 지정·권고, 보호대책 마련, 보호지원, 보호계획 수립 등의 업무를 수행하고 있으며, 민간분야 침해사고 예방·대응체계 구축 및 운영, 사이버 안보 대국민 홍보 업무도 맡고 있다. 또한 정보보호산업·인력 육성과 정보보호 기술개발 등에도 힘쓰고 있다. 과기정통부 산하 한국인터넷진흥원(KISA) 인터넷침해대응센터에서는 국내 인터넷 침해사고 사전예방 및 대응 업무를 맡고 있다.

행정안전부는 「국가정보화기본법」, 「전자정부법」, 「개인정보보호법」에 의해 소관 정보보호 및 개인정보보호정책업무를 수행하며, 주요 정보통신기반시설에 대한 정보보호 업무를 하고 있다. 정보통합전산센터 및 17개 시·도 종합사이버보안관제센터를 통한 공동대응 및 유관기관과의 범정부적 공조체계 구축으로 국가기관의 사이버침해 대응 역량의 강화를 도모하고 있다. 2007년 지식경제부(현 산업통상자원부), 국토해양부(현 국토교통부), 교육과학기술부(현 교육부), 보건복지부 등 4개 부처는 에너지·교통·교육·보건 등 국가 핵심전산망의 부문별 종합사이버보안관제센터를 구축했다. 부문별 사이버보안관제센터는 국정원의 국가사이버안전센터(NCSC)와 연계하여 범정부차원의 종합사이버보안센터 체계를 갖추어 공동으로 대응하고 있다.

경찰 차원에서는 2000년 7월 창설된 경찰청 사이버테러대응센터 또는 사이버 수사대, 일명 네탄(NETAN = Network + 安·眼)이 해킹, 바이러스 제작 및 유포 등 각종 컴퓨터 범죄의 포착과 수사를 담당하고 있다. 검찰 차원에서는 2009년 7월 대검찰청에 인터넷범죄수사센터가 설치되어 해킹과 바이러스 유포, 전자상거래 사기, 개인 명예 및 신용훼손, 음란·폭력·자살 조장 등 컴퓨터 범죄 전반에 대한 동향과 수사를 펼치고 있다.

이러한 청와대 중심의 '국가사이버안전체계'와는 달리 국무조정실이 주도하는 '주요기반시설보호체계'에도 주목해야 한다. 현재 주요 정보통신 기반 시설에 대해서는 「정보화통신기반보호법」에 의해 국무조정실장을 위원장으로 하고 차관급 공무원과 위원장이 위촉하는 자로 구성되는 정보통신기반보호위원회가 설치되어 있어 주요 기반시설에 관한 보호정책이나 제도개선에 대한 사항을 심의하고 있다. 국정원과 과기정통부가 각각 공공·민간 분야 실무위원회(위원장: 차관급)를 운영하며, 사이버 위기 발생 시에는 범정부 침해사고 대책본부(위원장이 대책본부장을 임명)를 운영한다. 국정원·과기정통부는 각각 공공(227개) 및 민간(127개) 분야 주요 기반시설에 대한 보호계획 수립지침 배포, 이행여부 확인 및 기술 지원 등을 수행한다. 각 중앙은행기관은 소관분야 주요 기반시설 지정 및 보호 계획을 수립하여 시행한다. 주요 기반시설 관리기관은 소관 주요 기반시설에 대해 보호대책을 수립하고 취약점을 분석·평가하며 침해사고를 통지하고 복구하는 활동을 수행한다.

그런데 이렇게 청와대(국가사이버안전체계)와 국무조정실(주요기반시설보호체계)로 이원화된 사이버 안보 컨트롤타워를 국가안보실로 실질적으로 일원화할 필요성이 지적되고 있다. 종전의 이원화된 사이버 안보 컨트롤타워를 국가안보실로 일원화하며, 이를 통해서 범정부 차원의 사이버 안보 역량을 강화하자는 것이다. 또한 중앙행정기관, 지자체와 주요 기반시설 관리기관의 보안능력을 확충하기 위해 사이버 보안 전담조직을 신설·확대하자는 안도 거론된다. 현재는 국정원, 과기정통부, 국방부 등 일부 기관에만 사이버 보안 담당 조직이 설치되어 있는데, 여타 중앙 부처에도 관련 조직을 신설하여 자체적으로 사이버 보안 관리역량을 제고할 수 있는 환경을 조성해야 한다는 것이다 (김인중, 2015). 또한 예전처럼 "영역별 분리 방식의 보안체계로는 효과적으로 대응할 수 없으므로, 효율적인 민·관·군 사이버 위협 정보공유 및 공동대응 체계를 확립해야 한다"는 주장도 제기된다(임종인 외, 2013: 37).

이러한 위협정보 공유체계를 구축하기 위해서는 공공 부문의 대책 마련과 더불어 정부와 민간 부문의 긴밀한 협력이 필요하다. 다시 말해, 공공 부문의 대책 마련과 더불어 효과적인 사이버 안보 대응체계를 마련하기 위한 정부와 민간 부문의 협력이 과제로 제기되고 있다. 다양한 경로를 통해 침투해 들어오는 사이버 공격을 정부 혼자서 대응할 수는 없기 때문이다. 비근한 사례로 2011년 농협 해킹 사건도 민간 금융기관인 농협의 부주의한 관리가 사건을 초래한 원인 중의 하나로 지적되었다. 미 국방부도 미군의 정보자원을 보호하기 위해 민간 영역과의 협력이 절대적으로 중요함을 인정한 바 있다. 이미 세계의 주요국들이 사이버 안보 관련 법안의 마련과 정부기구의 정비에 힘을 쏟고 있으며 민간영역을 포함한 다양한 차원에서 침해사고대응팀(CERT)을 운영하고 있는 것으로 나타났다. 또한 정부와 기업체를 연결하는 회의체를 만들어 사이버 방어를 위한 민관의 동반 관계를 강화하고 있는 것으로 드러났다.

이상에서 언급한 추진체계의 정비를 바탕으로 사이버 안보와 관련된 중장기 국가전략을 수립하여 공표할 필요성이 지속적으로 거론되어왔다. 그동안 정부는 북한의 사이버 공격이 있을 때마다 종합대책, 마스터플랜, 강화방안 등의 형태로 대책을 마련해왔지만 단기적인 수습방안에 주안점을 두었고 민간 부문과 그 내용을 실질적으로 공유하기 위한 노력이 부족했다는 지적이 있어왔다. 이러한 문제로 인해 국민들은 정부가 사이버 안보에 대한 일관성 있는 정책을 세우지 못한다고 오해했던 것이 사실이다. 이러한 맥락에서 미국이나 영국 등과 같은 선진국들처럼 이른바 '국가사이버안보전략'을 수립·공표해야 하며, 각 부처별로 전략기조를 설정하고 세부전략과 이행과제를 도출해야 한다는 주장이 제기되고 있다.

2) 사이버 안보 관련 법제정 논란

단순히 사이버 안보 추진체계를 정비하는 차원을 넘어서 사이버 안보 관련 대응을 좀 더 체계적으로 펼치기 위한 법적 근거를 만들 필요성도 제기되고 있다. 최근 미국, 일본, 중국 등 주요국들이 모두 사이버 안보와 관련된 국내법을 제정하는 추세이다. 그러나 현재 한국의 사이버 안보 관련 법제로는 대통령 훈령으로 만든 「국가사이버안전관리규정」이 있을 뿐이다. 「국가사이버안전관리규정」은 2005년 시행되어 2013년에 일부 개정된 국가정보원 소관의 대통령 훈령이다. 이 규정은 하급 관청의 권한행사를 지휘하기 위해 발하는 명령으로서 법규의 성질을 갖지 않는다. 이 규정은 국가 사이버 안전에 관한 조직체계 및 운영에 대한 사항을 규정하고 사이버 안전 업무를 수행하는 기관 간의 협력을 강화함으로써, 국가안보를 위협하는 사이버 공격으로부터 국가 정보통신망을 보호함을 목적으로 한다. 그러나 이 규정은 사이버 위기 시 상황 전파 등에 관한 내용을 위주로 하는 한계점이 지적되어왔다(김희연, 2015: 44).

또한 「전자정부법」, 「정보통신기반보호법」, 「정보통신망법」 등에 사이버 안전 관련 규정이 산재해 있지만, 이는 일상적인 정보보호에 중점을 둔 것이어서 전문적인 북한 해커들의 치명적인 공격에 대응하기에는 역부족이다(≪조선닷컴≫, 2015.7.25). 이러한 상황에서는 사이버 위기 발생 시 체계적이고 효율적인 대응이 곤란하며 임무수행을 위한 법적 근거가 미흡해 애로가 있다는 현장의 지적이 제기되었다. 예를 들어 국정원의 경우, 사이버 안보 업무 수행 근거가 국가·공공기관에만 영향을 미치는 대통령 훈령에 불과해서 유사시 민간까지 포괄하는 효율적이고 신속한 업무수행이 곤란하다고 주장해왔다. 또한 현재 국방부 소속 사이버사령부도 독립된 법률이 아니라 대통령 훈령인 「국군사이버사령부령」에 근거를 두기 때문에 사이버 전쟁 발발 시 신속히 대응할 법적 근거가 미흡다고 주장하는데, 사이버 병력을 두기 위한 법적 근거를 마련하는 것이 핵심이다. 이 밖에도 현행 「통합방위법」에 사이버 전쟁에 대한 내용을 포함시켜야 한다는 주장도 제기되고 있다(정준현, 2015).

이러한 법제정의 필요성에 동조하여 국회에서 사이버 테러방지 또는 사이버 안보 관련 법안들이 여러 차례 발의된 바 있었지만 그 처리가 무산되었다. 예를 들어, 제18대 국회에서는 2008년 공성진 의원(한나라당)이 법안을 상정했고, 제19대 국회에서 2013년 4월 서상기 의원(새누리당)이 「국가사이버테러 방지에 관한 법률안」으로 재발의했으며, 2013년 3월 하태경 의원(새누리당)이 발의한 「국가 사이버안전 관리에 관한 법률안」이 있었다. 서상기 의원안이 국정원의 실무총괄 기능을 강조하는 쪽이라면, 하태경 의원안은 기타 정부기관의 역할을 좀 더 포괄적으로 강조했는데, 가장 큰 차이 중의 하나는 전자가 국가사이버안전전략회의 의장을 국정원장이 맡는 것을 내용으로 한다면, 후자는 국무총리가 의장을 맡는다는 것이었다.

이러한 논란이 지속되는 가운데 2015년 5월 이철우 의원(새누리당)이 발의한 「사이버위협정보 공유에 관한 법률안」도 제출되었다. 이 법안은 서상기 의원이 발의한 「국가사이버테러 방지에 관한 법률안」 중에서 논란이 있거나 불필요한 조항은 제외하고 사이버 테러 대응에 가장 시급한 핵심사항으로 인식되는 사이버 위협정보 공유에 대한 부분을 위주로 축약한 버전이었다. 한편 2015년 6월에는 이노근 의원이 「사이버테러 방지 및 대응에 관한 법률안」을 대표발의하기도 했다. 제20대 국회에 들어서는 2016년 9월에 정부 발의로 국가사이버안보위원회 설치(국가안보실장이 위원장)와 사이버위협정보공유센터를 국정원 소속으로 하는 「국가사이버안보법」이 입법 예고되었고, 2017년 1월 3일에는 수정안이 국회에 제출되었다.

이렇게 여러 차례 법안이 발의되는 과정에서 논란이 되었던 찬반의 주장을 요약하면 다음과 같다. 사이버 안보 관련 법률 제정에 찬성하는 측의 주장은, i) 국가 차원의 사이버 위기관리 등을 위한 법제가 시급히 요구된다는 점, ii) 현재 사이버안보마스터플랜과 훈령에 따라 국정원이 실제 컨트롤타워 역할을 수행하고 있는 부분을 법률에 규정함으로써 그 기능을 강화할 수 있다는 점, iii) 국정원은 국내에서 사이버 공격 등에 대한 분석 및 대응에 최고의 기술력과 노하우가 있다는 점 등을 강조하고 있다. 이에 비해 반대하는 측의 주장은 i) 국정원의 사이버 공간에 대한 통제력이 과도하게 될 위험이 있다는 점, ii) 국정원의 활동이 민간의 영역에까지 개입하게 되는 빌미를 제공할 수 있다는 점, iii) 민간과 공공 간의 정보공유 과정에서 개인정보가 유출되어 프라이버시가 침해될 수 있다는 점 등을 들고 있다. 요컨대, 사이버 위기관리를 총괄할 수 있는 법률 체계를 구축할 필요성이 인정되는 가운데, 특히 컨트롤타워 또는 실무총괄의 역할을 하는 국정원에 대한 민주적 감시와 통제의 장치를 두는 문제가 관건이다(허영호, 2014).

3) 과잉 사이버 안보담론 경계의 과제

(1) 과잉 안보화와 과잉 군사화의 경계

사이버 안보 분야는 그 기술적 특성으로 인해서 안보담론으로 현실을 재구성하는 '안보화'의 문제가 관건이 된다. 사실 버추얼 위협으로서 사이버 위협에 대처하는 데 있어 어느 정도의 안보화 메커니즘을 배제할 수 없을 것이다. 사이버 안보라는 현상은 아직까지도 그 위협의 실체와 효과가 명시적으로 입증되지 않았다. 따라서 사이버 공격의 위협이 되는 잠재적인 적국을 상정하고 이들을 봉쇄해야 한다는 안보담론을 자국민들에게 심어주며 이러한 인식을 바탕으로 예산, 인력, 조직 등과 같은 국내자원을 동원하는 문제가 중요할 수밖에 없다. 일각에서 사이버 위협에 대한 회의론이 지속적으로 제기되는 것도 바로 이러한 이유 때문이다. 이러한 사이버 안보의 특성을 고려할 때, 이 분야에서는 사이버 위협의 '실체'를 논하는 것보다는 사이버 위협의 성격, 안보의 대상과 주체, 그리고 이러한 과정에서 파생되는 결과에 대해서 '말하는 것', 즉 '담론'이 더 중요할 수 있다(Deibert, 2002: 118).

이러한 사이버 안보담론은 아직 발생하지 않은 재난과 그 재난이 야기할 파장을 과장되게 느껴질 정도로 부각시키는 이른바 '하이퍼 안보화hypersecuritization'의 위험성을 안고 있다(Hansen and Nissenbaum, 2009). 그리고 이러한 하이퍼 안보화의 저변에는 일반 대중에게 잘 알려지지 않은 비밀정보와 고도의 전문지식을 독점한 전문가들이 형성하는 '기술전문가의 담론'이 있고는 한다.

다시 말해, '망치를 잡으면 모든 게 못으로 보인다'는 말이 있는 것처럼 기술적 가능성과 효율성을 과대평가하는 기술결정론적 경향이 나타날 우려가 있다. 실제로 최근 국내에서 거론되고 있는 '공세적인 방어'나 '예방적 선제공격', '사이버 킬체인' 등과 같은 말에는 일정한 정도의 하이퍼 안보화의 경향성이 담겨 있음을 부인할 수 없다. 그러나 현재 국내에서 거론되고 있는 사이버 안보의 대응방안이 대외적인 차원만을 염두에 두는 것이 아니라 국내적 합의까지도 얻으려 한다면, 기술합리성과 효율성의 논리에 지나치게 매몰되어서는 안 된다.

게다가 이러한 안보화 담론은 사이버 공간의 군사화militarization를 부추겨 자기실현적으로 사이버 공간을 위험하게 만들 가능성마저도 있다. 북한발 사이버 공격이 지속되고 있는 상황에서 어느 정도의 군사적 접근은 불가피하다는 사실을 인정하더라도 과도한 냉전 논리나 강대국들의 패권경쟁 논리에 의거하여 사이버 공간의 안보 문제가 지나치게 군사화되는 과잉 군사화hyper-militarization의 위험성에 대해서는 경계하지 않을 수 없다. 기본적으로 사이버 안보는 전통적인 군사안보의 개념만이 아니라 국가, 경제, 사회, 개인 등의 다층적 행위자의 안위와 관련된 신흥안보의 이슈로 보아야 한다. 따라서 최근 국내 일각에서 논의되는 것처럼 사이버 공격에 대한 전쟁법의 적용이나 한미상호방위조약과 「통합방위법」의 논리에 의거하여 사이버 공격에 대응하려는 시도는 사이버 안보 문제를 군사안보 중심으로 보는 경직된 프레임을 생성할 가능성도 없지 않다. 사이버 안보의 대응방안을 마련하는 데 있어 고려해야 할 것은 "사이버 공간의 평화적 이용이라는 원칙하에 사이버 공간에서의 갈등을 해소하고 문제를 해결하기 위한 비군사적 노력들이 우선되어야 하며, 사이버 공간에서의 군사적 행동은 항상 최후의 수단이어야 한다"는 사실이다(임종인 외, 2013).

결국 하이퍼 군사화의 담론을 넘어서 사이버 안보가 주는 위협에 적절히 대응하기 위해서는 오히려 사이버 안보를 일종의 '감기'와 같은 일상적인 위험으로 보는 의연한 접근도 필요하다는 주장도 제기된다. 사이버 공간에서 제기되는 위협을 '비정상적인 위기'로 인식하기보다 항상 겪을 수밖에 없는 정상적 상태, 즉 '신新일상성new normalcy'의 개념으로 이해하는 것도 필요하다는 것이다. 질병을 완벽하게 퇴치하는 대신 적절한 수준에서 통제하려는 보건안보 전략과 마찬가지로, 웬만한 수준의 사이버 공격과 위협을 어느 정도 용인하면서 심각한 폐해를 억지하는 데 주안점을 두는 전략이 사회적 부담을 줄이면서도 합리적 수준의 억지를 가능케 해줄 수 있다는 것이다(민병원, 2015: 55). 이러한 시각에서 볼 때 사이버 안보의 문제에 대처하는 거버넌스를 수립하기 위해서는 급박한 전시 상황에 대처하는 군의 역할과 평상시 저강도 수준의 사이버 침해가 벌어지는 상황에 대해서 민간 기관들의 역할을 적절히 설정하는 지혜가 필요하다.

(2) 국가의 빅브러더화와 과잉 정치화의 딜레마

사이버 안보의 추진체계 정비와 법제정 문제에서 지속적으로 논란거리가 되는 것은 국가권력의 비대화, 이른바 국가의 '빅브러더화' 가능성이다. 이러한 논란은 사이버 안보 관련 추진체계와 법제 안에 담기는 '국가'가 어떤 '국가'이냐에 대한 인식의 차이를 바탕으로 한다. 추진체계 정비와 법제정 필요성을 주장하는 측이 상정하고 있는 '국가'는, 다소 중립적인 의미로 사이버 공간의 안전safety과 정보시스템의 보호protection를 담당하는 '정부government'이거나 더 나아가 외부로부터의 사이버 공격으로부터 '국가안보national security'를 수호하는 대외적 차원의 국가, 즉 '네이션nation'에 대한 인식을 바탕으로 한다. 이에 비해 반대하는 측에서 상정하고 있는 '국가' 인식은, 사회society와 대립되는 의미에서 파악된 '국가state' 또는 조금 좁은 의미에서 '정권regime'이며, 이러한 연속선상에서 생각하는 안보security는 오히려 보안保安이나 공안公安의 의미로 이해되는 정치권력의 정당화라는 인식을 바탕으로 한다. 사이버 안보 컨트롤타워나 「사이버테러방지법」 제정 문제를 둘러싸고 생성되고 있는 국내적 논란의 기저에는 이러한 '국가state'의 빅브러더화에 대한 경계가 있다.

이러한 구도에서 볼 때, 정보보안 전문가들 사이에서는 사이버 공격을 막을 컨트롤타워의 필요성은 인정하면서도 그 컨트롤타워의 주체(또는 실무총괄)로서 국정원의 역할에 대해서는 의견이 갈린다. 예를 들어, 앞서 언급한 「위협 정보공유법안」(이철우 안)의 경우에도 궁극적인 문제는 국가 권력기관으로서 국정원에 대한 신뢰성의 확보이다. 정보보안 전문가인 임종인 교수는 청와대 안보특보로 임명되기 전에 한 언론 인터뷰에서 말하기를, 위협정보 공유문제 와 관련하여 "국정원의 특성상 정보의 공유 협조가 제대로 이뤄질 것인가라는 의문이 제기된다"며 "국정원이 (정보를) 받기만 하고 주지 않는다는 것이 법 제정을 둘러싼 쟁점"이라고 강조한 바 있다(≪전자신문≫, 2013.3.31).

2015년 7월 발생한 국정원의 해킹 프로그램 구입에 대한 야당의 문제제기 와 국민들의 걱정도 이러한 국정원의 빅브러더화에 대한 우려와 밀접한 관련 이 있다. 이러한 맥락에서, 국정원을 견제하는 차원에서 컨트롤타워로서 청와 대 국가안보실의 위상을 설정해야 한다는 지적도 있다. 임종인 교수는 "빅브 러더 논쟁을 해소하기 위해서는 청와대가 개입할 수 있는 여지를 남겨둬야 한 다"며 "국정원을 감시 견제할 수 있는 조직을 만들어야 한다"라고 강조했다. 사정이 이러하다 보니, 일각에서는 국정원 산하 국가사이버안전센터(NCSC)로 의 권한 집중이 문제가 된다면, '사이버보안청'과 같은 별도 조직을 신설하는 것도 대안이 될 수 있다는 얘기가 나오고 있다. 여하튼 이러한 상황에서 사이 버 안보 관련 법률이 제정되기 위해서는 국정원의 이미지를 쇄신하고 국민의 신뢰를 확보하는 것이 관건이다(≪전자신문≫, 2013.3.31).

그러나 이러한 국가의 빅브러더화에 대한 우려의 이면에는 사이버 안보의 문제를 지나치게 '정치화politicization'하는 문제도 없지 않다. 사실 사이버 안보 관련 법제정 논란은 고도로 '정치화된' 이슈로서, 어찌 보면 정책 또는 정치 차 원에서 이루어지는 왜곡된 인식의 결과라고 할 수 있다(민병원, 2015: 53). 여기 에는 관료조직 간의 관할권 다툼도 한몫 거들고 있다. 현재 사이버 안보 추진체계와 법제정 논리의 이면에는 정책의 주도권을 둘러싼 관료정치의 문제, 즉 국정원과 국방부, 과기정통부 간의 이해관계가 충돌하고 있는 것이 사실이다. 21세기 신흥안보이자 국가안보의 문제인 사이버 안보가 여야 간의 지나친 정치적 논리, 또는 좌우 논리에 기반을 두고 하이퍼 정치화hyper-politicization로 흐를 가능성도 상존한다. 실제로 국가안보 차원에서 다루어야 할 사이버 안보의 문제를 모두 국내정치와 민간사찰의 문제로 환원하는 오류도 없지 않다. 이런 시각에서 보면, "정치권에서는 정보기관을 현실과 동떨어진 과거의 법에 옭아매어 사이버 안보 동력을 상실케 하고" 있으며 "2015년 7월 국정원의 이탈리아 해킹 프로그램 구입 문제도 정쟁의 소용돌이에 휘말린 바 있다"는 지적도 설득력이 있다(≪전자신문≫, 2015.7.21). 사이버사령부가 "2010년에 창설됐음에도 정치적인 일에 휘말리면서 제대로 활동하지 못했다"는 지적도 마찬가지의 맥락에서 이해할 수 있다(≪디지털타임스≫, 2015.5.13).

궁극적으로 사이버 안보 관련 법제정의 문제는 여태까지 쌓여온 불신과 의혹을 해소하기 위해서 앞으로 국정원(또는 사이버사령부)이 어떠한 노력을 펼치는가에 달려 있다. 더 나아가 사이버 안보와 관련하여 관찰되는 국가의 빅브러더화와 하이퍼 정치화의 딜레마는 현재 한국 정치와 사회가 풀어야 할 난제가 아닐 수 없다. 사이버 안보의 국가전략을 모색하는 글로벌 트렌드를 염두에 둘 때 대승적 차원에서 사이버 안보의 중요성을 인식할 필요가 있다. 그 과정에서 전문성이 있는 기존 기관이 실무를 책임지고 담당하는 것이 효율적이고 또한 더 나은 효과를 거둘 가능성이 클 것이다. 그러나 이러한 정치사회적 결정을 내리기 위해서는 '국민' 모두가 납득할 수 있는, 그리고 변화하는 21세기 세계정치 환경에 부합하는 '국가'의 역할에 대한 인식이 필요하다. 이러한 '국가' 개념의 재정립 필요성은, 전통안보와는 그 구조적 성격을 달리하는 사이버 안보 분야의 특성상 더욱더 강하게 제기될 수밖에 없을 것이다.

6. 한국의 그물망 방패 구축

　이 장은 북한발 사이버 공격을 포함한 초국적 사이버 공격에 대해서 한국이 취할 수 있는 대응방안과 관련된 개념적·경험적 이슈를 살펴보았다. 최근 북한의 사이버 공격이 지속적으로 늘어나고 있는 가운데 소니 해킹 사건으로 북미 간에도 긴장감이 감돌았으며 미중 간에도 해킹 문제와 관련된 공방이 점점 더 거세지고 있다. 이렇게 다층적 차원에서 발생하고 있는 사이버 공격은, 재래식 공격과는 달리 초국적이고 탈지정학적인 성격을 띠고 있기 때문에 방어하는 측에서 완벽한 방어 전략을 마련한다는 것이 여간해서는 가능하지 않다. 그럼에도 사이버 공격의 피해가 엄연히 존재하는 상황에서 대책 없이 그냥 손을 놓고 있을 수만도 없고, 제한된 범위 내에서만이라도 능동적인 대응방안을 모색해야 한다는 지적이 늘어나고 있다. 이러한 문제의식을 바탕으로 이 장은 기술·전략과 추진체계·법의 두 가지 측면에서 초국적 사이버 공격에 대해서 현재 한국이 취할 수 있는 대응방안을 검토했다.

　첫째, 기술개발이나 인력양성을 통한 사이버 방어의 역량을 증대하고 사이버 안보 분야의 특성에 맞는 억지의 역량을 키워야 한다. 기술역량의 증대를 통해서 사이버 공격에 대응하는 세 가지 능력, 즉 i) 공격을 미리 예측하고 사고 발생을 최소화하는 예방력, ii) 해킹 공격 루트에 대해 수사하고 공격자를 확인하는 탐지력, iii) 공격이 발생했을 때 최단시간 내에 차단하여 피해를 최소화하고 빠르고 원활하게 복구하는 복원력을 키워야 한다. 이러한 기술역량을 강화하는 데 있어 인력양성은 중요한 이슈가 아닐 수 없다. 효과적인 사전 예방과 사후 대응을 위해서는 하드웨어, 소프트웨어, 네트워크, 정보보호, 디지털 포렌식 등의 지식을 두루 갖춘 고도의 전문가를 양성하기 위한 지원책이 필요하다.

　한편, 적극적으로 맞받아치는 공격은 아니더라도 상대방이 공격하려 해도 반격이 두려워 공격하지 못하게 하는 억지력의 증대에도 관심을 기울여야 한다. 그런데 최근 거론되고 있는 '보복에 의한 억지'의 개념은 사이버 공격의 범인을 찾아 보복하거나 책임을 묻겠다는 단호함을 표명하는 데는 효과가 있을지 몰라도, 실제로 발생하는 사이버 위협에 대처하는 절대적인 처방이 되기는 어렵다. 이러한 맥락에서 현재 국내외 학계의 논의는 '거부에 의한 억지'의 가능성에 주목하고 있는데, 이는 예상되는 공격에 대한 '방어'를 강화함으로써 적의 공격 자체가 성공하지 못할 것이라는 이미지를 심어주는 데 주력한다. 그런데 이러한 사이버 억지는 기술역량으로만 달성되는 것이 아니라 외교적 노력을 병행해야 한다는 점도 명심해야 한다.

둘째, 사이버 안보 분야의 국내 추진체계를 정비하고 좀 더 효과적인 대응전략의 추진을 뒷받침하는 법적 근거의 마련에 힘써야 한다. 2014년 말 한수원 해킹 사건을 계기로 국가적 차원에서 사이버 안보의 중요성이 크게 강조되면서 청와대 국가안보실을 중심으로 한 사이버 안보 컨트롤타워의 기능이 강화되고 사이버안보비서관도 신설되었다. 이렇게 해서 가동될 사이버 안보 추진체계에서 청와대 국가안보실의 역할이 주축이 되고 국정원, 국방부, 과기정통부, 경찰청, 검찰청 등이 협력하는 효과적인 거버넌스 체계의 마련이 과제로 제기되고 있다. 특히 사이버 안보 추진체계의 정비를 바탕으로 사이버 안보와 관련된 중장기 국가전략을 수립하여 좀 더 체계적인 대응책을 마련할 필요가 있다.

또한 단순히 사이버 안보 추진체계를 정비하는 차원을 넘어서 사이버 안보 관련법을 제정하기 위한 다각적인 노력도 필요하다. 현재 한국의 사이버 안보 관련 법제는 대통령 훈령으로 만든 「국가사이버안전관리규정」이 있으며, 「전자정부법」, 「정보통신기반보호법」, 「정보통신망법」 등에 사이버 안전 관련 규정이 산재해 있는데, 그나마 사이버 위기 시 상황 전파나 일상적인 정보보호와 관련된 내용을 위주로 하고 있다는 지적을 받아왔다. 이러한 법제정의 필요성에 동조하여 현재 국회에는 정부발의로 「국가사이버안보법」이 제출되었는데, 실무기관들의 정책집행의 효율성뿐만 아니라 국민적 동의를 얻을 수 있는 방향으로 추진해야 하는 과제가 있다.

　이러한 사이버 공격에 대한 대응방안을 고민하면서 기술·전략, 추진체계·법 등 각 분야의 대응방안이 지니고 있는 일종의 하이퍼 담론에 대한 경계도 소홀히 해서는 안 된다. 이와 관련하여 이 장에서는 하이퍼 담론의 네 가지 위험에 대해서 지적했다. 첫째, 기술합리성과 효율성의 논리에 지나치게 매몰되는 하이퍼 안보화, 둘째, 사이버 공간의 활동을 과도한 냉전 논리와 군사 논리로 이해하는 하이퍼 군사화, 셋째, 사이버 안보 관련 추진체계와 법제정 과정에서 우려되는 국가의 빅브러더화, 넷째, 사이버 안보 문제를 지나친 정치적 논리, 특히 좌우이념의 논리로 몰고 가는 하이퍼 정치화 등이 그것이다.

　요컨대, 향후 한국이 북한의 사이버 공격을 포함한 초국적 사이버 공격에 대응하기 위해서는 여기서 제시한 대응방안들을 진지하게 검토해야 할 것이다. 아울러 각 대응방안들이 기저에 깔고 있는 하이퍼 담론화의 가능성과 각 담론들이 상호 충돌하는 딜레마의 상황을 풀어나갈 지혜도 필요하다. 그도 그럴 것이 바람직한 대응방안은 사이버 안보 분야의 어느 일면만을 강조하는 접근이 아니라 기술과 전략, 국가와 사회, 일국적 대응과 외교적 대응 등을 다층위적으로 아우르는 복합적인 전략에서 찾아야 하기 때문이다. 사이버 안보 문제가 21세기 국가안보의 문제로 급속히 부상하는 속도만큼 모두의 중지를 모아서 이 분야에서 제기되는 위협에 대한 대응방안을 시급히 궁리해야 할 때이다.

제3부 사이버 경쟁과 협력의 망제정치

| 제7장 |

사이버 안보의 미중 표준경쟁

1. 선도부문의 미중 패권경쟁

사이버 안보의 문제가 21세기 세계정치뿐만 아니라 미중관계의 현안으로 주목을 받게 된 정점에는 2013년 6월 미중 정상회담이 있다. 당시 미국과 중국의 두 정상인 오바마 대통령과 시진핑 주석이 만나 양국이 당면한 현안 중의 하나로 사이버 안보 문제를 거론했다. 그 후 사이버 안보는 양국 간에 진행된 전략경제대화의 현안 중의 하나로서 다루어졌으며, 좀 더 구체적으로는 미중 사이버 보안 실무그룹의 협의가 진행되기도 했다. 그러나 이러한 협력의 몸짓에도 불구하고 물밑에서는 사이버 안보 분야의 미중 갈등이 계속 진행되었다. 미중 사이버 갈등은 2014년 5월 미 법무부가 미국 내 기관들에 대해서 해킹을 감행한 것으로 지목한 중국군 61398부대 장교 5인을 기소하면서 정점에 달한 듯이 보였다. 중국은 이에 즉각 반발하며 미중 대화를 중단하는 동시에 중국 시장에 진출한 미국 IT기업들에 대한 규제의 고삐를 죄기도 했다.

사실 사이버 안보 분야에서 벌어진 미중관계의 이면을 보면, 미국도 중국을 상대로 비밀스러운 정보작전을 벌인 것은 마찬가지였다. 2013년 6월 미국 중앙정보국(CIA) 전 직원인 에드워드 스노든Edward Snowden이 폭로한 내용에 따르면 미국 정부는 '프리즘'이라는 프로그램을 통해서 장기간에 걸쳐 개인 이메일을 비롯한 각종 데이터를 감청해온 것으로 드러났다. 미국과 중국 간에 벌어지는 해킹과 사이버 공격에 대한 정보가 극히 제한적인 현재의 상황을 염두에 두더라도, 두 강대국 간에는 치열한 '사이버 전쟁'이 벌어지고 있었음을 미루어 짐작할 수 있다.

미중의 '사이버 전쟁'은, 제4장에서 살펴본 바와 같이, 실제로 해킹 공격이 가해지고 이를 막기 위한 방책을 고안하는 차원을 넘어서는 좀 더 추상적인 경쟁의 양상으로 나타난다. 이 장은 이러한 사이버 경쟁을 표준경쟁의 시각에서 보고자 한다. 이 글이 원용하는 표준경쟁은 통상적으로 말하는 표준경쟁보다는 좀 더 넓은 의미에서 사용하는 개념이다. 보통 표준은 좁은 의미에서 보면 전통산업이나 정보기술 분야의 기술표준을 지칭하지만, 넓은 의미에서 보면 그러한 기술표준을 다루는 관리양식, 즉 '표준 거버넌스'의 문제도 포함한다. 다시 말해, 기술표준을 넘어서 정책과 제도, 더 나아가 생각과 가치관의 표준까지도 표준경쟁의 대상이 되고 있다. 이러한 양상은 최근 국가 간에 벌어지는 표준경쟁에서도 발견된다. 이 장은 이러한 국가 간 표준경쟁의 시각에서 21세기 세계정치의 주도권을 놓고 경합을 벌이는 두 나라, 즉 미국과 중국의 패권경쟁에 담겨 있는 표준경쟁의 동학을 분석했다.

국제정치이론의 시각에서 볼 때, 미국과 중국이 사이버 안보 분야에서 벌이고 있는 논란의 이면에는 21세기 세계패권을 놓고 벌이는 경쟁이 있다. 사실 사이버 안보와 인터넷, 좀 더 포괄적으로는 IT분야에서 관찰되는 미중경쟁은 21세기 패권경쟁의 향배를 보여주는 시금석이다. 실제로 첨단기술 분야에서 벌어지는 강대국들의 패권경쟁은 국제정치 구조의 변동을 극명하게 보여주는 사례라는 점에서 국제정치학의 오래된 관심사 중의 하나였다. 역사적으로 세계경제의 선도부문, 즉 해당 시기 첨단산업의 향배는 세계패권의 부침과 밀접히 관련된 것으로 알려져 있다(Gilpin, 1987; Modelski and Thompson, 1996; 김상배, 2007; 2012). 이러한 맥락에서 볼 때 IT분야, 좀 더 구체적으로는 인터넷과 사이버 안보의 분야는 21세기 선도부문의 미래를 엿볼 수 있는 대표적인 사례이다(Lieberthal and Singer, 2012; 沈逸, 2010; Manson, 2011; 蔡翠红, 2012).

2. 3차원 표준경쟁으로 보는 사이버 안보

사이버 안보 분야에서 진행되고 있는 미중경쟁에 대한 국제정치학적 연구는 그리 많지 않다. 무엇보다도 사이버 안보 분야에서 미국과 중국이 벌이고 있는 패권경쟁은 기존의 주류 국제정치학의 연구대상에 편입되지 못했다. 사이버 안보라는 구체적인 주체에 대한 관심이 미흡했을 뿐만 아니라, 그러한 관심이 있다 하더라도 전통 국제정치이론의 시각에서 접근하는 경향이 강했다. 국민국가 행위자들 간에 벌어지는 부국강병 게임이나 세력전이 게임의 향배를 묻는 현실주의 국제정치이론, 또는 이를 보완적으로 발전시키는 자유주의나 구성주의 국제정치이론의 논의를 넘어서, 좀 더 본격적으로 사이버 안보의 고유한 성격과 그 안에서 벌어지는 미중경쟁의 동학을 읽어내는 새로운 이론이 필요하다. 이 장은 복합적인 양상으로 벌어지는 사이버 안보 분야의 미중경쟁을 네트워크 권력론의 시각에서 분석하려는 시도이다. 특히 여기서는 네트워크 권력정치의 사례로서 표준경쟁에 대한 국제정치학적 논의를 원용했다.

사실 사이버 안보 분야에서 벌어지는 미중경쟁은 중층적으로 파악된 사이버 공간의 표준경쟁이다. 이렇게 이해한 표준경쟁의 시각은 통상적으로 원용되는 표준경쟁에 대한 논의를 넘어선다. 기존에 경영학이나 경제학을 중심으로 진행된 표준경쟁에 대한 논의는 좁은 의미에서 기술과 시장 분야에만 초점을 맞추었던 것이 사실이다. 그러나 (국제)정치학의 시각에서 보면 표준경쟁은, 좀 더 넓은 의미에서, 정책도입이나 제도조정, 규범전파의 과정에서도 벌어진다. 더 나아가 표준경쟁의 논의는 현실을 관념적으로 구성 및 재구성하는 담론과 가치관의 경쟁에까지도 적용 가능하다. 이 장이 표준경쟁의 논의에 기술공학적 시각에서 보는 표준경쟁에 대한 논의와 더불어 정책과 제도의 문제, 그리고 더 나아가 안보담론의 구성과 관련된 안보화 이론을 보충적으로 원용하는 것은 바로 이러한 이유 때문이다.

이러한 시각에서 볼 때, 사이버 안보를 둘러싸고 전개되고 있는 미중관계는 단순히 해커들의 명시적인 공격과 네트워크 시스템의 물리적 교란, 상업적·군사적 정보의 절취와 도용, 그리고 여기서 파생되는 양국 간의 물리적 충돌의 가능성을 논하는 차원을 넘어선다. 게다가 사이버 공간의 미중경쟁은 단순히 갈등이냐 협력이냐, 아니면 누가 승자이고 패자이냐, 그리고 더 나아가 경쟁의 주체가 누구이냐를 묻기가 무색한 복합적인 성격을 지니고 있다. 그야말로 사이버 안보 분야의 표준경쟁은 제3장에서 소개한 네트워크 국가 행위자들이 벌이는 새로운 권력게임으로 개념화된다. 다시 말해, 단순히 자원권력을 누가 차지할 것이냐의 문제를 놓고 벌이는 전통적인 국제정치의 게임이 아니라 복합 네트워크를 특징으로 하는 사이버 공간에서의 주도권을 놓고 벌이는 네트워크 권력게임인 것이다.

이 장은 이렇게 복합적인 양상으로 전개되는 사이버 안보 분야의 네트워크 권력경쟁을 3차원 표준경쟁의 시각에서 분석했다. 여기서 3차원 표준경쟁이라 함은, 제3장에서 소개한 바와 같이, 기술표준경쟁과 제도표준경쟁, 담론표준경쟁 등의 세 차원이 복합적으로 나타나는 양상을 명명한 것이다. 이러한 시각에서 볼 때, 사이버 안보 분야의 표준경쟁이란 가장 구체적인 의미에서 사이버 공격에 원용되는 기술영역의 주도권을 장악하기 위한 경쟁인 동시에 정책과 제도 및 관념의 영역에서 벌어지는 경쟁이다. 해킹 기술과 인터넷 보안기술의 연구개발 문제가 그러하고, 사이버 공격과 방어에 개입하는 국가의 정책이 그러하다. 최근 사이버 안보와 관련된 국내외 규범 형성의 과정을 둘러싼 미중경쟁은 점점 더 가시화되고 있다. 이러한 문제의식의 연속선상에서 보면 미중 사이버 안보 경쟁은 미래 세계질서의 설계를 놓고 벌이는 경쟁의 한 단면을 극명하게 보여준다.

3. 사이버 안보의 미중 기술표준경쟁

1) 미국의 기술표준 장악

미중 사이버 갈등의 이면에는 미국의 기술패권과 이에 대한 중국의 경계심이 강하게 깔려 있다. 특히 중국 정부는 미국 기업들이 제공하는 컴퓨터와 네트워크 장비의 보안문제를 우려했다. 인터넷 보안기술과 관련하여 중국이 미국 IT기업들에게 너무 많이 의존하고 있으며, 혹시라도 양국 간에 문제가 발생할 경우 이들 기업이 미국 편을 들 것이라는 걱정이었다. 사실 미국의 IT기업들은 사이버 공간의 중요한 기술과 산업을 거의 독점했다. 예를 들어, 시스코는 네트워크 장비 분야에서, 퀄컴Qualcomm은 칩 제조 분야에서, 마이크로소프트는 운영체계 분야에서, 구글은 검색엔진 분야에서, 페이스북은 SNS 분야에서 모두 독점적인 위치를 차지하고 있었다. 중국은 일단 양국 간에 사이버 전쟁이 발발한다면 이들 기업이 모두 미국 정부에 동원될 것이라고 보았다(鲁传颖, 2013).

미국의 기술표준 장악력을 가장 극명하게 보여준 사례는 윈텔리즘Wintelism이다. 윈텔리즘은 마이크로소프트의 운영체계인 윈도Windows와 마이크로프로세서 생산업체인 인텔Intel의 합성어인 윈텔Wintel이라는 말에 기원을 둔다. 윈텔리즘은 마이크로소프트와 인텔이 글로벌 컴퓨터 산업에서 구축한 구조적 지배를 상징한다. 마이크로소프트는 컴퓨터 운영체계의 표준을 주도할 뿐만 아니라 이와 연계된 다양한 응용 프로그램(MS-오피스, 인터넷 익스플로러 등)을 선보이며 지난 20여 년 동안 업계의 선두를 달리고 있다. 현재 마이크로소프트의 윈도 제품군은 전체 PC운영체계 시장에서 90퍼센트 이상의 압도적인 점유율을 차지하고 있다. 이러한 운영체계 분야에서의 우위는 MS-오피스나 인터넷 익스플로러와 같은 응용 프로그램의 성공으로 확산되었다. 최근 마이크로소프트는 인터넷과 모바일 분야에도 적극 진출하면서 사업 영역을 확장하고 있다(김상배, 2007).

미국의 인터넷 검색 기업인 구글은 글로벌 인터넷 검색 시장에서 압도적인 우위를 점하고 있다. 구글은 1998년 가을에 출범한 이래 앞선 기술력과 탁월한 전략을 바탕으로 급성장하여 상대적으로 짧은 기간에 세계적인 기업으로 우뚝 섰다. 구글은 인터넷에서 원하는 정보를 찾을 때 꼭 거쳐야 하는 요지를 차지한 인터페이스이자 관문으로서 위상을 굳혀왔다. 오늘날 전 세계에서 구글이 아닌 자국 검색엔진이 시장 점유율 1위를 유지하고 있는 나라는 중국(바이두), 러시아(얀덱스), 한국(네이버) 등 셋뿐이다. 명실상부하게 구글은 전 세계적으로 가장 널리 사용되고 있는 검색엔진이며, PC를 통한 검색에서 구글의 세계시장 점유율은 꾸준히 늘어나고 있고, 2016년 10월에는 75.2%를 기록했다. 구글은 효과적인 검색 알고리즘과 거대한 자본력, 압도적인 데이터 축적 등과 같은 실력을 바탕으로 전 세계 어느 검색엔진보다 압도적인 우세를 보이고 있다(김상배, 2010).

사이버 안보와 관련하여 더 큰 쟁점은 중국 내에서 60~80%의 점유율을 보이고 있는 미국의 통신장비 업체 시스코였다. 2012년 말 현재 시스코는 금융업계에서 70% 이상의 점유율을 보이고 있으며 해관, 공안, 무장경찰, 공상, 교육 등 정부기관들에서 50%의 점유율을 넘어섰고, 철도시스템에서 약 60%의 점유율을 차지하고 있다. 민간항공, 공중 관제 백본 네트워크에서는 전부 시스코의 설비를 사용하고 있고 공항, 부두, 항공에서 60% 이상을, 석유, 제조, 경공업, 담배 등 업계에서 60% 이상의 점유율을 차지하고 있다. 심지어 인터넷 업계에서도 중국 내 상위 20개 인터넷 기업들에서 시스코 제품이 차지하는 비율이 약 60%에 해당되고 방송국과 대중 매체 업계에서는 80% 이상이다. 유명 IT전문가인 팡싱둥方兴东 산터우대汕頭大 인터넷연구센터 소장은 "시스코가 중국경제의 중추신경을 장악하고 있어 미국과 중국 간에 충돌이 발생하면 중국은 저항할 능력이 없을 것"이라고 지적했다(≪新浪网≫, 2012.11.27).

정보화 시대의 초창기부터 중국은 정부와 국영기업, 대학 등을 중심으로 미국 기업들이 제조한 첨단기술 제품들을 사용해왔다. 양국 간 기술 격차로 중국에서는 이들 제품이 생산되지 않거나 제품 성능이 떨어지기 때문이었다. MS의 윈도 운영체제, 구글의 안드로이드 운영체제, 시스코의 네트워크 제품, 중국의 은행이나 에너지 기업의 전산 처리를 돕는 초고성능 컴퓨터, 미국 기업들이 설계한 컴퓨터칩 등이 대표적 사례였다. 중국은 이러한 현실을 미국의 '사이버 패권주의'의 결과로서 인식했다. 왕정핑王正平과 쉬테광徐铁光에 의하면, 중국이 규정한 '사이버 패권주의'란 IT가 발달된 국가나 조직들이 운용자금, 사이버 기술, 사이버 관리체계, 언어와 사이버 문화 등의 분야에서 차지하는 우위를 이용하여 국제 인터넷 서버를 통제하고 자국 혹은 자기업의 이익에 부합하는 방향으로 가치관, 의지, 인식 등을 관철시키려는 행위이다. 이는 경제, 정치, 문화, 군사 분야의 이익추구로 이어지는데 미국이 이러한 사이버 패권주의의 중심에 있다는 것이다(王正平·徐铁光, 2011).

2) 중국의 대항표준 시도

이러한 문제의식을 바탕으로 중국은 1990년대 이래 미국의 IT기업에 대한 기술의존을 줄이고 중국의 독자표준을 모색하려는 노력을 펼쳐온 바 있다. 이러한 점에서 사이버 안보 분야의 미중경쟁은 기술표준경쟁의 성격을 띤다. 여기서 한 가지 유의할 점은, 이 분야에서 벌어지는 미국과 중국의 경쟁이 새로운 대안 표준을 제시해서 맞불작전을 펼치는 전형적인 기술표준경쟁의 모습이라기보다는 지배표준을 회피하거나 또는 지배표준으로부터 자유로운 독자적 표준공간을 확보하려는 소극적인 형태로 진행됐다는 사실이다. 이는 컴퓨터 및 인터넷 기술과 관련된 안보담론의 관점에서 양국의 경쟁을 보려는 이 글의 시각과도 맥이 닿는다. 구체적으로 사이버 안보 분야에서 미중 기술표준 경쟁은 컴퓨터 운영체계, 대규모 서버, 네트워크 장비, 모바일 운영체계 등에 구축된 미국 IT기업들의 지배에 대한 중국의 우려에서 시작되었다.

역사를 거슬러 올라가 보면, 1990년대 말과 2000년대 초 컴퓨터 운영체계의 보안 문제를 우려한 중국 정부는 마이크로소프트의 지배표준에 대한 대항의 차원에서 오픈소스 소프트웨어인 리눅스 운영체계와 애플리케이션 개발을 지원했다. 이러한 과정에서 중국의 리눅스 업체들은 정부의 강력한 지원에 힘입어 리눅스 보급의 선봉장 역할을 담당했는데, 1999년 8월 중국과학원이 후원하여 설립된 '홍치紅旗리눅스'가 가장 대표적인 사례이다. 중국 정부가 리눅스 운영체계를 지원한 정책의 배경에는 경제적 동기 이외에도 마이크로소프트의 플랫폼 독점으로 인해 발생할 가능성이 있는 보안 문제에 대한 민족주의적 우려가 자리 잡고 있었다. 그러나 결과적으로 중국의 리눅스 실험은 기대했던 것만큼 큰 소득을 거두지는 못했다(김상배, 2012).

중국 정부는 홍치리눅스의 설립과 더불어 민용 및 군용 운영체계 개발에도 나섰는데, 2001년에 개발되어 2007년부터 사용된 '갤럭시기린'과 2003년 개발을 시작한 '차이나스탠더드리눅스' 운영체계가 그 사례들이다. 그러다가 2006년에 중국 정부의 체계적인 지원이 이루어지면서 2010년에는 '네오기린'이라는 이름으로 두 운영체계가 통합되었는데, 이는 '제2의 홍치리눅스'라고 불리면서 중국산 운영체계의 대표 브랜드로 발돋움했다(≪中国电子报≫, 2010.12.21). 이에 대해서는 미국 정부도 특별한 관심을 보였는데, 2009년 의회청문회에서는 중국의 운영체계와 관련된 보안 문제가 제기되었다. 중국이 독자적인 운영체계를 개발하여 중국의 주요 기관에 보급한다면 이는 미국의 사이버 공격을 무력화시킬 수도 있다는 것이었다(≪网易科技≫, 2009.5.13). 한편, 2014년 마이크로소프트의 윈도XP 서비스 종료를 계기로 중국 정부는 리눅스 배포판인 우분투Ubuntu 계열의 '기린麒麟'을 국가 운영체계로 발표하면서 공공기관을 중심으로 오픈소스 운영체계로의 전환을 추진했다(≪지디넷코리아≫, 2014.2.17).

사이버 안보 표준과 관련된 중국의 독자표준 시도를 보여주는 다른 하나의 사례는 중국이 2003년 11월에 발표한 무선랜 보안 프로토콜인 WAPIWireless Authentication and Privacy Infrastructure이다. 당시에는 IEEE에 의해 개발된 802.11 Wi-Fi가 세계적으로 널리 사용되는 무선 LAN 보안 표준이었다. 그러나 Wi-Fi가 보안상 취약점을 가지고 있다는 사실이 알려지면서 중국은 Wi-Fi의 보안상 문제를 빌미로 WAPI를 국내표준으로 제정하려는 시도를 펼쳤다. WAPI는 Wi-Fi에 기반을 둔 칩과 호환되지 않는다는 점에서 독자적 기술표준의 성격을 지녔다. 중국 정부는 노트북과 PDA와 같은 무선장비에 대해 중국산 장비뿐만 아니라 모든 수입 장비에 대해서도 WAPI 표준을 수용할 것을 요구했다. 만약에 WAPI 보안 표준이 채택됐더라면 미국 업체들은 중국과 기타 시장을 위해 각각 두 가지 종류의 칩을 생산해야만 했을 것이다(Lee and Oh, 2006).

인텔을 비롯한 미국 IT기업들이 반대가 심했던 것은 당연했다. 인텔이 WAPI를 지원하지 않기로 발표하자 중국 정부는 WAPI 표준을 충족시키지 못할 경우 중국 내에서 영업을 할 수 없을 것이라고 경고하기도 했다. WAPI와 관련하여 더 문제가 된 것은 WTO 기술무역장벽Technical Barriers to Trade(TBT) 조항의 위반 가능성이었다. 이러한 상황에서 미국의 칩 제조업체들은 미국 정부의 개입을 요구했고, 결국 미국 정부가 중재에 나섰다(이희진·오상조, 2008). 한편, 2004년부터 중국은 WAPI의 국제표준 채택을 위해서 나섰는데, 8년이 지난 2014년 1월에 이르러서야 WAPI의 핵심기술특허가 겨우 통과되었다. WAPI가 공식적인 국제표준으로서 인정받기는 했으나 소기의 성과를 거두었다고 보기는 어려운 상황이었다.

3) 2014년 미중 사이버 갈등

2014년 5월 미 법무부가 해킹 혐의로 중국군 장교 5인을 기소한 사건은 미국의 기술패권에 대한 중국의 우려에 불을 붙였다. 구체적으로 중국 정부의 반발은 시중에 판매되는 미국 기업들의 IT제품과 서비스에 대해 '인터넷 안전 검사'를 의무화하는 조치로 나타났다. 중국 정부의 보안 검사는 마이크로소프트와 IBM, 시스코, 애플 등에 집중되었다(≪매일경제≫, 2014.5.23). 실제로 중국 정부는 보안강화 등을 이유로 공공기관용 PC에 마이크로소프트의 최신 윈도8 운영체계 사용을 금지시켰다. 당시 중국 언론은 외국산 운영체계를 사용하면 보안 문제가 발생할 수 있다는 우려 때문에 이런 결정이 내려졌다고 일제히 보도했다. 반면, 당시 미국과 주요 외신들은 미국 정부가 중국군 현역 장교 5명을 사이버 스파이 혐의로 정식 기소한 것에 대한 보복이라는 해석을 내놓았다(≪아시아경제≫, 2014.7.29).

비슷한 맥락에서 중국 정부는 중국 내 은행의 IBM 서버를 중국산 서버로 대체할 것을 추진하기로 했다. 이러한 중국의 조치는 IBM 이외에도 매킨지McKinsey나 보스턴컨설팅그룹The Boston Consulting Group 같은 미국 기업들에게도 영향을 미쳤는데, 무역기밀의 유출을 방지하기 위한 거래 단절 명령이 내려졌다(≪环球网科技≫, 2014.5.29). 2014년 7월에는 중국 당국이 반독점법 위반 혐의로 마이크로소프트에 대한 조사에 돌입했는데, 이러한 행보는 중국산 소프트웨어 업체에 반사이득을 주는 효과를 낳았다. 특히 이 중에서 가장 주목받는 업체는 중국 최대의 서버 기업인 랑차오浪潮였다. 미국과의 사이버 갈등이 거세지면서 중국 정부는 정부기관의 IBM 서버 의존도를 낮추기 위해서 자국 브랜드인 랑차오 서버로 교체하여 사용하도록 지시하기도 했다(≪아주경제≫, 2014.7.30).

이러한 문제와 관련해서는 미국의 반응도 별반 다르지 않았다. 2014년 6월 미국 정부도 자국 기술이 중국으로 유출될 수 있다는 국가안보의 문제를 우려해서 중국 기업인 레노버가 IBM의 x86서버 사업을 인수하는 것을 지연시켰다. 레노버가 IBM 서버 사업부를 인수할 경우 펜타곤이 중국 해커의 공격으로부터 취약해질 수 있다는 이유였다. 사실 미국 정부가 IBM-레노버 간 거래에 대해 우려를 표명한 것은 이것이 처음이 아니었다. IBM은 2005년에 자사 PC 사업부를 레노버에 매각했는데, 당시 익명의 미국 군 사이버 책임자는 공군에 공급된 레노버 노트북이 중국의 해킹에 노출되어 있다는 의혹을 제기했다. 결국 해당 노트북들은 반품되었고, 미국 제품으로 교체되었다(≪지디넷코리아≫, 2014.6.27).

이러한 상황에서 스노든 사건 이후 중국 정부의 견제를 가장 많이 받은 미국 기업은 시스코였다. 미국 국가안보국(NSA)이 중국에서 도·감청 프로그램을 운용하며 시스코의 설비를 활용했다는 사실이 폭로된 것이 화근이었다. 중국 내 유관기관의 검증 결과 시스코의 라우터 제품에 히든 백도어를 삽입한 문제가 밝혀졌다. 그 무렵 미국 정부가 ZTE와 화웨이의 설비 구매를 금지한다고 발표한 사건도 중국 정부와 기업들이 노골적으로 시스코 장비를 기피하는 경향을 부추겼다(≪环球网科技≫, 2014.5.29). 시스코 내부 사정에 정통한 인사에 의하면, "최근 상하이유니콤, 광둥모바일, 그리고 시스코와 오랫동안 거래한 차이나텔레콤이 잇달아 시스코의 설비를 다른 제품으로 교체하기 시작했다"고 한다(≪이코노미 인사이트≫, 2014.1.1).

한편, 중국 관영 CCTV는 2014년 7월 11일 애플의 모바일 운영체계 iOS-7의 '자주 가는 위치frequent location' 기능이 중국의 경제상황이나 국가기밀정보에까지 접근할 수 있다며 "국가안보에 위협적 존재"라고 주장했다. 중국 공안부 직속 중국인민공안대의 마딩馬丁 인터넷보안연구소장에 의하면, "이 기능이 매우 민감한 정보를 모으는 데 쓰일 수 있으며 애플이 마음만 먹으면 주요 정치인이나 언론인 등의 위치와 소재를 파악할 수 있다"고 주장했다. 이러한 주장들은 중국이 미국 기업들의 중국시장 잠식을 견제하려 한다는 미국 측의 해석을 낳았다. 예를 들어, ≪월스트리트저널(WSJ)≫은 "사이버 해킹과 관련된 미국 정부의 문제 제기에 대한 중국 정부의 보복 신호"라고 보도했다(≪서울경제≫, 2014.7.13).

미 경제 주간지 ≪블룸버그Bloomberg≫에 의하면, 중국 정부는 2014년 8월 해킹과 사이버 범죄를 둘러싼 중국과 미국 간 긴장이 고조되는 가운데 정부 조달 품목 목록에서 애플의 아이패드, 아이패드 미니, 맥북 에어, 맥북 프로 등 총 10개 모델을 제외했다. 중국 조달 당국은 최근 백신 소프트웨어 업체인 시만텍, 카스퍼스키 제품 구매도 중지했고, 마이크로소프트도 에너지 효율성이 있는 컴퓨터 제품군 정부 조달 목록에서 제외됐다. 블룸버그는 이와 같은 중국 정부의 해외 기업에 대한 견제가 스노든 사건과 미 법무부의 중국군 장교 5명 기소 사건 이후 가열된 미중 사이버 갈등과 밀접히 연관된 것으로 해석했다(〈뉴시스〉, 2014.8.7).

이러한 일련의 사태에 대한 논평을 요청받은 중국 외교부 대변인 친강秦剛은 주장하기를, "인터넷 정보화 시대에 인터넷 안전, 정보안전은 국가안전의 중요한 구성부분이다. 최근 중국 정부의 유관 부처에서 관련된 정책은 연구 중에 있는 것인데 인터넷 정보안전을 보다 강화해나갈 것이다. 우리는 대외개방정책을 고수하고 있고 계속하여 해외기업들의 중국 투자와 경영을 환영하며 앞으로도 적극적으로 해외와의 협력을 강화해나갈 것이다. 그러나 그것이 외국기업 혹은 중외합자기업이라 할지라도 중국의 법률과 규정을 존중하는 것이 중요한 전제가 되어야 하고 중국의 국가이익과 국가안전에 부합되어야 한다"라고 했다(≪新华网≫, 2014.5.28). 친 대변인의 이러한 언급은 컴퓨터와 사이버 보안기술을 둘러싼 논란이 단순한 기술표준경쟁이 아니라 이 분야의 정책과 제도의 표준으로 연결된다는 중국 정부의 인식을 보여준다.

4. 사이버 안보의 미중 제도표준경쟁

1) 2010년 구글 사건과 미중 갈등

인터넷 보안기술 분야에서 나타난 미국 IT기업들과 중국 정부의 갈등은 인터넷 검열 정책을 둘러싼 갈등으로도 나타났다. 중국 정부는 인터넷상의 불건전하고 유해한 정보를 차단하고 검열하는 것은 주권국가의 정부가 취할 수 있는 법적 권리이며, 인터넷 자유의 논리를 내세워 중국의 정책과 제도를 비판하는 것은 주권국가에 대한 내정간섭이라고 주장했다. 중국 정부는 중국 내의 인터넷 서비스 제공자들이 자체 검열을 수행하도록 요구했다. 예를 들어, 마이크로소프트의 경우도 중국이 제시하는 인터넷과 관련된 정책이나 기타 제도의 표준을 수용해야만 했다. 시스코, 야후 등과 같은 미국의 IT기업들은 중국 정부가 시장접근을 위한 조건으로서 제시한 자체검열의 정책을 수용하고 나서야 중국 시장에 진출할 수 있었다. 구글도 2006년에 중국 시장에 진출할 당시 여타 미국의 IT기업들과 마찬가지로 정치적으로 민감한 용어들을 자체 검열하라는 중국 정부의 요구를 수용했다(Hughes, 2010).

이러한 중국의 인터넷 검열 정책에 대해 반발이 있을 수밖에 없었다. 2010년 1월 12일에 이르러 구글은 중국 시장에서 철수할 수도 있다고 발표했다. 그 이유는 크게 두 가지였다. 하나는 2009년 12월 중국 해커들에 의해 구글 기반의 이메일 서비스를 사용하는 인권 운동가들의 계정이 해킹당했다는 것이었고, 다른 하나는 구글의 지적재산권에 대한 심각한 침해가 있었다는 것이었다. 이러한 이유로 구글은 중국어판 검색의 결과를 내부검열하지 않기로 결정했다고 밝혔다. 마침내 2010년 4월에는 중국 본토의 사이트를 폐쇄하고 홍콩에 사이트를 개설하여 이를 통해 검색서비스를 우회적으로 제공하게 되었다. 중국 정부가 구글의 홍콩 우회서비스를 완전히 차단하지는 않았지만, 구글의 철수 결정은 중국과 미국뿐만 아니라 국제사회에서 많은 논란을 불러일으켰다(Hughes, 2010).

이러한 일련의 사태에 대해 중국 정부도 신속하게 대응했다. 구글의 철수 결정 발표 직후인 1월 13일, 중국 정부는 당국이 해킹과는 전혀 관련이 없다는 공식 입장을 밝히면서 정부가 해커를 동원한다는 논리 자체가 성립되지 않는다고 주장했다. 중국은 다른 국가와 마찬가지로 법에 의거하여 인터넷을 관리하고 있으며 국제적인 인터넷 기업이 중국 내에서 기업 활동을 하려면 중국의 국내법을 따라야 하고, 정부는 당연히 중국 내에 만연하는 외설적 표현과 인터넷 사기의 폐해로부터 중국 인민을 보호해야 한다는 논리를 폈다. 중국의 현실로 볼 때 중국에 악영향을 주는 인터넷 위협에 대한 정부의 대응은 오히려 부족하며 중국도 해커 공격의 피해자라는 논리로 구글의 주장에 정면으로 맞섰던 것이다. 중국 정부는 구글의 결정은 개별 기업의 행위라고 의미를 축소하면서 이를 미중관계 및 중국의 이미지 훼손 등과 결부시키는 것을 경계했다(김상배, 2012).

양국의 정부까지 가세한 6개월여 간의 논란 끝에 결국 2010년 6월 말 구글은 중국 시장에서의 인터넷영업면허(ICP)의 만료를 앞두고 홍콩을 통해서 제공하던 우회서비스를 중단하고 중국 본토로 복귀하는 결정을 내리게 되었다. 이러한 구글의 결정은 중국 내 검색 사업의 발판을 유지하기 위한 것으로서 중국 당국을 의식한 유화 제스처로 해석되었다(≪경향신문≫, 2010.6.30). 구글이 결정을 번복한 이유는 아마도 커져만 가는 거대한 중국 시장의 매력을 떨쳐버릴 수 없었기 때문일 것이다(≪한겨레≫, 2011.7.21). 이에 대해 중국 정부는 7월 20일 구글이 제출한 인터넷영업면허의 갱신을 허용했다고 발표했다. 지메일 해킹 사건으로 촉발된 구글과 중국 정부 사이의 갈등에서 결국 구글이 자존심을 접고 중국 정부에 '준법서약'을 하는 모양새가 되었다.

2010년 구글 사건이 주는 의미는, 단순히 미국의 IT기업과 중국 정부의 갈등이라는 차원을 넘어서 양국 정치경제 모델의 차이를 보여주었다. 이 사건에서 나타난 구글의 행보가 미국 실리콘밸리에 기원을 두는 기업-정부 관계를 바탕에 깔고 있다면, 이를 견제한 중국 정부의 태도는 중국의 국가정책 모델에 기반을 둔다. 미국 내에서 IT기업들이 상대적으로 정부의 간섭을 받지 않고 사실상 표준을 장악하기 위한 경쟁을 벌인다면, 중국에서는 아무리 잘나가는 기업이라도 정부가 정하는 법률상 표준을 따르지 않을 수 없는 상황이었다. 이러한 점에서 구글 사건은 미중 정치경제 모델의 경쟁 또는 제도표준의 경쟁 성격을 바탕에 깔고 있었다.

사실 당시 미국 정부가 가세하면서, 사태는 구글이라는 개별 기업 차원을 넘어 미중 간 외교 갈등으로 비화될 조짐을 보였다. 2010년 1월 15일 미국 정부는 구글의 입장에 대한 지지를 표명했는데, 중국 정부가 사이버 공격의 원인에 대한 구체적 정보를 밝혀야 한다는 것이었다. 1월 21일에 힐러리 클린턴 Hillary Clinton 미 국무장관은 구글의 결정을 언급하면서 인터넷과 정보 자유의 문제를 제기한 구글의 결정을 치켜세웠다(Clinton, 2010). 여기에 더해 미 상원은 구글 해킹 사건을 비난하고 중국 정부에 진상조사를 촉구하는 결의안을 채택했으며 표현과 언론의 자유를 제한하는 중국의 정책을 비판했다. 또한 오바마 행정부는 대만에 대한 무기 수출 계획안을 발표한 데 이어 달라이 라마를 접견하겠다고 발표하기도 했다. 중국 위안화의 환율 문제나 반덤핑 관세와 같은 무역장벽의 문제가 제기되기도 했다.

이렇듯 2010년의 구글 사건은 단순한 인터넷 비즈니스 분야의 소동이나 이를 대하는 해당 국가의 정부정책이라는 차원을 넘어서는 국가 간 제도표준경쟁의 면모를 지니고 있었다. 이 사건의 결말은 구글이 고개를 숙이고 다시 중국 시장으로 돌아감으로써 일단락된 것처럼 보이지만, 이미지의 세계정치라는 시각에서 보면 권위주의적 인터넷 통제정책을 펴는 중국 정부에 대해서 일종의 '도덕적 십자군'으로서 구글의 이미지를 부각시킨 사례일 수 있다. 이렇게 보면, 중국 정부가 거대한 국내시장을 무기로 구글을 굴복시켰다고 할지라도 실제로 누구의 승리였는지를 묻는 것이 간단하지 않게 된다. 왜냐하면 구글 사건은 양국의 정부와 기업(그리고 네티즌)들이 추구하는 정책과 제도의 표준을 놓고 벌인 경쟁이었기 때문이다(김상배, 2012).

2) 미중 인터넷 정책의 차이와 갈등

2010년 구글 사건은 미국과 중국이 취하는 인터넷 정책의 기저에 깔려 있는 접근법의 차이, 즉 미국이 주창하는 자유롭고 개방된 인터넷의 담론과 중국의 정책이 기본전제로 하는 통제되고 폐쇄된 인터넷의 담론을 놓고 벌어진 표준경쟁의 성격을 갖고 있었다. 당시 구글로 대변되는 미국의 IT기업들(그리고 미국 정부)이 중국 정부(또는 중국의 네티즌)를 상대로 해서 반론을 제기한 핵심 문제는 인터넷 자유라는 보편적 이념의 전파를 거스르는 중국 정치사회 체제의 특성이었다. 이러한 점에서 구글 사건은 '정치체제의 표준경쟁'이기도 했다. 양국 간에 이러한 차이가 발생하는 것은, 일차적으로는 양국 국내체제의 제도와 정책, 그리고 역사문화적 전통과 연관되겠지만, 미국과 중국이 세계체제에서 각각 패권국과 개도국으로서 차지하고 있는 국가적 위상과도 관련이 있었다(김상배, 2012).

중국의 시각에서 볼 때, 구글 사건의 과정에서 표출된 미국의 인터넷 정책 담론은 보편적 가치라기보다는 미국이 자국의 패권을 투영하는 수단에 불과했다. 중국의 유엔주재 특명전권군축대사 왕췬 王群은 말하기를, "인터넷은 이미 미국이 의식형태와 가치관 전파 및 정권교체를 실행하는 중요한 도구가 되었다. 특히 미국이 일부 반중국세력과 중국의 민족분열세력들에 자금을 지원해 백도어 프로그램을 개발하고 사용하게 하여 중국의 사회모순과 민족관계의 부정적 측면을 주객관적으로 확대 해석한 것은 중국의 국가안보에 위협이 되고 있다"라고 했다(欒文莉, 2012: 30~31). 중국의 눈으로 볼 때, 미국은 "개도국 국가들의 인터넷 규제에 대해 비평을 할 뿐, 자신이나 동맹국들의 인터넷 규제에 대해서는 보고도 못 본 체"하고 있는데, 이는 인터넷 자유와 사이버 안보에서 이중표준을 구사함으로써 "자신과 동맹국들에게 하나의 표준, 개도국 국가들에게 또 다른 표준을 제시하고 있는 것"으로 인식되었다(王正平·徐铁光, 2011: 106).

이러한 인식을 가지고 있는 중국 정부가 미국의 '보편담론'에 대해서 취하는 태도는 단호할 수밖에 없었다. 2010년 구글 사건 이후, 2013년 스노든 사건과 2014년 중국군 기소 사건을 거치면서 이러한 태도는 더욱 강화되는 것으로 보였다. 예를 들어, 시진핑 주석은 2014년 7월 브라질 국회에서 행한 연설에서 과거 러시아 방문 당시 제기했던 '신발론'을 재차 언급하며 말하기를, "신발이 발에 맞는지 안 맞는지는 신발을 신은 사람만이 알 수 있는 것"이라며 브라질에도 비슷한 의미의 속담이 있다고 말했다. 그는 "이는 곧 모두가 아는 상식을 의미한다"며 "세계에 그 어떤 만병통치약이 없고 어느 곳에서도 다 옳은 진리는 없으며, 각국은 자신의 국정 상황에 맞는 발전의 길을 걸어야 한다"고 강조했다. 이는 중국의 인권 문제나 주변국과의 영토분쟁 등과 관련한 미국이나 서방의 간섭에 대해 경고하고, 2013~2014년에 걸쳐서 미국과 사이버 갈등을 겪고 있는 상황을 지적한 것으로 해석되었다(≪아주경제≫, 2014.7.17).

이러한 인식을 내세워 중국은 인터넷을 검열하고 규제하는 정책적 자율성을 정당화하는 논리를 폈다. 여기서 중국의 정책결정자들이 중시하는 것은 개인 차원의 인터넷 자유라기보다는 국가 차원의 인터넷 자유로서 이는 인터넷에 대한 규제와 검열을 정당화하는 데 원용되었다. 왕정핑과 쉬테광의 설명에 의하면, "일개 국가의 사이버에 대한 기본 요구에는 인터넷 자유와 사이버 안보가 포함되어 있다. 국가 인터넷 자유에는 자국 인터넷에 대한 자유로운 관리가 포함되므로 타국의 간섭을 받으면 안 된다. 한 나라의 사이버 안보를 수호하기 위해서 그 나라는 인터넷 심사를 진행할 필요가 있는 것이다. 중국과 일부 개도국의 인터넷 심사 정책을 서방국가들에서 지적하는 것은 그들 국가와 국민들의 기본수요를 침해하는 것"이라고 한다(王正平·徐铁光, 2011: 107). 이러한 논리의 연속선상에서 보면, 사이버 안보와 관련하여 중국 정부가 채택하고 있는 대처방식도 국가의 권리라는 차원에서 정당화된다.

이러한 논리가 담긴 가장 대표적인 사례는 2016년 12월에 제정되어 2017년 6월부터 시행된 「인터넷안전법」이다. 「인터넷안전법」은 인터넷 안전검사와 관련한 조항으로, 중국 시장에 진입하기 전에 중국 정부가 제시한 표준에 반드시 부합해야 함을 규정하고 있다. 「인터넷안전법」에 따르면, 중국 정부가 '관련 기관과의 협의를 통해 인터넷 관련 설비 및 인터넷안전 전용 서비스 목록을 제시하면, 기업들은 제시된 안전서비스 표준에 맞게 서비스를 설계해야 한다'. 이 밖에도 「인터넷안전법」은 핵심 기반시설의 보안 심사 및 안전 평가, 온라인 실명제 도입, 핵심 기반시설 관련 개인정보의 중국 현지 서버 저장 의무화, 인터넷 검열 및 정부당국 개입 명문화, 사업자의 불법정보 차단 전달 의무화, 인터넷 관련 제품 또는 서비스에 대한 규제 등의 내용을 담고 있다. 이러한 규정에 대해 해외상품 및 서비스의 중국시장 진출을 막는 것이 아닌가 하는 우려와 반박의 목소리가 제기되었음은 물론이다(≪中国科技网≫, 2016).

그러나 서방 전문가들은 중국의 「인터넷안전법」이 중국 현지에 진출한 IT 기업들에게 치명적인 영향을 미칠 것으로 전망했다. 무역그룹 BSA의 아시아 정책 담당자인 재러드 래글런드Jared Ragland는 "데이터를 이미 중국 내 서버에 저장하고 있는 기업들은 더욱 치명적"이라며 "이 회사들은 이제 중국의 허가 없이는 데이터를 해외로 보낼 수 없게 됐으며 중국에서 사업을 지속하려면 비즈니스 모델을 바꿔야 한다"고 조언했다. 애플을 포함한 IT기업들은 이미 지역 사용자 관련 데이터를 중국 내 서버에 저장 중이다. 2010년대 들어서 중국 당국이 기업들에 데이터 소스코드 공개를 요구해왔지만 미국과 다른 나라들의 거센 반발로 무산된 바 있었다. 사실 「인터넷안전법」의 상당 부분은 이미 시행되고 있는 제도를 명확히 한 측면도 있었다. 정부가 위급 상황 시 특정 지역의 인터넷 접근을 통제할 수 있다는 점, 통신 사업자들은 실명으로 고객을 받아야 한다는 항목 등은 이미 시행되고 있는 내용이었다(≪조선일보≫, 2016.11.8).

5. 사이버 안보의 미중 담론표준경쟁

1) 미중 사이버 안보화 담론경쟁

가장 추상적인 차원에서 볼 때 사이버 안보 분야의 미중경쟁은 안보담론을 주도하기 위한 경쟁의 성격을 띠고 있는데, 이는 안보화의 과정을 주도하는 경쟁을 의미한다. 이와 관련하여 미국 정부와 언론은 2000년대 후반부터 중국 해커들의 공격이 미국의 물리적 인프라와 지식정보 자산을 심각하게 침해하고 있다는 '중국해커위협론'을 펼쳤다.[1] 중국의 해커들이 중국 정부와 군의 지원을 받아서 미국 정부와 기업들의 컴퓨터 네트워크를 공격한다는 것이었다. 예를 들어, 미국 정부가 오로라 공격이라고 명명한 2009년의 해킹 사건은 미국 IT기업들을 목표로 하여 중국 해커들이 벌인 일이라는 것이다. 2010년 구글 사건 당시에도 중국의 해커들이 배후에 있다고 알려졌다. 이러한 안보화 담론은 미국의 인권 단체, 정부관리, 각계 전문가 등에 의해서 확산되었는데, 중국의 영토 내에 서버를 설치하거나 또는 이메일 서비스를 제공하고 검열기술을 판매하는 행위를 제한하자는 주장으로 나타나기도 했다(US Department of State and US Agency of International Development, 2010).

2010년대에 들어서도 중국 해커의 공격에 대한 비난의 목소리는 높아졌다. 게다가 이들 사이버 공격이 노린 것이 미국 기업들이 지적재산권을 가지고 있는 기술과 정보라는 것을 심각하게 여겼다. 앞서 언급한 2013년 맨디언트의 보고서나 2014년 3월 미 법무부의 중국군 장교 기소도 중국의 해킹 공격이 정보통신, 항공우주, 행정, 위성, 통신, 과학연구, 컨설팅 분야에 집중해 있다고 지적했다. 당시 백악관 국가안보보좌관 토머스 도닐런Thomas Donilon은 중국에 해킹을 중단하라고 촉구하기도 했다(≪조선일보≫, 2013.2.20). 2014년 7월 잭 루Jack Lew 미 재무장관도 중국의 해킹에 대한 헤지펀드와 투자자산회사의 사이버 보안 대책을 마련하는 데 적극 나서야 할 것이라고 강조했다(≪조선일보≫, 2014.7.30). 미 의회 정보위원회 의장인 마이크 로저스Mike Rogers도 "최근 몇 년

---

[1] 중국 해커의 공격에 대한 미국의 '피해자 담론'은 2000년대 후반 본격적으로 제기되었다. 이러한 미국의 안보 담론에 대해서는 Dahong(2005), US-China Economic and Security Review Commission(2009), Barboza(2010), Hvistendahl(2010), Clarke(2011) 등을 참조하기 바란다.

간, 중국과 같은 국가들은 엄청난 지적 재산을 훔쳐왔으며 … 그 양은 미 의회 도서관이 소장하고 있는 인쇄본 자료의 50배에 달한다"고 개탄했다(Chairman Mike Rogers Statement, 2012).

이러한 미국의 비난에 대해서 중국 정부는 외교부 대변인 성명을 통해 미국이 주장하는 해커들의 공격은 국경을 넘으며 익명으로 발생하는 것으로, 미국 측이 주장하는 해킹의 증거라는 것을 어떻게 확증할 수 있는지 모르겠다는 논조의 비판을 가했다. 중국군이 해커 공격의 배후라는 결론은 근거가 없다는 것이었다(≪조선일보≫, 2013.2.20). 중국 외교부 부장인 양제츠杨洁篪도 "최근 해커공격 보도가 많이 나오고 있는데 그중 다수가 중국을 지목하고 있다. 이러한 보도가 시선을 끌 수 있을지는 모르지만 논리가 맞지 않는 말이다. 사실 중국은 사이버 안보에 있어서는 약소단체에 속한다. 중국은 해커공격을 가장 많이 받는 나라 중 하나이다. 중국 정부는 해커공격 행위를 반대하고 이미 유관 법률규정을 제정하여 명확히 금지하고 있다"는 주장을 펼쳤다(≪环球网≫, 2013.3.9).

여기서 한 발 더 나아가 중국은 "미국이 스스로 해커의 공격으로부터 제일 피해를 보는 나라라는 인식을 조장하고 있다"는 논리로 '중국해커위협론'에 대해 맞섰다(蔡翠红, 2012). 또한 "미국이 중국해커위협론을 조장하여 여론의 우위를 점해 중국의 사이버 군사기술의 발전을 압제하려 한다"라고 했다. 아울러 미국이 '중국해커위협론'을 유포하는 이면에는 경제무역 측면에서 중국 기업의 부상을 도전으로 인식하고 사이버 안보를 빌미로 하여 자기보호에 나선 미국 기업들과 미국 정부의 속내가 있다고 평가했다(周琪·汪晓风, 2013: 46). 미국은 "국제사회에서 인터넷을 둘러싸고 진행되는 일련의 문제들에 대하여 냉전진영의 논리를 조장하고 있는데, 이를 통하여 중국 해커의 위협을 제기하고 인터넷 심사 등을 이용하여 중국의 이미지에 손상을 주어 인위적으로 중국과 러시아를 세계 대다수 국가들과 대조되게 하고 있다"는 것이었다(≪参考消息网≫, 2014.1.3).

이러한 와중에 터진 스노든 사건은 미국도 중국에 대해서 비밀정보작전을 벌이고 있다는 중국의 주장에 명분을 실어주었다. 특히 미국 정보당국이 홍콩에서 중국을 감청한 데이터를 보낼 때 미국 IT기업인 시스코의 공유기를 사용한 것이 밝혀지면서, 중국 정부가 "미국이야말로 세계 최대의 해커 조직"이라는 역공을 펼치는 빌미를 제공하기도 했다(≪한겨레≫, 2013.10.30). 중국 정부는 이러한 미국의 시도를 표리부동한 행위로 보고 비난의 목소리를 높였다. 예를 들어, 중국 국방부 대변인 경옌성耿雁生은 "미국이 중국 정부, 상업회사, 개인 등에 대해서 실행한 감시, 도청, 해킹은 충분히 미국의 허위성과 패도를 드러내고 있다. 우리는 앞으로 효과적인 조치를 취하여 사이버 안보 방어를 강화해나갈 것"이라고 말했다(≪人民網≫, 2014.4.1).

이러한 와중에 2014년 5월 미국은 중국에 대해서 맞불을 놓았다. 미 법무부는 펜실베이니아 주 연방지방법원에 중국군 61398부대 소속 장교 5명을 산업스파이와 기업비밀절취 등 6개 혐의로 기소했다. 미 법무부에 따르면 이들 5명은 웨스팅하우스와 US스틸 등 5개 기업과 미 철강노조의 컴퓨터를 해킹해서 피해 기업의 제품이나 재무구조에 대한 기밀 정보를 빼냈으며, 이로 인해 해당 기업과 경쟁관계였던 중국 기업들이 큰 이익을 봤다고 주장했다. 에릭 홀더Eric Holder 미 법무장관은 "중국 군인에게 경제 스파이 혐의가 적용된 이번 사건은 해킹 혐의로 (외국)정부 관계자를 기소한 첫 사례"라며 "절취된 기업비밀의 범위로 볼 때 이번 일은 중대하며 공세적으로 대응할 필요가 있다"고 강조했다(≪전자신문≫, 2014.6.15).

이에 대해 중국 정부는 이러한 조치가 "미국이 위선적이고 이중적인 기준을 적용하고 있다는 것"이라고 주장하며 즉각 반박했다(≪동아일보≫, 2014.5.27). 친강秦剛 중국 외교부 대변인은 "중국 장교들에 내려진 혐의는 미국이 의도적으로 조작한 것으로 국제관계를 지배하는 기본 규범을 심각하게 위반했다"고 비판한 뒤 미국 당국은 즉시 실수를 수정하고 이런 주장을 철회하라고 강조했다. 또한 친 대변인은 "사이버 안보 확립을 위해 양국이 [2013년] 4월 체결한 사이버 워킹그룹의 활동을 중단시키기로 결정했다"며 "미국은 즉각 기소를 철회하라"고 요구했다(≪동아일보≫, 2014.5.27). 이러한 사태의 전개에 대해서 중국의 모 일간지는 "망기정인枉己正人"(자기 자신은 바르지 않으면서 남을 바르게 하려 하다)이라는 표현까지 써가며 "미국의 패권주의가 작동하고 있다"고 비난하기도 했다(≪环球网≫, 2014.5.23).

2010년대 초반에 '중국해커위협론'으로 제기된 미국의 사이버 안보화 담론은 2010년대 후반에 이르러서는 '중국산 IT제품 위협론'으로 나타났다. 특히 2017년 들어 미국 트럼프 행정부는 당초 예상했던 것처럼 사이버 공방을 군사적으로 추진하기보다는 사이버전에 대비해 중국을 포함한 경쟁국의 IT·보안제품에 대한 규제를 강화하는 모습을 보였다. 예를 들어, 2017년 9월에는 중국계 사모펀드 캐년브리지캐피털파트너Canyon Bridge Capital Partners가 미국의 래티스 반도체Lattice Semiconductor를 인수하는 것을 차단했다. 또한 중국의 드론 생산업체인 DJI나 CCTV 제조업체인 하이크비전Hikvision의 미국 시장 진출에 대한 우려를 표명하기도 했다. 2017년 11월에는 미 법무부가 중국 광저우에 소재한 보유섹Boyusec이라는 네트워크 보안 서비스 회사의 중국인 보안전문가 3인을 기소하는 사건이 발생했다. 이들 3인은 지멘스Siemens, 트림블Trimble, 무디스 애널리틱스Moody's Analytics 등의 기업 비밀을 절취한 혐의로 기소되었는데, 이들의 배후에 중국 정부가 있다는 의심을 받았다. 미국 정부의 이러한 행보는 러시아를 겨냥하기도 했는데, 2017년 7월 미국 정부는 러시아 정보당국과 내통한다는 의혹을 받고 있던 러시아 보안업체 카스퍼스키 랩의 제품을 미국 정부기관이 구입할 수 있는 IT장비 목록에서 삭제하는 조치를 취했다.

2) 미중 사이버 안보질서 담론경쟁

(1) 미국: 자유롭고 안전한 인터넷의 담론

미국의 사이버 안보담론은 미국 내뿐만 아니라 글로벌 차원의 물리적 네트워크 인프라의 안정성을 확보하는 데 주된 관심을 두었다. 사실 미국은 사이버 공격을 감행할 수 있는 자원과 기술을 가장 많이 보유하고 있는 나라이지만, 사이버 공격을 받을 경우 가장 많은 피해를 볼 수밖에 없는 나라이기도 하다. 다시 말해, 미국은 세계 어느 나라보다도 발달된 정보인프라를 구비하고 있고, 국가 발전과 운영에서 이러한 인프라에 대한 의존도가 높기 때문에 사이버 공격에 대한 취약성이 지극히 높은 국가이다. 따라서 전통적 군사력에서 열세인 국가들이 미국을 상대로 하여 사이버 공간에서 비대칭적 공격을 감행할 유인이 높은 것이 사실이다. 이러한 맥락에서 물리적 네트워크 자체를 보호하는 것은 미국 사이버 안보 전략의 가장 큰 관심사가 아닐 수 없다.

이러한 미국의 담론은 어느 기관이 대내적으로 보유한 데이터나 정보의 안전을 보장하는 것뿐만 아니라 상업적 목적에서 이루어지는 인터넷 상거래의 안전성 확보도 강조한다. 네트워크 안보의 담론은 정보흐름의 장애를 줄이고 속도를 향상시키는 데 초점을 두며, 컴퓨터 시스템에 대한 불법침입, 컴퓨터 바이러스의 악의적 사용의 방지를 목적으로 한다. 생산과 자본이 글로벌화되는 상황에서 안전한 전자상거래 환경의 확보가 글로벌 패권국으로서 미국의 관심사인 것은 당연하다. 미국은 사이버 공간을 정보가 초국경적으로 유통되는 글로벌 공간으로 상정하고 이러한 사이버 공간의 자유주의적 질서 구축에 방해가 되는 요인을 제거하기 위해서 다각도로 노력해왔다(Deibert, 2002: 130~131).

이러한 네트워크 안보 담론의 이면에는 인터넷 자유와 프라이버시의 보호를 주내용으로 하는 개인안보에 대한 관심도 존재한다. 정치적 관점에서 본 미국의 사이버 안보담론은 개방된 공간으로서 인터넷상에서의 개인의 권리와 표현의 자유, 프라이버시 등의 가치를 표방하고 이에 대한 침해를 경계하는 내용을 담고 있다. 특히 국가와 기업에 의한 프라이버시의 침해 가능성과 이러한 과정에서 개인의 권리와 인권의 보호를 중요시했으며, 이러한 담론은 실제로 미국 내에서 엄격한 프라이버시를 보호하는 정책적·법적 대응으로 나타난 바 있다. 앞서 언급한 구글 사건이 터질 무렵인 2010년 1월 21일 힐러리 클린턴 미 국무장관이 한 연설은 미국이 추구하는 인터넷 자유의 가치를 잘 설명했다. 클린턴 장관은 미국이 정치적 동기에서 이루어지는 규제에 반대하고 인터넷을 통해서 시민들의 표현의 자유를 지원할 것이라고 밝혔다(Clinton, 2010).

이러한 사이버 안보담론의 제시를 통해서 미국의 사이버 안보 전략이 의도하는 바는 미국이 주도하는 패권질서를 사이버 공간에 수립하는 데 있다. 미국은 선발자의 이득을 바탕으로 민간 이해당사자들이 주도하는 글로벌 거버넌스 메커니즘의 보편화를 주장하고 있는데, 그 이면에는 이미 이 분야의 패권을 사실상 장악하고 있는 미국의 패권을 유지하려는 속내가 있다. 이러한 미국의 글로벌 패권담론은, 후술하는 바와 같이, 사이버 안보 분야의 국제규범 형성과정에서 나타나는 미국의 입장과 일맥상통하는 바가 크다. 양국의 인터넷 정책과 제도에 대한 차이도 이러한 국제규범 형성과정에 대한 입장 차이로 표출되었음은 물론이다.

(2) 중국: 정치안전과 국가주권의 사이버 담론

미국의 자유롭고 안전한 인터넷 담론에 대항하여 중국이 강조하는 것은 '정치안전', 즉 정권안보의 확보이다. 중국 인터넷정보판공실 부주임 왕슈쥔王秀军에 따르면, 현재 중국이 "관심을 가지고 있는 인터넷 안전은 의식형태의 안전, 데이터 안전, 기술안전, 응용안전, 자본안전, 루트 안전 등이 포함되는데 … 총괄적으로 보면 정치안전이 근본이 된다"고 했다. 그에 의하면, "현재 외부세력들이 인터넷을 중국에 대한 침입과 파괴의 주요 루트로 삼는데 인터넷 자유라는 미명으로 계속하여 중국에 대한 공격을 가하면서 중국의 사회안정과 국가안전을 파괴하려 시도하고 있다". 특히 "인터넷 신기술은 일부 인사들의 새로운 전파도구로 사용되어 불법정보와 유해정보"를 퍼뜨리게 하고 있으며, "인터넷상의 의식형태 영역에 대한 침투와 반反침투의 투쟁에서 승리를 취득하느냐의 여부"는 많은 부분에서 중국의 미래에 중요하다는 것이다(≪大公网≫, 2014.5.18).

아울러 중국은 반패권주의적이고 민족주의적인 국가주권의 안보담론을 펼치고 있다. 특히 중국 정부는 그들의 통치를 정당화하고 대외적 압력에 대항하는 과정에서 급속한 경제적 성장과 함께 형성된 중국 국민들의 자부심과 사이버 민족주의 담론을 결합시켰다(Chao, 2005; Zakaria, 2010). 이와 관련하여 앞서 언급한 2014년 7월 16일 브라질 국회에서 시진핑 주석이 행한 연설이 주는 시사점이 큰데, 시 주석은 "비록 인터넷이 고도의 글로벌화라는 특징을 가지고 있지만 각 국가의 정보영역의 주권이익은 침범당해서는 안 되며, 인터넷 기술이 발달하더라도 타국의 정보 주권을 침범해서는 안 된다"라고 주장했다. 시 주석은 "각국은 모두 자국의 정보 안보를 지켜야 하며 어떤 국가는 안전하고 어떤 국가는 불안전하거나 심지어 타국 안보를 희생해 자국이 말하는 절대 안보를 지켜서는 안 된다"며 상호신뢰 원칙을 존중해야 한다고 말했다(≪아주경제≫, 2014.7.17).

이렇듯 중국은 사이버 공간을 국가 차원의 정보인프라 위에 구축된 공간으로 간주하고 그 안에서 이루어지는 활동은 국가주권의 관할권하에 있는 것으로 인식하고 있다. 다시 말해, 국가주권은 국가 고유의 권리로서 그 관할권의 범위는 인류활동 공간의 확장과 함께 육지에서 해양으로, 그리고 하늘로 연장되었으며, 최근에 이르러서는 오프라인을 넘어서 온라인의 사이버 공간에까지 확장되었다는 것이다. 이러한 중국의 인식체계 내에서 "주권국가는 사이버 공간의 발전을 추진하고 사이버 공간의 안정을 수호하며 사이버 공간의 안보를 보호할 책임이 있음은 물론 법에 근거하여 사이버 공간에 대한 관리를 행사하고 사이버 범죄를 단속하고 정보 프라이버시를 보호할 권력을 가진다"(鲁传颖, 2013: 49). 이렇게 보면 중국이 내세우는 사이버 공간의 담론은 서방 국가들이 내세우는 것처럼 인터넷 자유나 사이버 범죄 차단 등이라기보다는 인터넷 주권과 내정 불간섭 등과 같은 국가적 가치의 수호이다.

더 나아가 중국은 이러한 국가주권의 관념에 입각하여 주권국가들 간의 국제협력을 주도하는데, 중국이 내건 가치에 동조하는 비서방 국가들을 중심으로 미국에 대항하는 '사이버 진영' 건설을 노리고 있다. 이러한 모색은 2013년 스노든 사건 이후 미국의 패권적 행태에 대한 비판과 함께 '제2의 프리즘 사건'을 방지하기 위해서는 비서방 진영의 국제협력이 필요하다는 논리를 바탕에 깔고 있었다. 프리즘 사건은 중국이 직면한 새로운 도전으로 인식되었는데, 미국이 우수한 기술로 사이버 공간에서 정보수집, 감시활동, 도청 등을 진행하고 있다는 피해의식이 팽배해졌다. 따라서 중국은 브릭스(BRICS) 국가들이나 좀 더 넓은 범위의 개도국들과 연대를 통해서 반反서방의 사이버 진영을 구축하고 새로운 사이버 공간의 질서를 독자적으로 모색하고자 했다(沈逸, 2010).

새로운 질서 모색의 일환으로 중국이 내세운 것은 미국이 주도하는 글로벌 인터넷 거버넌스 체제의 개혁 문제였다. 이른바 다중이해당사자주의를 내세우며 서방 진영이 주도하고 있는 현행 체제하에서는 중국이 독자적인 국제규범을 제시하는 데 한계가 있다는 판단을 바탕으로 한 행보였다. 개별 국가의 정치적·사회적 다양성이 인정되고 국가주권이 보장되는 사이버 환경을 구축해야 한다는 것이 주된 논리였다. 이러한 맥락에서 중국은 2014년 11월 제1차 세계인터넷대회世界互联网大会, World Internet Conference를 개최하여 각국의 인터넷 주권을 강조하고, 이를 바탕으로 안전한 사이버 공간을 구축하기 위한 국제협력을 주창했다. 시진핑 중국 국가주석은 축사에서 "중국은 세계 각국과 손잡고 노력하여 상호존중, 상호신임의 원칙 아래 국제협력을 심화시키고, 사이버 주권을 존중하며 사이버 안보를 보장받는 평화, 안전, 개방, 협력의 사이버 공간을 공동으로 건설해야 한다"고 주장했다. 이러한 기조는 2017년 초 발표된 "사이버공간국제협력전략网络空间国际合作战略"과 2017년 12월 제4차 세계인터넷 대회에까지 이어졌다.

6. 사이버 안보의 3차원 표준경쟁

이 장은 사이버 안보 분야의 미중경쟁을 단순히 사이버 공격과 방어의 차원을 넘어서는 복합적인 경쟁의 시각에서 살펴보았다. 사이버 안보의 미중경쟁은 기술경쟁의 문제일 뿐만 아니라 사이버 공간의 새로운 질서와 국내외 규범 형성을 놓고 벌이는 담론과 법제도 경쟁의 문제라고 할 수 있다. 최근 미국과 중국 사이에서 중견국으로서 외교전략을 고민하고 있는 한국의 입장에서 볼 때, 이렇게 복합적인 양상으로 전개되고 있는 사이버 안보 분야 미중경쟁의 동향을 제대로 파악하는 것은 중요한 사안이 아닐 수 없다. 이러한 문제의식을 바탕으로 이 장은 기술-제도-담론의 세 가지 차원에서 벌어지는 3차원 표준경쟁의 시각에서 사이버 안보 분야의 미중경쟁을 이론적·경험적으로 조명했다.

첫째, 사이버 안보 분야에서 벌어지는 미국과 중국의 경쟁은 미국이 주도하고 있는 인터넷과 사이버 안보 분야의 기술패권에 대항하는 중국의 독자적인 표준전략에서 발견되는 기술표준경쟁으로서 이해할 수 있다. 사실 PC시대부터 정보산업 분야에서 미국의 IT기업들과 중국 정부(또는 중국 기업)가 벌인 기술표준에 대한 논쟁은 잘 알려져 있는 사실이다. 인터넷 시대의 사이버 안보 분야에서도 이러한 기술표준을 둘러싼 경쟁은 미국과 중국이 사이버 갈등을 벌이는 수면 아래에서 치열하게 이루어지고 있다. 주로 미국의 IT기업들이 제공하는 컴퓨터 운영체계나 인터넷 시스템 장비에 대한 보안문제가 중국 정부의 큰 우려사항이다.

둘째, 사이버 안보 분야에서 벌어지는 미국과 중국의 표준경쟁은 사이버 안보와 관련된 인터넷 정책과 제도를 놓고 벌어지는 제도표준경쟁의 양상으로 나타나고 있다. 기술표준 분야의 도전에서는 중국이 미국 IT기업들의 벽을 쉽게 넘을 수 없었던 반면, 제도표준의 분야에서는 나름대로 효과적으로 미국의 공세를 견제하고 있다. 중국 시장에 진출하려는 기업은 누구라도 중국 정부의 규제지침을 따라야만 중국 시장에 진출할 수 있기 때문이다. 게다가 중국의 인구와 시장 규모의 힘은 일차적으로는 무역장벽으로 작동할 수 있으며 장기적으로는 독자표준을 추구할 배후지가 된다. 중국이 아직까지는 역부족이었지만 지속적으로 독자적인 기술표준을 모색하는 것은 바로 이러한 맥락에서 보아야 한다.

끝으로, 사이버 안보 분야의 미중 표준경쟁은 사이버 위협의 원인이 무엇이고 사이버 안보의 대상과 주체가 무엇인지에 대한 담론을 둘러싸고 벌어지는 표준경쟁이다. 현재 미국과 중국 간에 벌어지는 사이버 안보와 관련된 논점의 차이는 문제 자체를 보는 시각의 차이에서 비롯된다. 미국이 주요 정보인프라로서 컴퓨터 시스템의 네트워크 안보를 유지하는 데 관심이 있다면, 중국은 인프라 자체보다는 인터넷에 반영되는 정치안전에 주안점을 둔다. 이러한 차이는 민간을 중심으로 추구되는 인터넷 자유와 좀 더 넓게는 글로벌 안보를 강조하는 미국의 입장과, 정권안보 또는 국가주권의 차원에서 인터넷에 대한 검열과 규제를 정당화하는 중국의 입장 간에 존재하는 차이로 드러난다.

이렇게 안보담론 생성에서 나타나는 양국의 차이와 그 이면에 존재하는 양국 이해관계의 차이는 앞으로 미중 양국이 벌일 국내 제도와 글로벌 질서 구성 경쟁에 반영될 것으로 예상된다. 최근 미국과 중국 간에 드러나는 사이버 공격과 방어의 양상은 이러한 안보화의 담론경쟁이 점점 더 실질적으로 현실화될 가능성이 있음을 보여준다. 이러한 점에서 코펜하겐 학파의 안보화 이론은, 아직 객관적인 정보가 제한적으로만 알려져 있는 현재의 상황에서, 앞으로 벌어질 사이버 안보의 미중관계를 미리 읽어내는 유용성을 갖는다. 그러나 향후 사이버 안보의 미중관계와 세계정치의 연구에서 안보화 이론이 안고 있는 한계도 지적하지 않을 수 없다. 특히 안보화 이론은 담론이 현실을 만들어가는 구성주의적 차원을 강조하는 효과가 있는 반면, 막상 현실 자체에서 작동하는 관련 행위자들의 이익의 구조나 동학에 대해서는 둔감하다.

로널드 디버트도 안보화 이론의 비판적 시각은 "인터넷 환경에서의 안보 문제를 이해하는 결정적인 분석틀을 제공하지만, 여전히 궁극적으로는 불완전하다"고 지적한다. 안보화 이론은 경쟁하는 안보담론의 규범적 성격을 잘 드러내주지만, 그 담론들 중에서 어느 것이 결국 지배적이 될 것인지에 대한 예측을 하지 못한다. 따라서 디버트는 그러한 담론들이 자리를 잡고 유통되고 경쟁하는 물질적 맥락을 보아야 한다고 주장한다(Deibert, 2002: 116). 이러한 관점에서 볼 때, 향후 사이버 안보의 미중관계와 세계정치의 연구가 관심을 두어야 할 부분은 안보담론이 생성되고 현실화되는 사이버 공간의 기술구조와 정치사회적 동학이다. 다시 말해, 사이버 안보의 미중경쟁이 지니는 복합성을 분석하기 위해서는 안보화 이론의 담론 변수 이외에도 이들 변수를 모두 고려해야 할 것이다.

사이버 안보 분야에서 복합적으로 벌어지는 미국과 중국이라는 두 강대국의 경쟁은 단순히 두 나라의 관계에만 그치는 것이 아니라 세계정치와 동아시아 정치의 구조 전반을 엿보게 하는 중요한 주제이다. 그도 그럴 것이 21세기 세계정치에서 자웅을 겨룰 강대국인 두 나라의 관계는 단순한 양자관계의 의미를 넘어서 한국을 포함한 세계 모든 나라에 영향을 미치는 세계정치 구조의 양대 축을 의미하기 때문이다. 이런 점에서 두 강대국의 경쟁이 야기하는 변화의 소용돌이로부터 한국도 자유로울 수는 없다. 특히 최근 양국 사이에서 중견국으로서 외교전략을 고민하는 한국의 입장에서 볼 때 사이버 안보의 문제는 전통안보의 문제에 못지않게 중요한 국가적 사안임이 분명하다.

| 제8장 |

사이버 안보의 주변4망과 한국

1. 한반도 주변4강의 지정학을 넘어서

사이버 안보의 문제를 풀어가기 위해서는 일국 차원에서 기술·전략의 역량을 갖추거나 정책·법제도를 정비하는 문제를 넘어서 주변국들과 국제협력을 펼쳐가는 외교적 역량의 발휘가 필요하다. 이러한 과정에서 미-중-일-러 한반도 주변4국은 중요한 변수가 아닐 수 없다. 한국에서 사이버 안보의 문제는 주로 북한의 사이버 공격에 의해서 촉발되지만 이를 풀어나가는 문제는 단순한 남북한 관계의 문제가 아니라 주변4국과의 관계 속에서 풀어야 하는 숙제이다. 특히 북한발 사이버 공격에 대응하는 차원에서 한미동맹은 가장 중요한 변수이다. 그러나 북한의 사이버 공격이 주로 중국을 경유한다는 점에서 중국과의 외교적 협력은 간과해서는 안 되는 카드이다. 한미일 관계나 한중일 관계의 맥락에서 볼 때 일본은 중요한 연결고리의 역할을 할 것으로 기대된다. 글로벌 차원으로 눈을 돌리면, 러시아도 사이버 안보 분야에서 여전히 무시할 수 없는 변수이다. 요컨대, 지난 백여 년간 이들 주변4국과의 관계를 조율하는 것이 한국 외교의 핵심적 사안이었듯이, 앞으로 사이버 안보 분야에서도

제8장 | 사이버 안보의 주변4망과 한국   259

이들과의 관계를 원활하게 풀어가는 것은 중요할 수밖에 없다.

이들 네 나라를, 자원권력의 관점에서 본 강대국이라는 의미로, '주변4강_强'으로 설정하고 이들이 형성하는 '세력균형balance of power(BoP)'의 구조를 분석하는 통상적인 접근법은 사이버 안보 분야에는 적합하지 않다. 사이버 안보 분야에서 이들 국가들이 생성하는 구조는 자원권력의 분포라기보다는 오히려 행위자들의 상호작용 과정에서 생성되는 '관계구도'로 이해해야 한다. 탈_脫지정학적 공간으로서 사이버 공간을 배경으로 발생하는 사이버 안보 분야의 '구조'는, 네트워크 이론을 원용해서 개념화한 '세력망network of power(NoP)'으로 보는 것이 맞다. 이러한 맥락에서 이 장은 미-중-일-러 등의 네 나라를 사이버 안보 분야의 네 개의 네트워크라는 의미로 '주변4망_網'으로 개념화하고자 한다. 사이버 안보 분야에서 주변4망을 논하는 것은 각국의 역량만을 보는 것이 아니라 이들 나라들의 관계구도, 즉 이들 네트워크가 형성하는 망제정치 속에서 한국의 전략을 논해야만 한다는 문제의식을 반영한다.

사이버 안보의 주변4망과 한국의 외교전략에 대한 학술적 연구는 거의 진행된 것이 없다. 그나마 미디어를 통해서 제기되고 있는 시각들도 주변4강의 시각으로 대변되는 전통적인 인식틀에 의지하고 있다. 예를 들어, 사이버 국제협력을 논하는 경우 단순히 군사동맹의 수준에 준하는 한미 사이버 협력 강화만을 견지한다든지, 강대국들의 사이버 경쟁을 논하는 경우에도 이를 '사이버 냉전'에 비유하는 시각은 지나치게 경직된 담론에 의거하고 있다. 또한 군사전략의 시각에서 냉전 시대의 핵전략에 기원을 두는 억지 개념을 사이버 안보 분야에 그대로 원용하거나, 유럽의 나토 차원에서 개발된 근대 전쟁법의 적용 시도를 한반도에 직수입하려는 시각도 적절치 못하다. 이러한 시도들은 결국에는 기술과 인력의 역량을 배양한다든지 또는 제도를 강화하고 관련법을 제정하자는 이른바 '사이버 강국' 건설의 과잉 안보화 담론으로 귀결될 가능성마저 안고 있다. 사이버 안보의 미래 국가전략은 이렇게 단순한 발상만으로는 풀 수 없으며, 좀 더 복합적인 접근을 필요로 한다(김상배, 2017a).

현재 사이버 안보 분야에서 한반도 주변4망이 형성하는 세력망의 구조는 세 가지 층위에서 파악되는데, 이러한 구도에서 한국이 추구할 중견국 외교전략의 과제가 설정된다. 첫째, 사이버 안보 주변4망의 주축은 미중관계를 중심으로 형성되는데, 현재 한국의 입장에서는 한미동맹만 강화할 수는 없고 점차 늘어나는 중국과의 상호의존 관계를 고려하는 중개외교 전략을 구사해야 할 과제를 안고 있다. 둘째, 동아시아태평양지역 차원에서 사이버 안보의 주변4망은 아태 지역협력과 동아시아 지역협력의 망제정치 구도로 형성되는데, 현재 한국의 입장에서는 미국이 주도하는 아태 지역동맹과 한중일과 아세안이 모색하는 동아시아 지역협력의 사이에서 복합적인 역내외 연대외교 전략을 추구해야 할 과제를 안고 있다. 끝으로, 글로벌 차원에서 사이버 안보 주변4망의 세력망은 국제규범 형성을 둘러싸고 서방 진영과 비서방 진영이 경쟁하는 구도로 나타나는데, 현재 한국의 입장에서는 이들의 틈바구니에서 강대국들이 제시하는 국제규범을 보완하는 중견국 규범외교의 전략을 추구할 필요가 있다.

2. 네트워크로 보는 사이버 안보의 구조와 전략

1) 네트워크로 보는 세력망의 구조

사이버 안보의 주변4망론을 체계적으로 제시하기 위해서 이 장은 소셜 네트워크 이론을 원용했다. 특히 소셜 네트워크 이론이 제시하는 관계구도로서의 구조 개념은 사이버 안보 분야의 구조를 이해하는 데 도움을 준다. 또한 이러한 구조의 특성을 반영하는 개념으로서 구조적 공백structural hole이나 사회적 자본social capital에 대한 이론적 논의가 유용하다. 더 나아가 이렇게 구조를 보는 시각이 유용한 이유는, 네트워크 구조에 대한 논의를 바탕으로 행위자 차원에서 모색해야 할 구체적인 실천전략을 논하는 실마리를 제공하기 때문이다. 다시 말해, 네트워크의 시각은 구조를 새롭게 보게 할 뿐만 아니라 이를 공략하는 행위자의 전략도 새롭게 보게 하는 유용성이 있다.

좀 더 구체적으로 살펴보면, 네트워크 전략을 펼쳐나가는 데 있어서 행위자의 입장에서 일차적으로 필요한 것은 자신을 둘러싸고 형성된 네트워크의 구조를 파악하는 것이다. 여기서 말하는 구조는 현실주의로 대변되는 기존의 주류 국제정치학이 말하는 지정학적 구조, 즉 행위자들 간의 물질적 능력의 분포에 기반을 두는 거시적macroscopic 구조가 아니다. 여기서 원용하는 소셜 네트워크 이론의 구조는 행위자들 간의 관계에서 발견되는 지속적인 패턴으로 파악된 구조를 의미한다. 다시 말해, 소셜 네트워크 이론의 구조 개념은 행위자들의 지속적인 상호작용을 통해서 생성되는 관계구도, 즉 네트워크 그 자체라는 맥락에서 이해된다. 지정학적인 거시적 구조에 대비되는 의미에서 일종의 중범위mesoscopic 구조라고 할 수 있다. 일반적으로 이러한 중범위 구조는 사회연결망분석Social Network Analysis(SNA)이라는 방법론적 기법을 통해서 가시적으로 그려진다. 최근의 국제정치 연구에서도 이러한 동태적 구조의 개념에 입각한 네트워크 분석이 등장하고 있다. 이렇게 그려지는 구조는 기존의 세력균형의 구조는 아니지만 세력망의 구조를 보여준다는 유용성이 있다.

사이버 안보 분야의 구조를 이해하는 데 있어서 자원권력의 분포로 이해되는 전통적인 의미의 지정학적 구도가 중요하지 않은 것은 절대 아니다. 그러나 사이버 안보 분야의 특성을 제대로 이해하기 위해서는 이상에서 언급한 관계구도로서의 구조, 즉 세력망을 이해하는 것이 필수적이다. 그런데 여기서 발생하는 문제는 사이버 안보 분야에서 형성되는 세력망의 구조를 가시적으로 보여주는 작업이 쉽지 않다는 사실이다. 무엇보다도 복잡한 상호작용을 벌이고 있는 사이버 공간의 흐름을 잡아낼 데이터의 가용성이 문제이다. 이러한 한계를 인정한다는 전제하에서 여기서는 **그림 8-1**과 같은 글로벌 세력망의 가상도를 그려보는 시도를 했다.[1]

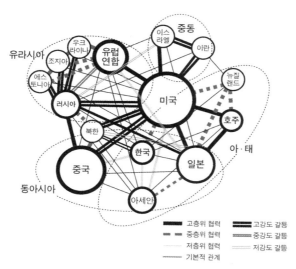

그림 8-1 사이버 안보의 글로벌 세력망(가상도)

    이 그림은 노드와 링크에 대한 엄밀한 데이터를 대입해서 그린 것이라기보다는 대략의 데이터를 염두에 두고 직관적으로 그린 것이다. 다른 크기의 원으로 그려진 노드들은 국가 행위자들을 의미하는데, 군사력이나 경제력, 기술력 등과 같은 대략의 국력의 크기를 염두에 두고 그려 보았다. **그림 8-1**에서 좀 더 중요한 것은 굵기의 차이로 표현된 링크의 속성인데, 이는 각국 간에 벌어지고 있는 사이버 안보 관련 협력과 갈등의 정도를 표시했다. 사이버 안보 분야의 협력을 고층위, 중층위, 저층위의 셋으로 나누었으며, 사이버 갈등도 고강도, 중강도, 저강도의 셋으로 나누었다. 특별한 협력과 갈등의 양상을 보

---

1 이 글에서 탐구하는 사이버 안보의 네트워크 구조에 대한 연구와 맥이 닿는 사회연결망분석(SNA)을 행한 연구로는 Kim et al.(2015)을 참조하기 바란다. Kim et al.(2015)은 2009년부터 2014년까지의 동북아 5개국(미-일-중-러-한) 간의 신뢰구축조치(CBM)를 중심으로 세력망 구도를 엿보게 하는 작업을 했다. 그러나 이러한 시도도 역시 사이버 안보 분야 세력망의 특정한 일면만을 보여주는 한계를 넘지는 못했다.

이지 않는 기본적 관계는 그냥 실선으로 표시했다. 아쉽게도 **그림 8-1**에서 링크의 길이는, 이른바 근접 중심성을 가능한 한 표현하는 방향으로 그렸지만, 평면에 그림을 그리는 제약 때문에 이를 엄밀하게 반영하지는 못했다.

그림 8-1은 실상도가 아니라는 한계에도 불구하고 사이버 안보 분야의 글로벌 세력망의 전체 구도를 가시적으로 연상하는 효과가 있다는 점에서 일면 유용성이 있다. 또한 **그림 8-1**이 갖는 유용성은 전체 구도의 맥락에서 사이버 안보 분야에서 형성되는 네트워크의 구조적 특성, 특히 사회적 자본이나 구조적 공백 등을 좀 더 가시적으로 살펴볼 수 있다는 데 있다(Burt, 1992, 2005). 구조적 공백을 파악하는 것이 중요한 이유는 이를 메움으로써 새로운 역할과 가치의 창출이 기대되기 때문이다. 틈새를 찾는 것과 더불어 네트워크상에서 상대적으로 밀집되고 중복된 상호작용이 발생하는 부분, 즉 일종의 '배후지'를 파악하는 것도 중요한데, 이는 일찍이 사회적 자본이라는 개념으로 알려져 왔다(Putnam, 1993; Lin, 2001). 이러한 구조적 공백이나 사회적 자본은 실재하는 공간이 아니라 오히려 행위자들에 의해서 적극적으로 구성되는 공간이라는 점에서 전략적인 의미가 있다.

2) 네트워크로 보는 중견국의 전략

앞서 언급한 구조적 공백과 사회적 자본 개념의 기저에는 노드들 간의 흐름을 중개하는 중개자broker의 전략에 대한 관심이 깔려 있다. 그런데 여기서 주목할 것은 네트워크 시각에서 본 중개자의 역할은 행위자의 속성이나 기질에서 나오는 것이 아니라 그 행위자가 네트워크상에서 차지하는 구조적 위치 structural position에 의해서 비롯된다는 사실이다. 다시 말해, 중개자는 네트워크상의 전략적 요충지를 장악하고 주변의 노드들을 연결해주는 '중개'의 역할을 담당한다. 특히 구조적 공백을 남보다 먼저 찾아서 메움으로써, 중개자는 네트워크 구조에서 중심적 위치를 장악하게 되고 거기에서 비롯되는 독특한 권력

을 행사하게 된다. 이렇게 중개자가 행사하는 권력은 '위치권력positional power'
또는 '중개권력brokerage power' 등으로 개념화된다(Burt, 1992; 김상배, 2014a).

이러한 중개자와 그 권력에 대한 논의는 노드로서 국가 행위자인 한국의 중
견국 전략에 대한 논의에 적용할 수 있다. 최근 중견국으로서 한국의 외교적
역할을 논하는 것은 국력 크기가 중간이어서 그런 것도 있지만 국제체제에서
한국이 차지하는 구조적 위치가 중개의 역할을 요구한다는 점에서 기인하는
바가 크다. 다시 말해, 지난 수십 년 동안 증대된 국력이 한국이 중견국으로
발돋움하는 물질적 기반이 되었을 뿐만 아니라, 최근 세계정치의 변화가 한국
으로 하여금 중견국으로서 외교적 역할을 발휘할 새로운 기회를 창출하고 있
다는 것이다. 사이버 안보 분야는 중견국으로서 한국의 구조적 위치와 외교적
역할을 논하게 하는 새로운 환경이다. 여기서 한국의 중견국 외교에 제기되는
관건은 사이버 안보의 글로벌 및 동아시아 세력망에서 구조적으로 유리한 위
치를 찾아서 이를 활용하는 전략을 펼치는 데 있다. 그렇다면 사이버 안보의
세력망에서 한국이 차지하고 있는 '구조적 위치'는 어디이며, 거기서 구조적
공백이나 사회적 자본을 어떻게 확인할 수 있을까?

그림 8-1에서 보는 바와 같이, 그리고 이 장의 본론에서 주장하고 있듯이,
한국이 처해 있는 세력망의 구조와 거기서 기대되는 중견국 전략의 과제는 다
음과 같은 세 가지 차원에서 파악된다. 첫째, 일차적으로 양자관계의 차원에
서 전통적 우방인 미국과 최근 급부상하고 있는 중국의 사이에서 한국이 추구
할 중견국의 역할을 기대하게 한다. 둘째, 다자관계의 차원에서 미국이 주도
하는 아태 지역동맹과 동아시아 지역협력 사이의 '중간지대'에서 한국은 역내
외 국가들과의 관계를 새롭게 설정할 과제를 안고 있다. 끝으로 글로벌 차원
에서 미국과 서구 국가들을 한편으로 하는 서방 진영과 러시아, 중국 등을 다
른 한편으로 하는 비서방 진영의 사이에서 한국은 중견국 규범을 제시하는 외
교적 역할을 모색할 과제를 안고 있다. 이렇게 사이버 안보 분야의 다층적 구
조를 제대로 파악하고 이를 활용하는 전략을 세우는 것은, 한국이 사이버 안

보 외교를 성공적으로 추진하는 데 필수적인 사안이 아닐 수 없다.

여기에서는 사이버 안보 분야에서 이상의 구조적 조건을 파악해서 활용하는 중견국 외교의 구체적 내용을 중개외교brokerage diplomacy, 연대외교coalition diplomacy, 규범외교normative diplomacy의 세 가지 측면에서 검토할 것이다. 우선 필요한 것은 사이버 안보 분야에서 경쟁하는 행위자들의 관계를 조율하는 중개외교이다. 특히 미국과 중국 사이에서 구조적 공백을 찾아내어 공략함으로써 새로운 관계구도를 창출하는 '비대칭 관계조율'의 외교적 역할을 발휘할 필요가 있다. 둘째, 복합적으로 얽혀 있는 아태지역과 동아시아지역의 구도에서 동아시아태평양 역내 또는 글로벌 차원의 역외 국가들과 연대외교를 추구할 필요가 있다. 사실 지금처럼 얽혀 있는 동아시아태평양지역의 구도에서 어느 나라도 혼자 나서서 효과적인 결과를 얻어내기는 쉽지 않으며, 생각을 공유하고 행동을 같이하는 동지국가들과 보조를 맞추는 것이 필요하다. 끝으로, 중견국으로서 한국은 나름대로 세계정치의 판세를 읽고 제도와 규범을 설계하는 규범외교의 발상을 가져야 할 것이다. 특히 강대국들이 만들어놓은 질서를 보완하는 차원에서 규범적 가치와 정당성을 추구하는 중견국 규범의 제시를 생각해볼 수 있다.

3. 한미동맹과 한중협력 사이의 한국

1) 북한의 사이버 공격과 한미동맹의 과제

사이버 안보 주변4망 중에서도 핵심은 사이버 선진국이자 우방국인 미국과의 기술과 정보공유 및 협력체계를 구축하는 문제이다. 전통안보의 틀 내에서 이미 논의되어왔지만 최근 북한의 대남 사이버 공격이 문제시되면서 사이버 안보 분야에서도 양국 간 협력이 관심사가 되었다.[2] 미국의 입장에서 보아도 사이버 안보 분야에서 중국과의 갈등이 커지면서 아태지역에서 동맹을 구축하려는 데 관심을 기울이고 있던 차에, 2014년 말 소니 해킹 사건을 통해서 북미 간에도 갈등이 생기면서 한미 사이버 협력의 조건이 더욱 무르익었다. 실제로 2014년 11월 북한의 소니 해킹 사건이 발생했을 때 미국이 북한의 소행을 밝혀내는 과정에서 한국의 협조가 있었던 것으로 알려져 있다. 미국은 사이버 공격에 동원된 수단이 2013년 3월 20일 발생했던 한국의 금융기관과 언론사에 대한 공격수법과 유사하다는 사실을 밝혀냈는데, 이를 바탕으로 수사 단계에서 한미 간에 정보공유가 이루어졌다고 한다(≪보안뉴스≫, 2015.7.17).

북한의 사이버 능력과 위협에 대한 정보가 필요한 상황에서 한국의 정보제공은 미국의 관심을 끄는 좋은 카드인 것이 사실이다. 그러나 한국이 미국에 줄 수 있는 것이 북한에 대한 정보뿐인 상황에서 미국으로부터 최신 사이버 보안기술 이전과 같은 실질적인 협력을 얻어내는 것은 쉽지 않다는 비판도 제기되었다(Lim, 2016). 예를 들어 한 언론매체에 의하면, "미국 상무부의 산업보안국Bureau of Industry and Security은 미국 내 최고의 해킹 관련 업체인 이뮤니티 Immunity가 해킹 프로그램을 한국에 팔 때 반드시 허가를 거치도록 하고 있다"며, 이는 "사이버 전쟁에서 미사일과 같은 무기인 최고급 해킹 프로그램을 한국에게 팔지 못하도록 제한한 것"이라고 주장했다. 한국이 해당 해킹 프로그램을 도입하려면 2~6개월가량 허가를 기다려야 하는 것으로 알려졌다(≪조선일보≫, 2015.7.24). 한미 간에 사이버 기술력의 비대칭성이 엄연히 존재하는 상황에서 실질적 협력의 어려움을 엿보게 하는 대목이 아닐 수 없다.

실무 차원에서 진행되는 한미 사이버 협력의 굴곡과는 별개로, 한미 정상

---

2 북한의 사이버 공격 역량에 대해서는 객관적인 정보와 분석이 매우 부족하다. 제한적이기는 하지만 흔히 인용되는 자료로는 탈북 컴퓨터 공학자인 김흥광의 증언(김흥광, 2011)과 임종인 외(2013), Mansourov (2014), 그리고 최근 미국의 CSISCenter for Strategic and International Studies에서 나온 보고서인 Jun et al. (2015)을 참조하기 바란다.

차원에서는 사이버 안보 분야의 협력관계 구축 및 확대를 위한 합의가 이루어져 왔다. 한미 정상은 두 차례에 걸친 회담에서 사이버 안보 문제를 논의한 바 있는데, 2014년 4월 한미 정상회담에서는 개방적이고 상호 운용이 가능하며 안전하고 신뢰 가능한 사이버 공간이라는 공동의 비전을 촉진해나갈 것에 합의했다. 2015년 10월 한미 정상회담에서는 사이버 안보를 포함한 포괄적 동맹관계를 더욱 공고히 하는 차원에서 청와대와 백악관 사이에 '사이버 안보 협력채널'을 신설하고 국제사회에서 사이버 안보 관련 국제규범을 선도하기로 합의했다. 특히 사이버위협 정보 공유, 사이버범죄 수사 공조, 군사적 사이버협력 심화 등의 문제에 대해서 동맹 차원에서 협력하고 사이버 역량 강화를 위해 공동연구, 교육, 기술협력에 나서기로 했다(〈연합뉴스〉, 2015.10.17).

정부 차원에서도 외교부, 국방부, 미래부 등이 주도하는 사이버 안보 협의가 진행되고 있다. 먼저, 외교부 국제안보대사가 참여하는 한미 사이버정책협의회는 2012년 9월 제1차 회의가 열린 이후 2013년 7월 제2차, 2014년 8월 제3차에 이어서 2016년 6월에는 제4차 회의가 열려 사이버 안보 등 관련 정책에 대한 의견을 교환했으며, 국가 정보통신망 보호, 사이버 공간에서의 신뢰구축 조치, 사이버 범죄 대처 방안 및 북한에 의한 사이버 테러 대비 방안 등을 협의했다.

한편, 국방부 차원에서도 2013년 9월 국방사이버정책실무협의회 설치를 위한 약정을 체결하고 사이버 안보 관련 논의를 진행했다. 이후 정책기획관급이 참여하는 국방사이버정책실무협의회는 2014년 2월 제1차 서울 회의를 시작으로 2015년 2~3월에는 제2차 회의(워싱턴), 2015년 10월에는 제3차 회의를 갖고, 한미 간 공조체계를 강화하고 사이버 위협 관련 정보를 공유하는 방안 등을 논의했다. 한미 양국군은 2015년 7월과 10월 두 차례에 걸쳐 합참과 주한미군사령부 주관으로 사이버 공격에 대응한 토의식 연습을 통해, 전술지휘통제자동화체계(C4I)에 대한 사이버 공격이 발생했을 경우에 공동으로 대응하는 절차를 논의했다.

이 외에도 미래부(현 과기정통부) 차원의 한미 사이버 협의도 진행되었는데, 2013년 양국 정상회담의 합의사항에 따른 후속조치 차원에서 제1차 한미 ICT 정책포럼이 2013년 11월 워싱턴에서 열렸으며, 2015년 10월에는 서울에서 제2차 포럼이 열려 양국의 ICT 정책과 미래 유망기술 교류·협력을 활성화하기 위한 다양한 협력방안 등을 논의했다. 2016년 3월에는 미래부 차관의 방미를 계기로 한미 ICT 정책포럼의 후속조치로서 양국이 사이버 보안 기술 공동개발과 사이버 보안 분야 국장급 회의의 정례화에 합의했고, 5월과 9월에 자금을 공동 투입해 공동연구를 추진하고, 침해사고대응팀(CERT) 간 협력 강화와 민간 산업계 협력 방안에 대해 합의하면서 사이버 보안 공조를 유지하고 있다 (≪디지털타임스≫, 2017.1.20).

이러한 과정에서 제기되었던 한미 사이버 협력의 쟁점 중 하나는, 북한에 대한 사이버 억지력을 보강하는 차원에서 한미 상호방위조약의 틀 내에 사이버 안보의 문제를 포함시킬 것이냐의 문제였다. 다시 말해, 핵공격 및 재래식 공격과 관련하여 작동하고 있는 한미동맹을 가동하여 미국의 이른바 '사이버 우산'을 빌려 쓸 것이냐의 문제였다. 국내 일각에서는 오프라인 동맹의 경우처럼 온라인에서도 한미 사이버 동맹을 구축하는 차원에까지 협력을 강화하자는 주장이 제기되기도 했다. 그러나 탈냉전 이후 세계정치의 시대적 상황 변화와 사이버 안보 문제가 지니는 쟁점의 고유한 성격, 그리고 사이버 안보 문제뿐만 아니라 지정학적 문제가 복합적으로 작용하는 한반도 주변4망과의 관계 등을 고려할 때, 한국이 한미 사이버 협력을 무조건 동맹 수준으로 격상시키는 것만이 능사가 아님을 명심할 필요가 있다.

기존의 한미동맹의 맥락에서 사이버 협력을 적극적으로 자리매김하는 것은 맞지만, 이를 정치군사동맹으로서 한미동맹, 그것도 한미 상호방위조약의 틀에 넣는 것에 대해서는 좀 더 깊은 고민이 필요하다. 한미 사이버 협력은 냉전기의 단순동맹의 틀이 아니라 탈냉전 이후 새롭게 모색되고 있는 복합동맹의 맥락에서 이해해야 하기 때문이다. 더욱이 사이버 공간의 복합 네트워크를 바탕으로 해서 발생하는 사이버 안보 분야의 고유한 특성은 양국 간의 협력도 복합적인 시각에서 보게 만든다. 그도 그럴 것이 한미 양국이 재래식 공격이나 핵공격을 받았을 때 서로 돕는다는 것의 의미와 사이버 공격을 받았을 때 서로 돕는다는 것, 그것도 오프라인의 상호방위조약을 준수하는 차원에서 돕는다는 것의 의미는 사뭇 다를 수밖에 없기 때문이다. 그야말로 협력영역, 협력주체, 협력정도 등이 다양하게 나타나는 비대칭 복합동맹이라는 맥락에서 한미 사이버 협력의 문제에 접근할 필요가 있다(유지용·이강규, 2013).

예를 들어, 한미 사이버 협력을 가장 높은 수위까지 상승시켜 미일 방위협력지침이나 나토 차원에서 거론되는 사이버 집단자위의 고층위 협력 차원까지 격상시키는 것이 맞을까? 한미 사이버 협력의 내용으로 공동 사이버 전쟁게임이나 공동 사이버 군사훈련, 분석도구의 공동개발 등과 같은 공동 연구개발 등의 중층위 협력의 수준에서 머무는 것이 맞을까? 아니면 한미 사이버 협력은 낮은 수위의 협력으로만 유지하는 것이 맞을까? 이러한 저층위 협력으로는 사이버 공격과 관련된 위협정보 및 군사정보 등의 공유, 국가차원의 정책이나 예산 혹은 군사독트린에 대한 내용 공유, 실무차원의 핫라인 개설, 의견교환 및 컨설팅 진행, 사이버 안보 및 사이버 규범 관련 워크숍 개최, 사이버 군사 부문 인적교류 등과 같은 신뢰구축조치 등이 포함된다(Lim, 2016).

이렇게 여러 층위의 사이버 협력 방안을 고민하는 것은, 국내 일각에서 제기하는 바와 같이, 한미 사이버 협력을 저층위 협력에서 시작해서 고층위 협력으로 발전시키자는 이른바 기능주의적 접근과는 그 성격이 다르다. 사실 이러한 기능주의적 접근은 이른바 '아시아 패러독스'를 해소하기 위한 방안으로, 연성안보 분야의 협력에서 시작해서 경성안보 분야의 협력으로 발전시켜 나가자는, 박근혜 정부에서 추진했던 '동북아평화협력구상'의 고민과 맞닿는다. 그렇지만 사이버 안보 분야의 협력은 저층위에서 고층위로 나아가는 일방향모델을 설정할 성질의 것이 아닐 뿐만 아니라, 만약에 가능하더라도 정치군사동맹 수준의 고층위 협력모델을 무작정 지향할 문제도 아니다. 오히려 다층위

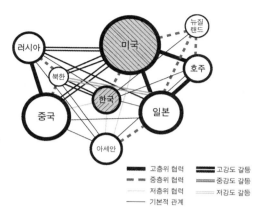

▬▬ 고층위 협력	▬▬ 고강도 갈등		
▬ ▬ 중층위 협력	▬▬ 중강도 갈등		
─── 저층위 협력	▬▬ 저강도 갈등		
─── 기본적 관계			

그림 8-2 동아시아태평양 사이버 안보 세력망 속의 한미동맹(가상도)

에서 복합적인 협력의 틀을 만들어내는 것이 더 유용할 수도 있다.

네트워크 이론에서 말하는 바처럼, 네트워크상에서는 강한 고리strong ties만이 능사가 아니라 경우에 따라서는 약한 고리weak ties가 더 유용할 수도 있다. 다른 말로 하면, 사이버 안보 분야에서는 근접 중심성을 강화하는 시도 이외에도 연결 중심성과 매개 중심성의 강화를 복합적으로 고려하는 발상이 필요하다. 특히 다음 절에서 살펴보는 바와 같이, 중국과의 사이버 협력의 문제 또는 사이버 안보 분야 이외에서 진행되고 있는 중국 및 기타 주변 국가들과의 협력을 염두에 둘 때, 한미 간의 링크만을 강화하겠다는 발상으로 사이버 협력의 문제를 진행할 것은 아니다. 이러한 맥락에서 보면, 한미 사이버 협력은 **그림 8-2**에서 가상도를 그려본 바와 같이, 동아시아 사이버 안보 세력망의 복합적인 맥락 속에서 그 미래를 설정해야 하는 문제라고 할 수 있다.

2) 북중 변수와 미중 사이 한국의 딜레마

이렇게 복합적인 시각을 견지하더라도 한미 사이버 협력의 문제를 풀어나가는 데 있어서 제일 큰 고민거리는 중국이다. 최근 미국이 사이버전 능력을 강화하면서 한국과 일본, 호주 등 전통적 동맹국에 사이버 협력을 요청했을 때 한국 정부는 머뭇거리면서 적극적인 참여를 유보했던 것으로 알려져 있는데, "미국과 사이버 동맹을 맺으면 중국이 반발할 것이란 우려 탓에 제대로 판단하지 못했다"는 지적이 제기되었다(≪조선닷컴≫, 2015.7.24). 게다가 북한이 사이버 거점으로 활용하는 국가라는 점에서 중국 변수는 사이버 안보 분야에서 한국이 무시할 수 없는 변수이다. 전 대통령 안보특보인 임종인 교수에 의하면, "2014년 말 한수원 사태 때 정부 합동수사단은 해커의 공격 IP가 중국 선양지역이라는 것을 찾아냈지만 중국 정부의 협조를 얻지 못해 더 이상 수사를 하지 못하고 중단했다. 중국 선양에서 무슨 일이 있었는지 원격 수사를 할 수 있는 역량도 없었고, 중국 정부의 협조를 이끌어낼 만한 사이버 외교력도 부족했다. 그러니 공격의 배후를 북한이라고 '추정'만 할 뿐 증거도 찾지 못하고 더 이상의 후속조치도 취하지 못했다"고 한다(≪디지털타임스≫, 2015.5.13).

미국의 입장에서도 북한의 사이버 공격에 대처하는 데 있어 중국과의 협력은 중요한 변수였다. 미국은 소니 해킹 사건 이후 그 배후로 지목한 북한의 사이버 공격을 차단하기 위해 중국 정부에 협조를 요청한 것으로 알려져 있다(*New York Times*, 2014.12.20). 그러나 미중 두 강대국이 사이버 안보협력을 펼치는 것은 쉽지만은 않아 보인다. 정작 양국 간에 사이버 안보 분야에서 갈등이 진행 중이기 때문이다. 2000년대 후반부터 미국 정부와 언론은 중국의 해커들이 중국 정부와 군의 지원을 받아서 미국 정부와 기업들의 컴퓨터 네트워크를 공격한다는 주장을 펼쳐왔다. 2014년 3월 미 법무부가 미국의 정보인프라에 대한 해킹 혐의로 중국군 장교를 기소한 사건은 양국 간 갈등의 현주소를 극명하게 보여준다. 이에 대해 중국 정부도 미국의 주장이 근거가 없을 뿐만 아니라 미국이 중국 해커의 공격설을 유포하는 이면에는 중국의 성장을 견제하고 사이버 안보를 빌미로 하여 자국 이익의 보호에 나선 미국의 속내가 있다고 받아치고 있다. 이러한 와중에 2013년 6월에 터진 이른바 '스노든 사건'은 중국이 미국의 주장을 맞받아치는 유리한 환경을 제공하기도 했다.

사실 최근 미국과 중국이 사이버 안보 분야에서 벌이는 갈등은 단순한 컴퓨터 해킹의 문제가 아니라 21세기 패권경쟁을 놓고 벌어지는 다층적인 경쟁의 성격을 띤다(김상배, 2014b, 2015b). 이러한 과정에서 미국이 주로 글로벌 패권의 관점에서 정보인프라와 지적재산의 안정성을 강조한다면, 중국은 국가주권론의 입장에서 인터넷상에서 유통되는 콘텐츠의 '정치적 안전'을 확보하는데 주안점을 둔다. 미국과 중국 두 강대국이 이렇게 사이버 안보에 대해서 상이한 입장을 취하고 있다는 사실은 한국에게는 풀어가기 어려운 외교적 딜레마를 안겨줄 수 있다. 미중 양측으로부터 협력을 요청받고 있는 상황에서 한국이 그 틈바구니에서 무언가 선택을 강요받는 상황이 창출될 가능성이 있다는 것이다. 현재 한국은 미중 양국 사이에서 어느 한쪽으로 치우치지 않으면서도 의미 있는 역할을 담당해야 하는 외교적 과제를 안고 있다.

이상에서 언급한 외교적 고려에서 진행되는 것은 아니지만, 현재 다양한 채널을 통해서 한중 사이버 협력이 진행 중이다. 그러나 한미 사이버 협력의 경우와는 달리 군사적 차원보다는 미래부(현 과기정통부)가 중심이 되어 기술·경제 협력의 형태를 띠고 있다. 예를 들어, 2015년 10월 중국 베이징에서 미래부와 중국의 공업신식화부(공신부)는 한중 사이버 보안 국장급 협력회의를 개최했는데, 이는 2014년 10월 미래부와 공신부가 체결한 '사이버 보안 협력 강화를 위한 양해각서'의 실질적 이행을 위해 첫걸음을 떼는 자리로서, 사이버 보안 정책, 사이버 침해사고 대응 및 정보공유, 주요 기반시설 보호, 보안산업 진흥 등 주요 정책과 공동 관심 현안에 대한 협력 강화방안을 논의했다(〈연합뉴스〉, 2015.10.28). 한편, 2015년 12월에 열린 제3차 한중 ICT협력 장관급 전략대화에서도 해킹 등 인터넷 안전에 위협이 되는 정보를 공유하고 이에 대처하기 위한 플랫폼 구축에 합의했으며, 사이버 위협에 대한 대응력을 높이기 위해 사이버 위협 관련 URL, IP, 악성코드 샘플 등 구체적 정보도 공유하기로 했다(≪전자신문≫, 2015.12.17).

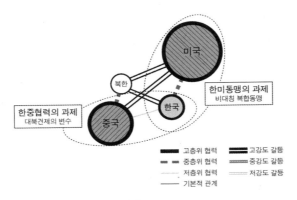

고층위 협력　　고강도 갈등
중층위 협력　　중강도 갈등
저층위 협력　　저강도 갈등
기본적 관계

그림 8-3 한미동맹과 한중협력 사이의 한국(가상도)

현재 미국과 중국이 사이버 안보 분야에서 갈등하고 경쟁하는 상황에서 한국은, **그림 8-3**에서 보는 바와 같이, 한미동맹과 한중협력의 사이에서 형성되는 이 분야의 구조적 조건을 파악하고 그 안에서 전략적으로 적절한 위치를 설정해야 하는 과제를 안고 있다. 이는 중건국으로서 한국외교가 추구할 목표임에 분명하다. 왜냐하면 사이버 안보 분야의 구조적 공백을 메우는 과정에서 중개를 위한 구조적 기회가 제공될 뿐만 아니라 이를 통해서 한국은 중건국에게 허용되는 이른바 위치권력을 행사할 수 있기 때문이다. 그러나 사이버 안보 분야의 상황은 한국이 추구하려는 중개외교에 기회를 제공하는 동시에 위협 요인으로 작동하기도 한다. 다시 말해, 이러한 과제가 쉽지 않은 것은 두 강대국 사이에서 공략해야 할 구조적 공백이 역으로 중건국 외교를 제약하는 '구조적 딜레마'가 될 가능성이 있기 때문이다.

예를 들어, 한국은 사이버 안보 분야에서 경합하는 미국과 중국의 상이한 기술표준 사이에서 기회와 도전을 동시에 경험할 가능성이 있다. 중국이 사이버 안보 분야에서 기술표준의 공세를 벌일 경우 마이크로소프트의 운영체계와 인터넷 익스플로러, 시스코의 네트워크 장비 등과 같은 미국의 기술표준에 크게 의존하고 있는 한국은 어떠한 결정을 내려야 할까? 실제로 이와 유사한 사태가 2014년 초 중국의 통신업체인 화웨이로부터 한국의 정보통신기업인 LG 유플러스가 네트워크 장비를 도입하려 했을 때 미국이 나서서 만류했던 상황에서 발생한 바 있다. 이러한 상황은 양국의 인터넷 관련 정책과 규제제도, 즉 인터넷 거버넌스 상의 차이와 관련하여 미국의 민간 주도 모델과 중국의 국가개입 모델 사이에서 한국이 어느 한쪽을 선택하게끔 할 수도 있다. 더 나아가서는 글로벌 인터넷 거버넌스의 과정에서 나타나고 있는 양국의 세계질서 설계에 대한 입장 사이에서의 고민으로 발전할 수도 있다.

4. 아태 협력과 동아시아 협력 사이의 한국

1) 미국의 아태 전략과 한일 사이버 협력

미국이나 중국 변수와 함께 한국이 사이버 안보 분야의 국제협력을 고민하는 데 빼놓을 수 없는 변수가 일본이다. 그런데 일본은 그 특성상 최근 사이버 안보 분야에서도 협력체계를 갖추어가고 있는 미일동맹의 맥락에서 보아야 한다(Lewis, 2015). 이러한 미일동맹의 변화는 미국이 사이버 안보를 포함하여 새로이 강화하고 있는 아태 지역동맹 전략의 연속선상에서 이해해야 한다. 2015년 5월 말 애슈턴 카터Ashton B. Carter 미 국방장관은 기후, 북한, 사이버 안보 등 불안정 요인들을 예시하며 군사·경제 차원에서 한국, 일본, 호주, 인도, 필리핀, 베트남, 말레이시아 등 역내 동맹 및 파트너 국가들과의 협력강화를 통한 재균형 정책의 실천의지를 표명한 바 있다(≪한국일보≫, 2015.6.4). 2015년 7월 마틴 뎀프시Martin. E. Dempsey 미국 합참의장은 「2015 군사전략보고서」를 통해 러시아, 이란, 북한, 중국 등 4대 위협국을 거론하며 나토, 호주, 일본, 한국과 같은 파트너들과의 '하이브리드 분쟁'에 대한 억지와 대응을 강조했다. 특히 북한에 의한 핵과 미사일 위협뿐만 아니라 한국과 일본, 미국 본토에 대한 사이버 공격에 대한 강력한 대응을 언급했다(≪문화일보≫, 2015.7.2).

이러한 맥락에서 미일관계를 보면, 최근 양국 간에 사이버 안보 분야의 협력 체제를 강화시켜가는 이유를 잘 이해할 수 있다. 2013년 설립된 미일 사이버 안보정책 실무그룹이 공개한 성명은 "악의적인 사이버 활동가들의 수준이 점차 정교화하고 있다"고 밝히면서 공동대응의 방향을 제시했다. 그 후 미국의 협력 요구에 대해서 일본은 2014년 사이버방위대를 만들어 화답했다. 2015년 4월에는 미일동맹을 사이버와 우주까지 확대하는 방위협력지침 개정안을 발표하면서 사이버 안보 분야의 공조를 포함시켰다. 또한 2015년 5월 공개된 미일 양국의 공동성명에 따르면, 미국은 군사 기지와 사회 기반시설에 대한 사이버 공격에 대처할 수 있도록 일본을 지원하기로 했다. 미국이 이른바 '사이버 우산'을 일본까지 연장해 제공하기로 합의한 것이다. 이 밖에도 미일 간에 사이버위협안보그룹의 설치, 사이버 합동훈련 실시, 사이버 훈련 기술협력과 인적교류 등에 이르기까지 다양한 협력과 공조가 진행되고 있다(〈뉴스1〉, 2015.6.1; ≪조선닷컴≫, 2015.7.24).

이러한 미국과의 협력을 배후로 삼아서 일본은 다각적 파트너십 강화를 목적으로 영국, 인도, 호주, 유럽연합, 아세안 등과 사이버 보안 정책협력회의를 정기적으로 개최하고 있다(Matshbara, 2014). 일본 정부는 양자 수준의 협력 체제를 구축하기 위해 노력해왔는데, 특히 사이버 안보에 관한 주요 정책과 조직 체계에 대한 정보 교환, 주요 인프라에 대한 공통 위협에 대응하는 체제 및 계획에 대한 논의에 초점을 맞추고 있다. 특히 일본의 입장에서 보았을 때 호주가 중요한 사이버 협력 대상이다. 2015 7월 일본과 호주 양국은 제1차 사이버 정책 대화를 통해 사이버 공간에 대한 국제 규범의 발전과 국제법의 적용을 위해 협력할 것을 합의했다. 양국은 또한 ARF에서 사이버 분야의 신뢰구축 조치를 발전시키기 위해 협력할 것을 재확인하는 한편, 다양한 지역 또는 국제 협의의 장에서도 협력을 지속하기로 했다. 그리고 일본은 아세안 국가들과의 협력을 심화시킴으로써 기술협력, 인재육성, 공동의식 계발 등을 통해지역 차원의 사이버 안보를 향상시킬 수 있는 체제를 만들어나가는 외교적 노력을 강화하고 있다. 일본 정부는 아세안 개별 국가들의 사정을 감안한 양자 협력도 병행하고 있다(이승주, 2017: 234~236).

이렇게 강화되고 있는 미국 주도의 아태 사이버 지역동맹의 틀 중에서 상대적으로 가장 '약한 고리'는 한일 사이버 협력이다. 다시 말해, 현재 동아시아 주변4망의 구도에서 한일관계는 일종의 '구조적 공백'이라고 할 수 있다. 그러나 전통적인 한미관계나 최근 활발해지고 있는 한중관계의 맥락에서 볼 때 일본은 중요한 변수가 아닐 수 없다. 또한 아세안이나 아태 지역공간을 활용한다는 차원에서도 일본이 지니는 의미는 크다. 그러나 2012년 6월 한일 정보보호협정(GSOMIA)을 둘러싼 논란을 보면, 사이버 안보 분야에서의 한일협력에 대한 전망이 그리 밝지 않다. 2016년 3월 워싱턴에서 열린 한미일 3국 정상회의에서도 미일 양국은 GSOMIA 체결 필요성을 거듭 강조했지만, 한국 측은 국내정치의 부담감을 이유로 일본과 거리를 두고 속도를 조절하려는 태도를 보인 바 있다(≪조선일보≫, 2016.4.4).

그러나 한국, 미국, 일본 간에는 일정한 정도의 사이버 안보협력의 채널이 가동되고 있다. 2016년 1월 제2차 한미일 차관급 협의 당시 미국이 3국 간 사이버 안보 분야 협력을 제안한 이후 구체적 협력방안을 논의해왔으며, 미국 측은 2016년 7월 제4차 한미일 차관급 협의회를 계기로 '주요 기반시설의 사이버 안보에 관한 한미일 전문가 워크숍'의 개최를 제안했고, 이 워크숍은 2016년 12월에 개최된 바 있다. 워크숍에서는 핵심기반시설에 대한 사이버 위협 동향, 시나리오 기반 토론(국가별 대응절차 및 협력체계 논의), 산업제어시스템(ICS) 관제 경험 공유 및 아시아 지역 공동교육 추진 방안 등을 의제로 협의를 했다. 당시 한국은 외교부, 미래부(현 과기정통부), 국정원 등이 3국 협력 취지에 대해 긍정적으로 평가하며 미국의 제안에 따라 참석수준을 결정하기로 한 반면, 국방부는 국방 분야에 대한 국제 사이버 협력에 다소 신중한 입장을 표명했다.

궁극적으로 한국의 입장에서 볼 때 관건은, 이렇게 미국이 주도하는 아태지역 동맹체제의 구축과정에 한미동맹이라는 양자 협력 차원을 넘어서 얼마나 더 적극적으로 참여할 것이냐의 문제일 것이다. 우선은 미국이 주도하여 아태지역에 건설하려는 질서의 성격이 무엇인지를 정확히 이해할 필요가 있다. 미일 사이버 협력을 이해하는 문제와 함께 미국과 호주의 사이버 협력을 살펴보는 것은 미국의 아태지역 사이버 동맹전략을 이해하는 데 중요한 변수이다. 미국과 호주는 2011년 9월 '호주·미국 국방·외무장관 합동회의(AUSMIN)'에서 미호 동맹을 무역 및 개발 분야까지 포괄하는 다원적 동맹으로 발전시키고 사이버 공간까지 범주를 확대하기로 합의하는 공동선언문을 발표한 바 있다. 2012~2014년 공동성명에서는 기존 국제법 틀 안에서의 사이버 공간에 대한 국제규범 확립을 강조했으며, 2015년에는 유엔 정부전문가그룹(GGE)의 결의안을 지지하는 공동선언을 내놓기도 했다.

이러한 미국의 행보를 놓고 볼 때, 기존의 전쟁법을 사이버전에 적용하려는 유럽지역의 시도인 탈린매뉴얼 사례에서 보는 바와 같이, 미국이 아태지역에 나토와 같은 집단적 자위 모델을 도입하려는 것은 아닌지 예의주시할 필요가 있다. 다시 말해, 탈린매뉴얼에서 나타난 나토의 실험은 기본적으로는 오프라인 냉전동맹 모델을 온라인으로 확장한 것으로 이해된다. 따라서 만약에 미국이 이러한 나토 모델을 원형으로 하여 아태지역에서 사이버 협력 체제를 구축하려 시도한다면, 북한과 대치하고 있는 특수한 상황에 처한 한국의 입장에서는 조심스러운 일이 아닐 수 없다. 유럽에서 나토가 상정하는 적 개념이 러시아의 사이버 공격이라면, 아태지역에 상정하는 적 개념은 무엇이며 대결의 구도에서 한국이 취할 수 있는 입장은 무엇인지에 대한 고민이 필요할 것이다.

이러한 변수들을 고려해야 함에도 불구하고, 한국이 사이버 안보 전략을 모색하는 과정에서 아태지역에서의 협력은 여전히 중요하다. 그리고 실제로 한국은 아태지역 국가들과의 협력을 추진하거나 APEC 차원의 사이버 협력을 주도하고 있다. 예를 들어, 한국과 호주 간에는 사이버 안보 협력이 진행 중인데, 2014년 8월에는 외교부 국제안보대사를 수석대표로 하는 제1차 한-호주 사이버정책 대화를 가졌고, 2014년 4월 한-호주 양 정상이 합의한 사이버 분야 협력 강화의 후속조치로서 아태 지역체제 내 협력과 양국 간 국방 사이버 협력, 사이버 범죄에 대한 공동 대응 등의 다양한 의제에 관해 협의했다. 또한 아태지역 협력 차원에서도 한국은 2011년 9월 제3차 APEC 사이버 보안 세미나를 서울에서 개최했는데, 이는 2008년 처음 한국에서 제안된 세미나로 APEC 역내에서 경제협력을 하는 국가 간에 정보보호 동향을 파악하고 정책을 공유하기 위해 개최되고 있다. 한편, 2015년 9월 아태지역 국방차관급 다자안보협의체인 제4차 서울안보대화Seoul Defense Dialogue(SDD)에서는 첫 안건으로 사이버 안보를 선정해 논의하기도 했다. 2012년 11월 처음 개최된 서울안보대화는 한반도를 포함한 아태지역 내 안보환경 개선과 다자간 군사적 신뢰 구축을 위해 각국 국방차관이 참여하며 대화를 이어가고 있다.

2) 한중일 사이버 협력과 동아시아 지역협력

이상에서 살펴본 아태지역 차원의 사이버 협력 이외에 동북아 지역 차원에서 한중일이 중심이 되어 가동하고 있는 사이버 협력에도 주목할 필요가 있다. 사실 역사적으로 볼 때 동북아에서 한중일 3국은 IT장관회의를 통해 협력해온 경험이 있다. 한중일 IT장관회의는 2002년에 모로코에서 제1차 회의가 개최된 이후 2003년에 제주에서 제2차 회의가, 2004년에 일본 삿포로에서 제3차 회의가 개최되었고, 2006년 3월에 중국 샤먼에서 제4차 회의가 개최된 바 있었다(Thomas N., 2009). 그러던 것이 2000년대 후반 3국 간 IT협력이 다소 소강상태를 거치고 나서 최근 사이버 위협에 대한 공동대응의 차원에서 협력에 대한 논의가 다시 피어나고 있다.

2014년 10월 베이징에서 사이버 분야의 3국 간 첫 고위급 회의로서 제1차 한중일 사이버정책협의회가 열렸는데, 각국별 사이버 정책 및 제도, 사이버 공간에 적용 가능한 국제규범, 지역적·국제적 사이버 협력, 3국 간 향후 협력이 가능한 분야 등에 대한 논의를 펼쳤다. 제2차 한중일 사이버정책협의회는 2015년 10월 서울에서 열렸는데, 이 회의에서는 사이버 안보 환경, 각국 사이버 전략·정책, 사이버 공간 국제규범 및 신뢰구축조치, 지역적·국제적 사이버 협력, 사이버 범죄·테러 등과 같은 3국 간 협력 의제에 대해서 논의했다. 제3차 한중일 사이버정책협의회는 2017년 2월 일본에서 개최되었는데, 국내외 사이버 위협을 포함한 사이버 안보 환경, 각국 사이버 정책, 사이버 공간상 국제규범 및 신뢰구축조치, 지역 및 국제적 차원의 사이버 논의 현황 및 입장, 3국 협력 가능 분야 등의 의제가 논의되었다. 특히 APT 공격으로 발전하는 북한의 사이버 위협에 대한 논의를 비롯해 주요 기반시설 및 사물인터넷(IoT)에 대한 사이버 보안 위협 현황과 공동 대응 필요성도 논의된 것으로 알려졌다.

이러한 한중일 사이버 협력이 진행되는 과정에서 아세안은 한중일 3국이 적극적으로 고려해야 할 중요한 변수이다. 한중일 3국 중에서 아세안과의 사이버 협력에 가장 적극적으로 나서는 나라는 일본이다. 이것은 2005년 이후 대외전략에서 동아시아 지역을 주요 협력대상으로 분류하기 시작한 것과 맥락을 같이한다. 아세안을 대표로 하는 동남아시아 지역은 일본과 경제적 협력 관계가 깊고 한국 및 중국과 경쟁한다는 점에서 볼 때도 전략적으로 관계강화가 필요한 지역으로 분류되고 있었다. 일본과 아세안의 사이버 보안 정책협력회의는 2009년부터 시작되었는데, 국장급이 참석하는 '고위급정책회의'와 과장급 및 실무담당자를 대상으로 하는 '네트워크보안 워크숍'과 '정보보호 훈련'으로 나누어 개최되고 있다. 특히 2013년 9월에는 사이버 보안에 관한 장관급 회의가 개최되어 사이버 공격에 대한 공동대응을 위한 합의문이 발표된 바 있다. 아세안과 일본은 사이버 공격의 위협에 공동으로 대처하기 위해, 공격을 예지하거나 바이러스 감염을 탐지해 경고를 울리는 시스템을 연계 개발한다는 내용을 골자로 한 공동성명도 발표했다.

이와 유사한 맥락에서 아태지역 국가들이 역내 안정을 추구하기 위해 ARF ASEAN Regional Forum 차원에서 진행하는 사이버 협력에도 주목할 필요가 있다.

역내 안정을 위해 1994년 출범한 다자간 정치·안보 협의체인 ARF에는 아세안 10개국, 아세안 대화상대국 10개국, 기타 아시아 지역 국가 7개국이 회원국으로 가입했으며 2000년대 중반 이후 중국의 적극적인 참여와 2010년 미국의 참여로 영향력이 확대되고 있다. 2007년에는 한국의 주최로 ARF 사이버 테러 세미나를 서울에서 개최했으며, 2012년 제19차 프놈펜 회의에서는 중국의 주도하에 사이버 위협에 공동 대처하기 위한 합동전략 개발 협력에 합의했다. 2013년 7월 브루나이에서 열린 제20회 ARF에서는 대테러 작전 및 초국가 범죄와 관련해 사이버 안보 이슈가 핵심 의제로 논의되었다. 특히 정보공유와 능력 배양을 바탕으로 한 역내 정부 간 협력강화의 중요성을 재확인했다. 2015년 8월 ARF 외교장관회담에서는 회원국 간 신뢰구축을 통해 분쟁을 방지하고 상호 이해를 제고하기 위해 사이버 안보 작업계획work plan을 채택했다.

한국도 ARF의 사이버 신뢰구축조치 노력에 적극 부응하여 2012년 9월 서울에서 관련 세미나를 개최하고, 2013년 9월과 2014년 3월에 개최된 ARF 차원의 사이버 이슈 관련 워크숍 등에 지속적으로 참여했다. 2013년 9월에는 사이버 안보 강화 조치에 관한 제1차 ARF 신뢰구축조치 워크숍이 중국과 말레이시아의 주최로 베이징에서 열려서, 인터넷 발전을 위한 법제도와 문화적 다양성 존중의 필요성에 대해 논의하고 ARF 회원국 간 협력의 필요성을 강조했다. 2014년 3월에는 제2차 ARF 신뢰구축조치 워크숍이 개최되었는데, 컨택 포인트의 설정, 국내 사이버 조정체제와 기술적 능력의 하한선 규정, 향후 지속적인 신뢰구축의 노력 약속 등을 다루었다(정종필·조윤영, 2017: 195~196). ARF 신뢰구축조치 워크숍에 적극 참여하는 중국의 행보에 미국도 ARF 회원국으로서 사이버 안보 관련 활동에 적극적으로 참여하기 시작했다. 미국은 아세안 국가들이 사이버 위협에 대처할 수 있는 능력을 강화하기 위해 적극적으로 도울 것이라고 강조하며, 사이버 워크숍에 적극적으로 참여해 아세안 국가들과의 신뢰를 구축하고 있다. 또한 양자관계 강화에 적극적으로 나서고 있다.

이상의 논의를 바탕으로 볼 때 한국의 사이버 외교가 당면한 쟁점과 과제

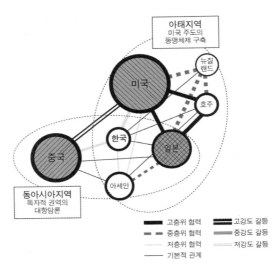

그림 8-4 아태 지역동맹과 동아시아 지역협력 사이의 한국(가상도)

는, 그림 8-4에서 보는 바와 같이, 미국이 주도하는 아태지역 협력체제와 미국
과는 상이한 프레임을 짤 가능성이 있는 한중일 사이버 협력 혹은 동아시아
지역협력의 독자적 움직임 사이에서 어느 정도의 비중을 가지고 두 진영에 관
여할 것이냐의 문제이다. 물론 다채널 협력의 틀이 형성되면 더할 나위 없이
좋겠지만, 동아시아태평양지역의 지역질서 아키텍처를 어떻게 짤 것이냐의
문제를 놓고 미국과 중국의 영향력이 이면에서 충돌하고 있는 최근의 경향을
볼 때, 경우에 따라서는 불가피한 선택을 해야만 하는 중견국의 딜레마가 한
국에게 닥처올 가능성도 없지 않다. 이는 앞서 언급한 바와 같이 미국과 중국
의 양자관계 사이에서 전략적 선택을 하는 것보다도 좀 더 복합적이고 입체적
인 차원에서 발생하는 문제가 될 터인데, 미국이 짜는 네트워크와 중국이 형
성하는 네트워크 사이에서 한국의 동아시아태평양 전략을 설정하는 망제정치
의 과제가 될 것이다. 이러한 딜레마는 최근 미중 간에 쟁점이 되고 있는 북핵
실험과 사드 미사일의 한반도 배치 문제 등으로 나타난 바 있다.

중건국 외교의 이론적 관점에서 볼 때 이러한 지역협력 구도에서 발생하는 구조적 딜레마 상황을 풀어가는 해법은 뜻을 같이하는 동지국가들like-minded countries과 공동보조를 취하는 연대외교의 전략에 있다. 한미일 관계와 한중일 관계를 배후로, 또는 아태 지역동맹과 동아시아 지역협력을 배후로 미국과 중국이 대립하는 경우, 한국은 그 사이에서 외로이 입장을 설정하려 시도하기보다는 비슷한 처지에 있는 국가들과 공동보조를 맞추는 지혜가 필요하다. 다시 말해, 사이버 안보 분야의 의제설정과 관련하여 중간지대에 있는 동지국가 그룹들의 역할을 새로이 규정하고 가능한 한 많은 지지 국가군을 모으려는 노력이 필요하다. 이러한 경우에 한국이 적극적으로 고려해야 하는 변수는 아세안이 아닐 수 없다. 또한 최근 한국(K)이 강조하고 있는 중건국 정부간협의체인 믹타(MIKTA)의 나머지 네 국가들, 즉 멕시코(M), 인도네시아(I), 터키(T), 호주(A) 등과의 연대도 동아시아를 넘어서는 글로벌 차원에서 고려할 중건국 연대외교의 변수이다.

5. 서방 진영과 비서방 진영 사이의 한국

1) 미러경쟁과 중러협약 사이의 한국

주변4망網의 마지막 변수인 러시아는 상대적으로 동아시아태평양지역에서는 존재감이 그리 크지 않다. 그러나 글로벌 차원에서 벌어지는 미러경쟁이 동아시아태평양지역에 미칠 영향을 과소평가할 수는 없다. 최근 가시화된 미중 갈등에 비해서 상대적으로 드러나지는 않지만, 미러 간에도 사이버 갈등이 지속적으로 발생하고 있기 때문이다. 특히 서방 전문가들은 다른 어느 나라보다도 러시아를 주요 위협으로 보고 있다. 물론 미러 간에는 표면적으로는 사이버 협력의 몸짓도 진행 중이다. 예를 들어, 미국과 러시아는 2013년에 사이버 긴장 완화를 한걸음 진전시키고 미래의 컴퓨터 관련 위기를 해소하기 위해, 냉전 시대의 핵 공포에 대해 사용되었던 것과 유사한 사이버 핫라인을 설치하는 협정을 체결했다. 그러나 스노든 사태에도 불구하고 유지되는 듯 보이던 미러 사이버 우호관계는 2014년 들어 러시아가 우크라이나를 침공하면서 분위기가 반전되었다(Geers, 2015). 러시아의 우크라이나 침공 이후 양국 간에 체결된 '사이버 공간의 신뢰조치에 관한 협정'과 사이버 공간에서의 신뢰를 위한 양자 간 대통령자문위원회가 폐지된 것이다(*Russia Focus*, 2015.6.26).

미국과 러시아 간에 형성된 냉기류와는 달리 중국과 러시아는 사이버 협력을 강화하여 2015년 5월 중러 사이버 보안 협약을 체결하는 성과를 거두었다. 이는 중국과 러시아가 사이버 공간에서 서로에 대한 감시를 지양하고 각국의 법집행기관을 통해 기술을 전수하고 정보를 공유하겠다는 내용을 담고 있다. 이 협약은 두 국가가 서로 중대한 정보인프라만은 건드리지 말자고 암묵적으로 약속한 성격을 갖는다. 이러한 중러협약에 대한 미국의 반응이 다소 냉소적으로 표출된 것은 당연하다. 미국이 인식하기에 중국과 러시아는 글로벌 인터넷 거버넌스 분야에서 민간, 시민사회, 정부가 함께 국경과 같은 경계선 없이 개방하자는 서방 측의 주장에 반하여 주권은 여기서도 유효하다는 주장을 강조하는 것으로 이해되었다. 더 나아가 "중국은 그냥 모든 일에 미국과 반대의 입장에 서고 싶어서 러시아와 함께한 것으로 보인다"는 해석까지도 나왔다 (*Russia Focus*, 2015.6.26).

2016년 4월 중국 사이버 공간 안보협회와 러시아 안보 사이버 연맹이 공동 주최한 제1차 중러 사이버 공간 발전과 안보 포럼이 모스크바에서 개최되었다. 양국은 중러 정보통신 기술의 협력을 중심적으로 전망하면서, 사이버 안보, 프라이버시 보호, 사이버 범죄 방지 등 여러 의제를 논의했다(≪新华网≫, 2016.4.28). 이어 2016년 6월 시진핑 중국 국가주석과 푸틴 러시아 대통령은 사이버 공간의 발전을 촉진시키기 위한 공동성명을 내놓았다. 양국은 정보간섭을 반대하며 다른 국가들의 고유한 문화전통과 사회이념을 존중하고 인정

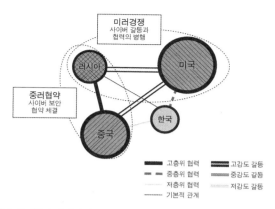

그림 8-5 미러경쟁과 중러협약 사이의 한국(가상도)

할 것을 제창했다. 즉, 사이버 주권 원칙을 존중한다는 전제 아래 국가들의 사이버 안전과 발전에 대한 요구를 만족시키는 것을 지지함으로써 유엔이 규정한 보편적인 국제규칙 테두리 안에서 공통적으로 평화, 안전, 개방, 협력의 사이버 공간을 구축하도록 행동할 의지를 표명했다.

이러한 중러 사이버 협력은 좀 더 넓은 의미에서 러시아가 벌이는 국제협력이라는 맥락에서 이해할 필요가 있다. 러시아는 지역협력과 국제기구 차원에서 사이버 안보와 관련한 국제규범을 구축해나갈 것을 천명했다. 그중에서도 상하이협력기구(SCO)에서 벌어지는 협력에 주목할 필요가 있다. 2001년 6월 출범한 상하이협력기구에서는 인터넷과 사이버 안보 및 인터넷 테러 같은 문제들을 논의하면서 인터넷 거버넌스에서 정부의 역할을 증대시키려는 노력을 모으고 있다. 사이버 안보와 관련하여 상하이협력기구는 2011년 '정보안보 영역에서 협력에 관한 합의안'을 도출하며 역내 국가들 간의 협력을 시작했다. 이러한 협력에는 사이버 무기 개발 및 사용 규제, 정보전쟁에 대한 대비 등의 내용이 포함되었다. 이 외에도 러시아는 브릭스(BRICS) 국가들과 국제적인 사이버 안보의 증진을 위한 공동의 노력을 경주하고자 협의를 진행해왔으며, 사이버 안보와 인터넷 관리에서의 국가주권을 강화하려는 협력을 진행하고 있다. 이 밖에도 러시아는 지역적 수준에서 유럽안보협력기구(OSCE)나 아시아 지역안보포럼(ARF)의 사이버 안보 관련 협의에도 적극적으로 참여하고 있다.

그림 8-5에서 보는 바와 같이, 이상에서 살펴본 글로벌 및 동아시아의 세력망 구도 속에서, 즉 미러경쟁과 중러협약의 사이에서 한국은 러시아와의 사이버 협력관계를 어떻게 가지고 가야 할 것인가? 앞서 언급한 한일관계와 마찬가지로 한러관계도 사이버 안보의 주변4망에서 일종의 '구조적 공백'이라고 할 수 있을까? 만약에 그렇다면 이러한 공백을 메우기 위해서 한국이 러시아와의 관계에서 할 수 있는 일은 무엇이 있을까? 미국과의 관계를 해치지 않으면서 사이버 안보 분야에서 러시아의 앞선 기술을 이전받고 위협정보도 공유할 방법이 있을까? 또는 중국과 더불어 러시아를 통해서 북한의 사이버 공격 행위를 외교적으로 견제할 방법은 없을까? 더 나아가 한미일 관계의 전통적인 동맹구도를 배후로 하여 한중러의 '약한 고리'를 활용하는 것은 가능할까? 사실 이러한 질문들은 최근 동북아의 주요 행위자로서 러시아의 위상과 역할이 약화되고 있는 이유로 인해서 상대적으로 덜 연구되었지만, 한국이 사이버 주변4망 전략을 성공적으로 추진하기 위해서는 반드시 고려해야 할 문제라고 할 수 있다.

이러한 와중에도 한국과 러시아 간에는 사이버 협력이 진행되고 있음을 잊지 말아야 할 것이다. 2013년 3월 서울에서 외교부 국제안보대사를 수석대표로 하는 제1차 한러 정보보안협의회가 개최된 바 있는데, 이는 제9장에서 소개하는 바와 같이 2013년 10월 서울에서 열릴 예정이었던 제3차 사이버공간총회 직전에 한국 대표가 회의 개최를 홍보하기 위해서 러시아 대표를 만난 자리였다. 예를 들어 국제 사이버 안보의 현황, 사이버 공간 침해사고 대응 및 핵심기반시설 보호, 사이버 범죄 및 사이버 테러리즘 대응 협력, 사이버 공간에서의 신뢰 강화 및 행동규범 개발 공조, 국제·지역기구 및 포럼에서의 협력 등의 의제에 대한 협의가 있었다. 그 후 2014년 5월 모스크바에서 제2차 한러 정보보안 협의회를 개최했다. 2016년 7월에는 모스크바에서 한러 외교부 국제기구국장 협의회(제1차)가 개최되어 유엔평화활동, 난민, 사이버 보안 등 글로벌 현안과 유엔 총회 및 안보리와 같은 유엔 기관의 운영 등에 관한 의견을 교환했다(〈연합뉴스〉, 2016.7.8).

2) 다중이해당사자주의와 국가간다자주의 사이의 한국

동아시아태평양지역에서 러시아가 미미한 변수인 것과는 달리, 글로벌 차원에서 진행되는 국제규범 형성과정에서 러시아는 비서방 진영의 리더 역할을 담당하고 있다. 특히 미국과 유럽(특히 나토)에 대해서 각을 세우면서 유럽지역과 유엔 차원의 국제규범 형성의 한 축을 맡고 있다. 이러한 맥락에서 볼 때, 다양한 통로를 통해서 복합적으로 진행되고 있는 사이버 안보 분야(좀 더 넓은 의미에서 인터넷 분야)의 글로벌 거버넌스 모색 과정에서 형성되는 세력망 구조를 면밀히 살펴보는 것이 필요하다(Hurwitz, 2014).

이와 관련하여 이미 제2장에서 소개한 바 있는 세 가지의 비지정학적 층위에 주목할 필요가 있다. 첫째, 전통적인 국제법(특히 전쟁법)과 국제기구의 틀을 원용하여 사이버 공간에서 발생하는 해킹과 공격에 대응하려는 시도이다. 기존 국제법의 틀을 원용하는 사례로서 나토의 탈린매뉴얼과 유엔 GGE를 중심으로 한 국제법 적용의 검토작업이 여기에 해당된다. 둘째, 사이버 안보의 국제규범을 마련하기 위해서 서방 선진국들이 원용하는 일종의 클럽 모델이다. 2011년에 시작된 사이버공간총회가 대표적인 사례이며, 2001년 조인된 유럽사이버범죄협약(일명 부다페스트 협약)이나 상하이협력기구(SCO)와 같은 지역협력기구 등에서 다루어지는 사이버 안보 국제규범에 대한 논의이다. 끝으로, 글로벌 인터넷 거버넌스의 차원에서 진행되는 사이버 안보 관련 국제규범에 대한 논의이다. 초창기부터 인터넷을 관리해온 미국 캘리포니아 소재 민간기관인 ICANN과 이에 대비되며 관할권을 넓혀가고 있는 ITU와 WSISWorld Summit on the Information Society, 그리고 그 후속 포맷으로 진행되고 있는 IGFInternet

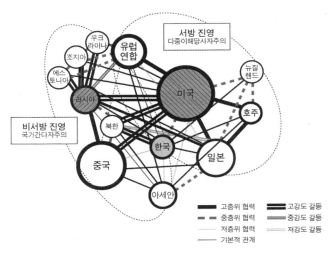

그림 8-6 서방 진영과 비서방 진영 사이의 한국(가상도)

Governance Forum 사이에서 경합구도가 형성되고 있다. 이들 세 층위에서의 사이버 안보 국제규범에 대한 논의는 제9장에서 자세히 살펴볼 것이다.

러시아 변수의 의미를 이해하고자 할 때는 이렇게 세 가지 층위에서 복합적으로 전개되고 있는 사이버 안보의 제도화 과정에 크게 두 진영의 관념과 이익이 대립하고 있음을 아는 것이 중요하다. 우선 ICANN 모델이 추구하는 다중이해당사자주의multistakeholderism와 유엔이나 ITU 같은 전통 국제기구를 원용한 '국가간다자주의multilateralism'로 대별되는 두 가지 관념이 각을 세우고 있다. 이러한 관념의 대립 이면에는 미국과 유럽 국가들이 주도하는 서방 진영을 한편으로 하고, 러시아와 중국을 중심으로 한 비서방 진영을 다른 한편으로 하는 두 진영이 대립하는 지정학적 구도가 겹쳐진다. 넓은 의미의 글로벌 인터넷 거버넌스에서도 이러한 입장 차이가 드러난다. 서방 진영은 사이버 공간에서 표현의 자유, 개방, 신뢰 등의 기본 원칙을 존중하면서 개인, 업계, 시민사회 및 정부기관 등과 같은 다양한 이해당사자들의 의견이 수렴되는 방향으로 글로벌 질서를 모색해야 한다고 주장한다. 이에 대해 러시아와 중국으로 대변되는 비서방 진영은 사이버 공간은 국가주권의 공간이며 필요시 정보통제도 가능한 공간이므로 기존의 인터넷 거버넌스를 주도해온 서방 진영의 주장처럼 민간 중심의 다중이해당사자주의에 의해서 사이버 공간을 관리할 수는 없다고 주장한다. 요컨대, 현재 사이버 안보(넓게는 인터넷 거버넌스)의 국제규범 형성과정은, **그림 8-6**에서 보는 바와 같이, 두 개의 네트워크가 다층적으로 경쟁하는 이른바 망제정치의 양상을 보이고 있다.

이러한 국제규범 형성의 구도에서 한국은 어떤 입장을 취해야 할까? 한국은 중견국 외교의 시각에서 강대국들이 주도하는 국제규범 형성에 단순히 참여하는 전략의 차원을 넘어서 사이버 안보 분야의 특성에 부합하는 규범을 제시하는 적극성을 보일 필요가 있다. 사실 역사적으로 국제규범을 설계하는 외교는 강대국의 몫이었다. 그러나 중견국도 강대국이 만든 세계질서의 규범적 타당성에 문제를 제기하고 좀 더 보편적인 규범의 필요성을 강조하는, 이른바 규범외교를 모색할 수 있을 것이다. 특히 규범외교의 전략은 기성 세계질서의 운영방식에 대한 보완적 비전을 제시함으로써 강대국 위주의 논리에 대한 어느 정도의 반론을 제기하는 효과가 있다. 여기서 강대국들이 주도하고 있는 사이버 안보 국제규범의 정당성을 문제시하는 중견국 규범외교의 설 자리가 생긴다. 군사적 능력이나 경제적 자원이 부족한 중견국에게, 권력지향적 외교와 대비되는 의미에서의 규범지향적인 외교는 효과적인 방책이 될 수 있다. 보편적 규범에 친화적인 외교는 글로벌 청중에게 매력적으로 비칠 뿐만 아니라 중견국이 추구할 규범외교의 매우 중요한 내용이 될 수 있다는 것이다.

6. 주변4망과 한국의 중견국 외교

오늘날 사이버 안보는 국가안보와 외교전략의 의제로 명실상부하게 부상했다. 공격이 우위에 서는 이 분야의 특성상 방어와 억지 역량의 구축이나 추진체계 정비와 법제정의 노력만으로 효과적인 대응방안을 마련할 수 없다는 것이 중론이다. 이런 점에서 초국적으로 발생하는 사이버 공격에 적절히 대응하기 위해서는 주변 국가들과의 국제협력과 이러한 과정에서 발생하는 문제들을 풀어가는 외교적 노력이 병행되어야 한다. 한국의 입장에서 볼 때, 전통적인 우방국인 미국과 일본, 그리고 최근 그 중요성이 커지고 있는 중국 및 글로벌 변수로서 의미를 갖는 러시아 등과의 사이버 외교 추진에 대한 인식을 제고하고 이를 적극적으로 실천하는 것은 매우 중요한 일이 아닐 수 없다. 특히 북한의 사이버 공격과 관련하여 관건이 되는 것은 이들 국가들과의 정보공유 네트워크를 구축하고, 사법공조를 위한 외교적 노력을 펼치거나, 국제규범의 형성과정에 참여하여 호소할 수 있느냐의 여부이다.

현재 한국은 사이버 정책에 대한 공감대를 강화하고 사이버 공격에 대한 정보를 공유하며 실질적인 협력을 모색하기 위해 미국, 중국, 일본, 러시아, 영국, 독일, 체코, EU, 호주, 사우디, 인도 등 총 11개국과 양자 및 한중일 삼자 사이버정책협의회를 진행 중이다. 대체로 서로의 제도와 활동에 대해 소개하고 상황을 파악하는 수준이다. 이들 사이버정책협의회는 대체로 자국의 제도와 활동에 대해 소개하고 상황을 파악하는 수준으로 진행되고 있는데, 한국은 북한의 사이버 위협을 공론하면서 사이버 분야 국제규범 형성 등을 위한 공조를 지속적으로 강화하고 있다. 이와 함께 양국 유관 기관 간 네트워킹 및 관련 현안에 대한 협력의 강화를 모색하고 있다. 그런데 이러한 사이버 안보 국제협력의 과정에서도 각국의 이해관계가 걸려 있다. 무엇보다 전통적으로 한반도에 이해관계가 걸려 있는 미-중-일-러 주변4국의 입장을 이해하는 것이 중요하다. 이러한 과정에서 각국의 이익을 교차해서 형성되는 사실상의 *de facto* 지정학적 구조를 파악하고 위치 잡기를 하는 것이 관건이기 때문이다.

이러한 사이버 안보 세력망의 지정학적 구조와 이에 대응하는 중견국으로서 한국의 전략을 살펴보기 위해서 이 장은 소셜 네트워크 이론의 시각을 원용했다. 사이버 안보 분야에서도 여전히 물질적 권력의 관점에서 본 주변4강의 구조가 작동하고 있음은 물론이다. 그러나 사이버 안보 분야의 기술적 특성은, 이러한 전통안보의 지정학적 구조에 대한 이해와 더불어 탈지정학적 차원에서 형성되는 사이버 네트워크의 관계구조를 복합적으로 고려할 필요성을 제기한다. 네트워크 이론의 시각을 원용하여 복합적으로 파악하는 사이버 안보의 세력망은 주변4망網으로 개념화된다. 이러한 구도에서 동아시아 사이버 안보의 세력망 구조는 한국에게 세 가지 차원의 구조적 공백과 여기서 파생되는 중견국 전략의 가능성 및 딜레마를 논하게 한다. 이러한 세 가지 차원의 과제는 일국 수준에서 사이버 안보에 대처하는 것을 넘어서 양자관계와 다자관계, 그리고 글로벌 공간의 규범형성에 참여하는 과정에서 발견된다.

첫째, 한국을 둘러싸고 형성되는 사이버 안보의 구조는 전통적인 우방인 미국과 최근 급부상하고 있는 중국 사이에서 형성되는 패권경쟁의 구조로 이해된다. 이러한 양자의 패권구조는 동아시아 지역차원에서만 형성되는 것이 아니라 글로벌 차원에서도 21세기 세계질서의 구조변동을 엿보게 한다는 점에서 중요한 주제이다. 이러한 구도에서 오프라인 동맹뿐만 아니라 사이버 안보 분야에서도 한국은 미국과 밀접한 관계를 유지하고 있다. 그러나 최근 벌어지는 문제들은 한국의 입장에서 미국과의 사이버 협력만을 일방적으로 강화시켜나갈 수 없는 애로점을 낳고 있다. 중국을 경유하여 사이버 공격을 벌이는 북한을 추적하고 견제하는 차원에서 중국의 협조가 필요하기 때문이다. 이러한 맥락에서 미중 사이에서 비대칭적인 관계조율을 통해 입지를 세워가야 하는 중견국으로서 한국의 고민이 있다. 이는 최근 한국 외교가 전반적으로 미국과 중국 사이에서 안고 있는 어려움이기도 하다.

둘째, 한국을 둘러싼 사이버 안보의 세력망은 미중의 양자 구도를 넘어서, 한편으로는 한미일 삼각관계(또는 더 넓게는 아태 지역동맹)의 지원을 바탕으로 하고, 다른 한편으로는 한중일 삼각관계(동북아 또는 아세안까지 포함하여 동아지역협력)가 대치하는 양상으로도 이해된다. 실제로 미국은 사이버 안보 분야에서 최근 아태지역 국가들과의 연대전략을 통해서 유럽지역에 버금가는 사이버 지역동맹을 구축하려는 행보를 보이고 있다. 다른 한편으로는 미국의 기술패권에 대한 대항담론의 차원에서 한중일, 그리고 좀 더 넓게는 아세안까지도 포함하는 동아시아 지역협력의 구도가 2000년대 초반부터 펼쳐져 왔다. 이러한 아태지역 구도와 동아시아지역 구도의 '중간지대'에 놓인 한국은 중개자로서의 기회와 딜레마를 동시에 겪을 가능성이 크다. 이러한 구도에서 한국은 연대외교의 맥락에서 일본이나 아세안 등과의 관계를 새롭게 정립할 필요가 있다.

끝으로, 글로벌 차원에서 한국에 영향을 미치는 세력망은 사이버 안보 분야의 국제규범 형성과정에서도 작동하고 있다. 현재의 양상은 미국과 서구 국가들을 한편으로 하는 서방 진영과 러시아, 중국 등을 다른 한편으로 하는 비서방 진영의 지정학적 경합으로 나타나고 있다. 또한 이러한 구도는 사이버 공간의 관리에 대한 담론과 이익을 둘러싸고 선진국 클럽과 개도국 그룹이 경합을 벌이는 모습과 겹쳐진다. 이러한 구도 형성에서 주변4망 국가 중 러시아는 동아시아에서는 미미한 변수이지만 글로벌 차원에서는 중요한 변수임을 명심해야 할 것이다. 특히 미러경쟁과 중러협약의 구도 사이에서, 그리고 서방 진영과 비서방 진영의 입장 차이 사이에서 러시아가 미국을 상대로 제기하고 있는 대항담론이 한국의 사이버 외교전략에 던지는 의미를 진지하게 고려해야 할 것이다.

이상에서 세 층위로 파악한 사이버 안보 분야의 복합구조를 인식하고 이를 활용하는 전략을 마련하는 것은 한국이 사이버 안보 외교전략을 성공적으로 추진하는 데 필수적인 사안이 아닐 수 없다. 특히 한국이 추구할 외교전략의 관건은 미중 양자 구조와 동아시아 세력망 및 글로벌 거버넌스의 구도 안에서 가능한 한 구조적으로 유리한 위치를 찾아서 이를 활용하는 중견국의 전략을 펼치는 데 있다. 이러한 시각에서 볼 때, 중견국으로서 한국이 사이버 안보 분야의 고유한 구조와 동학을 이해하고 이에 대해서 적절한 대응책을 마련하는 이른바 '지식외교'를 추진할 필요가 있다. 특히 전통안보와는 질적으로 상이한 특성을 지니고 있는 사이버 안보 분야에 대한 연구를 바탕으로 한국 국가이익의 현주소가 어디인지를 면밀히 검토하는 '공부하는 외교'가 시급히 필요하다. 지난날의 개도국 외교 시절에는 공부하지 않고 강대국들을 따라가도 무방했다면, 오늘날 한국의 중견국 외교는 스스로 공부하지 않으면 아무도 길을 알려주지 않기 때문이다.

요컨대, 진화하는 사이버 안보 분야의 구조를 파악하고 그 안에서 적절한 위치를 설정하는 것은 미래 국가전략의 핵심적인 사안이 아닐 수 없다. 무엇보다도 사이버 안보의 세계정치를 기존의 세력균형 시각을 넘어서 세력망이라는 입체적 시각으로 보는 발상의 전환이 필요하다. 물론 사이버 안보의 이슈가 장차 동아시아의 고질적인 지정학적 이슈와 복합될 가능성도 놓쳐서는 안된다. 그러나 동시에 냉전 시대에 잉태된 단순동맹 전략의 시각에서 주변4망과의 관계를 풀어가는 오류도 경계해야 한다. 그도 그럴 것이 사이버 안보를 위한 바람직한 대응방안은 어느 일면만을 강조하는 접근이 아니라 기술과 전략, 국가와 사회, 일국적 대응과 외교적 대응, 양자적 해법과 다자적 해법, 지역적 협력과 글로벌 협력 등을 다방면으로 아우르는 복합전략에서 찾아야하기 때문이다. 사이버 안보 문제가 21세기 국가안보의 문제로 급속히 부상하는 속도만큼 우리 모두의 중지中智를 모아서 이 분야에서 제기되는 위협에 대한 대응방안을 궁리하는 국제정치학적 연구가 시급히 필요한 때이다.

| 제9장 |

사이버 안보 국제규범의 세계정치

1. 사이버 안보 국제규범의 복합성

사이버 안보는 그 성격상 일국 차원을 넘어서 이해해야 하는 문제이다. 사이버 위협정보를 공유하는 주변국들과의 협력과 글로벌 및 지역 차원의 규범 마련을 위한 외교적 노력이 국내적 차원의 기술역량 강화와 법제도 정비에 못지않게 중요한 문제이다. 일국 차원의 준비가 만병통치약이 될 수 없기 때문에, 피해 당사자들이 스스로 발 벗고 나서서 서로 협력하고 국제적으로 합의할 수 있는 규범을 세우려는 노력이 중요한 분야이다. 이러한 인식은 2010년대에 들어 널리 확산되어 세계 주요국들은 사이버 안보의 국제협력을 위한 전략서를 발간하고 이를 실천하는 정책을 추진하기 시작했으며, 실제로 양자 및 지역 차원의 국제협력을 강화하고 국제기구와 다자외교의 장에서도 국제규범을 도출하기 위한 활발한 논의를 벌였다. 이러한 현실을 반영하여 최근 국제정치학계에서도 다수의 연구들이 사이버 안보 분야의 난제들을 풀어가기 위한 방책으로서 국제규범의 변수에 주목하고 있다(Stevens, 2012; Schmitt and Vihul, 2014; Forsyth Jr. and Pope, 2014; Kerttunen and Kiisel, 2015).

국내 학계로 눈을 돌려 보면, 그나마 진행된 의미 있는 연구들이 대부분 탈린매뉴얼이나 유엔 GGE 활동 등과 같은 전통적인 국제법과 국제기구에만 초점을 맞추고 있어 다소 아쉽다(박노형·정명현, 2014; 2016; 장규현·임종인, 2014; 장노순, 2016). 물론 사이버 안보 문제를 풀어가는 데 있어서 국가 간 분쟁을 중재하는 국제법이나 국제기구의 틀을 원용하는 작업의 중요성은 부인할 수 없다. 그러나 초국적으로 작동하는 사이버 공간에서의 안보 문제를 국민국가의 영토적 관할권을 전제로 형성된 기존 국제규범의 틀 안에서만 보는 것은 바람직하지 않다. 다시 말해, 오프라인 공간의 전통안보 분야에서 도출된 국제규범을 온라인 공간의 사이버 안보에 그대로 적용하는 것은 무리가 아닐 수 없다. 다양한 비국가 행위자들이 전면에 나서고 있는 사이버 안보의 게임에서 문제의 책임을 국가 단위로 귀속시키는 기성 국제정치의 단순한 발상은 한계가 있을 수밖에 없다. 사이버 안보의 탈영토성과 이에 관여하는 행위자들의 다양성을 고려한 새로운 규범을 모색하는 복합적인 접근이 필요하다.

실제로 1990년대 후반 이후 사이버 안보 분야의 규범형성 문제는, 독립적 의제로 다루어졌다기보다는, 포괄적 맥락에서 본 글로벌 인터넷 거버넌스의 일부로서 취급되어왔다. 그러다가 2010년대에 들어서면서 사이버 안보의 전략적 중요성이 부쩍 인식되면서 국가 행위자들이 나서서 국제규범을 모색하는 양상이 나타났던 것이다(Mazanec, 2015). 그럼에도 아직까지 사이버 안보의 규범에 대한 국제적 합의는 마련되지 않았으며, 오히려 최근에는 더 복잡해지는 양상마저 드러내고 있다. 이 책에서 살펴본 바와 같이, 나토의 탈린매뉴얼이나 유엔 GGE 활동 이외에도 사이버공간총회, 유럽사이버범죄협약, 상하이협력기구, OSCE, ARF, ICANN, ITU 등에서도 국제규범들이 모색되고 있다. 이러한 복잡성에 주목하여 일부 국제정치학자들은 이 분야에서 나타나는 규범 모색의 양상을 '레짐 복합체regime complex'로 보기도 한다(Choucri et al., 2014; Nye, 2014). 이 장의 문제의식은 이러한 레짐 복합체에 대한 이론적 논의와 맥이 닿는다. 그러나 여기서는 레짐 복합체의 개념보다는 한발 더 나아가서, 다양한 국제규범들을 단순히 병렬적으로만 보는 데 그치지 않고 그들 규범의 구체적인 작동방식과 복합적인 아키텍처를 분석할 수 있어야 한다는 입장을 취한다.

이러한 문제의식을 바탕으로 이 장은 미국의 미디어 학자 토드 기틀린Todd Gitlin이 개발하고 미국의 언어학자 조지 레이코프George Lakoff에 의해 널리 소개된 '프레임frame'의 개념을 원용하여 논의의 실마리를 풀었다(Gitlin, 1980; 레이코프, 2007). 이들의 시각을 사이버 안보의 사례에 적용해서 보면, 현재 국제규범의 형성과정에서 동원되는 프레임은 적어도 다음과 같은 세 가지 차원에서 이해할 수 있다. 첫째, '국가 간inter-national' 프레임인데, 이는 전쟁법과 같은 국제법을 원용하거나 유엔과 같은 전통 국제기구 모델을 원형으로 한다. 둘째, '정부 간inter-governmental' 프레임인데, 이는 사이버 공격의 직접 피해 당사자인 서구 선진국들의 정부간협의체 모델 또는 지역적 기반을 공유하는 국가들의 협력체 모델을 원형으로 한다. 끝으로, '글로벌 거버넌스global governance' 프레임인데, 이는 국가 행위자 이외에도 민간 기업, 학계 전문가, 시민사회 활동가 등과 같은 다양한 비국가 행위자들이 참여하여 만드는 글로벌 거버넌스 모델을 원형으로 한다.

이렇게 세 가지 프레임을 기반으로 한 사이버 안보의 국제규범은 각기 상이한 글로벌 질서상을 상정한다. 이 장은 각 프레임이 지향하는 질서상의 내용적 차이를 좀 더 구체적으로 보여주기 위한 논의를 펼쳤다. 사실 세 가지 프레임의 질서상은 서로 다른 아키텍처와 작동방식을 지니고 있으며 21세기 질서 변환의 시대를 맞이하여 서로 경합하는 모습을 보여주고 있다. 이러한 과정에서 이 장이 특히 주목하는 것은 서로 상이하게 주장되는 국제규범 프레임의 기저에 깔린 이익과 이를 구현하기 위한 담론의 경쟁, 즉 '프레임 경쟁'이다. 사실 사이버 안보의 국제규범과 관련하여 제시되는 프레임은 단순히 중립적인 것이 아니라 이를 통해서 미래 현실을 자신에게 유리한 방향으로 재구성하려는 담론과 이익이 반영된 것이다. 실제로 사이버 안보의 국제규범 형성과정의 이면에서는 미국과 서구로 대변되는 서방 진영과 러시아와 중국으로 대변되는 비서방 진영이 각기 자신들의 이익을 반영한 프레임을 관철시키기 위한 경쟁을 벌이고 있다. 이렇게 강대국들이 벌이는 프레임 경쟁의 양상을 정확히 파악하는 일은 한국과 같은 중견국의 국가전략에서 중요한 사안이 아닐 수 없다(김상배, 2017b).

2. 사이버 안보 국제규범 경쟁의 분석틀

기존의 국제정치학은 말 그대로 '국國, nation'이라는 단위의 성격과 이들의 사이, 즉 제際, inter'의 내용을 탐구해왔다. 주류 국제정치학자들도 '국'을 기본 단위로 보는 데 의견이 일치했지만 그들의 관계, 즉 '제'의 내용, 달리 말해서 구성원리를 무엇으로 보느냐에 대해서는 의견을 달리했다. 근대 국제정치는 주권국가의 권한을 위임받은 세계정부가 없는 상태, 즉 '무정부 상태anarchy'인 것은 사실이지만 그것이 '무질서 상태'를 의미하는 것은 아닐 것이기 때문에 '정부 없는 질서상태'를 좀 더 구체적으로 규정하려는 노력이 계속되어왔다. 이러한 시도 중의 하나가 국제규범에 대한 논의이다. 국제규범에 대한 논의는, 단위들 간의 기계적 상호작용을 전제로 한 단순계로서의 '체제system', 즉 무정부 상태라고 할 수는 없지만 단위들 간의 정체성의 공유까지도 전제로 하는 공동체community에는 이르지 않은 그 중간 어디쯤에서 '형성 중인 질서order-in-making', 달리 말하면 일종의 국제 사회society의 요소를 탐구해왔다(전재성, 2011: 44; 김상배, 2014a: 319~323).

이러한 국제규범은 단위들 간의 관계를 조율하는 제도화의 의미를 넘어서 국제정치 현상의 도덕성과 당위성을 거론한다. 사실 근대 국제정치에서도 도덕적·윤리적 차원에서 부과되는 규범이 존재했다. 예를 들어, 앤드루 링클레이터Andrew Linklater는 국제정치에서 세 가지 측면에서 파악되는 규범이 있음을 주장했다. 첫째, 남을 죽이지 말아야 하는 의무처럼 상호간에 해야 하는 것이 있는데, 이는 존 롤스John Rawls가 말하는 바처럼 피해를 끼치지 말고 불필요한 고통을 가하지 말아야 할 소극적 의무로서의 자연적 의무를 의미한다. 둘째, 남이 남을 죽이는 것을 막아야 하는 의무처럼 제3자와의 관계에서 해야 하는 것이 있는데, 집단학살과 인권침해 탄압 등과 같은 비인도적 행위를 방관하지 않고 개입해야 하는 의무이다. 끝으로, 죽어가는 사람을 살려야 할 의무처럼 글로벌 차원에서 해야 하는 것이 있는데, 이는 기아 지원과 인도주의적 긴급 구호처럼 곤궁에 처한 사람들을 도와야 할 상호원조 의무로서 롤스가 말하는 적극적 의무로서의 정의의 의무이다(Linklater, 2005; Rawls, 1999).

이상의 세 가지 개념은 사이버 안보의 국제규범에도 적용 가능하다. 첫째, 남에게 해를 끼치지 말아야 하는 소극적 의무의 관점에서 보면, 타국의 시스템을 해킹하여 지적재산이나 개인정보를 절취하는 자국의 해커를 단속할 의무를 생각해볼 수 있다. 물론 정치군사적 목적으로 타국의 시스템을 해킹하지 말아야 할 의무도 여기에 해당된다. 둘째, 비인도적 행위를 방관하지 말아야 할 의무라는 관점에서 보면, 자국의 인터넷을 지나치게 통제하며 인권을 침해하는 타국의 행위에 대해서 남의 일이라고 모른 척하지 말아야 할 의무를 설정해볼 수 있다. 또는 타국의 해커들이 자국의 인프라를 제3국에 대한 사이버 공격의 경유지로 활용하는 것을 거부해야 할 의무도 여기에 해당된다. 끝으로, 어려운 사람을 도와야 하는 적극적 의무라는 관점에서 보면, 글로벌 차원에서 인터넷 환경이 지나치게 낙후되어 해킹의 경유지를 제공하는 취약점이 있는 나라와 지역을 지원해야 할 의무를 생각해볼 수 있다. 글로벌 디지털 격차 해소의 차원에서 진행되는 개도국의 사이버 안보 역량 지원사업 등이 여기에 해당된다.

이러한 방식으로 파악되는 도덕적 당위성으로서의 국제규범은 고정불변한 것이 아니라 역사상 나타난 다양한 국제정치의 패권구조 및 구성원리 등과 조응하며 변천해왔다(전재성, 2012). 21세기 세계정치에서도 미국의 패권이 쇠퇴하고 중국이 부상하면서 패권구조가 변화하고 규범의 변화가 논의되고 있으며, 더 나아가 글로벌화와 정보화의 추세 속에 비국가 행위자들이 전면에 나서면서 기존의 국민국가 중심의 질서가 변화를 겪게 되고 이를 반영하는 새로운 규범의 필요성이 제기되고 있다. 전망컨대, 새로운 규범은 기존 국제정치의 테두리를 넘어서 새롭게 부상하는 권력구조와 구성원리를 반영한 규범이 될 가능성이 높다. 특히 사이버 공간을 매개로 부상하는 글로벌 질서에 조응하는 국제규범은 여타 사례들보다 훨씬 더 복합적인 양상으로 출현할 것이다. 여기서 관건은 이렇게 복합적으로 등장할 규범의 내용을 예견하는 것이라고 할 수 있다. 이러한 국제규범 형성의 복합성을 이해하기 위해서 여기서는 국제정치의 이론적 논의에 뿌리를 두는 세 가지 프레임을 원했다.

첫째, '국가 간' 프레임으로 보는 국제규범의 형성이다. 이는 주권국가로서 국민국가 행위자를 기본단위로 설정하고 그들의 관계에서 형성되는 규범을 논한다. 이러한 국제규범의 사례로는 헤들리 불Hedley Bull이 제기했던 국제사회international society와 무정부적 사회anarchical society의 개념을 들 수 있다(Bull, 1977). 헤들리 불에 의하면, 정부가 있어야 질서가 형성될 수 있다는 국내정치의 상황과는 달리, 국가를 주요 행위자로 하는 국제정치에서는 무정부 질서 하에서도 상호간에 공유하는 규범과 규칙을 통해서 국가 간 사회, 즉 국제사회를 형성하여 질서를 유지할 수 있다. 구체적으로 근대 국제사회에서 이러한 규범과 규칙은 국가 간 권력을 향한 전쟁과 투쟁, 초국적 공감대와 갈등의 요소, 국가 간 협력과 규칙에 따른 상호작용의 요소 등을 통해서 형성된다. 전형적인 사례로서 주권국가들의 대표들이 구성하는 유엔과 같은 국제기구나 주권국가들의 합의인 국제법을 들 수 있다. 이러한 국가 간 프레임이 궁극적으로 상정하는 모델은 국민국가들로 구성되는 근대 국제질서이다. 그런데 역설적으로 21세기 세계정치에서 이러한 질서상은 개방적 글로벌화 현상에 저항하여 국가주권의 쇠퇴를 늦춰보려는 보수적인 프레임으로 이용되는 경향이 있다. 실제로 사이버 공간에서의 국가주권을 주장하는 비서방 진영과 개도국들의 주장에서 이러한 국가 간 프레임의 반反글로벌화적 경향이 발견된다.

둘째, '정부 간' 프레임으로 보는 국제규범의 형성이다. 이는 탈냉전 이후 글로벌화의 추세 속에서 초국적 문제의 해결을 위해 구성되는 '정부 간 네트워크'를 통해서 모색되는 규범을 논한다. 예를 들어, 2008년 미국발 금융위기가 세계경제를 강타한 이래 위기극복을 위한 국제공조와 함께 위기 이후 신질서를 구축하기 위한 제도적 노력의 형태로 부상한 G20 정상회의를 들 수 있다(손열 외, 2010). 이 외에도 선진국 정부들 간의 협의체인 OECD나 APEC, ASEAN 등과 같은 지역협력체를 통해서 모색되는 국제규범들도 사례이다. 이러한 규범들은 공식 국제기구는 아니면서 정부 간 공식 외교관계를 통해서 발현되며, 이해당사국들이 구성하는 일종의 '클럽 모델'에 기반을 둔다. 이러한 정부간협의체는, 이전에는 영토국가의 경계 내에 통합되어 있던 행정부, 입법부, 사법부 등의 국가 조직이 각기 초국적 차원에서 행정부의 네트워크, 의회의 네트워크, 사법과 경찰의 네트워크 등과 같이 국가의 기능이 분화되는 형태, 즉 일종의 '해산된 국가disaggregated state'의 형태로 진행되기도 한다(Slaughter, 2004). 이러한 정부 간 프레임이 상정하는 질서상은, 기본적으로는 근대 국제질서이지만, 그 운용과정에는 전 세계 모든 국가들이 동등하게 참여하는 것이 아니라 이해당사자인 선진국들이 주도하는 '부분적 국제질서'의 모델이다. G7/8, G20 등과 같은 선진국들의 정부간협의체는 이러한 양상을 반영해왔으며, 최근에는 초국적 난제들을 해결하는 과정에서 기성 질서를 유지하기 위한 수세적 논리를 대변해왔다.

끝으로, '글로벌 거버넌스' 프레임으로 보는 국제규범의 형성이다. 이는 탈근대적이고 글로벌한 난제들을 풀기 위해서 국가뿐만 아니라 다양한 비국가 행위자들도 참여하는 규범 형성을 논한다. 다양한 초국적 변화에 직면한 오늘날 다양한 행위자들이 자발적으로 참여해서 만들어내는 수평적이고 분산적인 메커니즘에 대한 관심이 커지고 있다. 이는 거번먼트Government로 대변되는 기존의 관리양식을 넘어서는 새로운 관리양식으로 거버넌스Governance에 대한 논의와 통한다(Rosenau and Czempiel, 1992). 예를 들어 사이버 안보, 인터넷 거버넌스, 디지털 경제, 글로벌 생태환경 등의 분야에서 비국가 행위자들의 역할이 증대되고 국가 행위자들은 이러한 변화를 수용할 수밖에 없는 양상이 나타나고 있다. 다양한 형태의 공공-민간 파트너십이나 정부 활동에의 민간 참여 등이 사례이다. 최근 글로벌화와 정보화, 민주화의 맥락에서 제기되는 글로벌 거버넌스에 대한 논의는 이렇게 비국가 행위자들의 역할이 커지고 있는 현상을 전제로 하고 있다. 이러한 글로벌 거버넌스 프레임이 상정하는 질서상은 국가 이외에도 다국적 기업이나 글로벌 시민사회단체 등과 같은 다양한 비국가 행위자들이 참여하는 탈脫국제질서이다. 그러나 21세기 글로벌 거버넌스 모델은 완전한 탈집중적 논리로만 작동하지 않고, 그 이면에는 사실상의 지배를 행사하는 패권국의 힘이 있다는 비판이 있어왔다.

이상에서 살펴본 바와 같이, 세 가지 프레임을 기반으로 한 국제규범의 모색은 각기 상이한 질서관념을 갖고 있으며, 심층적으로 의도하는 바도 다를 뿐만 아니라 당연히 거기서 파생되는 실천전략적 함의도 다를 수밖에 없다. 이렇게 보면 국제규범과 관련하여 제시되는 프레임은 단순히 중립적인 것이 아니라 이를 통해서 미래 현실을 자신에게 유리한 방향으로 재구성하려는 이익이 투영된 것으로 보아야 한다. 각 프레임이 궁극적으로 구현될 경우 자신에게 유리한 구조적 환경으로서 특정한 형태의 국제규범이 도출되는 결과가 예견되기 때문이다. 이를 위해 부단히 자신들의 프레임을 합리화하는 담론을 생산하고 이에 동조하는 세력을 규합하려는, 이른바 '프레임 경쟁'이 벌어진다. 좀 더 구체적으로 말하면, 기존 근대 국제질서에서는 국가 간 프레임 '내'에서 벌어진 규범경쟁이었다면, 오늘날 질서변환기의 규범경쟁에서는 어느 프레임을 플랫폼으로 삼을 것인가의 문제가 우선적 관건이 되는 '프레임 간 경쟁'이 벌어진다. 이러한 문제의식을 가지고, 이하에서는 사이버 안보 분야에서 진행되고 있는 국제규범의 프레임 경쟁이 보이는 구체적인 양상을 살펴보겠다.

3. '국가 간' 프레임으로 본 사이버 안보 국제규범

1) 기존 국제법 원용 시도: 탈린매뉴얼

전통적인 국제법(특히 전쟁법)의 틀을 원용하여 사이버 공간에서 발생하는 해킹과 공격에 대응하려는 시도의 사례로는 탈린매뉴얼Tallinn Manuel이 있다. 탈린매뉴얼은 2013년 3월 나토 CCDCOECooperative Cyber Defence Centre of Excellence 의 총괄하에 20여 명의 국제법 전문가들이 2009년부터 시작하여 3년 동안 공동연구를 거쳐 발표한 총 95개 항의 사이버전 지침서이다. 300여 페이지에 달하는 분량의 탈린매뉴얼은 현존 국제법 중에서 특히 '전쟁의 개시에 관한 법jus ad bellum'과 '전쟁 수행 중의 법jus in bello'이 사이버전에 적용가능한지 여부를 검토했다. 탈린매뉴얼이 언급하고 있는 '사이버전Cyber Warfare'은 국가들이 사이버 공간에서 적대적인 군사행위를 하는 사이버 공격, 즉 상대국의 주요 인프라나 명령 통제시스템의 파괴로 인한 인명살상과 목표물의 손상 등 물리적 타격을 의미한다. 탈린매뉴얼은 새로운 법체계를 구축하기보다는 기존 국제법의 테두리 내에서 사이버 공간에서의 무력행위를 규정하는 방식으로 탐색되었다(Schmitt, 2013; 박노형·정명현, 2014).

탈린매뉴얼의 골자는 사이버 공간에서도 전통적인 교전수칙이 적용될 수 있으며, 사이버 공격으로 인해 인명 피해가 발생할 경우 해당 국가에 대한 군사적 보복이 가능하고, 핵티비스트 등과 같은 비국가 행위자에 대해서도 보복하겠다는 것이었다. 더 나아가 사이버 공격의 배후지를 제공한 국가나 업체에 대해서도 국제법과 전쟁법을 적용하여 책임을 묻겠다는 것이었다(Schmitt, 2012). 탈린매뉴얼이 특히 주안점을 둔 이슈는 세 가지였는데, 첫째, 물리적 공격에 버금가는 '무력사용use of force'의 기준을 어떻게 설정할 것인가, 둘째, 사이버 공격에 활용된 인프라의 소재지 및 경유지의 문제를 어떻게 이해할 것인가, 끝으로, 두 나라 사이에 이루어진 복잡한 양상의 사이버 공격 행위와 관련하여 '책임소재attribution'를 어떻게 가려낼 것인가 등의 문제였다(민병원, 2017: 33). 탈린매뉴얼은 구속력이 없는 지침서의 형식이지만, 전시 민간인과 포로에 대한 보호를 규정한 제네바 협약처럼, 사이버전에도 국제법적인 교전수칙을 마련하려는 문제의식을 갖고 있었으며 이런 점에서 일종의 '정전正戰, Just War론' 의 시도라고 볼 수 있다.

그러나 탈린매뉴얼은 2007년 에스토니아 사태 이후 미국과 유럽 국가들이 중심이 되고 게다가 나토 회원국의 전문가들이 참여하여 만들어졌기 때문에, 러시아나 중국 등을 배제한 서방 진영의 시각이 주로 반영되었다는 비판을 받았다. 2015년 소니 해킹 사건 이후 미국이 북한에 대한 '비례적 대응'을 모색하는 과정에서 탈린매뉴얼의 조항들을 원용하려는 조짐을 보여서 국제적으로 주목을 끈 바 있었다. 탈린매뉴얼은 아직까지 사이버 국제법이 존재하지 않는 상황에서 규범을 제시하는 정도의 의미만을 부여받는다. 그러나 한국의 입장에서 볼 때, 기존 국제법의 틀을 적용하여 북한의 사이버 공격을 불법행위로 규정하고 이에 대해 규제할 수 있는 (국제법까지는 아니더라도 국제규범적) 근거 기준을 마련하는 의미가 있다. 이로써 중국을 북한으로부터 분리하는 효과도 기대할 수 있기 때문이다. 실제로 이와 관련하여 사이버 공격에 대한 '책임소재'의 원칙을 적용하는 문제가 관건이다. 사이버 공격의 명백한 증거가 제시될 경우 지리적으로 사이버 공격의 근원지 혹은 경유지가 된 국가는 사이버 공격에 대해서 적절한 조치를 취하는 원칙을 마련하자는 것이다. 그러나 이러한 국제법 원칙의 적용문제는 아직까지는 구체화되지 못하고 있다(신맹호, 2016).

탈린매뉴얼로 대변되는 국제법 적용의 프레임은 최근 들어 진전을 보고 있는데, 2017년 2월에는 그 두 번째 버전인 탈린매뉴얼 2.0이 발표되었다(≪보안뉴스≫, 2017.2.11). '사이버전cyber warfare에 적용 가능한 국제법'을 논한 탈린매뉴얼1.0과는 달리 탈린매뉴얼2.0은 '사이버 작전cyber operation에 적용 가능한 국제법'을 논했다. 여기서 '사이버전'이란 국가와 국가 사이에 일어나는 사이버 전쟁을 말하는 것이고, '사이버 작전'이란 국경을 넘나드는, 그러나 일국 정부의 의도와는 별개로 일어나는 각종 사이버 범죄들도 지칭한다. 탈린매뉴얼 1.0의 시도에서 보는 바와 같이, 전쟁법의 적용 문제만을 논한다면 이에 해당하는 사이버전은 아직까지 발생한 적이 없다고 보아야 할 것이다. 그렇지만 지금도 크고 작은 사이버 공격과 이로 인한 국가사회적 피해는 계속 발생하고 있다. 탈린매뉴얼2.0은 이러한 상황을 어떻게 이해할 것인가에 대한 부분적 대답을 모색한 작업이라고 평가할 수 있다. 즉, 전쟁의 수준에는 미치지 않지만 사회적으로 큰 충격이 있는 공격행위에 대한 법 적용을 어떻게 하느냐의 문제를 다루고 있다(Schmitt, 2017).

2) 전통 국제기구에서의 논의: 유엔 GGE 활동

전통 국제기구인 유엔 차원에서 사이버 안보 문제를 다루려는 움직임도 최근에 많은 주목을 받으면서 빠르게 진행되고 있다. 특히 2013년 6월에 제3차 유엔 군축 및 국제안보 위원회 산하 정보보안 관련 정부전문가그룹Group of Governmental Experts(GGE)에서 합의하여 도출한 최종 권고안에 주목할 필요가 있다. 이 안은 1998년 러시아가 제안했는데, 미국은 처음부터 러시아의 제안에 대해 동조하지 않았고 이후로도 소극적인 자세로 사이버 안보 관련 국제협력에 대응해왔다. 이후 2004년부터는 제1~2차 GGE의 포맷을 빌려 논의가 진행되었으나 인터넷의 국가통제를 강조하는 러시아나 중국과 같은 비서방 국가들과 이에 반대하는 미국의 입장이 극명히 대립했다. 그러던 것이 2013년 6월 개최된 제3차 회의에서는 전체 참여국들이 사이버 공간에서도 유엔헌장과 같은 기존 국제법이 적용될 수 있다는 점에 합의하고 이러한 규범을 어떻게 적용할 수 있는지에 대해서 지속적으로 연구하기로 합의했다(장규현·임종인, 2014: 35~38; 장노순, 2016: 10~17).

중국과 러시아는 기존의 국제법이 사이버 공간에 적용될 수 없으며, 따라서 새로운 규범에 합의하지 않는 한 사이버 공간에서의 국가행위에 대한 규율이 존재하지 않는다는 입장이었다. 그러나 제3차 GGE에 이르러서는 종전의 입장을 양보하여 기존 국제법을 사이버 공간에 적용하려는 시도에 합의했다. 한편, 미국과 유럽 국가들은 사이버 공간에서 국가주권과 불간섭원칙을 인정하는 것에 반대했지만 제3차 GGE를 계기로 사이버 공간에서의 국가책임성을 부인하지 않게 되었다. 요컨대, 기존 국제법이 사이버 공간에 적용되는지 여부에 대한 서방과 비서방 진영 간의 논란이 양 진영 모두가 조금씩 양보하는 모양새를 취하게 되었는데, 궁극적으로 최종보고서에 기존 국제법이 사이버 공간에도 적용된다고 기술함으로써 종전의 논란거리들이 일단은 해소되었다. 이 외에도 제3차 GGE 보고서는 국가들의 신뢰구축조치(CBM), 정보 교환이나 협의체 구성, 공동대응체계 개발, 역량강화 협력 등의 내용을 담았다(장규현·임종인, 2014: 38~42; 이상현, 2017: 79~82).

2015년 6월 제4차 GGE에서는 제3차 GGE 권고안을 계승하며 좀 더 진전된 합의안을 도출했다. 최종보고서는 사이버 공간의 국제규범에 관한 논의를 국제법 부문과 규범 부문으로 나누어 담았다. 국제법 부문에서는 주권평등, 국제분쟁의 평화적 해결, 국제관계에서 무력사용의 자제, 인권과 기본적 자유의 존중 및 국내문제 불간섭 등과 같은 유엔헌장과 국제법의 기본원칙이 사이버 공간에도 적용됨을 확인했다. 또한 예시적인 견해로 관할권, 국제법 원칙, 자위권, 국제인도법international humanitarian law(IHL), 대리자 및 국가책임에 관한 6개 항목을 제시했다. 그러나 이들 국제법 원칙의 선택에 대하여 서방 국가들과 비서방 국가들의 다툼이 커서 국제법이 어떻게 적용되는지에 대한 구체적 논의는 제대로 이루어지지 않았다. 한편, 규범 부문에서는 자발적이고 비구속적인 규범, 규칙 또는 원칙을 국가들이 고려하도록 국제협력, ICT사고, 제3국의 책임, 정보 교류 및 사법공조, 인권 존중, 핵심 기반시설의 보호, 공급망의 완전성 보장, 악의적 ICT 이용 확산 방지, ICT 취약성 보고, 긴급대응팀의 활동, 개도국 상황 고려에 대해 권고사항 등을 제시했다(박노형·정명현, 2016: 173).

2016년 구성된 제5차 GGE에서는 제4차 보고서에서의 합의사항은 그대로 두고, 그 내용을 보다 구체화하고 추가사항을 검토했다. 서방과 비서방 국가들의 미합의 사항으로는 다음의 세 가지가 쟁점이었다. 첫째, 자위권, 국제인도법(IHL), 대응조치counter-measure의 허용 여부이다. 비서방 측(특히 중국)은 이를 허용하게 되면 사이버 공간의 평화적 이용을 저해하며, 잠재적인 국가 간 갈등을 유발하고 오인을 초래할 가능성이 있다고 반대했다. 둘째, 사이버 테러·범죄 포함 여부이다. 비서방 측의 중국은 사이버 테러·범죄 문제를 다루는 별도의 국제법 체계를 구성할 것을 주장한 데 반해, 서방 측은 중국이 국내정치 통제에 인터넷을 수단으로 활용하는 것을 국제적으로 인정받고 아울러 서방이 제기하는 중국 내 인권문제에 대해 대응하는 수단으로 활용하기 위함이라고 반박했다. 끝으로, 인터넷 거버넌스 포함 여부이다. 비서방 측의 중국은 인터넷 거버넌스 문제가 단순한 인터넷 관리권의 문제가 아니고 유사시 특정 국가의 도메인 이름을 삭제할 수 있는 국가안보의 사항이라고 주장하며 향후 국가 행위자들이 좀 더 큰 발언권을 갖는 체제로의 변경을 주장했다(신맹호, 2016).

제5차 GGE에서는 서방 진영의 국가들 간에도 입장이 일치하지 않는 내용들이 다수 제기되었다. 첫째, '적절한 성의Due Diligence(DD)'의 성격을 규정하는 문제이다. 미국, 중국, 러시아는 제3국 책임이 국제법으로 성립되지 않은 비구속적non-binding 규범이라는 데는 입장을 같이한 데 비해, 일부 서방 국가들(한국, 일본, 핀란드, 네덜란드, 스위스, 에스토니아 등)은 제3국 책임이 국제법으로 정립된 개념이라고 보는 입장이었다. 그러나 현실적인 어려움을 고려해 제5차 GGE 보고서의 기존 문안을 대체로 수용하는 방향으로 정리되었다. 둘째, 사이버 기술 수출통제 및 비정부 행위자에 대한 공격적 사이버 무기의 사용금지와 관련된 규범을 마련하는 것도 쟁점이다. 이는 프랑스가 제안한 사항으로 비서방 국가들 및 일부 서방 국가들이 지원하고 있다. 끝으로, 데이터 관할권의 문제이다. 비서방 국가들이 강하게 주장하며, 일부 서방 국가들도 논의를 시작할 필요가 있다고 인정하고 있다. 이와 더불어 유엔 GGE 활동의 미래도 관건이었는데, 2017년 6월에 마무리할 예정으로 진행된 제5차 회의를 마지막으로 GGE를 끝낼 것인지, 아니면 제6차 GGE로 지속할 것인지의 문제, 즉 이른바 '포스트-GGE'에 대한 논의도 진행되었다(신맹호, 2016).

제5차 GGE 회의 과정에서 제기되었던 서방과 비서방 진영의 입장 차이를 살펴보면, 서방 측은 기존 국제법이 사이버 공간에 적용된다는 전제하에 대응조치, 자위권, 국제인도법의 적용을 명시해야 한다는 점을 지속적으로 주장한 반면, 중국과 러시아를 비롯하여 쿠바, 이집트 등은 자칫 사이버 공간의 전장화를 야기할 수 있다는 점을 들어 반대했다. 중·러 등은 사이버 공간에 대한 논의가 서방 측 중심으로 이루어지고 있는 것을 견제하고 중·러에 우호적인 국가들의 참여를 도모하기 위해 유엔 산하 국가중심협의체, 즉 개방형 워킹그룹의 창설을 여타 9개국과 공동으로 제안했으나 이에 대해 서방 측이 논의의 효율성 저하 등의 이유로 반대다. 결국 2017년 6월 최종 4세션에서 두 의제 사이의 거래를 통해 타협점이 모색될 수 있을 것이라는 예측과는 달리, 양측의 의견이 지속적으로 대립하여 보고서 채택에 실패했다. 최종회의에서 합의 도출에 실패한 핵심 의제는 국제법 적용 및 향후 계획이었는데, 특히 미국은 이미 2015년 보고서를 근거로 자국에 유리하게 국제법 해석을 할 수 있는 상황에서 중국과 러시아 등이 주장하는 개방형 워킹그룹 창설 및 유엔의 역할 확대를 수용할 의지가 없었으며, 중국과 러시아도 상세화된 국제법적 요소를 수용할 의지가 없는 상황이었다.

이상에서 살펴본 일련의 전개과정에서 유엔 GGE의 임무가 제3차에서 제4차와 제5차 회의로 진행되면서 변화하고 있음에 주목할 필요가 있다. 제3차 GGE 이후 러시아나 중국은 사이버 공간에 새로운 법을 만들어야 한다는 주장을 포기하고, 기존의 국제법을 적용하는 데 합의한 것으로 보인다. 따라서 제4~5차 GGE에서는 사이버 공간의 특별한 성격을 고려했을 때 어떤 국제법을 적용해야 할 것이냐의 문제가 쟁점이었다. 이 문제에 대해서 서방 측은 조심스럽게 접근했는데, 자발적이고 비구속적인 국제 관습법의 개발은 인정하지만 조약 수준의 국제법을 제정하는 일은 어렵다는 것이 서방 측의 기본 입장이었다. 서방 측은 아직 창발 중인 이슈에 대해서 전 세계 190여 개 국가들이 무엇을 합의할 수 있겠느냐는 회의론을 제시했다.

사실 제5차 회의까지 진행되는 동안, GGE의 주요 임무는 사이버 공간에 적용되는 국제법을 새로 제정하는 문제가 아니라 기존의 국제법을 사이버 공간의 이슈에 적용하면 무엇이 문제인지를 검토하는 데 한정되어 있었다. 이러한 GGE의 논의가 주는 유용성은 국가행동을 규제하는 국제법의 개발과 적용 그 자체보다는 사이버 공간에서의 일탈적 행위와 국가의 책임 있는 행동에 대한 규범적 판단의 근거를 마련하는 데 있다고 할 수 있다. 초국적이고 탈영토적인 성격을 지닌 사이버 공간에서의 일탈적 문제에 근대적인 영토적 관할권의 개념을 기반으로 하여 성립된 국제법(전쟁법)을 실증적으로 적용하는 것에 여러 가지 문제가 표출되고 있는 실정이 반영된 기대라고 할 수 있다(김소정, 2016; 박노형, 2017).

4. '정부 간' 프레임으로 본 사이버 안보 국제규범

1) 사이버공간총회와 유럽사이버범죄협약

2011년에 시작된 사이버공간총회Conference on Cyberspace는 사이버 안보의 직접적인 이해당사국의 정부 대표들이 나서 국제규범에 대해 논의하는 '선진국 클럽모델'의 대표적인 사례이다. 사이버공간총회는 OECD 국가들을 중심으로 하는 선진국 정부간협의체를 기반으로 개최되었는데, 사이버 공간이라는 포괄적 의제를 명시적으로 내건 본격적인 논의의 장이 출현했다는 의미를 가진다. 유엔을 중심으로 한 GGE 활동이 '국가 간'의 틀을 빌려서 '안보' 문제에 주안점을 둔 것과는 달리, 사이버공간총회는 각국 정부가 주도했지만 다양한 민간 행위자들도 모두 참여시켜 사이버 안보 문제 이외에도 다양한 의제를 포괄적으로 논의하는 장을 마련하려는 문제의식에서 출발했다. 따라서 사이버공간총회는 정치외교적 합의 도출을 목표로 할 뿐만 아니라 사이버 공간에서의 인권, 경제사회적 이익 등을 포함한 균형적 논의를 지향한다. 현재까지 네 차례에 걸쳐 회의를 진행하는 동안 참여자들도 늘어나고 논의도 활발하게 이루어지고 있지만, 공식적인 국제기구가 아닌 포럼 형식이라는 점, 뚜렷한 주관자가 없이 그때그때 주최국의 구성에 따라 회의가 진행된다는 점 등이 그 위상을 다소 모호하게 만든다는 비판도 없지 않다. 사이버공간총회 결과물로 의장선언문을 채택하기는 하지만, 이것이 각국을 구속하는 효력을 갖지는 못한다(배영자, 2017: 105~106).

제1차 사이버공간총회는 뮌헨안보회의에서 영국이 그 필요성을 제기한 이후 2011년 런던에서 개최되었다. 런던 회의에서는 60개국 70여 명의 정부 관계자, 비정부기구 대표 등이 모여 글로벌 인터넷 거버넌스의 쟁점들을 다루었는데, 특히 '사이버 공간에서 수용할 만한 행태를 위한 규범'을 주제로 하여 경제성장과 개발, 사회적 혜택, 사이버 범죄, 안전하고 신뢰할 수 있는 접속, 국제안보 등의 다섯 가지 세부 의제를 논의했으며, 주로 사이버 공간의 문제에 대한 국제적 공감대를 형성하고 국가 간 협력과 국제적 행동의 가능성을 확인한 회의로 평가된다. 제2차 총회는 2012년에 헝가리의 부다페스트에서 열렸는데, 사이버 공간에서의 자유, 국가 행위, 인터넷 거버넌스 등에 대해 다양한 논의를 펼쳤으나 이렇다 할 결론을 도출하지는 못하고 각국의 입장 차이만을 확인하는 수준에 그쳤다.

제3차 총회는 2013년 10월 서울에서 열렸는데, 총괄 의제로 '개방적이고 안전한 사이버 공간을 활용한 글로벌 번영: 기회, 위협, 협력'을 제시했으며, 패널 토의 주제로 경제성장과 발전, 사회문화적 혜택, 사이버 안보, 국제안보, 사이버 범죄, 역량개발 등의 여섯 가지가 제시되었다. 유엔 GGE의 권고안을 확장한 '사이버 안보에 관한 서울 프레임워크'를 발표했으며, 역량강화 의제 신설 등의 성과를 거두었다(표 9-1 참조). 서방 국가들의 주도로 시작된 사이버

표 9-1 2013년 서울 사이버공간총회 의제

구분		제목 및 주요 내용
대의제		Global Prosperity Through an Open and Secure Cyberspace: Opportunities, Threats and Cooperation
패널 토의 주제	의제1	Economic Growth and Development (공정경쟁, 저작권 보호, 인터넷 경제성장 사례 공유 등)
	의제2	Social and Cultural Benefits (온라인상 표현의 자유, 인권, 문화적 혜택 공유 등)
	의제3	Cyber Security (개인정보보호, 음란물, 스팸차단, DDoS, 악성코드 방어 등)
	의제4	International Security (신뢰 구축을 위한 잠재적 위험 대응, 국제협약 등)
	의제5	Cyber Crime (불법행위 및 사이버공격 등 범죄행위에 대한 수사 공조, 법제화 등)
	의제6	Capacity Building (개도국, 여성, 노인, 아동 등 역량강화 지원 및 협력)

공간총회에 대한 러시아나 중국의 호응을 얻어내는 것이 큰 과제였는데, 서울 총회에서는 이들 모두의 참여를 이끌어내는 성과를 거두었다. 또한 한국의 입장에서 볼 때, 서울이 런던과 부다페스트 등의 유럽 국가들의 수도에 이어 사이버공간총회를 유치하여 성공적으로 개최했다는 사실은 중견국 사이버 외교의 의미 있는 성과라고 할 수 있다(김소정, 2016).

제4차 총회는 2015년에 네덜란드의 헤이그에서 개최되었다. 90여 개국 대표 및 20여 개 국제기구 대표, 각국 기업과 시민사회 대표 등 1700여 명이 참석한 역대 최대 규모로 개최되었다. 서울 회의가 각국 대표들의 연설을 중심으로 진행된 것에 반해, 헤이그 회의는 다양한 주제의 토론 세션을 중심으로 진행되었다. 사이버 전문가 글로벌 포럼Global Forum on Cyber Expertise(GFCE)의 설립과 글로벌 정보보호센터 지원 사업 등이 제안되는 성과를 거두었다. 사이버 공간에서의 국제규범에 대한 논의의 촉구, 특히 프라이버시에 대한 논의 추가, 인터넷 거버넌스를 포함한 사이버 안보 역량강화 등이 논의되었다. 제5차 사이버공간총회는 2017년 인도에서 개최될 예정이다(배영자, 2017: 116~118).

사이버공간총회와 유사한 프레임을 지닌 선진국 정부간협의체인 OECD에서의 인터넷 거버넌스와 사이버 안보, 특히 개인정보보호 논의에도 주목해야 한다. 31개국을 회원국으로 하는 OECD는 지속가능한 경제발전과 실업 및 세계무역 문제를 다루는 관점에서 ICT가 전자상거래와 인터넷 경제의 미래에 미치는 영향에 대해 관심을 보여왔다. 또한 OECD는 1980년 사생활 및 개인 정보의 국경 간 이동 보호에 관한 지침을 채택하는 등 정보사회의 새로운 문제들을 논의하기 시작했다. 1982년 4월에는 정보통신정책위원회를 설립했고 통신 인프라 및 서비스정책 작업반, 정보경제 작업반, 정보보호 작업반, 정보 사회지표 작업반 등 산하 작업반을 중심으로 정보사회의 문제들을 다루어왔다. 특히 정보보호 작업반은 사이버 공간의 안전과 보안, 개인정보 보호, 회원국의 사이버 안보 전략 등의 관련 이슈를 중점적으로 논의해왔다. 최근에는 사이버 안보에 대한 국가별 전략을 비교하는 작업과 2002년 만들어진 정보보호 가이드라인에 대한 검토 작업을 진행했다. 2015년에는 "경제적·사회적 번영을 위한 디지털 안보 위험의 관리"에 대한 OECD 권고안이 발표되었다(김상배, 2014a: 578).

사실 이렇게 서방 선진국들이 중심이 되어 사이버 공간의 범죄나 위협에 공동으로 대처하려는 사례의 역사는 좀 더 길다. 초창기 사이버 범죄에 대응해서 각국 정부들이 나서 상호 간의 법제도를 조율하는 정부 간 네트워크를 구성한 초기 사례로는 미국과 유럽평의회Council of Europe의 주도로 2001년 조인된 유럽사이버범죄협약European Convention on Cybercrime(COC), 즉 일명 부다페스트협약이 있다. 부다페스트협약은 2001년 11월 23일 48개국의 서명으로 시작되었으며 2004년 7월 1일에 발효되었다. 2017년 5월 현재 유럽 국가들 이외에 미국, 캐나다, 일본 등을 포함한 59개국이 가입되어 있고 이 중에서 55개국이 비준했으나 러시아나 중국 등은 미온적 반응을 보이고 있으며, 한국은 아직 가입하지 않고 있다(Brenner, 2007; Council of Europe, 2017).

부다페스트협약은 사이버 범죄와 관련된 종합적인 내용을 포괄하고 있으며, 법적으로 구속력을 갖는 최초의 국제협약으로서 범죄행위 규정, 절차법, 국제협력 등에 대한 내용을 담고 있다. 첫째, 범죄행위 규정과 관련하여 컴퓨터 범죄의 4개 유형인 사기와 위조, 아동포르노, 지적재산권 침해, 해킹과 자료절취 등에 대해 국내법으로 규정해 제재를 부과했다. 둘째, 절차법과 관련하여 컴퓨터 범죄를 탐지·수사·기소하기 위한 국내절차를 마련했는데, 절차적으로 어떤 사이버 범죄든 이와 연루된 개인들로부터 협력을 강제할 수 있으며 소송, 증거 보존, 수색 및 압수 등과 관련된 권한을 협약국에 부여했다. 끝으로, 사이버 범죄에 대응하기 위해 각국 국내법의 조화 및 국제 수사공조 강화를 규정했다. 여러 나라의 사이버 범죄 조목을 일관되게 함으로써 사이버 범죄와 관련하여 피해를 본 국가가 범죄자가 있는 국가에 이를 고발하면 해당 국가가 처벌할 수 있도록 하자는 취지인데, 상호사법공조협약, POCPoint of Contact 공유 등의 내용을 담았다(장윤식, 2017).

부다페스트협약은 각국의 사이버 범죄에 대한 법제도 개혁을 유발하는 계기를 제공했다는 평가를 받는다. 2006년을 기점으로 유럽평의회는 부다페스트협약을 내실화하기 위해 '사이버 범죄에 대한 글로벌 프로젝트'를 출범시켜 120여 개 나라에 사이버 범죄 관련법과 제도개혁을 권고했다. 유엔 총회에서도 사이버 범죄 수사와 기소를 위한 법제도의 모범사례로서 부다페스트협약이 언급되기도 했다. 그러나 부다페스트협약은 가입조건이 상대적으로 까다로운 데다가 서방 중심의 규범설정이라는 비판을 받고 있어, 전 세계 59개국이 참여하고 있음에도 불구하고 아직까지 보편적인 국제규범의 역할을 하고 있지는 못하다. 미국과 서구 국가들이 사이버 공간의 자유로운 정보 유통을 보호하기 위해서 사이버 범죄를 통제하자는 입장을 취하고 있는 데 비해, 러시아나 중국 등은 미온적인 반응을 보이고 있다. 게다가 부다페스트협약의 노력은 국가가 중심이 되다 보니 민간 행위자들을 참여자로 끌어들이는 데 한계가 있다는 지적도 제기된다(장윤식, 2017).

2) 상하이협력기구와 기타 지역협력기구

상하이협력기구Shanghai Cooperation Organization(SCO)는 중국, 러시아, 우즈베키스탄, 카자흐스탄, 키르기스스탄, 타지키스탄의 6개국 정상들이 2001년 7월에 설립한 지역협력기구이다. 2015년 7월 인도와 파키스탄이 회원국이 되었고 아프가니스탄, 이란, 몽골, 벨라루스가 준회원국으로 활동하게 되었다. 상대적으로 느슨한 안보협력체제에서 출발했지만 2012년 이후부터 나토에 준하는 협력모델로 언급되기 시작했다. 그러나 회원국 간의 정치적 이해와 입장이 상당히 다르고 중국과 러시아가 주도권을 두고 갈등이 심하기 때문에 나토와 같은 수준의 집단안보체제로의 발전은 쉽지 않을 것으로 예상되었다. 그럼에도 사이버 안보의 국제규범 과정에서 상하이협력기구에 주목하는 이유는 미국과 유럽 국가들의 입장에 반론을 제기하는 러시아나 중국 등의 프레임을 대변하기 때문이다.

실제로 상하이협력기구는 2000년대 중반부터 사이버 안보를 위한 지역협력을 강조하고 있다. 2009년 6월에는 러시아 예카테린부르크에서 열린 상하이협력기구 정상회담에서 '국제정보보안강화협력에 대한 협정(일명 예카테린부르크협정)'을 체결했는데, 사이버 공간의 주요 위협에 대한 정의, 국가이익과 관련된 ICT의 사용, 사이버 안보에 관한 포괄적 지역협정의 청사진 제시 등의 내용을 담고 있다. 이 협정은 국가주권을 강조하면서 사이버 공간에서도 국가의 통제가 필요하며 사이버 공간의 군사화를 반대한다는 주장을 담고자 했다. 또한 이는 가입국의 정보보안을 확보하고 평화와 협력, 조화가 실현되는 사이버 공간을 조성하기 위해 가입국 간 협력의 법적·조직적 근거를 확보하는 것을 목적으로 하면서, 인터넷에 대한 회원국의 주권을 보장하고 안정된 글로벌 사이버 안보 문화를 형성해야 한다고 강조했다. 아울러 기존의 정치, 역사, 문화적 특수성에 대한 존중의 입장을 표명했는데, 이는 사이버 안보의 문제에 대한 러시아와 중국 등의 입장을 반영하는 것이었다(조성렬, 2016: 389~390; 방송통신위원회 외, 2012).

2011년 9월에는 러시아, 중국, 타지키스탄, 우즈베키스탄 4개국의 유엔 대표들이 유럽사이버범죄협약에 반대하면서 제66차 유엔총회에서 '국제정보보안행동규약International Code of Conduct for Information Security' 초안을 유엔총회에 제출했다. 이 제안은 예카테린부르크 협정에서 제기된 주장을 계승했는데, ICT를 국제평화나 안보에 대한 위협, 침해, 적대적 행위에 사용하는 것을 제한하기 위해 국가가 인터넷을 통제해야 한다는 주장을 담고 있다. 또한 사이버 안보의 주된 위협을 사이버 무기 개발 및 사용을 통한 정보전 준비와 실행으로 규정했으며, 다른 국가들의 정치·경제 체제, 사회·문화 환경을 불안정하게 만드는 행위를 위협으로 간주하고 이를 막기 위해 노력해야 한다고 주장했다(정종필·조윤영. 2017: 193). 당시 러시아 외교부는 "우리가 먼저 선제적으로 대응하여 서방의 수중에서 주도권을 뺏어왔다. 전 세계는 우리가 제정한 규칙에 대하여 논의하게 될 것이고 영국은 대회[2011년 영국 런던에서 열린 사이버공간총회를 의미]의 의제를 바꿀 수밖에 없을 것"이라고 논평했다(参考消息网, 2011.11.2).

이후 2015년 1월에는 카자흐스탄과 키르기스스탄이 추가로 참여해 6개국이 합의한 '국제정보보안행동규약' 개정안을 제69차 유엔총회에 제출했다. 이는 2011년에 유엔총회에 제출한 행동규약을 수정·보완한 것으로 사이버 공간에서의 국가의 역할 강화를 강조했으며, 사이버 공간에 대한 국가주권의 적용 범위를 확장하여 검열 및 정보차단의 여지를 남기고 인권 제한의 가능성을 명시했다. 국제법 적용문제와 관련하여 이 안은 2013년 제3차 GGE 최종보고서에서 합의된 기존 국제법, 특히 유엔헌장의 적용이라는 문구를 생략한 채 기존 국제법과 관련된 규범만을 언급함으로써 기존 국제법의 직접 적용보다는 새로운 국제법의 채택을 염두에 두고 있는 속내를 드러내기도 했다. 러시아는 2015년 브릭스(BRICS) 정상회의와 상하이협력기구 정상회의에서도 이러한 행동규약을 제출함으로써 사이버 안보 및 거버넌스를 포괄하는 형태의 새로운 국제법 창출을 지속적으로 주장했다(배영자, 2017: 124~125).

이 밖에도 CIS_{Commonwealth of Independent States}와 CSTO_{Collective Security Treaty Organization}와 같이 러시아가 주도하는 지역협력기구 차원에서 이루어지는 사이버 안보에 대한 논의에 주목할 필요가 있다. 이 중에서 특히 CIS의 경우, 러시아 정부는 사이버 테러 및 컴퓨터 범죄와 관련하여 CIS 구성원들과 협력하여 관련법의 정비를 진행했는데, 1996년 2월 제7차 CIS 연합의회 전체회의에서는 기본 형법을 채택하는 과정에서 컴퓨터 범죄에 대한 형사상의 책임을 적시했고, 2001년 6월 컴퓨터 정보영역에서의 범죄에 대한 CIS 국가들 간의 협력협정을 벨라루스의 수도인 민스크에서 맺었다. 이를 통해 러시아와 우크라이나, 벨라루스, 카자흐스탄 등 CIS 주요국들이 관련 법령을 통합하여 사이버 테러와 컴퓨터 관련 범죄에 힘을 모아 대응하는 새로운 체제를 구축했다(신범식, 2017). CIS협정은 사이버 범죄 중심의 규범 형성을 논의하고 있는데, 이는 테러리즘과 사이버전 등을 포함하는 정보보안의 문제까지도 다루는 상하이협력기구 차원의 규범 형성과 대비된다. 한편, CSTO 국가들 간에는 정보보안 증진 체제를 구축하기 위한 연합행동 프로그램이 실행되고 있다.

이상에서 언급한 프레임 이외에도 유럽과 아태 지역협력기구 차원에서 진행되는 사이버 안보 국제규범이나 사이버 범죄 관련 협약에도 주목할 필요가 있다. 먼저 OSCE_{Organization for Security and Cooperation in Europe} 차원에서 진행되는 국제규범에 대한 논의이다. OSCE는 안보협력을 위해 유럽과 중앙아시아, 북아메리카 등의 57개 국가가 가입되어 있는 세계에서 가장 큰 정부간협력체로서 1975년 8월 헬싱키 협정에 의해 CSCE_{Conference on Security and Cooperation in Europe}로 시작했으며 1995년 1월 OSCE로 변경되었다. 현재 OSCE는 냉전기 동서 간의 신뢰구축을 통해 유럽의 공동안보와 협력을 추구한 경험을 사이버 공간에서의 위협요소 감축과 신뢰구축에 활용하기 위해 노력 중이다. 2012년 4월 이래 OSCE는 비공식 워킹그룹을 설립하고 정보통신과 사이버 분야의 신뢰구축방안에 관해 논의하고 있다. 2013년 12월에는 첫 번째 조치로 회원국 간에 사이버 안보 분야의 신뢰를 구축하기 위한 기본 11개 원칙에 대한 합의

안을 내기도 했다. 그러나 핵안보 분야의 군축과 사이버 안보는 본질적인 측면에서 다르기 때문에 일방적인 군축 개념을 사이버 안보 분야에 적용하기 어렵다는 회의적인 시각도 존재한다(신성호, 2017: 165~166).

유럽지역 이외의 기타 지역협력기구에서도 사이버 안보의 국제규범에 대한 논의가 진행되고 있음에 주목할 필요가 있다. 아태지역에서는 ARF_{ASEAN Regional Forum}의 틀을 빌려 신뢰구축조치 워크숍을 개최하고 사이버 안보를 증진하기 위한 공동선언을 채택하는 등 각종 사이버 안보 현안에 대해서 논의하고 있다. 미주지역은 OAS_{Organization of American States}가 사이버 범죄와 기타 조직범죄를 다루는 공동의 틀을 만들기 위한 노력을 벌이고 있다. 중동 지역의 LAS_{League of Arab States}에서도 사이버 범죄에 대한 규범 형성이 협의되어 LAS 협정을 체결했다. AU_{African Union}도 아프리카의 맥락에서 AU 협정 초안을 마련했는데, 사이버 범죄 이외에도 사이버 안보 이슈 일반을 다루지만 국제협력과 관련된 내용은 부재하다. 그러나 이들 협약의 대부분은 범죄화, 절차권한, 전자증거, 관할, 국제공조, 서비스 제공자의 책무 등과 같은 사이버 범죄 관련 규정에 초점을 맞추고 있어서, 상하이협력기구 등과 같이 러시아가 주도하는 지역협력기구가 서방 진영에 대한 대항의 차원에서 국제정보보안 문제에 관한 논의를 펼치는 것과 대비된다(김소정, 2016).

5. '글로벌 거버넌스' 프레임으로 본 사이버 안보 국제규범

1) 다중이해당사자주의 모델: ICANN

사이버 안보의 국제규범에 대한 논의를 제대로 이해하기 위해서는 사이버 안보 그 자체가 주요 관건으로 부상한 2010년대 이후의 규범 형성에 대한 논의보다 좀 더 장기적인 시각에서 문제를 보아야 한다. 사이버 안보 문제는 지난 수년 동안 국가 간 분쟁과 정부 간 협력의 이슈로 부상하기 전에는 민간 행위자들이 나서서 글로벌 인터넷 거버넌스의 일부로서 다루던 문제였다. 사실 인터넷 거버넌스의 기본 골격은 국제기구의 장에서 정부 대표들의 합의에 의해서 이루어진 것이 아니라 시민사회, 인터넷 전문가들과 민간사업자, 학계, 국제기구 전문가들이 자율적으로 구축한 메커니즘을 통해서 이루어졌다. 그러던 중 러시아의 문제제기로 2010년대 초반부터 국가 간 포맷인 유엔 GGE에서 사이버 안보 문제를 논하고 사이버공간총회와 같은 정부간협의체가 본격적인 조명을 받게 되었던 것이다. 이러한 맥락에서 보면, 다양한 경로를 통해서 복합적으로 진행되고 있는 사이버 안보 분야의 글로벌 거버넌스 과정을 면밀히 살펴보는 것이 필요할 것이다.

미국을 중심으로 시작된 초기 인터넷 분야의 제도 형성 과정에는 자율적 거버넌스를 옹호하는 비국가 행위자들이 중요한 역할을 담당했다. 이러한 면모를 잘 보여주는 사례가, 초창기부터 인터넷을 관리해온 미국 소재 비영리 민간기관인 ICANN Internet Corporation for Assigned Names and Numbers이다. ICANN의 주요 업무로는 도메인이름체계(DNS), 루트서버 관리, 최상위도메인 생성 및 관리기관 위임, DNS루트서버, 도메인 및 IP주소 관련 정책개발 등이 있다. 여러모로 보아 ICANN은 개인, 전문가 그룹, 민간 기업, 시민사회 등이 다양하게 참여하는 글로벌 거버넌스의 실험대라고 할 수 있다. ICANN은 1998년에 미국 상무성 주도로 비영리 민간법인으로 설립되었지만, 2009년에 이르러 미 상무성과 인터넷주소관리체계에 자율성을 부여하는 AOC Affirmation of Commitments를 체결함으로써 다수의 이해관계자가 참여하는 글로벌 관리체제로 전환한 바 있다(박윤정, 2016).

그러나 초창기부터 ICANN은 지나치게 미국을 중심으로 움직이고 있다는 비판을 받았으며, 따라서 이른바 ICANN 개혁 문제는 줄곧 논란거리가 되어왔다. 예를 들어 중국, 브라질, 이란, 사우디아라비아 등은 인터넷 거버넌스 분야에 새로운 국제기구가 필요하다는 주장을 펼쳤다. 이들 주장의 핵심은 미국

정부의 관리와 감독을 받을 수밖에 없는 기존 ICANN 체제의 개혁에 있었다. 인터넷 발전의 초기에는 선발주자로서 미국의 영향력을 인정할 수밖에 없었지만 인터넷이 글로벌하게 확산되고 다양한 국가 간 이해관계의 대립이 첨예해지면서 여태까지 용인되었던 관리방식의 정당성을 문제삼을 수밖에 없게 되었다는 것이다. 특히 이러한 움직임은 인터넷 초창기에는 상대적으로 뒤로 물러서 있던 전통적인 국가 행위자들이 인터넷 거버넌스의 전면으로 나서려는 문제의식과 밀접하게 맞물렸다. 다시 말해, 인터넷 거버넌스의 진행 과정에 국가 행위자들이 영토적 주권을 좀 더 적극적으로 주창해야 한다는 것이었다(김상배, 2014a: 567~577).

이렇게 논란이 벌어지던 와중에 에드워드 스노든의 폭로로 수세에 몰린 미국은 2014년 ICANN 감독 권한을 각국 정부와 아무런 관계가 없는 이해당사자들로 구성된 감시기구에 넘길 계획을 발표하기에 이르렀다. 미국 정부가 ICANN에 대한 감독권한을 넘긴다고 하는 경우 가장 큰 쟁점은 IANAInternet Assigned Numbers Authority 관리권한의 이양 문제였는데 결국 2016년 10월에 미국 정부가 인터넷 주소에 대한 관리권한을 46년 만에 내려놓았다. IANA는 크게 보아 IP주소, 도메인네임, 프로토콜 파라미터 분야에 대한 관리기능을 의미하는데, IP주소나 프로토콜 파라미터 분야는 기술적이고 비정치적인 분야로 보아 권한이전에 관해 큰 논란은 없으나, 도메인 이름은 일반적인 이용자가 인터넷에 접속하는 수단이고 상표권, 표현의 자유 등의 법률적 이슈도 존재하기 때문에 각국 정부도 국가적인 이해관계를 가지고 접근했다. 결국 미국은 이러한 IANA 관리권한을 민간에 이양하고 다중이해당사자 커뮤니티에서 그에 관한 논의를 하라고 주문했다(배영자, 2017: 126~127; ≪경향비즈≫, 2014.3.15).

이러한 논의과정에서 흥미로운 것은 IANA 권한 이양에 관한 논의를 이른바 '다중이해당사자주의multistakeholderism'라는 개념하에 다양한 이해당사자가 동등하게 참여하여 진행하라고 주문했다는 점이다. 이러한 메커니즘은 1국 1표의 원칙하에서 국가 간 합의로 의사결정을 하는 유엔과 같은 국제기구의 경우와 사뭇 다르다. 이러한 방식은 조약과 같은 국가 간 합의에 의해 규범을 형성하는 것이 아니라 정부, 시민사회, 민간이 동등한 자격으로 지속적인 대화와 토론을 통하여 원칙, 규범, 의사결정 절차 등을 형성하는 것이다. 따라서 이러한 거버넌스 체계에서는 평소 인터넷 커뮤니티에 대한 관심과 기여가 중요하게 평가되고 커뮤니티의 의견 형성과정에 꾸준하고도 적극적인 참여가 필요하게 된다. 그런데 이러한 모델은 미국 정부가 뒤에서 사실상 패권을 발휘하고 있다는 비판을 받아왔다. 이에 따라 이러한 모델에 대해서 인터넷 초창기에는 상대적으로 뒤로 물러서 있던 국가 행위자들이 좀 더 적극적으로 나서 전통 국제기구의 틀을 활용해야만 한다는 '국가간다자주의multilateralism,' 좀 더 엄격하게 말하면 '기존 국제기구의 외연확대 모델'이 대두되었던 것이다 (DeNardis, 2013).

2) '국가간다자주의' 모델: ITU/WSIS/IGF

ICANN의 대안을 모색하려는 움직임은 기존 국제기구들이 인터넷 거버넌스 분야에 진출하면서 새로운 국면을 맞았다. 특히 전통적으로 전기통신 분야의 국제기구로 활동해온 유엔 산하의 ITU가 민첩하게 움직였다. ITU는 1932년 유선전신에 대한 국제 협력을 도모하기 위해 설립되었으며, 기술이 발달하면서 영역이 유무선 전기통신뿐만 아니라 전파통신, 위성, 방송 분야 전반으로 확장되어왔다. ITU가 인터넷 거버넌스 분야로 뛰어든 계기는 2003년에 제네바와 2005년에 튀니스에서 두 차례에 걸쳐서 열린 바 있는 WSISWorld Summit on Information Society에서 마련되었다. WSIS의 준비과정과 본 회의에서는 다양한 이슈가 제기되었는데, 그중에서도 향후 인터넷을 누가 어떻게 관리할 것이냐의 문제와 함께 미국의 영향력 아래 놓여 있는 ICANN의 개혁이 가장 큰 쟁점이었다. 주로 네트워크 보안의 신뢰성 강화, 프라이버시 및 고객보호, 범죄와 테러 목적으로의 사용 예방, 스팸 대응 등이 다루어졌다. 그러나 WSIS

표 9-2 IGF 개회 현황

회차	연도	개최지	대주제
제1차	2006	그리스(아테네)	발전을 위한 인터넷 거버넌스: 접근성·다양성·개방성·보안
제2차	2007	브라질(리우데자네이루)	주요 인터넷 자원
제3차	2008	인도(하이데라바드)	모두를 위한 인터넷
제4차	2009	이집트(샤름엘셰이크)	인터넷 거버넌스·모두를 위한 기회 창조
제5차	2010	리투아니아(빌뉴스)	IGF2010: 함께 발전하는 미래
제6차	2011	케냐(나이로비)	변화를 위한 촉매제로 인터넷·접근·발전·자유·혁신
제7차	2012	아제르바이잔(바쿠)	지속가능한 인류·경제·사회 발전을 위한 인터넷 거버넌스
제8차	2013	인도네시아(발리)	성장 및 지속가능한 발전을 위한 다자간 협력 강화
제9차	2014	터키(이스탄불)	강화된 다중이해당사자를 기반으로 한 인터넷 거버넌스를 위한 대륙 간 연결
제10차	2015	브라질(후앙페소아)	인터넷 거버넌스의 진화: 지속가능한 발전
제11차	2016	멕시코(과달라하라)	인터넷 거버넌스 포럼 2016: 통합·지속성장 가능성

는 ICANN의 개혁방안을 마련하는 데까지는 이르지 못하고 폐회되었는데, 그 대신에 인터넷 관련 정책에 대한 지속적인 토론을 위한 장으로서 IGFInternet Governance Forum를 마련했다(김상배, 2014a: 577~578).

IGF는 2005년 튀니지 WSIS 합의에 따라 2006년 설립된 유엔 산하 국제포럼이다. 미국 주도의 인터넷 주소관리에 불만을 가진 국가들을 위해 인터넷 전반의 공공정책 이슈를 한시적으로 논의하기 위한 장으로 설립되었으며, 정부, 민간, 시민단체, 국제기구 등 다양한 이해관계자들이 함께 모여 인터넷 현안에 대해 논의하는 공개 포럼의 형태로 진행되었다. 2006년 그리스 제1차 IGF 이래 매년 개최되었는데, 2016년 멕시코 과달라하라 회의에 이르기까지 모두 11회가 개최되면서 인터넷 주소자원, 사이버 안보, 개도국 역량강화, 인터넷과 인권 등 인터넷 전반의 공공정책 이슈가 폭넓게 논의되고 있다. 그러나 워크숍 등이 동시다발적으로 진행되는 등 다루는 이슈가 다소 광범위하며, 포럼을 통해 도출되는 결과물의 구속력이 없다는 지적이 지속적으로 제기되었다(표 9-2 참조).

한편, 사이버 공간과 관련한 ITU의 활동은 크게 인터넷 거버넌스와 사이버 안보 의제를 중심으로 전개되었다. 특히 2003년 ITU가 WSIS를 개최한 이래 사이버 공간의 안보와 관련된 ITU의 역할은 계속 확장되어왔다. WSIS 개최 이전까지 ITU에서는 사이버 안보 의제가 사실상 거론되지 않았으며, 인터넷 주소자원인 도메인 이름의 등록과 할당 및 기술발전 정책 및 표준에 논의가 집중되었다. 그러던 것이 2003년 제네바에서 WSIS를 개최하면서 ITU 내 사이버 안보에 대한 논의가 본격화되기 시작했다. WSIS 원칙 선언에서 정보 네트워크 보안, 인증, 프라이버시 및 소비자 보호 등을 모두 포함하는 '신뢰할 수 있는 프레임워크의 강화'가 정보사회의 발전과 신뢰구축의 선결요건이라고 지적하고 특히 모든 이해당사자가 협력하는 사이버 안보 문화의 필요성과 국제협력을 촉구했다.

2007년 ITU는 WSIS 이래 활동을 벌인 'ICT 이용에서 신뢰와 안보 구축'의 촉진자로서 역할을 다짐하는 차원에서 GCAGlobal Cybersecurity Agenda를 제안했다. GCA는 법적 조치, 기술 및 절차 조치, 조직적 구조, 역량개발, 국제협력 등 5대 과제를 기반으로 하는 국제 프레임워크로 정보사회의 안보와 신뢰 증진을 목적으로 했다. ITU는 GCA를 통해 각 회원국이 채택할 수 있는 법안 모델의 발전을 기대할 수 있을 것이라 전망했다. 또한 ITU는 국가 내 사이버 안보 침해사고대응팀(CERT)의 설치 및 운영 여부 등 조직 구조에 기반을 둔 '사이버 안보 준비 지수Cybersecurity Readiness Index' 제정 등도 제안했다. 이후 ITU는 단순히 당면한 과제들을 나열하는 데 그치지 않고 관련 이해당사자들의 지지와 참여를 통해 사이버 안보와 신뢰를 구축하기 위한 전략과 해결책을 제시하는 역할을 적극적으로 수행해왔으며, 고위전문가그룹High-Level Experts Group (HLEG)을 설치하여 그 임무수행을 구체화하고 있다(배영자, 2017: 120). 한편, GCA와 HLEG 등과 더불어 IMPACTInternational Multilateral Partnership Against Cyber Threat의 활동도 진행되고 있다.

사이버 안보의 국제규범보다는 좀 더 포괄적인 의미에서 진행된 인터넷 거버넌스의 사례로서, 2012년 12월 WCITWorld Conference on International Telecommunication에서 시도된 ITRInternational Telecommunications Regulation의 개정은 ITU의 프레임에서 벌어졌던 중요한 사건이었다. ITR은 전기통신 업무의 일반 원칙과 규정을 담고 있었는데, 그 내용이 너무 포괄적이고 모호해서 오랫동안 유명무실한 문서로만 남아 있었다. 게다가 ITR은 회원국들에게 자신들의 사정에 맞추어 규제정책을 추진할 재량권을 너무 많이 부여하고 있었기 때문에 급변하는 기술환경을 따라잡기에는 미흡하다는 지적이 선진국들을 중심으로 제기되었다. 이러한 맥락에서 2012년 WCIT에서 ITR의 폐기를 주장하는 선진국들의 입장과 ITR의 개정과 강화를 주장하는 개도국들의 입장이 대립하는 양상이 나타났다. 이러한 과정에서 개도국들은 ITR을 통해 개별 국가 차원의 규제정책의 기조를 유지하려 했는데, 특히 인터넷에 대한 규제권한을 확보하려 했다. ITR의 규제조항이 급변하는 기술환경에 부합하지 않으므로 폐기해야 한다는 선진국들의 입장과 ITR의 개정과 강화를 통해 개별 국가 차원의 규제정책의 기조를 유지하려는 개도국들의 입장이 맞섰으나 일단 개도국의 입장이 관철되는 것으로 마무리되었다(김상배, 2014a: 574~575).

6. 사이버 안보 국제규범의 망제정치

이 장은 국가 간, 정부 간, 글로벌 거버넌스 등의 세 가지 프레임을 원용하여 현재 복합적인 양상으로 진행되고 있는 사이버 안보 분야의 국제규범 형성을 살펴보았다. 최근 주목을 받는 것은, 2013년 이후 근대 국제질서에서 잉태된 국가 간 프레임으로 사이버 안보의 국제규범을 보려는 시도이다. 그러나 전통적인 국제법의 적용을 실험하는 탈린매뉴얼이나 유엔 GGE 활동에서 보는 바와 같은 전통 국제기구의 틀 안에서만 초국적이고 탈영토적인 사이버 위협에 대응하는 적절한 해법을 찾기란 쉽지 않을 것이다. 이러한 점에서 사이버 공격으로부터 피해를 보는 당사국의 정부들이 나서서 해법을 찾아보려는 정부 간 프레임의 시도들이 좀 더 현실성이 있어 보인다. 실제로 2010년대에 들어서 서방국들이 주도한 사이버공간총회나 유럽사이버범죄협약과 같은 정부간협의체 모델, 그리고 비서방 국가들이 공을 들이고 있는 상하이협력기구 같은 지역협력기구 모델이 사이버 안보 국제규범 논의의 전면으로 치고 들어온 바 있다. 그러나 좀 더 넓은 시각에서 본 글로벌 인터넷 거버넌스 분야의 규범 형성 노력도 간과해서는 안 된다. 글로벌 거버넌스의 프레임에서 본 ICANN 주도의 인터넷 거버넌스 체제의 변환과 ITU의 새로운 관할권 주장의 과정에서도 사이버 안보의 국제규범을 모색하기 위한 움직임들이 진행되고 있기 때문이다.

이러한 복합적인 국제규범 모색의 과정에서 각국은 자국에게 유리한 국제규범을 실현하기 위한 프레임 경쟁을 벌이고 있다. 여기서 파악한 사이버 안보 분야 프레임 경쟁의 양상은 세 가지 층위로 나누어 살펴본 각각의 프레임 내에서 벌어지는 규범경쟁인 동시에, 더 중요하게는 세 가지 층위를 가로질러서 나타나는 '프레임 간 규범경쟁'의 모습이다. 이러한 프레임 경쟁의 기저에는 미국과 유럽 국가들이 주도하는 서방 진영을 한편으로 하고, 러시아와 중국을 중심으로 한 비서방 진영을 다른 한편으로 하는 두 진영 간의 지정학적 대립구도가 겹쳐진다. 서방 진영이 글로벌 거버넌스의 프레임을 앞세우고 정부 간 프레임으로 지원하면서 자신들에게 유리한 국제규범을 도출하기 위한 노력을 펼친다면, 이에 대항하는 러시아나 중국 등 비서방 진영의 프레임은 국가 간 프레임을 고수하는 모양새를 나타내고 있다. 이 장에서 원용한 네트워크 유형에 대한 논의를 빌려서 양 진영이 벌이고 있는 프레임 경쟁의 차이를 설명하면, 서방 진영이 정부 간 프레임과 글로벌 거버넌스 프레임을 결합한 복합 아키텍처의 국제규범을 모색한다면 비서방 진영의 시도는 근대 국제질서의 아키텍처를 기반으로 하는 국가 간 프레임에 입각해 있다고 할 수 있다.

이 장에서 살펴본 사례들은 이러한 '프레임 내 경쟁'과 '프레임 간 경쟁'의 양상이 중층적으로 겹치면서 서로 치고받는 모습을 보여주었다. 예를 들어 국가 간 프레임 내에서 벌어지는 경쟁의 양상을 보면, 미국과 나토가 탈린매뉴얼을 내세워 국제법 프레임에 입각한 공세를 펼치는 데 대해서 러시아는 유엔 GGE에서의 사이버 안보 규범 논의라는 국제기구 프레임을 관철시키기 위해 유럽 지역 밖으로 목소리를 높였으며 끝내는 미국으로 하여금 유엔이라는 전통 국제기구의 프레임을 수용하게 하는 성과를 거두어냈다. 한편, 유엔 GGE에서의 국가 간 프레임을 활용한 안보 우선의 논의에 대해서 영국을 비롯한 서구 국가들은 사이버공간총회라는 좀 더 포괄적이고 다양한 이슈를 다루는 정부 간 프레임으로 맞불을 놓았다. 다른 한편으로 서방 선진국들이 세운 사이버 범죄 분야의 '표준'이라고 할 수 있는 유럽사이버범죄협약의 확산에 대응하는 과정에서, 러시아와 중국이 주도하는 상하이협력기구의 행보가 박차를 가하게 된 측면이 없지 않다. 이러한 구도와 중첩되면서 사이버공간총회와 상하이협력기구 간에도 프레임 경쟁의 양상이 진행되었음을 무시할 수 없다.

이러한 프레임 경쟁의 면모가 가장 극명하면서도 복합적으로 나타나는 분야는 글로벌 인터넷 거버넌스의 영역이다. 미국이 초창기부터 주도한 ICANN 체제 중심의 글로벌 거버넌스 프레임에 대해서 러시아와 중국, 개도국들은 ITU와 같은 전통 국제기구의 프레임을 원용해서 반론을 제기했다. 이러한 프레임 경쟁의 구도는 민간 사업자와 비영리기구의 주도권에 대한 국가세력과 국제기구의 도전일 수도 있으며, 인터넷 거버넌스의 사실상 메커니즘에 대한 법률상 메커니즘의 도전이기도 했다. 사실 이러한 대립은 크게 두 차례에 걸쳐서 두드러지게 발생했는데, 그 하나는 2003~2005년 WSIS 추진과정에서 미국을 비롯한 서방 진영이 종전의 좁은 의미의 인터넷 거버넌스 프레임을 넘어서 사이버 안보나 정보격차 해소 등과 같은 포괄적 이슈를 포함한 국가 간 프레임을 수용하는 과정에서 발생했다. 다른 하나는 2012년 ITU WCIT에서 서방 진영의 ITR 개정 필요성에 대한 문제제기에 대항하여 개도국과 비서방 진영이 이견을 표출했던 사건에서 발견할 수 있었다.

이러한 프레임 경쟁의 가장 밑바닥에는 글로벌 질서의 미래상과 관련하여 서방 진영과 비서방 진영이 지닌 근본적으로 상이한 관념이 자리 잡고 있음에도 주목해야 한다. 서방 진영은 사이버 공간에서 표현의 자유, 개방, 신뢰 등의 기본 원칙을 존중하면서 개인, 업계, 시민사회 및 정부기관 등과 같은 다양한 이해당사자들의 의견이 수렴되는 방향으로 글로벌 질서를 모색해야 한다고 주장한다. 이에 대해 러시아와 중국으로 대변되는 비서방 진영은 사이버 공간은 국가주권의 공간이고 필요시 정보통제도 가능하다고 주장하며 이에 동조하는 국가들의 국제연대담론을 내세우고 있다. 다시 말해, 전자의 입장이 민간 영역의 인터넷 전문가들이나 민간 행위자들이 전면에 나서야 한다는 이른바 다중이해당사자주의의 관념으로 요약될 수 있다면, 후자는 인터넷 분야에서도 국가 행위자들이 나서 합의의 틀을 만들어야 한다는 국가 간 프레임의 외연확대 담론으로 요약해볼 수 있다.

요컨대, 사이버 안보의 국제규범 형성 사례에서 볼 수 있는 세계 주요국들의 경쟁양상은, 여태까지 알고 있던 근대 국제질서 내에서 자국의 이익을 모색하는 단순경쟁이 아니라, 미래의 국제규범을 자신들에게 유리한 방향으로 유도하기 위한 프레임 경쟁으로 나타나고 있다. 이러한 프레임 경쟁에 적응하기 위해서는 전통적인 국가 간 프레임에만 갇혀 있을 것이 아니라 좀 더 복합적인 프레임에서 이 분야의 규범형성을 보는 노력이 필요하다. 특히 강대국들이 벌이는 프레임 경쟁이라는 구조변화에 대응하는 중견국의 입장에서 이러한 프레임들이 누구의 이익을 대변하는지, 그리고 각 프레임이 궁극적으로 지향하는 질서상이 무엇인지를 제대로 파악하는 일 자체가 국가전략의 사안이라고 할 수 있다. 이러한 프레임 경쟁에 대비하는 국가전략의 모색은 아직까지 국제적으로 합의된 국제규범이 형성되지 않은 사이버 안보 분야의 특성을 고려할 때 더욱 필요한 일이라고 할 수 있다.

| 제10장 |

사이버 안보의 중견국 외교전략

1. 사이버 안보 외교전략의 필요성

최근 한국은 세계정치의 무대에서 새로이 부상하는 중견국으로서 관심을 끌고 있다. 지난 수십 년 동안 증대된 국력이 중견국으로 발돋움하는 물질적 기반이 되었을 뿐만 아니라, 최근 21세기를 맞이하여 변화를 겪고 있는 세계정치의 환경적 조건이 한국으로 하여금 중견국 외교를 펼치게 하는 밑거름이 되고 있다. 어렵사리 찾아온 기회를 제대로 살리기 위한 한국의 고민도 깊어만 가고 있다. 강대국들의 틈바구니에서 또는 선진국들과 개도국들 사이에서 한국은 어떠한 역할을 담당해야 하는지, 그리고 한국이 중견국 외교를 펼칠 이슈 영역은 어디인지에 대한 논의가 한창이다. 세계정치의 구조적 틈새를 비집고 들어가 한국이 중견국 외교를 펼칠 분야는 많이 있겠지만, 최근 특히 주목을 받는 분야는 기후변화, 원자력 안전, 보건안보, 사이버 안보 등과 같은 신흥안보 이슈나 국제 개발협력 혹은 글로벌 무역·금융 등과 같은 경제 분야들이다. 그중에서도 특히 사이버 안보는 한국의 중견국 외교를 기대하게 하는 대표적인 분야 중의 하나이다.

최근 사이버 안보는 여러 가지 면에서 국제정치학의 핵심 논제가 되었다. 컴퓨터 해킹 기술이 빠르게 확산되면서 사이버 공격이 물리적 공격만큼 큰 재난을 야기할 가능성을 인식하고 이를 방지하기 위한 일국적 또는 국제적 차원의 노력이 진행되고 있다. 글로벌 거버넌스의 과정에서도 사이버 안보는 가장 논쟁적인 의제 중의 하나이다. 게다가 최근 사이버 안보의 문제는 21세기 세계패권을 놓고 다투고 있는 미국과 중국의 중요한 현안으로 부상하여 양국은 해킹과 도청 등의 문제를 놓고 갈등을 벌이고 있다. 사이버 공간의 안보를 확보하는 문제는 단순한 기술의 문제가 아니라 주변 국가들과의 관계에서, 그리고 글로벌 다자외교의 장에서 정치적·외교적으로 풀어나가야 하는 국제정치학의 논제가 되었다. 이러한 맥락에서 이 장은 사이버 안보 분야에서 한국이 당면한 문제를 풀어나가고자 할 때 추구해야 할 외교전략의 방향과 이 분야의 국제규범 형성에 참여하는 과정에서 당면한 과제들을 살펴보고자 한다.

국제정치학의 시각에서 사이버 안보외교의 필요성을 제기하는 일은 다음의 세 가지 차원에서 근거를 댈 수 있다. 첫째, 북한의 사이버 도발에 대해 국제사회에 호소와 도움을 요청하는 차원에서 사이버 안보외교가 필요하다. 아직 국제규범이 마련되지 않은 상태에서 주변 국가들을 활용하여 간접적으로 견제하거나 기술이 아닌 외교로 문제를 풀어나가는 양자 및 다자 협력의 필요성이 발생한다. 둘째, 미국과 중국의 21세기 패권경쟁 사이에 놓인 한국의 생존과 번영을 모색하는 차원에서도 사이버 안보외교가 필요하다. 전통적인 한미동맹의 틀을 유지하면서도 한중협력을 확대해나가야 할 과제가 사이버 안보 분야에서도 제기된다. 끝으로, 새롭게 형성되는 국제규범 형성과정에 참여하는 외교를 추구하는 차원에서 사이버 안보외교가 필요하다. 특히 한국은 신흥 분야 국제규범의 형성활동에 참여하여 중견국으로서 외교적 리더십을 발휘할 과제를 안고 있다.

세계적으로 유례없이 북한으로부터 직접적인 사이버 공격을 받고 있는 상황에서 한국은 가능한 한 모든 해법을 모색하지 않을 수 없다. 방어와 억지 역량의 구축이나 추진체계 정비와 법제정의 노력만으로 충분한 대응방안을 마련하기 어려운 사이버 안보 분야의 특성을 고려할 때, 주변 국가 및 국제사회를 활용한 정치외교적 해법은 매우 유용한 카드가 아닐 수 없다. 이러한 맥락에서 전통적인 우방국인 미국과 일본, 그리고 최근 그 중요성이 커지고 있는 중국, 러시아 등 주변4국과의 사이버 외교관계를 전략적으로 펼쳐나갈 필요가 있다. 특히 이들 국가들과의 정보공유 네트워크를 구축하고 사법공조를 위한 외교적 노력을 펼치는 외교적 역량의 발휘가 필요하다. 더 나아가 양자 간 국제협력보다 좀 더 넓은 다자 구도에서 사이버 안보 문제를 다루는 지혜도 필요하다.

이와 관련하여 아직까지 사이버 안보 분야에 어떠한 규범을 적용하여 제재할지에 대한 합의기반이 마련되지 않고 있는 상황에서 국제규범 형성과정에 적극적으로 참여하는 것 자체가 중요한 대응방안이 될 수 있다. 그러나 더 나아가 최근 신흥안보 이슈로서 사이버 안보 국제규범의 구체적 내용에 대해 각국의 이익이 민감하게 대립하고 있는 상황에서 한국에 가장 적합한 논리를 개발하고 전략적 입장을 선택하는 데까지 나아가야 한다. 사이버 공간에 대한 기존 국제법의 적용과 사이버 공격에 대한 자위권의 발동은 가능한지, 사이버 공간에서 국가주권이 어디까지 인정되는지 등의 이슈가 최근 논란거리이다. 서방 및 비서방 진영의 이해관계가 갈등을 빚고 있는 상황에서 한국의 선택지는 무엇이 될지에 대해 논의하고, 양자택일이 쉽지 않은 상황이라면 국제규범의 보편성을 강조하면서도 중견국으로서 한국 외교의 일관된 원칙과 기조를 투사할 수 있는 전략을 추구해야 할 것이다(Kim, 2014a).

2. 네트워크로 보는 중견국 외교전략

사이버 안보 분야에서 한국이 중견국 외교전략을 제대로 추진하기 위해서는 이 분야에서 한국이 차지하고 있는 '구조적 위치'를 파악하는 데서부터 논의를 시작해야 한다. 개별 국가들의 속성이나 능력에 착안하는 기존의 중견국 연구는 복합적인 양상으로 전개되는 사이버 안보 분야에서 한국이 취할 전략에 대한 충분한 가이드라인을 제공하지 못한다. 기존 연구는 세계정치의 구조하에서 어느 국가가 어떠한 중견국 외교전략을 펼쳐야 하는지에 대한 구체적인 설명을 제시하지는 못하기 때문이다. 어느 국가의 행동을 설명하고자 할 때 만약에 그 국가가 강대국이 아닌 중견국일 경우에는 더욱이 그 국가가 지닌 속성 변수에 의거해서만 외교적 행동을 설명할 수는 없다. 네트워크 이론의 시각을 원용해서 볼 때, 중견국의 행동을 설명하기 위해서는 오히려 그 국가가 처한 세계정치의 구조적 조건과 그 안에서 부여받는 '구조적 역할'이라는 변수에 주목해야 한다(김상배, 2014a: 367~368; Kim, 2014b).

따라서 사이버 안보의 중견국 외교전략과 관련하여 이 분야의 구조적 조건을 파악하는 것은, 한국이 중견국 외교를 성공적으로 추진하는 데 필수적인 사안이 아닐 수 없다. 그렇다면 한국의 중견국 외교는 이러한 구조적 조건을 어떻게 활용해야 할까? 이와 관련하여 소셜 네트워크 이론가인 로널드 버트 Ronald Burt는, '구조적 공백structural hole'으로 불리는 네트워크상의 빈틈을 남보다 먼저 찾아서 메움으로써 네트워크 구조에서 중심적 위치를 장악하고 거기에서 비롯되는 독특한 권력을 행사하는 것이 중요하다고 주장한다(Burt, 1992). 이러한 권력은 중개의 이점이 전략적 위치를 점하는 데서 발생한다는 의미에서 '위치권력positional power' 또는 행위자의 속성이 아닌 네트워크 자체에서 비롯되는 권력이라는 의미에서 '네트워크 권력network power'이라고 개념화할 수 있다.

이 장은 네트워크 권력을 추구하는 중견국 외교전략의 구체적 내용을 프랑스의 행위자-네트워크 이론가인 미셸 칼롱Michel Callon이 제시한 분석틀을 원용하여 분석했다(Callon, 1986a, 1986b). 특정한 종류의 네트워크 전략이 추구되는 과정에서 어떤 행위자는 성공적으로 네트워크를 치고, 어떤 행위자는 그렇게 하지 못하는 이유는 무엇일까? 더 나아가 성공적인 네트워크를 형성하는 과정에 대한 일반론적인 지침을 세우는 것은 가능할까? 이러한 질문에 대해서 칼롱이 제시한 4단계 네트워크 전략론이 가장 많이 인용되는데, 이 장에서는 칼롱의 분석틀을 외교전략 분야의 내용에 맞게 개작하여 i) 프레임 짜기, ii) 맺고 끊기, iii) 내편 모으기, iv) 표준 세우기 등의 넷으로 나누어 원용했다(김상배, 2014a: 370~399).

중견국의 네트워크 외교전략의 첫 번째 단계는 '프레임 짜기'이다. 이는 미셸 칼롱이 말하는 '문제제기problematization'의 단계에 해당되는 것으로, 행위자들의 이해관계를 정의하고 네트워크 전체의 구도를 파악하는 과정을 주도하는 단계를 의미한다. 이 단계에서 이루어지는 외교전략의 핵심이 마치 언론이 뉴스의 프레임을 짜는 것을 연상시킨다는 점에서 프레임 짜기라고 명명했다. 이는 행위자들이 놓여 있는 네트워크의 상황을 재구성하여 인식하고 이러한 상황에서 자국의 위치를 설정하여 그 역할을 정당화하는 방향으로 프레임을 짠다는 의미이다. 이러한 프레임 짜기의 단계에서는 세계정치를 둘러싼 사고와 행동의 플랫폼을 제시하려는 담론의 경쟁이 벌어진다. 중견국의 입장에서 볼 때, 강대국들이 주도하는 세계정치 현실에서 중견국의 입지를 부각시키는 방식으로 상황을 인식하게 만들 수 있느냐가 관건이 된다.

중견국이 추구할 네트워크 외교전략의 두 번째 단계는 '맺고 끊기'이다. 이는 미셸 칼롱이 말하는 '관심끌기interessenment' 또는 '끼어들기'의 단계에 해당되는 것으로, 기존에 형성되어 있던 관계를 해체하고 새로운 관계를 수립하기 위한 기초를 세우는 것을 의미한다. 이 단계의 네트워크 외교전략은 주로 네트워크상에서 끊어진 선을 잇고 새로운 선을 긋는 방식으로 나타나는데, 이러한 과정에서 집중과 선택의 비대칭적인 관계조율이 발생한다. 이러한 관계조율의 과정은 보통 기존의 네트워크를 끊고 새로운 네트워크를 맺거나 구조적 공백을 메우려고 사회적 자본을 활용하는 전략으로 나타나는데, 이러한 과정은 기회비용이 발생하는 전략적 선택의 영역이다. 주위의 행위자들과 될 수 있는 한 많은 관계를 맺어 모두와 좋은 관계를 유지하는 것이 최선이겠지만, 만약에 이것이 가능하지 않다면 이른바 중심성centrality을 극대화하는 방향으로 맺고 끊기를 할 수밖에 없다.

네트워크 외교전략의 세 번째 단계는 '내편 모으기'이다. 이는 미셸 칼롱이 말하는 '등록하기enrollment'의 단계에 해당되는 것으로, 맺고 끊기를 통해 해체 deconstruction되고 재편된 관계를 다시 수습하여 자신의 주위에 새로운 네트워크를 건설construction하는 단계를 의미한다. 이전 단계들의 네트워킹 과정을 통해서 불러 모은 '동지집단like-minded group'의 행위자들에게 새로운 '역할'을 정의하고 부여하고 조정하여 여럿이 함께 할 수 있는 둥지를 만드는 것이라고 볼 수 있다. 그리고 이러한 둥지 안에, 단순히 연결망을 치는 차원을 넘어서, 나를 지지하는 편을 얼마나 많이 끌어 모아 세勢를 형성하는 단계에까지 나아갈 것이냐가 관건이다. 따라서 이 단계의 과제는 네트워크상에서 일단 관계를 맺은 상대방을 끌어들이는 방법과 자원을 다각적으로 활용하는 데 있다. 연대외교coalition diplomacy나 협업외교collaborative diplomacy 등은 외교 분야에서 나타나는 내편 모으기의 사례들이다.

네트워크 외교전략의 마지막 단계는 '표준 세우기'이다. 이는 미셸 칼롱이 말하는 '동원하기mobilization'의 단계에 해당되는 것으로, 새로이 만들어진 네트워크에 일반적 보편성을 부여하는 단계를 의미한다. 이 단계에서는 단순히 관계를 연결한 행위자들의 숫자를 늘리고 내편을 모으는 차원을 넘어서 일단 형성된 관계를 튼튼하고 지속성 있는 네트워크로 계속 유지할 수 있느냐, 그리고 더 나아가 네트워크 전체에서 수용되는 '표준'을 세울 수 있느냐의 문제가 관건이다. 다시 말해, 이는 몇 개의 특수한 성공사례의 샘플을 넘어서 '번역'의 과정을 통해 세계정치의 '게임의 규칙'을 장악하느냐의 문제이다. 실제로 성공적으로 네트워크를 구축한 소수 행위자는 자신이 마련한 플랫폼 위에 동원된 다수 행위자들을 '대변'하는 권리를 갖게 됨으로써 세계정치라는 네트워크의 프로그램을 설계하는 권력을 행사하게 된다. 중견국의 입장에서도 일종의 '하위 플랫폼' 또는 '응용 플랫폼' 정도의 프로그램은 설계해볼 수 있다.

　네트워크 이론의 시각에서 볼 때, 이상에서 언급한 중견국 외교전략을 효과적으로 추진하기 위해서는 어떠한 국내 추진체계를 갖추어야 할까? 최근 사이버 안보 업무를 담당한 부처별로 담당 업무가 분산되어 있어 대외적 위협에 효과적으로 대응하지 못한다는 지적이 늘어나고 있는 상황에서 추진체계를 정비할 필요성이 제기된다. 담당 부서 간의 업무조정 문제 이외에도 관련 업무의 추진과 국제적인 참여의 과정에서 필요한 실질적인 정책지식의 내용적 개발이라는 차원에서도 협업과 조율이 필요하다. 특히 외교의 장에서 사이버 관련 업무를 효율적으로 추진하기 위해서는 정부 각 실무부처 차원의 국제협력 업무 조정을 넘어서 좀 더 넓은 의미의 국가이익을 고려한 대표와 조정의 역할이 기대된다. 하지만 사이버 안보 분야의 특성상 이러한 문제들을 해결하기 위해서 고려하는 방안이 위계적으로 조직되고 획일적으로 작동하는 컨트롤타워의 도입일 수는 없음을 명심해야 한다.

3. 사이버 안보외교의 프레임 짜기

　한국은 최근 진행되고 있는 사이버 안보 관련 국제규범의 논의과정에 거의 모두 참여하고 있지만, 그 참여의 양상은 다소 파편적이고 분산적인 모습을 보이고 있다. 단순 참여의 차원을 넘어서 한국의 이익을 반영하고 중견국으로서 역할을 발휘하는 참여외교가 되기 위해서는 적어도 다음과 같은 세 가지 구조하에서 프레임 짜기를 하는 전략을 구사해야 한다. 첫째, 미국과 중국의 경쟁이 형성하는, 또는 주변4망網이 만들어내는 고전지정학적 권력구조이다. 둘째, 서방 진영과 비서방 진영의 경쟁 사이, 또는 선진국과 개도국 사이에서 형성되는 비지정학적 제도의 구조이다. 끝으로, 다중이해당사자주의와 '국가 간다자주의'의 관념이 경합하는 가운데 형성되는 글로벌 인터넷 거버넌스의 구조이다. 이러한 사이버 안보 분야의 구조적 조건을 파악하고 이를 활용하는 전략의 프레임을 짜며 그 안에서 상황파악과 위치설정을 하는 것은 한국이 중견국 외교를 성공적으로 추진하는 데 필수적인 사안이 아닐 수 없다.

1) '국가 간' 프레임 짜기: 탈린매뉴얼과 유엔 GGE 활동

최근 사이버 공격이 국가 간 분쟁의 주요 사안으로 부상하면서 전통적인 전쟁법에 의존하여 이러한 행위를 규제할 것인지, 아니면 새로운 국제법을 만들 것인지의 문제가 관건이 되었다. 그중에서 나토의 CCDCOE의 총괄하에 발표된 사이버전 교전수칙인 탈린매뉴얼은 기존의 국제법 체계를 적용하여 새로운 사이버 안보 문제를 다루려는 대표적인 사례이다. 그러나 탈린매뉴얼의 시도는 2007년 에스토니아 사태 이후 미국과 유럽 국가들이 중심이 되고 게다가 NATO 회원국의 전문가들이 참여하여 러시아의 사이버 위협에 대응하는 성격을 띰으로써 러시아나 중국 등과 같은 구사회주의권 국가들의 외면을 받고 있다. 러시아는 말할 것도 없거니와 중국도 탈린매뉴얼은 국제법적으로나 정치군사적으로나 미국의 속내가 너무 많이 반영된 가이드라인이라고 비판하면서 기존에 발표된 미국의 사이버 안보 관련 군사문서나 전략서와 다를 바가 없다는 불만을 토로했다(≪中国共产党新闻网≫, 2015).

이러한 탈린매뉴얼의 시도가 앞으로 국제사회에서 얼마나 넓은 공감대를 확보할지는 알 수 없는 상황에서, 한국은 전략적 이해관계를 고려하여 적절한 자리매김을 해나가는 노력이 요구된다. 예를 들어, 한국은 미국과 유럽 중심의 탈린매뉴얼 체제에 동참할 것인지, 아니면 새로운 국제레짐이나 관련 국제규범을 창출하는 노력에 더 집중할 것인지에 대한 국가전략적 입장을 설정할 필요가 있다. 미국이나 유럽이 기존 국제법을 원용하는 담론에서 앞서고 있기는 하지만, 러시아와 중국, 개도국들을 중심으로 새로운 법체계의 도입을 주장하는 도전도 만만찮은 상황이라는 점을 알아야 한다. 그런데 현재까지 한국은 탈린매뉴얼을 둘러싼 담론 형성과정을 소극적으로 관망하는 자세를 취해 왔는데, 향후 탈린매뉴얼의 시도가 동아시아지역 또는 아태지역에서도 적용 가능한지의 여부에 대한 검토 등을 포함한 적극적인 대응이 필요하다.

기존의 전쟁법을 사이버 안보 분야에 적용하려는 시도인 탈린매뉴얼에 대한 국제적 합의가 쉽게 이뤄지지 않는 것처럼, 전통적인 국제기구인 유엔의 정부 전문가그룹(GGE)에서 국제법의 적용 여부를 검토하는 시도도 난항을 겪기는 마찬가지였다. 유엔 GGE는 그동안 2004년, 2009년, 2012년, 2014년, 2016년 등 5차례에 걸쳐서 구성되었다. 2016~2017년에 진행된 제5차 GGE회의까지 이르면서 국내적, 지역적·국제적 차원의 신뢰구축조치 이행방안 제시, 역량 강화를 위한 협력적 조치의 개발, 기존 GGE에서 권고된 자발적 규범·규칙· 원칙의 구체적 적용방법에 대한 권고 등의 사안과 관련해서는 나름대로의 진 전을 이루었지만, 기존의 국제법을 사이버 공간에 적용하는 문제와 향후 사이 버 안보 관련 논의의 발전을 위해 개방형 워킹그룹을 구성하는 문제에 대한 이견으로 인해 최종합의에 실패했다.

한국은 우주분과로 가느라고 불참했던 2012~2013년의 제3차 GGE회의를 제외하고 나머지 4차례의 GGE회의에 모두 참여했다. 유엔 GGE에서 한국은 기본적으로, 사이버 공간은 피해국이 일방적으로 불리한 구조이므로 피해국 에 유리한 방향으로 국제법의 해석 및 규범의 창출이 필요하다고 강조하는 입 장이었다. 이러한 주장의 이면에 존재하는 한국의 주 관심사는 북한의 사이버 공격을 막고 북한의 공격이 경유국으로 거치는 국가, 특히 중국의 협조를 확 보하는 데 있었다. 따라서 한국은 북한발 사이버 공격의 주요 피해국으로서 국제법 적용에서 피해국의 권리를 보장하기 위한 국제법의 상세화가 필요하 다는 기본 입장을 취했다. 이 밖에 유엔 GGE에서 거론되는 글로벌 이슈와 관 련해서 한국은 대체로 서방 측의 주장을 지지했는데, 적절한 범위에서 서방 측과 같은 입장을 유지하는 것이 국익에 부합한다는 판단이었다. 예를 들어, 한국은 자위권, 국제인도법, 대응조치의 필요성과 관련하여 서방 측과 입장을 같이했다.

'적절한 성의Due Diligence(DD)'가 국제법으로 성립되었는지의 여부와 관련하여 한국은 일부 서방 국가들(일본, 핀란드, 네덜란드, 스위스, 에스토니아 등)과 공조를 펼쳤다. 그러나 DD에 대해서 강대국들은 모두 반대했다. 특히 중국이 반대했는데, 북한의 사이버 공격이 중국을 경유할 경우 이를 방지할 부담이 있기 때문인 것으로 판단된다. 전반적으로 강대국들의 입장은 DD는 국제법이 아니라 비구속적non-binding 규범이라는 것이었다. 한편, 한국은 사이버 테러가 중대한 국제안보 이슈로 여러 계기에 논의되고 있다는 점을 '유의'한다는 문안을 제안하여 중국의 입장을 일부 인정했다. 이 밖에 한국이 추가로 제안한 내용은, 자국 영토가 특정국에 대한 사이버 공격에 활용된 경우 피해국이 통보하는 시점부터 피해국에 협조해야 할 의무가 발생하는 것으로 보자는 것과 경유 국가들은 피해국이 협조 요청을 할 때 '지체 없이' 반응을 보여줄 의무를 지자는 것 등이다(신맹호, 2016).

한편, 한국은 상대적으로 진영 간 이견이 적은 내용을 제안하여 보고서의 상세화에 기여했다. 제5차 GGE회의 4세션에서 한국은 국가를 대신하거나 국가 목적을 달성하기 위한 악성 ICT 활동에서 프록시 서버의 사용을 제한할 필요성을 제기했으며, 사이버 범죄의 심각성을 지적하고 이에 대한 대응의 필요성을 지적했다. 또한 ICT 침해사고 시 국가 간 협조를 위한 통지 템플릿을 마련할 필요성과 사이버 공격에 활용된 경유국의 적절한 성의 의무, 주요 기반시설에 대한 공격 발생 시 피해국에 대한 협조 규정의 상세화, 사이버 공간의 규범을 준수하겠다는 국가 간 선언을 통한 안전한 사이버 공간 구축의 필요성 등을 강조했다. 5차 GGE회의에서는 비록 최종보고서의 채택이 무산되었으나, 진영 간 이견 대립에도 불구하고 한국이 제안한 사항들이 양 진영의 지지를 모두 확보하여 최종 초안에 충실히 반영되기도 했다.

2) '정부 간' 프레임 짜기: 사이버공간총회와 유럽사이버범죄협약

　사이버공간총회는 사이버 공간이라는 포괄적 의제를 명시적으로 내건 본격적인 논의의 장이며, 사이버 안보에 구체적으로 이해관계가 걸린 당사국들을 중심으로 구성되었다는 의미가 있다. 한국은 2013년 10월 서울에서 제3차 총회를 개최하여 유엔 GGE의 권고안을 확장한 '사이버 안보에 관한 서울 프레임워크'를 발표했으며 역량강화 의제를 신설하는 등의 성과를 거두었다. 사이버공간총회가 서방 국가들의 주도하에 이루어져서 러시아나 중국과 같은 비서방 국가들의 호응을 얻어내는 것이 큰 과제로 남아 있었는데, 서울 총회에서는 러시아와 중국이 모두 참여하는 성과를 거두었다. 2013년 6월에 마무리된 제3차 유엔 GGE회의에 뒤이어 개최된 회의라는 시기상의 이점도 있었지만 참가국의 저변을 넓히려는 한국의 노력도 주효했던 것으로 평가된다. 여하튼 한국의 입장에서 볼 때, 서울이 런던과 부다페스트 등의 유럽 국가들의 수도에 이어 세 번째로 사이버공간총회를 유치하여 성공적으로 개최했다는 사실은 사이버 외교의 의미 있는 성과라고 할 수 있다.

　한국은 이후 2015년 헤이그에서 열린 제4차 사이버공간총회에서도 글로벌 정보보호센터 사업 등에 적극 참여하는 등 활발한 활동을 보였다. 당시 한국은 외교부 장관이 참석하여 네트워크 연계성이 초래한 사이버 위협에 대한 취약성은 모든 국가, 기업, 개인이 직면한 공통의 과제가 되고 있다면서 국가 간 협력의 필요성을 강조했다. 특히 사이버 공간이 기회와 잠재력의 원천이자 혁신과 성장의 동력이 되고 있는 반면 사이버 공격도 다양화, 빈번화되고 있음을 상기시키며, 전 세계적으로 인터넷 연계성이 가장 높은 사회이자 분단 상황에 처해 있는 한국은 특히 이러한 위협의 심각성을 절실히 인식하고 있다고 소개했다. 한수원 및 소니 영화사 해킹 사건이 이러한 사이버 위협의 대표적 사례로서 거론됐는데, 특히 한수원 해킹사건과 같이 핵심 기반시설을 대상으로 한 사이버 공격에 대해서는 관련 국가들이 공격세력을 규명하기 위한 수사

공조와 정보공유에 적극 협조해야 함을 제기했다.

당시 한국은 사이버 공간을 규율할 국제규범이 부재한 상황에서 국가 간 사이버 신뢰구축조치Confidence-Building Measures(CBMs)를 통해 불신과 오인으로 인한 국가 간 긴장 가능성을 줄이고 상호 협력의 기반을 만드는 것이 중요함을 강조했다. 아울러 개발도상국의 사이버 안보 취약성이 전체 사이버 생태계의 안전성을 위협하고 있음을 감안하여, 개도국의 역량을 강화하기 위한 국제협력이 중요함을 강조하고, 한국이 2015년 중 설립 예정인 글로벌정보보호센터 Global Cybersecurity Center for Development(GCCD)를 통해 개도국의 사이버 안보 역량강화를 지원할 계획임을 소개했다. 한국은 2013년 서울 사이버공간총회에서 의장국으로서 총회 프로세스에 역량강화를 주요 의제로 삽입했는데, 2015년 사이버공간총회에서 출범한 글로벌 사이버 전문역량 포럼Global Forum on Cyber Expertise(GFCE)은 이러한 의제에 기반을 제공한 국제적 이니셔티브의 좋은 사례라 할 수 있다.

2017년 5월 현재 유럽사이버범죄협약, 즉 부다페스트협약에는 59개국이 가입되어 있고 이 중에서 55개국이 비준했다. 그런데 한국은 아직 가입하지 않고 있어서 정보공유 등 여러 가지 면에서 제약을 받고 있다. 미가입의 가장 큰 원인은 사이버 범죄의 감청 문제, ISP의 정보 보존의무 등이 국내의 기존 법제와 충돌하기 때문인 것으로 알려져 있다. 특히 감청 문제가 관건인데, 사이버 범죄를 예방하기 위해서 감청을 허용할 것이냐 또는 해킹이 감청을 허용할 정도로 중범죄이냐의 문제에 대해 이견이 존재한다. 다시 말해, 사이버 위협에 대응하기 위한 정보의 자유로운 접근 문제와 어떠한 경우에도 감청은 안 된다는 입장이 대립하고 있다. 또한 보존의무 제도도 관건이다. 외국에서는 사이버 범죄에 사용된 로그정보 등의 보존유지가 허용되지만, 국내에서는 권고사항일 뿐 현행법상으로는 허용되지 않기 때문에 절차법적인 차원에서 수사에 필요한 유용한 수단의 활용이 제약받고 있다(장윤식, 2017).

최근 국내에서도 유럽사이버범죄협약에의 가입을 주장하는 목소리가 높아지는 가운데, 최근 외교부를 중심으로 법무부, 경찰청, 검찰청 등이 가입 여부를 검토 중이다(≪전자신문≫, 2015.8.4). 그러나 이는 여러 가지 기존 법제도 정비의 문제 및 「국가사이버안보법」 제정 문제 등과 연관되어 있다. 2012년 8월 관계부처 협의 시 유럽사이버범죄협약 가입 문제를 논의했으나 부처 간 이견이 표출되었다. 유럽평의회와 미 법무부 등은 다양한 창구를 통해서 한국의 가입을 요청하고 있다(신맹호, 2016). 2016년 6월 제4차 한미 사이버정책협의회에서 미 법무부 측은 협약 가입 및 이행 관련 미국 전문가를 한국에 파견하여 관계부처 대상 설명회를 갖는 방안을 제안하기도 했다. 현재 외교부 차원에서도 유럽사이버범죄협약의 이행 성과 등에 대한 평가를 바탕으로 협약 가입 필요성을 협의하고 있다.

한편, 대검찰청 과학수사부는 임시 옵서버 자격으로 2016년 11월 스트라스부르/바르샤바에서 개최된 유럽사이버범죄협약위원회The Cybercrime Convention Committee(T-CY)에 참석했다. T-CY는 유럽사이버범죄협약의 효과적 활용과 이행 촉진을 목적으로 운영되는 가입국 참석 위원회로, 옵서버 참석 시 협약에 대한 이해를 제고하고 국내 사이버 범죄와 관련하여 협약을 이행하기 위한 입법안을 마련하는 데 실질적인 도움을 얻을 것으로 기대되었다. 2017년 11월에는 스트라스부르에서 열린 사이버범죄협약총회에 외교부, 대검찰청, 경찰청, 과기정통부 담당자들이 참석했다. 사이버 안보 문제에 대한 입장이 유사한 국가들로 구성된 사이버범죄협약총회는 유엔 GGE 등에 비해 국가 간 논의 과정이 순조롭고 합의 수준도 높은 것으로 평가된다. 이미 상당수 국가에서 사이버범죄협약과 연계하여 사이버범죄 관련 역량강화 프로그램을 진행하고 있으며, 또한 온라인상의 외국인 혐오와 사이버범죄 증거 관련 보전 조치 등의 개선방안에 대한 다양한 논의가 사이버범죄협약 가입국 간에 진행 중이다.

3) '글로벌 거버넌스' 프레임 짜기: ICANN과 ITU/WSIS/IGF

현재 한국은 ICANN의 3개 지원기구 중에서 ccNSOCountry Code Names Supporting Organization와 ASOAddress Supporting Organization의 논의에 한국인터넷진흥원(KISA)이 참여하고 있으나, GNSOGeneric Names Supporting Organization에는 참여하지 않고 있다. ICANN의 4개 자문위원회 중에서는 GACGovernment Advisory Committee (KISA가 참여)과 ALACAt-Large Advisory Committee(ISOC Korea, OSIA 참여)에는 참여하나, SSACSecurity & Stability Advisory Committee와 RSSACRoot Server System Advisory Committee에는 참여하지 않고 있다. 한편, 2014년 1월 KISA 내에 ICANN 서울사무소가 개소된 이후, 인터넷 거버넌스 교육 프로그램을 개설하고 ICANN의 주요 정책문서에 대한 한글번역 서비스를 제공하고 있으며, ICANN 공인 도메인 등록대행자 대상의 고객서비스를 제공할 뿐만 아니라 관련 정보교환의 장을 마련하는 사업을 벌이고 있다. 또한 2016~2017년에는 아태지역 역량강화를 위한 '인터넷 거버넌스 아카데미'를 공동으로 추진하고 있다.

이러한 한국의 ICANN 활동과 관련하여 주목할 것은, 주로 과기정통부와 그 산하기관인 KISA를 중심으로 참여하고 있는데, 이러한 정부 중심의 참여가 다소 소극적 참여와 관망적 자세로 나타나고 있다는 점이다. 이는 다중이해당사자주의를 내세우며 주로 민간전문가들이 ICANN 활동에 참여하는 서방 국가들의 경우와 대비된다. 역으로 뒤집어 보면, 과연 다중이해당사자주의 모델 자체가 한국의 실정에 적합한지에 대한 검토가 필요한 것은 사실이다. 관념으로서의 다중이해당사자주의와 이를 실천할 사회경제적 기반으로 나누어 보았을 때, 관념으로서 다중이해당사자주의는 인터넷 초창기부터 모색되어왔던 이상과 일맥상통하는 것으로서 한국의 입장에서도 그 자체를 부인할 이유는 없다. '인터넷 강국'으로서 한국의 명성에 걸맞게 민간이 주도하는 자유로운 사이버 공간의 활동과 질서를 중장기적으로 모색하는 것은 바람직하다고 볼 수 있기 때문이다. 그러나 국내외적으로 다중이해당사자주의 모델을 실천할 사회경제적 기반이라는 관점에서 보았을 때 현재 한국의 현실은 매우 빈약하다고 평가하지 않을 수 없다. 사실 한국에는 인터넷 거버넌스와 관련하여 다중이해당사자주의를 논할 정도로 이해당사자stakeholder들이 결속되어 있지도 못하며, 있더라도 그 층이 매우 얇다. 게다가 미국의 경우처럼 정부와 기업 및 시민사회 등을 오고가며 활동하는 공공 및 민간 전문가들이 거의 없다. 따라서 국내업계의 이해당사자들이 충분히 성숙되지 않은 상황에서 다중이해당사주의의 추구는 한국의 현실에 근거한다기보다는 다소 이상적이라는 지적이 나오기도 한다. 그렇지만 사정이 이러하다고 대외적으로 글로벌 인터넷 거버넌스의 장에서 러시아와 중국이 공공연히 내세우는 바와 같은 '국가간다자주의'를 지지하기에는, 미국과의 관계에서 파생되는 '안보 변수'가 일종의 제약요인으로 작용한다.

이렇듯 글로벌 인터넷 거버넌스의 장으로서 ICANN에의 참여는 정부의 소극적 자세와 국내 사회경제적 기반의 취약성으로 인해서 그리 활발하게 이루어지지 못하고 있다. 이에 비해 한국 정부는, ICANN 활동에의 참여보다는, 전통 국제기구 모델 또는 '국가간다자주의'에 기반을 둔 글로벌 인터넷 거버넌스의 활동에 좀 더 중점을 두고 있는 것으로 보인다. 예를 들어, 한국은 인터넷 시대를 맞이하여 전통적인 전기통신 분야의 관할권을 확장하는 데 주력하고 있는 ITU 활동에 적극 참여하고 있다. 한국은 과기정통부와 정보통신정책연구원(KISDI)을 중심으로 ITU와 APT 등에서 개최하는 주요 회의의 의제를 분석하고 이에 대응함으로써 국내의 관련 정책협의를 이끌어가고 있다. 또한 이 분야의 국제협력을 위한 국내적 기반을 강화함으로써 국제기구 활동의 지원체계를 구축해왔다. 이를 바탕으로 최근에는 2014년 ITU 전권회의(부산)와 ITU 전기통신개발총회(WTDC) 및 정보사회세계정상회의(WSIS)+10 고위급행사, 그리고 APT 총회 등을 개최하거나 참여한 바 있다.

인터넷 거버넌스와 관련해서는 이 중에서 2015년 12월 유엔에서 개최된 WSIS+10 고위급 회의 참여에 주목할 필요가 있다. 유엔은 디지털 정보격차 해소를 위해 2003년과 2005년에 걸쳐서 WSIS를 개최했는데, 그 이후 10년 후인 2015년 총회에서 그동안의 의제 이행과 관련된 검토 작업을 벌이기로 결정했으며 여기에 미래부(현 과기정통부), KISDI, KISA, 외교부 등에서 참여했다. 2016년 5월에는 KISDI가 스위스 제네바에서 개최된 WSIS 포럼에 참여했는데, 이 포럼은 WSIS의 결과를 이행하기 위해 2009년 이후 매년 개최되고 있다. 2015년 12월의 WSIS+10 고위급회의에서 모든 이해관계자가 WSIS의 이행 현황을 논의하고 모범 사례를 공유하는 플랫폼으로서 WSIS 포럼을 지속하기로 결정한 바 있다. 한편, 한국은 2006년 이후 IGF에도 계속 참여해왔는데, 현재 IGF의 운영 제반 사항을 논의하는 IGF MAGMultistakeholder Advisory Group에 참여 중이다.

이상에서 언급한 사이버 안보 국제규범의 프레임 각각에서 '프레임 짜기'를 하는 것과 병행하여 이들 세 가지 프레임을 가로지르는 구도를 파악하는 것이 중요하다. 다시 말해, '프레임 간 경쟁'의 구도를 읽어내는 상황지성이 필요하다. 사이버 안보 이슈의 특성상 국가 간 프레임만으로는 이 분야의 국제규범을 도출하기 쉽지 않으며 정부 간 프레임뿐만 아니라 글로벌 거버넌스의 프레임도 함께 원용해서 보아야 하는 복합적인 프레임이 작동하고 있음을 인식할 필요가 있다. 사실 사이버 안보는 기본적으로 글로벌 안보의 문제인 동시에 디지털 경제의 문제이며 인터넷 거버넌스의 문제라는 세 가지 영역이 교차하는 지점에서 형성되는 사안이다. 국가 행위자가 나서는 모델과 뒤로 숨는 모델 사이에서, 국제레짐과 글로벌 거버넌스 사이에서, 국제법 모델과 인터넷 거버넌스 모델 사이에서, 그리고 근대적 해법과 탈근대 문제 사이에서 한국의 위상과 역할을 설정하는 위치지성을 확보해야 할 것이다.

결국 이러한 복합적인 '프레임 짜기'의 목적은 사이버 안보외교에서 의무통과점Obligatory Passage Point(OPP)을 설정하는 데 있다. 행위자-네트워크 이론에서 말하는 의무통과점이란 네트워크상에서 다른 행위자들이 반드시 거쳐 갈 수밖에 없는 지점을 의미한다. 한국이 이러한 의무통과점을 설정하기 위해서는, 국제규범의 구체적 내용에 대해 각국의 이익이 민감하게 대립하고 있는 상황에서, 관련 이해당사자들이 수용할 수 있는 가장 적합한 논리를 개발하여 제시할 필요가 있다. 사이버 공간에 대한 기존 국제법의 적용문제나 사이버 공간에서 국가주권이 어디까지 인정되는지의 문제는 서방 진영과 비서방 진영의 이해관계가 대립하는 가장 대표적인 문제이다. 그렇다면 이와 관련하여 한국은 양 진영이 모두 납득할 수 있는 보편적인 대안을 마련할 수 있을까? 이는 향후 사이버 안보 국제규범의 형성과정에 참여하는 한국외교가 당면한 첫 번째 관문임이 분명하다.

4. 사이버 안보의 네트워크 외교전략

1) 중개외교의 맺고 끊기: 미중 표준경쟁 사이에서

중건국 외교의 핵심 중의 하나는 네트워크상에서 벌어지는 행위자들 간의 관계를 조율하는 중개외교에 있다. 네트워크상에서 전략적 위치를 차지하고 구조적 공백을 보완하는 중개외교의 어려움은 보통 비대칭적인 관계조율의 필요성이 동시에 발생하기 때문에 발생한다. 다시 말해 이러한 관계조율이 쉽지 않은 이유는, 새로운 관계의 수립은 대부분의 경우 기존의 관계를 파괴해야 하는 비용을 수반하는 경우가 많기 때문이다. 게다가 맺고 끊기의 중개를 어떻게 하느냐에 따라서 행위자들은 완전히 다른 네트워크의 환경에 놓이게 되고, 더 나아가 네트워크 게임의 기본 의제를 바꿈으로써 네트워크 구조 자체를 변경할 실마리가 마련되기도 한다. 이러한 맺고 끊기의 과정은 기회비용을 감수하는 전략적인 선택의 과정이기 때문에 이러한 과정을 효과적으로 관리하기 위해서는 여러 층위에서 호환성을 확보하는 것이 관건이다. 그러나 이하에서 다룰 미중 표준경쟁하에서 한국의 사례에서 보는 바와 같이 중개외교는 기회 요인과 동시에 위협 요인을 안고 있다.

(1) 미중 기술표준경쟁 사이에서

한국은 사이버 안보 분야에서 경합하는 미국과 중국의 상이한 기술표준 사이에서 기회와 도전에 동시에 맞닥뜨릴 가능성이 있다. 사실 사이버 안보 분야의 중개 이슈는 미국과 중국 사이에서 기술표준을 선택하는 문제와 관련된다. 한국은 미국의 지배표준과 호환성을 유지해야 하는지, 아니면 지배표준의 문턱을 넘어서 중국이 구축하려는 대안표준의 진영으로 이동해야 하는지가 관건일 수밖에 없다. 중국이 사이버 안보 분야에서 기술표준의 공세를 벌일 경우 마이크로소프트의 운영체계와 인터넷 익스플로러, 시스코의 네트워크 장비 등과 같은 미국의 기술표준에 크게 의존하고 있는 한국은 어떠한 결정을 내려야 할까?

실제로 이와 유사한 사태가 2014년 초 중국의 통신업체인 화웨이로부터 한국의 정보통신기업인 LG 유플러스가 네트워크 장비를 도입하려 했을 때 미국이 나서서 만류하자 나타난 바 있다. 당시 미국은 화웨이의 LTE 장비에 도청을 가능하게 하는 '백도어'(악성코드)가 심어져 있을 가능성을 제기했는데, 이는 한국에 압력으로 작용한 것으로 보인다. 이후 실제로 LG 유플러스는 용산 주한미군 기지 지역에서는 화웨이 기지국 장비를 쓰지 않았고, 화웨이 장비의 수입 물량도 당초 계획했던 4천여억 원에서 1천여억 원으로 75% 정도 줄이겠다고 발표했으며, 미 8군 소속 군인들도 LG 유플러스 이동통신 가입 해지에 들어가기도 했다. 그러나 LG 유플러스의 입장에서는 가격대비 효율성이 큰 화웨이 장비의 유혹이 커서 이후에도 4세대(4G) 활용 협대역 사물인터넷(NB-IoT) 장비 등에서 화웨이와 협력관계를 이어온 것으로 알려져 있다. 그러던 것이 2017년 3월 미국 의회가 화웨이의 5세대(5G) 통신장비에 대한 경계령을 내리면서 한국이 5G 장비로 화웨이를 선택하여 네트워크를 구축하는 것을 미국 국방부가 나서서 막아야 한다는 주장을 제기했다. 이러한 주장은 한국이

5G와 관련하여 화웨이와 2018년 평창동계올림픽 공식파트너 계약을 맺은 상황에서 미국의 견제로 해석될 수 있는 행보라고 할 수 있다.

사실 화웨이는 미중 사이버 안보 갈등에서 미묘한 위치에 놓여 있다. 화웨이는 스마트폰뿐만 아니라 안테나와 무선 송수신기기 등 통신장비를 생산하는데, 중국 정부가 이를 이용해 미국에서 첩보활동을 한다는 논란이 2012년부터 일었다. 당시 미국 하원 정보위원회가 중국의 스파이 활동에 화웨이가 협조한다는 의혹을 제기한 뒤 미국 행정부에 화웨이 통신장비 구매금지를 요구했다. 미 CIA 전직 국장이 하원에 출석해 "화웨이가 세계 각국에서 구축한 통신시스템 비밀 정보를 중국 당국과 공유해왔다"고 증언한 후, 미국뿐만 아니라 유럽과 캐나다에서도 화웨이 통신장비 규제론이 제기된 바 있었다. 100여 개국에 통신장비를 수출하는 화웨이는 스웨덴 에릭슨과 함께 세계 최대 통신장비 공급업체로 꼽힌다(≪매일경제≫, 2016.6.3).

한국에게 이러한 종류의 선택이 부과된다는 것은 쉽지 않은 일인데, 외교적 문제와 관련되는 경우 더욱 그러하다. 예를 들어, 사이버 안보 분야에서 한국은 한미동맹을 고수할 것이냐 아니면 한중협력을 강화할 것이냐의 선택에 놓일 수도 있다. 참으로 이러한 선택은 한편으로는 새로운 관계를 수립하고 다른 한편으로는 기존의 관계를 끊는 '맺고 끊기' 또는 비대칭적 관계조율의 과정을 의미한다. 이러한 관계의 연결과 단절의 과정은 중개외교의 핵심인데, 간혹 중개의 과정은 네트워크의 구조를 바꾸고 완전히 새로운 네트워크 환경을 만들어 네트워크 게임의 의제 자체를 바꾸기도 한다. 그러나 이렇게 한국이 미국과 중국 사이에서 비대칭적 관계조율을 추구하는 중개외교를 모색하고자 할 때는 두 나라를 허브로 하는 강대국 간의 망제정치에서 호환성을 잃지 말아야 함을 명심해야 할 것이다.

그렇다면 미중 간의 사이버 안보 관련 논란에서 한국이 할 만한 일이 얼마나 있느냐가 관건이다. 예를 들어, 소니 영화사에 대한 북한의 사이버 공격 이후 미국이 그것이 북한의 소행임을 입증하는 과정에서 한국이 정보를 제공했던 사례를 들 수 있다. 그러나 한국이 긴히 필요한 것은 첨단 사이버 공격 및 방어 기술이지만, 이와 관련된 한미협력은 원활하지 못하다. 게다가 군사적 용도를 전제로 한 사이버 기술을 미국으로부터 도입하는 것에 대해서 중국이 반길 리 만무하다. CERT 차원의 한중 협력은 잘 진행되고 있는 것으로 알려져 있다. 그런데 한국이 정작 필요로 하는 것은 북한의 사이버 공격과 관련된 경유지 정보인데, 이 부분에서는 한중 간의 협력이 쉽지 않다. 더구나 최근 미국은 한국이 중국과 너무 가까워질까 봐 우려하고 있다. 2014년부터 중국이 우전烏鎭에서 세계인터넷대회를 개최하면서 목소리를 높이고 있는 상황에서 한국이 중국의 말에 쉽게 고개를 끄덕일 수 없는 상황이 벌어지고 있다.

(2) 미중 제도표준경쟁 사이에서

미중 사이에서 사이버 안보 문제가 한국의 중개외교에 부과하는 기회와 도전은 양국의 인터넷 관련 정책과 규제제도, 즉 인터넷 거버넌스 상의 차이에서도 발견된다. 미국 내에서 IT기업들이 상대적으로 정부의 간섭을 받지 않고 사실상 표준을 장악하기 위한 경쟁을 벌인다면, 중국에서는 아무리 잘나가는 기업이라도 정부가 정하는 법률상 표준을 따르지 않을 수 없는 상황이다. 이는 사이버 안보 분야에서 양국이 국내정책과 제도모델을 모색하는 과정의 차이와도 연결된다. 이러한 와중에 한국은 어느 쪽의 손을 들어주어야 할 것인가? 미국이 주창하는 민간 주도의 이해당사자주의 모델인가, 아니면 중국이 고수하려고 하는 국가 주도의 인터넷 통제 모델인가? 만약에 사이버 안보 분야에서 워싱턴 컨센서스나 베이징 컨센서스와 같은 정치경제 모델을 설정할 수 있다면, 그 사이에서 중견국으로서 한국이 추구할 사이버 안보 분야의 새로운 모델을 제시하는 것이 가능할까?

인터넷 거버넌스 모델을 세우고자 할 때 한국의 선택은 미국이 추구하는 민간 주도 모델과 중국이 지지하는 국가개입 모델을 복합하는 방향으로 갈 수밖에 없다. 그렇다면 한국은 일견 호환되지 않는 양국의 인터넷 거버넌스 모델 사이에서 중개의 역할을 할 가능성이 있는가? 이 대목에서 중개자로서 중견국의 역할은, 완전히 새로운 모델을 창출하는 것보다는 기존 모델들을 결합하고 복합하는 전략과 친화성에 있다는 사실에 주목할 필요가 있다. 여기서는 이를 실질적으로 새로운 콘텐츠를 생산하는 모델과 대비되는 의미에서 '메타모델'이라고 부르고자 한다. 중개자로서 중견국은, 비록 완전히 새로운 것을 발명할 수는 없더라도, 이미 존재하는 것들을 창의적으로 엮는 '메타능력'을 발휘할 수 있다. 중개자의 역할이 매력적이냐 아니냐의 문제는 그 나라가 채택한 전략의 콘텐츠 문제가 아니라, 기존의 다양한 콘텐츠들을 어떻게 통합하고 엮어서 주변 국가들이 무난하게 수용하게 만들 수 있느냐에 달려 있다.

이른바 '서울 컨센서스'로 대변되는 한국의 정치경제 모델은 이와 관련된 좋은 사례를 제공한다(손열 편, 2007). 정치경제 분야에서 이른바 '한국모델'은 개도국들의 관심사뿐만 아니라 선진국들의 관심사를 모두 품으면서 결합한다는 의미에서 성공적인 '메타모델'의 사례이다. 실제로 한국모델은, 최근 '베이징 컨센서스'로 개념화되는 경제성장을 추구하는 권위주의 모델에서 시작했지만, 괄목할 만한 경제발전을 달성한 이후에는 정치적 민주주의의 목표도 달성하는 이른바 '워싱턴 컨센서스'로 일컫는 동태적인 모델이다. 이러한 맥락에서 보면, 사이버 안보에서도 이른바 서울 컨센서스의 모델을 개발하여 대외적으로 알리는 방안은 미국과 중국을 동시에 만족시키고, 더 나아가 선진국과 개도국 진영을 모두 끌어안는 그럴듯한 시나리오가 될 수 있다. 그러나 최근 한국의 상황을 돌아보면, 민간부문이 주도하는 인터넷 경제의 번영을 달성했음에도 불구하고, 아직도 사이버 공간의 시민사회의 활동에 대해서 국가가 개입하는 나라로 간주되는 현실이 이러한 시나리오의 실효성을 떨어뜨리는 큰 한계로 작용한다.

(3) 미중 담론표준경쟁 사이에서

사이버 안보 분야에서 한국의 중개외교는 글로벌 인터넷 거버넌스와 관련

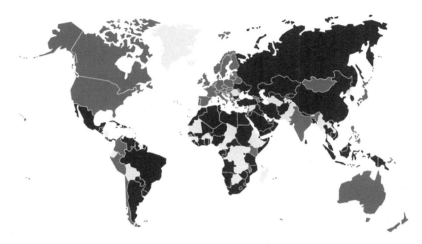

그림 10-1 2012년 WCIT의 ITR 개정 투표에 참가한 나라들의 분포
자료: Kim(2014a: 340).

하여 발견되는 두 가지 상이한 입장 사이에서 기회와 도전을 동시에 맞고 있
다. 최근 한국은 글로벌 인터넷 거버넌스의 미래를 그리는 두 가지 상이한 비
전 사이에서 자국의 위치를 잡는 데 큰 어려움을 겪고 있다. 미국이나 서방 국
가들에 의해서 제시되는 비전은 인터넷이 좀 더 개방적이고 자유로워야 한다
는 믿음에 기반을 두고 있는 데 비해, 러시아, 중국 또는 개도국들에 의해서
제기되는 또 다른 비전은 사이버 공간에 대한 국가의 주권과 개입의 필요성을
지지한다. 이 문제에 대한 한국의 공식적인 입장은 유엔, ITU, OECD, ICANN
등이 주도하는 글로벌 인터넷 거버넌스에 대해 개방적이고 유연한 자세를 취
하여 모두 참여하고 모두 지지하는 '망라網羅형 모델'로 알려져 있다. 이러한
입장은 현재 경합하고 있는 두 가지 비전을 복합하는 전략으로 이해될 수 있
다. 그러나 이렇게 모든 것을 망라하는 스타일의 혼합전략은 일종의 딜레마
상황에 처했을 때 한국의 구조적 위치잡기에 큰 도움을 주지 못한다.

　예를 들어, 2012년 12월 두바이에서 열린 WCITWorld Conference on International
Telecommunication에서 시도된 ITRInternational Telecommunications Regulation 개정을 위

한 투표 당시 한국은 선진국과 개도국 사이에 끼어서 난감한 상황이 연출되었던 바 있다(강하연, 2013). ITR은 전기통신 업무의 일반원칙과 규정인데, 자국의 사정에 맞추어 국가의 인터넷 규제권한 보유 문제를 놓고 투표를 벌였다. 선진국 그룹이 ITR의 폐기를 옹호했다면, 개도국 그룹은 ITR의 개정을 통한 유지를 옹호했다. 결과적으로 한국은 89개국의 개도국 그룹에 합류해서 ITR 개정에 찬성표를 던졌다(**그림 10-1**의 검은색). ITR 개정에 공식적으로 반대한 국가들은 55개국이었으며(**그림 10-1**의 진한 회색), 나머지 국가들은 비회원국들이었다(**그림 10-1**의 연한 회색). 한국의 투표 직후 한국의 어느 언론보도는 한국 정부가 인터넷을 통제하려는 속내를 드러낸 행태였다고 비난했다(≪동아일보≫, 2012.12.17). 개정된 ITR이 국내 규정이나 국가이익에 모순되지 않는다고 정부가 발표했지만, 언론은 OECD 회원국이자 2010년에는 G20의 주최국이었던 한국이 민주주의 정치체제와 자유무역체제를 신봉하는 서방 국가들과 다른 입장을 취했다는 사실을 우려했다.

이러한 연속선상에서 볼 때, 향후 사이버 안보의 국제규범과 글로벌 거버넌스 형성과정에서 한국은 유사한 종류의 딜레마를 다시 겪을 가능성이 농후하다. 그렇다면 한국은 WCIT에서 ITR 개정투표와 같은 상황이 다시 발생했을 때, 서방과 비서방 진영, 좀 더 구체적으로는 미국과 중국 사이에서 어느 쪽을 선택해야 할까? 한국의 전략적 선택으로 먼저 생각해볼 수 있는 것은 미국식 민간 주도 모델을 지지하고 커뮤니티와 전문 활동가를 활성화하는 것이다. 그런데 영미권의 사회문화에 기반을 둔 미국식 인터넷 거버넌스 모델을 다른 사회문화권에 속하는 한국에서 구현하기란 쉽지 않다. 오랫동안 정부가 주도하는 정책 모델에 익숙한 한국에서는 민간 중심의 의사결정권을 강조하는 다중이해당사자주의 모델이 정착하기도 쉽지 않다. 다중이해당사자주의 담론과 이를 추진하는 사회경제세력 사이의 괴리 문제도 간단하지 않다. 글로벌 스탠더드로서 미국 모델에 마음은 가지만, 한국의 현실에서는 실제로 몸이 따라가지 못하는 상황이 발생하고는 한다.

그렇다면 생각해볼 수 있는 한국의 대안적 선택은 국가 모델 또는 국가간다자주의 모델의 지지이다. 지난 산업화와 정보화의 역사를 되돌아보면, 한국은 정부 중심의 프레임 짜기에 익숙한 것이 사실이다. 이러한 역사에서 한국에서는 이른바 이해당사자들이 이미 '존재'해 있었다기보다는 정부에 의해서 위로부터 그 이해관계가 '구성'되고 '동원'된 측면이 없지 않다. 인터넷 거버넌스나 사이버 안보 분야의 국제적 해법을 모색할 때도 정부가 나서서 한미 또는 한중의 정부 간 협의를 활용하려는 경향이 강하다. 그러나 한국이 이러한 접근을 지속할 경우 국제적으로는 국가중심 접근의 경향을 추수할 가능성이 크다. 하지만 인터넷 거버넌스와 사이버 안보 분야에서 '국가간다자주의'의 표방은 '안보 변수'를 근간으로 하는 한미관계를 불편하게 만들 가능성이 있다. 이러한 선택은 중국식 글로벌 인터넷 거버넌스 모델의 지지, 유엔과 같은 전통 국제기구 중심 사이버 외교 추진, 사이버 공간에서 국가주권의 역할 강조 등을 의미할 것이기 때문이다.

결국 한국의 전략적 선택은 미국식과 중국식 논의에 동시에 참여하는 복합외교 전략 또는 좀 더 적극적으로 말해 중개외교 전략일 수밖에 없다. 현재 한국은 사이버 안보와 관련된 중개외교에서 글로벌 거버넌스 모델과 국제기구를 모두 모색하는 개방적이고 유연한 접근open and flexible approach을 취하고 있다. 이는 사이버 안보의 미중경쟁과 세계정치 과정에서 위치잡기를 하기 위한 기본적인 전제이다. 그러나 한발 더 나아가 현재 한국의 사이버 안보 외교전략에서 필요한 것은 이 분야에서 경합을 벌이고 있는 양국의 관계를 조율하는 중개외교의 발상이다. 이를 실현하기 위해서, 한국은 진화하는 사이버 안보 분야의 구조적 조건하에서 다층적으로 형성되는 비대칭적인 관계를 조율하는 외교적 능력을 발휘해야 한다. 이를 통해서 한국은 단순한 연결자가 아니라 상이한 행위자들 간의 관계에 상호작동성과 호환성을 제공하는 적극적 중개자로서 행동할 수 있을 것이다.

2) 연대외교의 내편 모으기

(1) 사이버 안보의 중견국 연대외교

중견국 외교는 혼자서 발휘할 수 있는 힘보다는 여럿이 모여서 발휘하는 힘, 즉 집합권력collective power을 바탕으로 하는 경우가 많다. 전통 국제정치의 경우에는 주로 군사력이나 경제력과 같은 하드 파워 자원에 의거해서 집합권력이 작동했다면, 최근에는 지식, 문화, 이념 등을 통해서 상대방을 끌어들이고 설득하는 소프트 파워를 바탕으로 한 집합권력이 중요해졌다. 이렇게 세를 모으는 중견국 외교는 주로 비슷한 생각을 가지고 있는 동지국가들like-minded countries과 공동보조를 취하는 연대외교의 형태로 나타난다. 강대국들 사이의 틈새를 공략하는 중개외교를 펼치는 경우에도 혼자 나서기보다는 비슷한 처지의 국가들과 함께 나서는 것이 성공할 가능성이 높다.

이러한 종류의 중견국 연대외교는 주로 글로벌 거버넌스의 장이나 국제규범의 형성과정에서 나타나는데, 사이버 안보 분야의 국제규범 형성과정에서도 마찬가지이다. 예를 들어, 글로벌 인터넷 거버넌스의 장에서 다중이해당사자주의와 국가간다자주의가 대립하는 경우, 그 사이에서 외로이 입장을 설정하려 하기보다는 비슷한 처지에 있는 국가들과 공동보조를 맞추는 것이 좀 더 유용할 수가 있다. 다시 말해, 사이버 안보 분야의 의제 설정과 관련하여 중간지대에 있는 동지국가 그룹들의 역할을 새로이 규정하고 가능한 한 많은 지지국가군을 모으려는 노력이 필요하다.

이러한 연대외교의 노력은 사이버 안보분야에서 서로 상이한 해법을 가진 강대국들 사이에서 발생할 수도 있는 중개자로서의 딜레마를 완화시키는 데도 도움이 될 것이다. 사실 미국과 중국 사이에서 복합적으로 얽혀 있는 사이버 안보 분야의 이익구조하에서 한국이 혼자 나서서 효과적인 결과를 얻어내기는 쉽지 않기 때문이다. 이러한 상황에서 한국이 처한 특수한 상황의 보편적 의미를 잘 설파하여 생각을 공유하고 행동을 같이할 수 있는 동지국가들을 모으는 것은 유용한 대안일 수 있다. 물론 이렇게 지지자를 모으는 연대외교는 동북아 지역차원을 넘어서 널리 글로벌 차원에서 진행될 필요가 있다. 또한 여타 중견국들과의 연대뿐만 아니라 좀 더 넓은 의미의 개도국들과도 공조하는 방안을 고려해야 할 것이다.

이러한 맥락에서 한국은 사이버 안보 분야에서 개도국에 대한 역량강화 지원 사업을 펼쳐오고 있다. 한국은 현재 유엔 아태 정보통신교육원(UN-APCICT)을 유치하여 운영 중이고, 사이버안보 훈련센터(CSTEC) 등을 통해 개도국 정보보안 인력에 대한 교육훈련을 제공하는 등 인적역량의 강화에 기여하고 있다. 여기서 더 나아가 한국의 공적개발원조(ODA)의 중요한 분야로 사이버 안보 분야를 선정하고, 이를 통해 개도국과의 우호와 신뢰를 증진하는 일을 모색할 필요가 있다. 최근에는 사이버 안보 이슈가 지역 차원의 협력을 모색할 분야로 거론되고 있다. 현재 ARF~ASEAN Regional Forum~ 등에서 사이버 안보에 대한 논의들이 진행되고 있으며, 한국도 적극 참여하면서 지역수준의 국제규범 형성에 기여하고 있다.

(2) WCIT ITR 개정 사례와 연대외교

사이버 안보보다는 좀 더 넓은 의미이기는 하지만, 인터넷 거버넌스 분야에서 동지국가들의 연대외교를 추진하는 것과 관련하여, CIGI~Centre for International Governance Innovation~에서 수행된 한 연구는 매우 흥미로운 시사점을 주는 연구 결과를 내놓았다. CIGI 연구는 2012년 WCIT ITR 개정에 찬반 투표한 국가들을 여러 가지 지표에 의거해서 분석했는데, 이를 토대로 미래의 글로벌 인터넷 거버넌스 논쟁에서 부동~浮動~국가로서 행동할 가능성이 있는 30개의 국가그룹을 분류했다. 또한 이들 30개 국가들을 표 10-1에서 보는 바와 같은 네 개의 그룹으로 분류했다(Maurer and Morgus, 2014).

〈그룹-I〉은 ITR에 반대투표를 한 13개 부동국가들인데, 알바니아, 아르메니아, 벨라루스, 콜롬비아, 코스타리카, 그루지야, 인도, 케냐, 몰도바, 몽골,

표 10-1 미래의 잠재적 부동국가 30개국

ITR 개정 반대국	ITR 개정 찬성국		
I.	II. OECD 회원국	III. FOC 회원국	IV. 잠재적 부동국가
알바니아	멕시코	가나	아르헨티나
아르메니아	한국	튀니지	보츠와나
벨라루스	터키		브라질
콜롬비아			도미니카공화국
코스타리카			인도네시아
그루지야			자메이카
인도			말레이시아
케냐			나미비아
몰도바			파나마
몽골			싱가포르
페루			남아프리카공화국
필리핀			우루과이
세르비아			

자료: Maurer and Morgus(2014: 10); 이영음(2014)에서 재인용.

페루, 필리핀, 세르비아 등이 여기에 속한다. 이 13개 국가들은 어떠한 국가그룹에도 속하지 않지만 WCIT에서 ITR 개정에 반대한 그들의 입장은 장래에도 유사한 형태로 반복될 가능성이 있다는 점에서 부동국가로 분류되었다. 게다가 이 국가들은 향후 글로벌 인터넷 거버넌스의 과정에서 다른 국가들에게 입장을 바꾸라고 설득하고 영향을 미칠 자원을 지니고 있다는 점에서 주목할 필요가 있다고 한다.

〈그룹-II〉는 OECD 회원국인 멕시코, 한국, 터키 등이 해당되고, 〈그룹-III〉는 FOCFreedom Online Coalition[1] 회원국인 가나와 튀니지가 속한다. 이들 다섯 나라는 OECD와 FOC 회원국이라는 사실로부터 영향을 받을 가능성이 있는 나

---

[1] FOCFreedom Online Coalition 회원국은 현재 22개국이다. 이들 연합은 자신들을 전 세계적인 차원에서 인터넷 자유(표현, 결사, 집회의 자유와 온라인 프라이버시)를 증진하기 위해서 활동하는 정부 간 연대라고 규정한다(Maurer and Morgus, 2014: 7~8).

라들이다. 다시 말해, 이들의 OECD와 FOC에서의 활동은 이들이 ITR 개정 투표에서 보인 찬성투표와 상충하는 면이 없지 않다. 게다가 이들은 앞으로 OECD와 FOC 내의 동료국가들로부터 이들의 멤버십과 활동에 적절한 방향으로 투표에서의 선택을 바꾸도록 압력을 받을 가능성이 있다.

〈그룹-IV〉는 ITR 개정에 찬성한 12개 나라들이 속하는데, 아르헨티나, 보츠와나, 브라질, 도미니카공화국, 인도네시아, 자메이카, 말레이시아, 나미비아, 파나마, 싱가포르, 남아프리카공화국, 우루과이 등이 해당된다. CIGI의 연구는 기타 몇 가지 지표들에 의거하여 이 국가들을 잠재적 부동국가로 분류했는데, 이 국가들에서 인터넷이 중요하다는 점, 이 국가들의 다양한 특성이 미래의 투표행태를 바꿀 가능성이 있다는 점 등을 근거로 들고 있다.

30개 부동국가에 대한 CIGI 연구의 분류는 사이버 안보 분야, 좀 더 넓게는 글로벌 인터넷 거버넌스 분야에서 한국이 추구할 중견국 외교의 아이템으로서 동지국가들과의 연대외교의 방향을 가늠케 한다는 점에서 시사하는 바가 크다. 우선, 중견국의 연대외교라는 시각에서 〈그룹-II〉에 속한 ITR 찬성 국가들과 공동보조를 맞추는 것은 실현가능성이 매우 높아 보인다. 흥미롭게도 〈그룹-II〉의 세 나라, 즉 멕시코, 터키, 한국 등은 최근 주목받고 있는 중견국 정부협의체인 믹타(MIKTA)[2]의 참여국이기도 하다. 믹타의 동지국가 연대외교를 확장하는 차원에서 〈그룹-III〉에 속하는 가나, 튀니지 등과 같은 FOC 국가들은 매우 유력한 파트너가 될 수 있을 것으로 예상된다.

〈그룹-IV〉에 속하는 잠재적인 부동국가들과 연대하는 것은 좀 더 복합적인 접근을 필요로 한다. 이들 12개 국가 중에서 믹타의 멤버인 인도네시아는 연

---

2 믹타(MIKTA)는 멕시코, 인도네시아, 한국, 터키, 호주의 머리글자를 따서 이름 붙여진 5개국 외교장관들의 비공식 협의체이다. 2012년 2월 시작된 믹타는 여러 차례 회의를 개최하고 개발협력, 기후변화, 사이버 안보, 보건안보, 재난관리, 인도적 지원 등과 같은 글로벌 거버넌스 분야의 현안에 대한 협력방안을 논의하고 있다. 2014년 9월부터 한국이 1년 동안 믹타의 간사국을 맡은 바 있다.

대외교를 펼칠 수 있는 첫 번째 후보이다. 또한 IBSA[3]로 분류되는 두 나라인 브라질과 남아공도 글로벌 인터넷 거버넌스 분야에서 한국과 보조를 같이할 수 있는 가능한 파트너이다. 흥미롭게도 이들 나라 중에서 브라질은 현재 미국이 주도하고 있는 ICANN 중심의 글로벌 인터넷 거버넌스 체제를 개혁하는데 있어서 중견국 리더십을 발휘하고 있다. ITR 개정에는 반대한 국가로서 〈그룹-I〉에 속하는 또 다른 IBSA 국가인 인도와도 연대외교를 펼치는 것을 고려해볼 수 있을 것이다. 한편, CIGI 연구에서 언급한 30개 부동국가군에는 속하지 않지만 믹타의 멤버로서 최근 활발히 중견국의 연대외교에 참여하고 있는 호주도 중요한 연대의 대상이 될 수 있을 것이다.[4]

이러한 연대외교를 추진하고자 할 때 연대 파트너를 선정하는 것만큼이나 중요한 것은 적절한 연대외교의 이슈를 개발하고 상호 연계하는 문제이다. 사이버 안보의 중견국 연대외교를 추진함에 있어 일차적으로는 글로벌 인터넷 거버넌스의 다양한 이슈들이 이슈연계의 후보가 될 수 있을 것이다. 더 나아가 인터넷 거버넌스의 경계를 넘어서 연대외교의 효과성을 증진하기 위해서 여타 경제와 안보 이슈들을 사이버 안보의 이슈들과 연계하는 방안도 실현 가능성이 높은 선택지이다. 예를 들어, 공적개발원조(ODA)는 사이버 안보 분야의 중견국 외교와 연계시켜서 의미 있는 효과를 볼 수 있는 분야로 거론되고 있다. 또한 원자력 안전, 환경안보, 보건안보 등과 같은 여타 신흥안보 분야의 이슈들도 중견국 외교의 차원에서 사이버 안보와 결합될 수 있는 아이템들이다.

---

3 IBSA는, 브릭스(BRICS) 중에서 중국과 러시아를 뺀 나머지 세 나라, 즉 인도, 브라질, 남아공의 느슨한 정부협의체를 일컫는 말이다.

4 이 밖에도 사이버 안보 분야에서 이와 유사한 연대외교의 가능성은 몇 가지 사례에서 발견된다. 예를 들어, 제5차 GGE회의에서 '적절한 성의Due Diligence(DD)'의 국제법화 지지국가는 핀란드, 에스토니아, 네덜란드, 스위스, 한국, 일본 등 6개국이었다. 이는 이들 국가가 처해 있는 입장과 관련하여 사이버 안보 분야의 특정 이슈와 관련된 연대외교의 가능성을 엿보게 하는 사례라고 할 수 있다.

3) 규범외교의 표준 세우기

(1) 규범외교와 사이버 안보

중견국 외교는 세계질서의 제도와 규범을 설계하여 표준을 세우는 작업도 염두에 두어야 한다. 사실 역사적으로 이러한 일은 강대국의 몫이었다. 그러나 중견국도 세계질서 전체를 설계할 수는 없더라도 주어진 분야의 하위 설계자 정도의 역할은 할 수 있다. 예를 들어, 강대국이 만든 세계질서의 규범적 타당성에 문제를 제기하고 좀 더 보편적인 규범의 필요성을 강조하는 규범외교의 모색이 가능할 것이다. 이러한 과정에서 강대국 중심의 제로섬 게임 담론의 구조적 공백을 공략하는 중개외교와 이러한 행보에 힘을 싣기 위한 연대외교의 전략이 복합적으로 동원될 수 있다. 상대적으로 군사력이나 경제력에서 약세인 중견국의 입장에서 볼 때 이러한 규범외교의 추구는 일정한 효과를 얻을 수 있는 것이 사실이다. 특히 규범외교의 전략은 기성 세계질서의 운영 방식에 대한 보완적 비전을 제시함으로써 강대국 위주의 논리에 대한 어느 정도의 반론을 제기하는 효과가 있다.

사이버 안보 분야의 중견국 규범외교는 탈지정학적인 신흥안보 이슈로서 이 분야가 지니는 구조적 조건에 대한 철저한 이해를 바탕으로 추진되어야 한다. 사이버 공격과 방어는 그 주체와 보복의 대상을 확인하는 것이 쉽지 않은 복합 네트워크 환경에서 발생한다. 사이버 공간에서의 국가나 기업 행위자들에 대한 공격도 전통적인 국가 행위자가 아니라 비국가 행위자들이나 이들을 전면에 내세운 국가-비국가 복합체들에 의해서 감행되고 있다. 게다가 사이버 공격은 점점 더 진화하여 인간 행위자 이외에도 컴퓨터 바이러스나 악성코드 등과 같은 비인간 행위자도 관여한다. 이러한 의미에서 전통적인 권력정치와 국가안보의 개념에 기반을 두고 있는 단순계적인 접근은 복잡성을 본질로 하는 사이버 안보의 구조적 조건을 파악하는 데 한계가 있을 수밖에 없다. 따라서 현재 강대국들이 생성하고 있는 담론보다 좀 더 복합적인 발상으로 사이버 안보의 세계정치를 풀어나가려는 새로운 접근법이 필요하다.

이 대목에서 강대국들이 주도하고 있는 사이버 안보 국제규범의 정당성을 문제시하는 중건국 규범외교의 설 자리가 생긴다. 군사적 능력이나 경제적 자원이 부족한 중건국에게, 권력지향적 외교와 대비되는 의미에서의 규범지향적인 외교는 효과적인 방책이 될 수 있다. 보편적 규범에 친화적인 외교는 글로벌 청중에게 매력적으로 비칠 뿐만 아니라 중건국이 추구할 연대외교의 매우 중요한 내용이 될 수 있다. 따라서 중건국의 입장에서는 강대국들이 주도하는 국제규범 형성에 단순히 참여하는 전략의 차원을 넘어서 사이버 안보 분야의 특성에 부합하는 좀 더 보편적인 규범을 주장하거나 더 나아가 새로운 규범을 제시하는 적극성을 보일 필요가 있다.

(2) 사이버 안보의 중건국 규범외교

강대국들이 서로 상이한 사이버 공간의 안보담론을 내세우며 경쟁을 벌이는 와중에 한국이 제시하는 대안은 무엇인가? 중건국으로서 한국이 새로운 안보담론을 생성할 여지는 있을까? 예를 들어, 강대국들이 추구하는 힘의 논리에 기반을 둔 안보담론이 아닌, 규범과 윤리를 강조하는 사이버 공간의 담론을 구성할 수는 없을까? 중건국 외교론의 시각에서 보면, 세계정치 전체 시스템을 설계하는 것까지는 아니더라도 강대국들이 만들어놓은 시스템을 보완하는 차원에서 규범적 가치 및 정당성의 추구 또는 질서 운영을 보완하는 하위 설계자의 역할 정도는 무난히 담당할 수 있을 것이다. 사이버 안보 분야는 이러한 중건국 외교의 복합적 역량을 가늠하는 실험대라고 할 수 있다. 이와 관련하여 여기서는 한국이 추구할 사이버 안보 분야 규범외교의 방향을 다음과 같은 세 가지 측면에서 제시하고자 한다.

첫째, 제로섬 게임적 군비경쟁의 유추에 바탕을 둔 강대국들의 안보담론이 '사이버 안보 딜레마'의 상황을 낳을 수 있다고 비판하는 일종의 '탈脫군사화 담론'을 제시할 수 있을 것이다. 냉전에 비유하거나 제로섬 게임적 군비경쟁에서 유추하는 강대국들의 과잉 안보담론을 비판하고 보완하는 규범외교를 펼칠 수 있다. 최근 '사이버 공간의 군사화'라는 시각에서 사이버 공간에서의 안보 문제를 보려는 경향이 늘어나고 있다(Lawson, 2012). 사이버 분쟁은 현대 전쟁의 첨단 양식 중의 하나로 묘사되며 사이버 무기는 대량파괴무기와 같은 맥락에서 파악된다. 실제로 미국과 중국 두 강대국은 상호 간의 사이버 공격과 방어를 위한 역량을 강화하고자 경주하고 있으며, 사이버 군비경쟁이 벌어지는 것이 아니냐는 전망도 나오고 있다. 이러한 상황에서 사이버 공간의 군사화와 사이버 위협의 안보화는 정당화되고 강화되고 경우에 따라서는 과잉담론화된다. 그런데 강대국들이 이렇게 제로섬 게임에 입각한 군비경쟁의 유추에 집착하는 한 사이버 안보 문제는 해결되기는커녕 오히려 사이버 공간에서도 '안보 딜레마'가 발생할 수 있다. 이러한 맥락에서 한국이 강대국들 사이에서 사이버 공간의 '탈군사화담론'을 제시하는 중견국 규범외교를 추구할 필요가 있다.

둘째, 전통적인 '국제'의 접근이 지닌 문제를 지적하는 차원에서 '탈국제post-international'의 담론까지도 포함하는 복합적인 사이버 안보담론과 규범을 개발하는 상상력을 발휘할 필요도 있다. 사이버 안보 분야에 전통적인 '국제' 담론을 경직된 방식으로 적용하는 시도의 한계를 지적하고 이를 극복하는 차원에서 '탈국제' 담론을 강조하는 규범외교를 펼칠 수 있을 것이다. 특히 국가 단위의 사고를 바탕으로 사이버 안보 문제를 보는 기존의 국제법적 접근을 보완하는 담론을 개발할 필요가 있다. 최근 글로벌 학계에서는 사이버 공간에서의 무력 사용과 사이버 위협에 기존의 국제법(특히 전쟁법)의 틀을 적용하기 위한 연구를 벌이고 있다(Liaropoulos, 2011). 앞서 언급한 탈린매뉴얼은 기존의 국제법 규범을 초국적 사이버 위협의 사례에 적용하려는 대표적인 시도이다. 그렇지만 사이버 안보의 세계정치에서 발생하는 공격과 방어의 비대칭적 구도를 고려하면, 근대 국제정치의 경우처럼 공격과 방어의 행위자들을 이분법적으로 보고 이들 사이의 공방을 실증적 법규범으로 풀어보려는 해법은 실효성이 떨어진다. 지금 필요한 것은 사이버 안보 이슈의 탈국제적이고 복합 네트워크적인 동학을 다룰 수 있는 좀 더 복합적인 규범이다. 이러한 맥락에서 중견국으로서 한국은 현재의 '국제' 또는 '국가 간' 담론을 보완하는 새로운 '탈국제'의 담론 또는 '네트워크' 담론을 개발할 필요가 있다.

끝으로, 강대국들의 권력담론을 보완하는 차원에서 그동안은 국내적 구도에서만 논의되어온 사이버 윤리의 문제를 국제적으로 확장하여 '사이버 안보의 국제윤리'에 대한 문제제기를 하는 것도 의미가 있다. 기존의 사이버 윤리는 컴퓨터 코드가 어떻게 프로그램되어야 하느냐, 누가 디지털 데이터를 소유하느냐, 온라인상의 음란물에 대한 접근은 얼마나 허용되어야 하느냐 등과 같은 문제들을 중심으로 논의되어왔다. 이제 이러한 사이버 윤리의 논쟁은 국제 또는 초국적 사이버 안보 이슈들로 확장될 필요가 있다. 인터넷 사용이 지속적으로 증가함에 따라 나타나는, 개인정보의 국제적 도용이나 국제 사이버 범죄 및 국가 간의 컴퓨터 해킹과 사이버 테러 등의 문제를 국가 간의 윤리적 문제로 다룰 수는 없을까? 역사적으로 안보 문제가 윤리적 논쟁을 야기했던 전례에 비추어볼 때, 사이버 안보 분야에서도 그러한 윤리적 논쟁이 벌어질 가능성이 크다. 이러한 맥락에서 볼 때, 사이버 윤리 분야에서 새로운 담론을 개발하여 힘의 논리에 기반을 둔 강대국들의 안보담론을 제어하는 효과를 노려봄직하다.

그러나 이러한 사이버 윤리 담론이 이상적인 평화담론으로 흐르거나 또는 지나치게 국가 간 프레임으로 치우칠 두 가지 양극단의 가능성은 경계해야 할 것이다. 다시 말해, 새로운 사이버 안보의 윤리 담론은 앞서 지적한 탈군사화와 탈국제의 담론을 품는 방향으로 고안되어야만 할 것이다. 그것이 복합 네트워크 환경을 바탕으로 한 사이버 안보 분야의 특성을 반영하는 방법일 뿐만 아니라 사이버 공간을 강대국의 이권 갈등의 장으로 몰아가려는 제로섬 게임적인 경향을 넘어서는 길이기도 하다. 이러한 맥락에서 냉전 시대에 진행되었던 핵안보의 윤리와 규범에 대한 논의, 특히 핵안보에 대한 전략론의 접근과

평화론의 접근 사이에서 복합적인 해법을 제시했던 '정전론正戰論'의 접근이 사이버 안보 분야에 주는 시사점에 착안해볼 필요가 있다. 다만 핵안보와 사이버 안보가 지니는 고유한 차이를 인식하고 적용해야 함은 물론이다(Nye, 2011).

사이버 안보의 전략론적 접근은 사이버 공격에 대해 물리적 공격까지도 포함한 강경한 응징을 주장한다. 평화론적 접근은 사이버 공간의 탈군사화를 옹호한다. 이에 비해 정전론적 접근은 좀 더 '현실적인' 대안으로서 사이버 안보 분야에 적용할 수 있는 윤리와 규범의 문제를 논한다. 이는 사이버 안보 문제를 기술과 물리력 및 관념의 차원에서 대응하는 문제를 넘어서 정치와 외교로 풀어가는 시도의 일환이기도 하다. 이러한 시각에서 보면, 앞서 살펴본 탈린매뉴얼의 시도는 일종의 정전론적 접근의 사례이다. 사실 탈린매뉴얼은 실증적 차원에서 실효성은 적지만 명분적 정당성의 근거로 활용하는 효과는 클 수 있다. 한국의 입장에서도 탈린매뉴얼과 같은 국제규범의 논리를 빌려서 북한발 사이버 공격의 '불법성'을 비판하고 그 공격의 경유지가 되는 국가들에 대해서 규범적·윤리적 책임을 물을 수 있는 근거를 얻을 수도 있을 것이다.

이 외에도 최근 초보적이지만 사이버 안보 분야에서 이러한 중견국 규범외교 담론의 가능성을 엿보게 하는 사례들이 등장하고 있다. 예를 들어, 사이버 안보 분야에서 미국과 중국이 신경전이 벌이고 있는 가운데 한국의 전자정부 사이버 보안시스템이 중동 국가들로부터 러브콜을 받고 있다고 한다. 한국형 보안 패키지에 러브콜이 쏟아지는 데에는 미국과 중국이 사이버 안보 분야에서 대립하고 있는 분위기도 영향을 미친다. 미국과 중국이 서로 싸움을 하느라 시스템 수출 등에 신경을 쓰지 못하는 상황에서 대안으로 한국 제품에 관심을 두는 곳이 많다는 것이다. 이들 나라에 비해 한국 제품의 가격 경쟁력이나 기술이 우수하다는 점도 변수이다(≪머니투데이≫, 2015.6.29). 최근 한국은 발달된 정보인프라로 세계의 주목을 받고 있고 사이버 위협 상황에서 대응력을 키워왔을 뿐만 아니라 미국이나 중국, 러시아, 이스라엘 등에 비해 어느 한쪽으로 치우치지 않은, 역량 있는 '사이버 중견국'의 이미지를 키워가고 있는 것으로 판단된다(≪디지털타임스≫, 2015.5.13).

5. 사이버 안보외교의 추진체계 정비

중견국의 사이버 안보외교를 효과적으로 수행하기 위해서는, 제6장에서 살펴본 국내 사이버 안보의 추진체계 전반의 정비 문제와는 별도로 또는 병행하여, 외교 분야에서의 추진체계를 정비하는 작업에 대한 고민이 필요하다. 주변4망과의 사이버 협력방안이나 사이버 안보 각 분야별 국제규범의 논의동향에 대한 분석, 그리고 사이버 외교업무 영역의 재정의 작업을 바탕으로, 외교 전담부처의 조직을 재정비하고 더 나아가 정부 각 유관 실무부처 및 청와대 컨트롤타워를 포괄하는 추진체계의 정비 작업을 진행할 필요가 있다. 이 외에도 전문가들과의 협업 강화를 통해서 지식 집약적인 사이버 안보외교 분야의 수요에 부응하는 정책지식 네트워크를 구축하는 것도 필요하다. 더 나아가 사이버 안보 이슈가 매우 복잡하게 상호 연관되어 있고 국가안보적 함의가 점점 더 커지고 있는 만큼 이러한 상황을 반영하는 국가모델 전반의 혁신에 대한 고민이 병행되어야 함은 물론이다.

이러한 정비작업을 제대로 추진하기 위해서는 사이버 안보 분야에서 외교적 접근이 필요한 고유 영역을 확인 또는 발굴하는 것이 우선되어야 하며, 이를 바탕으로 외교업무를 대내외적으로 새롭게 재정의할 필요가 있다. 사이버 공간을 둘러싼 세계정치 현상의 중요성이 커지면서 기존에는 해당 실무부처의 국제협력 부서와 민간 행위자들을 중심으로 진행되었던 사이버 안보의 외교업무에 외교 전담부처가 개입해야 하는 일이 늘어나고 있다. 사이버 안보 분야 국제협력의 경우, 표면적으로는 기술문제로 보일지라도 외교 전담부처의 식견과 경험을 요구하는 문제들이 많다. 따라서 유관 실무부처의 전문적인 국제협력 업무와 중복되지 않으면서도 외교 전담부처의 참여가 필요한 부분을 확인하고, 사이버 안보 관련 외교업무를 재정의하며, 이러한 작업을 바탕으로 관련 정부 부처들 간의 업무조정과 공조를 진행할 필요가 있다. 이러한 맥락에서 여기서는 다음과 같은 세 가지 과제를 지적하고자 한다.

첫째, 최근 업무 수요가 급증하고 있는 사이버 안보외교를 담당하는 외교 전담부처 내 실무조직의 설치가 필요하며, 그 활동을 효과적으로 독려하기 위한 상위조직에 대한 고민이 필요하다. 최근 세계 주요국들의 추세를 보면, 급증하는 사이버 안보 관련 업무를 처리하기 위해서 최소한 1개 과 이상의 조직을 외교 전담부처 내에 설치하고 있다. 사이버 안보만을 전담하는 과를 신설할 수도 있으며, 인접 업무를 담당하는 부서에 사이버 안보 업무를 통합해서 맡기거나 또는 이들을 통합해서 새로운 부서를 신설할 수도 있을 것이다. 이러한 방안은 최근 유엔에서도 원자력, 우주 문제 등과 사이버 안보 문제를 같은 프레임워크에서 다루고 있는 경향과도 일맥상통한다. 이 외에도 사이버 안보 관련 업무를 사이버 경제 및 과학기술 관련 외교이슈와 묶어서 담당하는 조직을 별도로 신설할 수도 있다. 아울러 외교 전담부처 내의 업무조정과 대외적 정책조정 기능을 담당하는 '사이버안보대사'를 신설할 필요가 있다.

둘째, 사이버 안보외교와 관련하여 청와대 컨트롤타워 내에 외교 전담부처와 실무부처들이 담당하는 업무를 총괄·조정하는 기능을 강화하는 것이 필요하다. 2015년 3월 청와대에는 사이버 안보 업무 전반을 관장하는 컨트롤타워로서 사이버안보비서관직이 신설되었으나 한동안 기대에 부응하는 행보를 보이지 못했다. 2017년 5월 단행된 청와대 개편으로 인해서 국가안보실 제2차장실 산하 사이버안보비서관은 국내 업무뿐만 아니라 외교 업무까지도 총괄하는 컨트롤타워의 역할을 맡고 있다. 현재 유관 부처별로 진행되고 있는 사이버 안보외교 업무를 총괄하여 조정하는 범정부 차원의 상설조직이 제대로 작동하지 못하고 있는 상황에서 외교부, 국정원, 국방부, 과기정통부, 경찰청과 검찰청 등에서 진행되고 있는 사이버 안보 관련 국제협력 및 외교활동을 유기적으로 엮어내는 '메타 거버넌스'의 발상이 필요하다.[5] 앞서 제시한, '사이

버안보대사'의 역할을 청와대 컨트롤타워의 기능과 적극적으로 연동하는 것
도 고려해봄직한 방안이다.

　끝으로, 민간 또는 반관반민半官半民 차원에서 사이버 안보외교의 연구수행
과 정책지원을 담당하는 기관이나 네트워크, 포럼 등의 설치가 필요하다. 사
이버 안보외교의 지식전문성을 고려할 때, 앞서 언급한 정부 조직의 재정비와
연동하여 사이버 안보외교 정책연구를 수행 및 지원할 연구기관을 설치·운영
함으로써 기존 정부출연 연구기관들과 협업 및 공조를 진행하고, 이러한 모색
과 병행하여 민간 싱크탱크도 참여하는 포럼의 운영 등을 시행할 필요가 있
다. 이러한 시도는 이른바 '1.5트랙'에 해당하는 정책지식 네트워크 구축으로
통한다. 국내외 사이버 안보외교 분야 커뮤니티 활동이나 국제회의에서 논의
과정의 특성상 상당한 정도의 전문지식과 식견을 요구하는 만큼, 직업외교관
이나 해당 분야 공무원들의 참여만으로는 해당 분야의 업무에 효과적으로 대
응하기가 점점 더 어려워지고 있다. 이러한 맥락에서 민간전문가들이 대거 참
여하는 정책지식의 생산과 공유의 체계를 구축하는 일이 필수적이라고 할 수
있다.

　사이버 안보외교의 추진체계에 대한 논의의 가장 저변에 한국이 추구할 미
래 국가모델에 대한 고민이 필요함은 물론이다. 이러한 미래 국가모델의 고민
과정에서 핵심은 역시 정부와 기업 및 사회 간의 관계설정 문제이다. 사이버
안보 분야의 특성상 정부 이외의 다양한 이해당사자들의 역할이 중요해지고
있다. 또한 현재 한국에서는 사이버 안보 논의를 공공의 문제로 자리매김하고
다양한 이해당사자가 자유롭게 참여하여 유기적으로 소통하는 문제가 과제로

---

5 현재 양자 및 삼자 사이버정책협의회는 외교부가 담당하고 있으며, 유엔 GGE에서 이루어지는 사이버
　안보에 대한 논의는 외교부와 국정원 관련 기관에서 참여하고, ICANN, ITU/WSIS/IGF 등의 활동에는
　과학기술정보통신부가 참여하며, 사이버 범죄 관련 국제협력과 국제회의에는 경찰청과 검찰청이 참여
　하고 있다. 이 글에서 지적하는 문제점은 이러한 다양한 사이버 안보외교 및 국제협력 활동이 상호조율
　되는, 최소한 상호간에 정보를 공유하는 장이 부재하다는 점이다.

제기되고 있다. 이러한 맥락에서 이 책에서 제시한 네트워크 국가의 개념이 일면 유용성이 있다. 네트워크 국가는 그 기능과 권한을 적절하게 국내의 하위 단위체에게 분산·이전시킴으로써 그 구성원들로부터 정당성을 확보하고 정부와 민간 행위자들 간의 연결망을 모색하는 국가 모델이다. 이러한 네트워크 국가의 모델은 앞서 제6장에서 살펴본 국내 추진체계뿐만 아니라 사이버 안보외교의 추진체계에도 적용해볼 수 있을 것이다.

6. 중견국 사이버 안보외교의 과제

사이버 안보는 전통 안보 문제와는 다른 고유한 기술구조적 특징을 지니고 있다. 그중에서도 사이버 위협의 잠재적인 위력을 이해하는 핵심은 인터넷의 복합 네트워크적인 특성이다. 사이버 위협은 지속적으로 진화할 뿐만 아니라 점차로 민간과 군사 영역, 비국가와 국가 행위자, 그리고 인간과 비인간 행위자의 구분을 흐려놓고 있다. 그러나 이제 사이버 안보는 단순한 컴퓨터 보안 전문가들의 영역이 아니라 외교정책 결정자들이나 군사 전략가들이 관심을 가질 수밖에 없는 국가안보와 외교전략의 문제로 부상했다. 사이버 안보 이슈가 21세기 세계정치의 전면으로 부상하면서 주요 국가들 간의 갈등이 깊어가는 가운데 이 분야의 국제규범 형성을 놓고 이해관계가 얽히고 있다.

이러한 구조적 특징을 지닌 사이버 안보의 세계정치가 작동하는 양상을 보면 전통안보의 영역에서 국민국가들이 벌였던 '국제정치'의 영역을 넘어서는 모습을 보인다. 사이버 안보의 세계정치는 다양하고 복합적인 행위자들이 벌이는 이른바 '비대칭 망제정치'의 영역에 속한다. 전통안보 이슈와 그 성격이 구별되는 사이버 안보 이슈의 가장 큰 차이점은 그 위협의 발생이 사이버 공간이라고 하는 복합 네트워크 환경을 바탕으로 하여 이루어지고 있다는 점이다. 그러한 사이버 위협에 대응하는 국제정치적 해법도 국가 행위자뿐만 아니라 다양한 비국가 행위자들이 참여하는 글로벌 거버넌스의 틀을 따르고 있다. 이러한 복합적인 행위자들이 그들의 정치적 필요와 이익을 만족시키기 위해서 경쟁하면서 다방면에서 충돌할 것이 예상된다.

이렇듯 사이버 안보의 세계정치는 역사에서 전례를 찾을 수 없는 궤적을 따라서 끊임없이 진화해갈 가능성이 크다. 중견국으로서 한국이 사이버 안보 분야의 고유한 구조와 동학을 이해하고 이에 대해서 적절한 대응책을 마련하는 것은 매우 중요하다. 예를 들어, 사이버 안보와 전통안보는 어떠한 질적인 차이를 갖는지, 사이버 안보의 기술과 전략의 역량 면에서는 어느 나라가 앞서는지, 이 분야의 국제규범 형성에서 누가 어느 진영에 속해서 경쟁하고 있는지, 두 강대국인 미국과 중국이 형성해갈 관계는 어떠한 성격일 것인지 등을 파악하는 것은 중요하지 않을 수 없다. 다시 말해, 진화하는 사이버 안보 분야의 맥락을 파악하고 그 안에서 적절한 위치를 설정하는 것은 핵심적인 국가전략적 사안이 아닐 수 없다. 이를 바탕으로 어떠한 종류의 외교적 역할을 추구할지에 대한 방향을 모색할 수 있을 것이기 때문이다.

이 장은 중견국 외교의 이론적 자원들을 적용하여 한국이 추구해야 할 사이버 안보 분야 외교전략의 방향을 세 가지 차원에서 제시했다. 우선 필요한 것은 사이버 안보 분야에서 경쟁하는 행위자들의 관계를 조율하는 중개외교이다. 특히 이 분야의 구조적 공백을 찾아내고 공략함으로써 새로운 관계구도를 창출하는 '맺고 끊기'의 외교적 발상이 필요하다. 둘째, 복합적으로 얽혀 있는 구조하에서 어느 중견국이라도 혼자 나서서 효과적인 결과를 얻어내기는 쉽지 않다. 이러한 점에서 중견국 외교에서 가장 중요한 것은 생각을 공유하고 행동을 같이하는 동지국가들을 가능한 한 많이 모으는 연대외교이다. 끝으로, 중견국 외교가 염두에 두어야 할 또 하나의 과제는 중견국으로서 나름대로의 세계질서를 구상하는 설계외교를 추구해야 한다는 점이다. 특히 강대국들이 만들어놓은 질서를 보완하는 차원에서 규범적 가치와 정당성을 추구하는 규범외교를 생각해볼 수 있다.

요컨대, 한국은 진화하는 사이버 안보 분야의 구조적 조건하에서 다층적으로 형성되는 비대칭적인 관계를 조율하는 외교적 능력을 갖추어야 한다. 한국은 단순한 연결자가 아니라 상이한 행위자들 간의 관계에 상호작동성과 호환성을 제공하는 적극적 중개자로서 행동할 수 있다. 이러한 중개의 역할을 완수하기 위해서는 생각을 같이 하는 동지국가들을 규합하는 것이 필수적이며 널리 글로벌 차원에서도 지지자들을 끌어모을 수 있어야 할 것이다. 가장 추상적인 차원에서도 중견국으로서 한국은 전체 시스템의 설계자는 아니더라도 강대국이 운영하는 시스템의 프로그램을 보완하는 하위 설계자의 역할을 담당할 수 있을 것이다. 사이버 안보 분야는 이러한 중견국 외교의 복합적 역량을 가늠하는 실험대라고 할 수 있다.

사이버 안보의 미래 국가전략

거꾸로 읽는『아기돼지 삼형제』 "아기돼지 삼형제"라는 우화가 있다. 세 마리의 아기돼지는 나쁜 늑대의 위협으로부터 자신들을 지키기 위해서 각각 다른 재료로 집을 짓는다. 첫째 아기돼지는 밀짚을 사용해서 초가집을 지었는데, 늑대가 나타나서 훅 불어버리자 집이 날아가버리고 말았다. 둘째 아기돼지는 나무를 재료로 해서 판잣집을 지었는데, 마찬가지로 늑대가 나타나서 훅 불어 버리자 집은 쓰러지고 말았다. 막내 아기돼지는 벽돌을 쌓아서 벽돌집을 지었는데, 늑대가 아무리 세게 불어도 집이 끄떡도 하지 않았다. 결국 세 마리 아기돼지는 벽돌집으로 안전하게 피신했으며, 굴뚝으로 침투하려던 늑대를 끓는 기름솥에 빠뜨려 골탕 먹이고 쫓아버렸다고 한다. 이 이야기는 영국에서 민담의 형태로 전해 내려오던 우화인데, 1929년 디즈니 만화영화로 제작되면서 널리 알려졌으며 그 이후에도 다양한 매체를 통해서 소개되었고 시대의 변화에 따라서 다양하게 각색되었다.

대부분의 우화가 그렇듯이『아기돼지 삼형제』도 교훈을 담고 있다. 피리를 불고 바이올린을 켜며 놀기만 좋아해서 튼튼한 집짓기를 게을리한 첫째와 둘째 아기돼지의 안이한 태도에 경종을 울리고, 나쁜 늑대의 공격에 대비하며 힘들지만 꾸준히 벽돌을 하나하나 쌓아올린 막내 아기돼지의 성실성을 본받아야 한다는 것이다. 지난 백여 년 동안 『아기돼지 삼형제』가 시대의 변화에 따라 각색이 되어도, 이러한 막내 아기돼지의 '안보전략'은 우리 모두가 본받아야 할 덕목이었다. 그런데 이렇게 벽돌집을 짓는 것이 21세기를 맞이한 오늘날에도 여전히 안보전략의 덕목일까? 만약에 시대가 달라져서 아기돼지들을 공격하는 위협이 이제는 더 이상 '늑대'로 비유되는 존재가 아니라면 우리는 어떠한 우화를 써야 할까? 여전히 벽돌집을 짓는 것이 아기돼지들이 안전하게 살 수 있는 상책이라고 말할 수 있을까? '늑대'의 위협으로부터 자신들을 지키려 했던 '아기돼지 삼형제'의 우화를 거꾸로 읽는 상상력이 필요할 것은 아닐까?

사실 '늑대'는 근대 국가 행위자를 비유할 때 자주 등장한 캐릭터였다. 이러한 의미로 보면 늑대의 습격은 근대적인 전통안보의 위협을 상징한다. 근대적인 의미의 공격에 대비하기 위한 전통안보의 대책은 벽돌집을 짓는 것이 맞다. 위계조직의 논리로 작동하는 국가 행위자가 나서서 일사불란하게 대처하는 방식이 가장 효과적이다. 그러나 신흥안보의 위협이 가해지는 오늘날에는 벽돌집을 짓는 것만이 능사가 아닐 수도 있다. 벽돌집은 늑대의 입바람 정도는 막을 수 있겠지만 X-이벤트급의 태풍에는 속수무책일 수도 있다. 게다가 요즘에는 바람보다 더 무서운 것도 있다. 이 책에서 신흥안보의 사례로 언급한 원전사고나 기후변화, 보건안보 등이 그것이다. 더구나 벽돌집이라는 인공물 자체가 아기돼지들의 안위에 위협이 될 수도 있다. 위협의 종류에 따라서는 초가집이나 판잣집이 벽돌집보다 더 안전할 수도 있다. '늑대'(근대 국가 행위자)가 쳐들어오는 상황에서는 벽돌집이 가장 적합한 대응양식이었다면, 새로운 종류의 습격이 벌어지는 상황에서는 집을 설계하는 개념 자체를 다르게 잡아야 할지도 모른다.

사이버 안보의 문제는 이렇게 새로운 위협에 대응하는 새로운 집짓기 발상과 맥을 같이한다. "버추얼 창과 그물망 방패"라는 이 책의 제목은 바로 이러한 인식을 바탕으로 해서 붙여졌다. 사이버 안보 분야에서 버추얼 창은 '21세기 늑대'이다. '늑대'라고 하기보다는 '거미'라고 하는 것이 더 나을지도 모른다. 아니면 '벌'이나 '개미'라고 불러도 좋다. 거미나 벌, 개미 등의 습격은 어느사이엔가 슬며시 닥쳐온다. 아무리 잘 지은 집이라도 빈틈이 없을 수는 없다. 세월을 거치면서 비바람에 풍화되다 보면 더욱 허술해지기 마련이다. 이들의 습격은 바로 그러한 틈새를 비집고 들어온다. 해커들의 버추얼 창이 노리는 것도 바로 이러한 빈틈이다. 게다가 사이버 공격의 경우는 그 주체를 명확히 판별하는 것도 쉽지 않다. 하물며 컴퓨터 바이러스나 악성코드, 공격기법마저도 중요한 변수가 된다. 이러한 양상은 모두 사이버 공간의 복잡계적 성격에서 기인한다. 사이버 안보의 게임은 기본적으로 공격이 방어보다 유리한 게임이다.

비유컨대, 이 글에서 강조한 그물망 방패는 21세기 아기돼지들이 지어야 하는 새 집이다. 방패 구축의 주체를 협업하는 아기돼지 삼형제보다는, 좀 더 복합적이고 다양한 주체를 연상케 하는 '거미 삼형제'라고 불러도 좋다. 네트워크를 치는 이야기이기 때문이다. 사실 그물망 방패의 구축은 버추얼 창의 공격을 막기 위한 고육지책이다. 벽돌집을 지어서 막을 수만 있다면 아마도 그것이 가장 효과적이고 비용도 적게 드는 방법일 것이다. 그러나 컴퓨터와 인터넷이라는 독특한 시스템의 특성상 그렇게 할 수가 없다. 아무리 잘해도 빈틈이 생기기 때문이다. 그렇기 때문에 방패의 기본 개념을 완벽하게 공기를 차단하는 '비닐막'을 치는 것이 아니라 구멍이 숭숭 뚫린 '그물망'이지만 이를 가능한 한 촘촘하게 짜는 것으로 잡는 것이 맞다. 사이버 안보의 문제는 기술과 인력 및 국방역량의 문제일 뿐만 아니라 법제도 정비와 국제협력 등을 포괄하는 복합적인 대응을 필요로 하는 대표적인 그물망 방패 구축의 사례이다.

한국의 그물망 방패 짜기 한국은 최첨단 정보통신기술과 잘 깔린 정보인프라, 그리고 세계 최고 속도의 인터넷 및 모바일 보급률 등을 내세워 '인터넷 강국'

임을 자랑해왔다. 그러나 이러한 성과의 이면에는 사이버 공격에 대한 취약도가 세계 제일이라는 불편한 진실이 있다. 특히 한국은 지난 10여 년 동안 북한발 사이버 공격에 시달려 왔다. 북한은 2009년 7·7 디도스 공격을 시작으로 한국의 주요 기관 전산망에 지속적으로 침투하여 시스템을 마비시키는 등의 피해를 입혀왔다. 최근에는 그 수법도 날로 교묘해져서 디도스 공격 외에도 APT 공격과 랜섬웨어 공격에 이르기까지 다양해지고 있다. 북한은 사이버 공격을 수행하기 위해서 약 6천여 명의 사이버 전사를 육성했으며 그들의 사이버 역량도 상당한 수준에 이르는 것으로 전해지고 있다. 이러한 북한의 사이버전 역량의 증대가 더욱 위협적으로 느껴지는 것은 유사시에 핵공격이나 미사일 공격 등과 같은 오프라인 공격과 결합될 가능성이 있기 때문이다. 이러한 우려는 2014년 12월 한수원 사태를 거치면서 현실화되는 것처럼 보이기도 했다.

이러한 일련의 사건을 겪으면서 국가안보의 현안으로서 사이버 안보에 대한 인식이 제고되었다. 기술과 인력, 산업 등의 분야에서 사이버 역량을 강화하기 위한 다양한 조치와 이를 지원하는 법제도의 정비를 위한 모색이 이루어졌다. 이러한 일련의 방안들은 정부 각 부처들의 사이버 안보 정책을 조율하기 위한 컨트롤타워의 수립으로 이어졌다. 청와대에 새로이 대통령 안보특보직이 설치되고 그 자리에 민간 사이버 보안 전문가를 임명했으며, 국가안보실에는 사이버안보비서관직이 신설되었다. 또한 국회 차원에서도 사이버테러방지 관련 법안이 여러 차례 발의되었는데, 이들 법안은 국정원의 역할과 개인정보 침해를 우려한 야당과 시민사회의 반대에 부딪혀 표류했다. 특히 사이버 안보 추진체계에서 실무총괄의 역할을 담당하게 될 국정원의 빅브러더화 문제가 논란의 중심이었다. 이러한 과정에서 사이버 안보 문제는 그 자체의 국가안보적 중요성에 대한 토론은 제쳐놓고 정치적 논리에 휩쓸리며 뒷전으로 밀려나는 설움을 받을 수밖에 없었다.

그물망 방패를 구축하는 데 있어서 국제협력을 이끌어내는 문제도 만만치 않다. 사이버 안보는 그 성격상 일국 차원의 물적·제도적 역량 강화만으로 해결될 문제가 아니며, 오히려 대외적으로 주변 국가들의 긴밀한 협조가 필수적인 문제이다. 특히 최근 한국이 처한 상황은 더욱 그러하다. 한국에게는 오랜 동맹국인 미국과 사이버 협력을 펼쳐나가는 것이 우선적인 관심사일 수밖에 없다. 그러한 한미 사이버 협력의 사례는 2014년 소니 영화사 해킹 사건이 발생했을 당시에 나타났다. 당시 한국은 북한의 해킹 경로와 수법에 관한 중요한 정보를 미국에 제공한 것으로 알려져 있다. 또한 한국에게 중국과의 사이버 협력도 무시할 수 없는 변수이다. 중국은 북한발 사이버 공격의 경유지로 알려져 있는데, 실제로 북한의 해커들은 중국에 거주하면서 사이버 공격을 감행하고 있다. 이러한 상황에서 한국이 중국의 협조 없이 북한의 해킹 공격을 추적하여 색출하는 것은 불가능하다. 더 나아가 일본과 러시아를 포함한 주변 4망緖과의 협력, 그리고 아세안과 태평양 국가들과의 지역협력도 중요한 문제이다.

한국은 이러한 양자 간 협력과 함께 사이버 안보 분야의 국제규범을 모색하기 위한 과정에도 참여하고 있다. 점점 더 정교하고 교묘해지는 해킹 공격에 대응하여 많은 국가들과 국제기구들은 다자간 협력의 노력을 경주하고 있다. 예를 들어, 아직까지 가시적인 합의에 이르지는 못했지만 유엔, ITU, OECD, ICANN 등과 같은 프레임워크를 활용하여 사이버 안보의 국제규범을 논의하고 만들기 위한 협의가 벌어지고 있다. 강대국들의 목소리가 높은 사이버 안보 국제규범 형성과정에서 한국은 중견국으로서 나름대로의 외교적 역할을 발휘해야 할 과제를 안고 있다. 2013년 10월 서울에서 열린 사이버공간총회를 성공적으로 개최한 한국의 경험은 이러한 중견국 외교의 가능성에 대한 기대를 높였다. 그러나 여전히 유엔 GGE나 ITU, ICANN 등을 포함한 다양한 국제규범 형성의 장에서도 한국은 인터넷 강국이자 글로벌 중견국으로 외교적 역할을 좀 더 발휘해야 할 과제를 안고 있다.

새 술은 새 부대에 버추얼 창과 그물망 방패가 경합하는 세계정치를 제대로 분석하는 데 있어서 기존 국제정치학 분야의 이론적 자원은 여전히 미흡하다. 특히 기존의 전통안보를 보는 분석틀을 새로운 안보위협의 경우에 그대로 적용하려는 시도는 시대착오적이라고까지 할 수 있다. 예를 들어, 사이버 공간을 '제5의 전장'으로 보고 군사적 대응을 동원하려는 시도, 근대 전쟁법이 규정한 자위권을 행사하여 사이버 위협에 대응하려는 시도, 핵전략에서 개발된 개념과 이론을 사이버 안보 분야에 부문별하게 적용하려는 시도, 그리고 국가만을 주요 행위자로 상정하고 국내외 제도와 법을 모색하려는 시도 등은 조심스럽게 다시 검토해볼 필요가 있다. 이들 시각은 모두 사이버 안보 분야의 새롭고도 고유한 성격을 간과하고 기존의 인식이 지닌 관성에 젖은 구태의연한 시도라고 할 수 있다. 사이버 안보의 세계정치에 대한 올바른 현실인식과 적절한 실천전략을 모색하기 위해서는 '새 술을 새 부대에' 담으려는 이론적 노력이 필요하다. 이러한 맥락에서 이 책은 세 가지 시각을 사이버 안보의 사례에 원용했다.

첫째, 사이버 안보는 단순계의 논리에 입각해서 발생하는 전통안보의 경우와는 달리, 복잡계의 환경에서 발생하는 새로운 안보위협의 대표적 사례이다. 이를 인식하고 이 책은 새로운 안보 패러다임을 보는 시각으로서 신흥안보 emerging security에 대한 논의를 제시했다. 이른바 창발의 과정을 통해서 부상하는 이슈로서, 양질전화나 이슈연계성을 통해서 부상하고 더 나아가 국가 행위자가 개입할 근거가 발생하는 종류의 안보이슈인 것이다. 이러한 시각에서 보면, 사이버 안보의 문제를 개인안전이냐, 시스템 보안이냐, 국가안보냐 등을 묻고 개념적으로 엄밀하게 구별하려는 시도 자체가 다소 무색해진다. 사이버 안보에 대한 대다수 위협은 처음에는 인터넷상의 해커나 범죄자의 단속, 기업의 일상적인 정보보안, 이용자 개인의 보안 문제였을지라도 언제라도 그 규모와 목적이 확장되어 총체적 국가안보로 비화될 가능성이 있다. 이러한 논의의 연속선상에서 좀 더 고민해야 할 과제는 이렇게 창발하는 신흥안보의 위험이

해당 지역의 전통안보와 관련된 지정학적인 메커니즘과 구체적으로 어떻게 연동하면서 실제 분쟁으로 비화되는지를 밝히는 문제일 것이다.

둘째, 신흥안보로서 사이버 안보의 복합적 성격을 파악하기 위해서 이 책이 제안한 이론적 시각은 복합지정학complex geopolitics이었다. 사이버 안보가 국제정치의 논제가 되었다고는 하지만, 그 위험을 제대로 파악하고 대응하기 위해서는 전통적인 고전지정학의 시각만으로는 미흡하다. 탈영토적 성격을 띤 사이버 공간의 부상은 초국적 해커 집단이나 테러리스트들에 의해 감행되는 사이버 공격의 효과성을 크게 높여놓았다. 게다가 인터넷과 컴퓨터 바이러스, 악성코드 등과 같은 기술 변수도 나름대로의 행위능력을 가진 행위자의 역할을 하고 있다. 또한 방어의 문제와 관련해서도 탈지정학적으로 발생하는 사이버 공격은 단순히 일국 차원의 대응책 마련과 법제도의 정비만으로 해결될 문제가 아니다. 기본적으로 국민국가의 경계를 넘나들며 발생하는 문제이니만큼 이해 당사국들의 긴밀한 국제협력을 통해서 그 해법을 모색하는 것이 마땅하다. 결국 사이버 안보의 문제는 기술공학자들의 문제로만 미루어 둘 수는 없으며, 국제정치학자들이 나서야 하는 전통과 신흥의 복합안보 문제이다. 이는 최근 한반도에서 사이버 공격이 재래식이나 핵공격 등과 결합될 가능성이 우려되는 이유이기도 하다.

끝으로, 복합지정학적 성격을 갖는 사이버 안보 이슈들이 구체적으로 21세기 세계정치와 만나는 과정을 분석하기 위해서 도입한 것은 네트워크 세계정치이론이었다. 사이버 안보가 국제정치의 이슈라고 하더라도 이는 근대 국민국가 행위자들이 벌이는 게임은 아니다. 네트워크 시각에서 보면 사이버 안보는 복합 행위자로서 네트워크 국가들의 게임이다. 사이버 공격에 비국가 행위자들이 전면에 나서는 것은 다시 강조할 필요가 없다. 사이버 방어에서도 국가 행위자와 같은 어느 한 주체가 나서서 통제하고 자원을 동원하려는 위계조직의 해법은 한계가 있을 수밖에 없다. 국가 행위자가 국경의 안과 밖에서 다양한 민간 주체들과 네트워킹을 하는 게임의 양상을 보면, 단순한 자원권력의 관점에서 본 사이버 공방뿐만 아니라 네트워크 권력을 장악하려는 표준경쟁도 벌어지고 있다. 이렇게 네트워크 국가들이 네트워크 권력 게임을 벌이는 과정에서 출현하는 세계질서의 미래는, 근대 국제정치에서 나타났던 '무정부질서'의 형태보다는 다소 복합적인 모습으로 예견된다. 다시 말해, 국가 간 및 정부 간, 글로벌 거버넌스의 프레임에 의거해서 모색되는 복합질서로 개념화할 수 있다.

이러한 이론화를 통해서 이 책이 제시하고자 한 것은 버추얼 창과 그물망 방패의 망제정치이다. 신흥안보로서 복합지정학의 현상이 발생하는 사이버 안보 영역은 그 공간의 성격부터 '네트워크들의 네트워크', 즉 망중망網重網의 공간이다. 행위자의 성격도 지정학 게임을 벌이는 국가 행위자들과 비지정학 게임을 벌이는 비국가 행위자들, 그리고 탈지정학적 변수로서 비인간 행위자들에 이르기까지 다양하다. 이들이 벌이는 게임의 양상을 보더라도, 비국가 행위자들이 시도하는 버추얼 창의 공격 이면에 국가 행위자들이 깊숙이 관여하는 것처럼, 그물망 방패를 구축하는 데 있어서 국가와 비국가 행위자들이 모두 나서 네트워크를 치는 것은 필수적이다. 특히 초국적 위협으로 제기된 사이버 위협에 대처하기 위해서 모색되는 국제규범의 형성과정을 보면 전통적인 국제법이나 국제기구의 틀만으로는 이해할 수 없는 복합적인 망제정치의 모습이 드러난다. 이러한 사이버 안보의 세계정치를 이해하기 위해서는 기존의 '국제정치'의 발상을 넘어서는 새로운 발상, 즉 망제정치의 발상이 필요하다.

미래 국가전략의 모색 사이버 공간의 새로운 안보위협과 이를 둘러싸고 벌어지는 세계정치의 과정에 대응하여 중견국으로서 한국은 미래 국가전략의 내용을 어떻게 채워 넣어야 할까? 여기서 그 미래 국가전략의 구체적인 내용들을 모두 일일이 거론할 수는 없겠지만, 그 전략의 방향성을 제시하고 설정하는 원칙 또는 기조를 세울 수는 없을까? 초국적으로 발생하는 사이버 위협에 대응하는 결연한 자세를 갖추고 어떠한 공격이라도 막아낼 수 있는 역량과 전략을 구비하겠다는 실천방안의 마련이 우선일 것이다. 그리고 이를 추진할 국내체계의 정비와 법제도적 여건을 정비하려는 노력도 병행되어야 할 것이다. 더 나아가 주변 국가들이나 국제사회와 함께 사이버 안보의 난제를 풀기 위한 외교적 역할을 다하는 시도가 필요할 것이다. 이러한 미래 국가전략의 원칙을 좀 더 상술하면 다음과 같은 세 가지로 요약해볼 수 있다.

첫째, 초국적으로 발생하는 사이버 위협에 대해서 단호히 대처하겠다는 의지와 역량을 갖추는 것이 필요하다. 어떠한 사이버 공격도 막아낼 역량을 보유하고 있으며, 피해를 보더라도 금방 복원할 능력이 있다는 것을 보여주는 것이 중요하다. 그 자체가 억지의 효과를 낳을 수 있기 때문이다. 아울러 기술과 인력의 측면에서 실질적인 사이버 방어의 역량을 갖추고, 더 나아가 예방-탐지-대응-억지-복원의 전 단계를 유기적으로 연계하여 활용하는 능동적 대응전략을 개발하는 것이 필요하다. 사실 최근 세계 주요국들이 마련하고 있는 국가 사이버 안보 전략의 대체적인 기조를 보면, 기존의 수동적인 방어전략에서 탈피하여 공세적인 전략까지도 포함하는 능동적인 대응전략으로 이행해가고 있다. 이러한 능동적 대응전략과 이를 뒷받침하는 역량을 개발하기 위한 R&D 시스템의 구축, 인력 양성의 체계화, 산업 생태계의 구축 등이 필요하다.

둘째, 정부뿐만 아니라 다양한 민간 행위자들이 참여하는 효과적인 사이버 안보의 추진체계를 마련하는 것이 필요하다. 다시 말해, 각 주체들의 고유한 책임과 역할을 인식하고 이를 바탕으로 범정부적 차원의 사이버 안보 추진체계를 설계하는 것이 필요하다. 더불어 이러한 추진체계를 효과적으로 수행하기 위해서 필요한 관련 법제도를 정비해야 함은 물론이다. 최근 세계 주요국의 추세를 보면, 초기의 '실무부처 분산형'에 최근 '컨트롤타워 총괄형'이 가미되고, 정부가 주도하는 '거번먼트 프레임'에 민간이 참여하는 '거버넌스 프레임'이 가미되는 모습으로 사이버 안보 분야의 추진체계가 정비되어가고 있다. 이러한 추세는 공공 부문의 정책뿐만 아니라 민관협력의 정보공유체계 구축이나 개인정보 보호를 위한 법제도를 마련하는 과정에서도 나타나고 있다. 관련 주체와 국민들이 공감하고 합의하는 제도적 기반이 필요하다.

끝으로, 사이버 안보 분야에서 주변국들과 협력하고 국제기구와 다양한 외교의 장에 적극 참여하는 것이 필요하다. 미국과 중국을 포함한 주변4망網과의 양자 간 및 소다자간 사이버정책협의회를 지속적으로 추진하여 사이버 위협에 대응하는 국제공조체제를 마련하고, 다양한 형식을 빌려 진행되고 있는 동아시아태평양지역 차원의 국제협력이나 글로벌 차원의 국제규범 형성 과정에 참여하는 것이 필요하다. 이러한 사이버 안보 국제협력과 외교활동의 과정에서 염두에 두어야 할 것은 강대국들이 만들어가고 있는 프레임에의 단순 참여전략이 아니라 중견국으로서 책임과 역할을 다할 수 있는 전략을 모색하는 것이다. 아울러 이러한 전략을 효과적으로 추진하기 위해서, 사이버 안보 추진체계 전반과 연동하여 사이버 안보외교를 위한 추진체계를 정비하는 것도 고민할 필요가 있다.

요컨대, 사이버 안보의 세계정치에 대응하는 미래 국가전략은 전통안보 분야의 대응전략과 같을 수는 없다. 무엇보다도 공격이 우위에 서는 사이버 안보 분야의 특성상 기술적 방어와 군사적 역량을 구축하는 것만으로는 효과적인 대응방안을 마련할 수 없다. 이를 뒷받침하는 사이버 안보의 추진체계 정비와 법제정의 노력도 중요할 뿐만 아니라 주변 국가들과의 정보공유 네트워크를 구축하고, 사법공조를 위한 외교적 노력을 펼치거나, 국제사회에 호소하고 도움을 요청하는 외교력의 발휘도 병행해야 한다. 더 나아가 사이버 안보의 국제규범 형성과정에 적극적으로 참여하는 것 자체가 중요한 대응방안이 될 수 있다. 진화하는 사이버 공격에 대응하는 바람직한 방안은 사이버 안보 분야의 어느 일면만을 강조하는 접근이 아니라 기술과 전략, 국가와 사회, 일국적 대응과 외교적 대응, 양자적 해법과 다자적 해법 등을 다층위적으로 아우르는 복합적인 전략에서 찾아야 한다.

참고문헌

강하연. 2013. 「ICT교역의 글로벌 거버넌스」. ≪세계정치≫, 33(2). 사회평론, 73~109쪽.

고은송. 2016. 「중국의 사이버 안보 전략: 안보화 이론의 시각」. 『신흥권력과 신흥안보: 미래 세계 정치의 경쟁과 협력』. 사회평론, 284~328쪽.

김경곤. 2017. "사이버 안보와 국가전략: 해커와 국가." 사이버 안보와 세계정치 공부모임 세미나 발표문. 서울대학교 국제문제연구소(1월 20일).

김도승. 2017. "주요국 사이버 안보 법체계." 서울대학교 국제문제연구소 사이버 안보 세미나 발표자료(4월 7일).

김상배. 2005. 「정보화시대의 제국: 지식/네트워크 세계정치론의 시각」. ≪세계정치≫, 26(1), 93~120쪽.

_____. 2007. 『정보화시대의 표준경쟁: 윈텔리즘과 일본의 컴퓨터산업』. 한울.

_____. 2010. 『정보혁명과 권력변환: 네트워크 정치학의 시각』. 한울.

_____. 2011. "사이버 안보의 국제협력: 버추얼 창과 디지털 방패." JPI PeaceNet, 11-08.

_____. 2012. 「정보화시대의 미·중 표준경쟁: 네트워크 세계정치이론의 시각」. ≪한국정치학회보≫, 46(1), 383~410쪽.

_____. 2014a. 『아라크네의 국제정치학: 네트워크 세계정치이론의 도전』. 한울.

_____. 2014b. 「사이버 안보 분야의 미·중 표준경쟁: 네트워크 세계정치학의 시각」. ≪국가정책연구≫, 28(3), 237~263쪽.

_____. 2015a. 「버추얼 창과 그물망 방패: 사이버 안보의 세계정치와 북한」. 윤영관·전재성·김상배 편. 『네트워크로 보는 세계 속의 북한』. 늘품플러스, 155~200쪽.

_____. 2015b. 「사이버 안보의 미중관계: 안보화 이론의 시각」. ≪한국정치학회보≫, 49(1), 71~97쪽.

_____. 2015c. 「사이버 안보의 복합 지정학: 비대칭 전쟁의 국가전략과 과잉 안보담론의 경계」. ≪국제지역연구≫, 24(3), 1~40쪽.

_____. 2015d. "신흥안보의 부상과 과학기술의 역할." Issue Paper 2015-18. 한국과학기술기획평가원.

_____. 2016a. 「사이버 안보의 중견국 외교: 가능성과 한계」. 손열·김상배·이승주 편. 『한국의 중견국 외교』. 명인문화사, 269~311쪽.

_____. 2016b. 「신흥안보와 메타 거버넌스: 새로운 안보 패러다임의 이론적 이해」. ≪한국정치학회보≫, 50(1), 75~102쪽.

_____. 2017a. 「사이버 안보의 주변4망(網)과 한국: 세력망의 구조와 중견국의 전략」. ≪국제정치논총≫, 57(1), 111~154쪽.

_____. 2017b. 「사이버 안보 국제규범의 세계정치: 글로벌 질서변환의 프레임 경쟁」. ≪국가전략≫,

23(3), 153~180쪽.

_____. 2017c. 「세계 주요국의 사이버 안보 전략: 비교 국가전략론의 시각」. ≪국제지역연구≫, 26(3), 67~106쪽.

김상배 편. 2016. 『신흥안보의 미래전략: 비전통안보론을 넘어서』. 사회평론.

_____. 2017. 『사이버 안보의 국가전략: 국제정치학의 시각』. 사회평론.

김소정. 2016. "사이버 안보의 국제협력." 사이버 안보와 세계정치 공부모임 세미나 발표문, 서울대학교 국제문제연구소. 8월 8일.

김인중. 2015. 「북한의 사이버테러 현황 및 전망」. "북한 사이버테러 위협과 대응전략" 2015년 국가안보전략연구원·국가보안기술연구소 공동 학술회의 발표논문.

김흥광. 2011. "북한의 사이버 테러능력." 북한민주화네트워크 편. 「2011 북한의 사이버 테러 관련 긴급 세미나 자료집」.

김희연. 2015. 「한중일 침해사고 대응체계 비교에 관한 연구: 사이버보안 법규, 대응기관, 대응절차를 중심으로」. ≪정보보호학회지≫, 25(2), 43~57쪽.

딜로이트. 2016. "보도자료: 아시아태평양 국가보안 전망 보고서(2016. 2. 24)." http://www2.deloitte.com/kr/ko/footerlinks/pressreleasespage/2016/press-release-20160224.html(검색일: 2016년 1월 17일)

레이코프, 조지(George Lakoff). 2007. 『프레임 전쟁: 보수에 맞서는 진보의 성공전략』. 창비.

민병원. 2007. 「탈냉전기 안보개념의 확대와 네트워크 패러다임」. ≪국방연구≫, 50(2), 23~55쪽.

_____. 2015. 「사이버공격과 사이버억지의 국제정치: 규제와 새로운 패러다임을 중심으로」. ≪국가전략≫, 21(3), 37~62쪽.

_____. 2017. 「군사전략론으로 보는 사이버 안보」. 『사이버 안보의 국가전략: 국제정치학의 시각』. 사회평론, 26~64쪽.

박, 페르(Per Pak). 2012. 『자연은 어떻게 움직이는가?: 복잡계로 설명하는 자연의 원리』. 한승.

박노형. 2017. "사이버 안보의 국제법적 접근." 사이버 안보와 세계정치 공부모임 세미나 발표문. 서울대학교 국제문제연구소(1월 17일).

박노형·정명현. 2014. 「사이버전의 국제법적 분석을 위한 기본개념의 연구: Tallinn Manual의 논의를 중심으로」. ≪국제법학회논총≫, 59(2), 65~93쪽.

_____. 2016. 「제4차 정보안보에 대한 유엔정부전문가그룹 논의 분석과 국제사이버법의 발전 전망」. ≪국가전략≫, 22(3), 173~198쪽.

박상돈. 2015. 「일본 사이버시큐리티기본법에 대한 고찰: 한국의 사이버안보 법제도 정비에 대한 시사점을 중심으로」. ≪경희법학≫, 50(2), 144~175쪽.

박윤정. 2016. "글로벌 인터넷 거버넌스와 사이버 안보: 한국의 시각과 역할." 사이버 안보와 세계정치 공부모임 세미나 발표문. 서울대학교 국제문제연구소(9월 5일).

방송통신위원회·행정안전부·지식경제부. 2012. 『국가정보보호백서』. 국가보안기술연구소·한국인터넷진흥원.

배병환·강원영·김정희. 2014. 「영국의 사이버보안 추진체계 및 전략 분석」. *Internet & Security Focus*(August).

배병환·송은지. 2014. 「주요국 사이버보안 전략 비교·분석 및 시사점: 미국, EU, 영국의 사이버보안 전략을 중심으로」. ≪정보통신방송정책≫, 26(21), 1~26쪽.

배영자. 2017. 「글로벌 거버넌스론으로 보는 사이버 안보」. 『사이버 안보의 국가전략: 국제정치학의 시각』. 사회평론, 96~135쪽.

서지영. 2014. 「미래위험과 회복력」. 『과학기술기반의 국가발전 미래연구 VI』. 과학기술정책연구원.

손열 외. 2010. "신세계질서의 구축과 한국의 G20 전략." EAI Special Report.

손열 편. 2007. 『매력으로 엮는 동아시아: 지역성의 창조와 서울 컨센서스』. 지식마당.

손영동. 2010. 『iWar: "사이버 냉전 시대" 국가는 어떻게 생존하는가?』. 황금부엉이.

_____. 2013. 『0과 1의 끝없는 전쟁』. 인포더북스.

_____. 2017. "사이버 안보 정치세계 세미나: 0과 1의 끝없는 전쟁." 사이버 안보의 세계정치 특별 세미나 발표문. 서울대학교 국제문제연구소(1월 24일).

손태종. 2017. "국방사이버안보정책방향." 사이버 안보의 세계정치 특별 세미나 발표문. 서울대학교 국제문제연구소(1월 12일).

송은지·강원영. 2014. 「미국 오바마 정부 2기의 사이버보안 강화정책」. *Internet & Security Focus* (September).

신맹호. 2016. "외교부 사이버안보 업무 현황." 사이버 안보와 세계정치 공부모임 세미나 발표문. 서울대학교 국제문제연구소(12월 16일).

신범식. 2017. 「러시아의 사이버 안보 전략과 외교」. 김상배 편. 『사이버 안보의 국가전략: 국제정치학의 시각』. 사회평론, 241~277쪽.

신성호. 2017. 「미국의 사이버 안보 전략과 외교」. 김상배 편. 『사이버 안보의 국가전략: 국제정치학의 시각』. 사회평론, 138~176쪽.

양정윤·배선하·김규동. 2015. 「중국 사이버 역량 현황 연구」. 국가보안기술연구소.

유지연. 2017. "유럽 주요국의 사이버 안보 전략." 서울대학교 국제문제연구소 사이버 안보 세미나 발표자료(4월 7일).

유지용·이강규. 2013. 「사이버 안보 국제협력과 한국의 정책방향」. ≪주간국방논단≫, 제1471호. 한국국방연구원.

이강규. 2011. 「세계 각국의 사이버 안보 전략과 우리의 정책 방향: 미국을 중심으로」. ≪정보통신방송정책≫, 23(16), 1~27쪽.

이상현. 2008. 「정보보안 분야의 지식질서와 동아시아」. 김상배 외. 『지식질서와 동아시아: 정보화 시대 세계정치의 변환』. 한울, 295~330쪽.

_____. 2017. 「국제규범으로 보는 사이버 안보」. 『사이버 안보의 국가전략: 국제정치학의 시각』. 사회평론, 65~95쪽.

이승주. 2017. 「일본의 사이버 안보 전략과 외교」. 김상배 편. 『사이버 안보의 국가전략: 국제정치학의 시각』. 사회평론, 211~240쪽.

이영음. 2014. "글로벌 인터넷 거버넌스 논의에서의 멀티스테이크홀더개념 정립 및 적용 방법." 비전통안보와 중견국 외교 집담회 발표문(5월 8일).

이종구 외. 2015. 「과학기술기반 신흥안보 대응 방안」. 국가과학기술자문회의 정책연구보고서, 2015-02.

이희진·오상조. 2008. 「중국의 정보통신기술 표준 전략: 한국의 정보통신산업에 주는 함의」. ≪정보화정책≫, 15(4), 55~68쪽.

임재명. 2016. "사이버 보안: Intro." 사이버 안보와 세계정치 공부모임 세미나 발표문. 서울대학교 국제문제연구소(7월 4일).

임종인. 2013. "사이버전과 Tallin Manual." 국립외교원 사이버안보 세미나(4월 25일).

_____. 2016. "사이버 안보의 국제협력." 정보세계정치연구회 월례세미나 발표문(3월 26일).

임종인·권유중·장규현·백승조. 2013. 「북한의 사이버전력 현황과 한국의 국가적 대응전략」. ≪국방정책연구≫, 29(4), 9~45쪽.

장규현·임종인. 2014. 「국제 사이버보안 협력 현황과 함의: 국제안보와 UN GGE 권고안을 중심으로」. ≪정보통신방송정책≫, 26(5), 21~52쪽.

장노순. 2016. 「사이버안보와 국제규범의 발전: 정부전문가그룹(GGE)의 활동을 중심으로」. ≪정치·정보연구≫, 19(1), 1~28쪽.

장노순·한인택. 2013. 「사이버 안보의 쟁점과 연구 경향」. ≪국제정치논총≫, 53(3), 579~618쪽.

장윤식. 2017. "사이버 범죄와 국제공조." 사이버 안보와 세계정치 공부모임 세미나 발표문, 서울대학교 국제문제연구소(1월 9일).

전재성. 2011. 『동아시아 국제정치: 역사에서 이론으로』. 동아시아연구원.

_____. 2012. 「동아시아의 복합네트워크 규범론과 한국 전략의 규범적 기초」. 하영선·김상배 편. 『복합세계정치론: 전략과 원리, 그리고 새로운 질서』. 한울.

정종필·조윤영. 2017. 「중국의 사이버 안보 전략과 외교」. 김상배 편. 『사이버 안보의 국가전략: 국제정치학의 시각』. 사회평론, 177~210.

정준현. 2015. 「북한의 사이버 테러에 대한 우리의 대응전략과 과제」. "북한 사이버테러 위협과 대응전략" 2015년 국가안보전략연구원·국가보안기술연구소 공동 학술회의 발표논문.

정지범·이재열 편. 2009. 『재난에 강한 사회시스템 구축: 복원력과 사회적 자본』. 법문사.

조성렬. 2016. 『전략공간의 국제정치: 핵, 우주, 사이버 군비경쟁과 국가안보』. 서강대학교출판부.

조현석. 2012. 「사이버 안보의 복합세계정치」. 하영선·김상배 편. 『복합세계정치론: 전략과 원리, 그리고 새로운 질서』. 한울, 147~189쪽.

지상현·플린트(Colin Flint). 2009. 「지정학의 재발견과 비판적 재구성」. ≪공간과 사회≫, 통권 1호, 160~199쪽.

진대욱. 2014. 「재난안전분야: 4가지 회복력 갖춰야」. *Future Horizon*, 21, 20-23.

최상명. 2017. "사이버 안보와 사이버 보안 업체의 시각." 사이버 안보의 세계정치 특별 세미나 발표문. 서울대학교 국제문제연구소(1월 19일).

최인호. 2011. 「사이버 안보의 망제정치: 사이버 창이냐? 디지털 방패냐?」 김상배 편. 『거미줄 치기와 벌집 짓기: 네트워크 이론으로 보는 세계정치의 변환』. 한울, 285~325쪽.

캐스티, 존(Casti, John). 2012. 「X-event란 무엇인가?」. *Future Horizon*, 13, 10-13.

하영선·김상배 편. 2006. 『네트워크 지식국가: 21세기 세계정치의 변환』. 을유문화사.

한희. 2017. "사이버 안보 개관." 사이버 안보의 세계정치 특별 세미나 발표문, 서울대학교 국제문제연구소(1월 16일).

허영호. 2014. "국가 사이버테러 방지에 관한 법률안"(서상기 의원 대표발의), "국가 사이버안전 관리에 관한 법률안(하태경 의원 대표발의)". 국회 정보위원회 검토보고서.

홍성욱 편. 2010. 『인간·사물·동맹: 행위자네트워크 이론과 테크노사이언스』. 이음.

황지환. 2017. 「북한의 사이버 안보 역량과 전략」. 김상배 편. 『사이버 안보의 국가전략: 국제정치학의 시각』. 사회평론, 280~300쪽.

Agnew, John, and Stuart Corbridge. 1995. *Mastering Space*. New York: Routledge.

Ansell, Christopher K. 2000. "The Networked Polity: Regional Development in Western Europe," *Governance*, 13(3), pp.303~333.

Ansell, Christopher K., and Steven Weber. 1999. "Organizing International Politics: Sovereignty and Open Systems." *International Political Science Review*. 20(1), pp.73~93.

Arquilla, John, and David Ronfeldt. 1996. *The Advent of Netwar*. Santa Monica, CA: RAND Corporation.

_____. 2001. "The Advent of Netwar(Revisited)." in John Arquilla and David Ronfeldt, eds. 2001. *Networks and Netwars: The Future of Terror, Crime and the Militancy*. Santa Monica, CA: RAND Corporation, pp.1~27.

Balzacq, Thierry, ed. 2011. *Securitization Theory: How Security Problems Emerge and Dissolve*. London and New York: Routledge.

Baran, Paul. 1964. "On Distributed Communications: Introduction to Distributed Communications Network." *RAND Memorandum*. RM-3420-PR. http://www.rand.org/publications/RM/RM3420/ (검색일: 2012년 9월 24일)

Barboza, David. 2010. "Hacking for Fun and Profit in China's Underworld." *New York Times*, February 2.

Beck, Ulrich. 1999. *World Risk Society*. Cambridge, UK: Polity.

_____. 2005. "World Risk Society and the Changing Foundations of Transnational Politics." in Edgar Grande and Louis W. Pauly, eds. 2005. *Complex Sovereignty: Reconstituting Political Authority in the Twenty-first Century*. Toronto: University of Toronto Press.

Brenner, Susan W. 2007. "Council of Europe's Convention on Cybercrime." J. M. Balkin and Information Society Project, Yale Law School, *Cybercrime: Digital Cops in a Networked Environment*. New York: New York University Press, pp.207~220.

Bull, Hedley. 1977. *The Anarchical Society: A Study of Order in World Politics*. New York: Columbia University Press.

Burt, Ronald S. 1992. *Structural Holes: The Social Structure of Competition*. Cambridge, MA: Harvard University Press.

_____. 2005. *Brokerage and Closure: An Introduction to Social Capital*. New York: Oxford University Press.

Buzan, Barry and Lene Hensen. 2009. *The Evolution of International Security Studies*.

Cambridge: Cambridge University Press.

Buzan, Barry, Ole Wæver, and Jaap de Wilde. 1998. *Security: A New Framework for Analysis*. Boulder: Lynne Rienner.

Cabinet Office, UK. 2011. *The UK Cyber Security Strategy: Protecting and Promoting the UK in a Digital World*. November.

_____. 2013. *Cyber Security Information Sharing Partnership(CISP)*. March.

_____. 2013. *The National Cyber Security: Our Forward Plans*. December.

Callon, Michel. 1986a. "Some Elements of a Sociology of Translation: Domestication of the Scallops and the Fishermen of St. Brieuc Bay." John Law ed. *Power, Action and Belief: A New Sociology of Knowledge*. London: Routledge and Kegan Paul, pp.196~233; 미셸 칼롱. 2010. 「번역의 사회학의 몇 가지 요소들: 가리비와 생브리외 만(灣)의 어부들 길들이기」. 홍성욱 편. 『인간·사물·동맹: 행위자네트워크 이론과 테크노사이언스』. 이음, 57~94쪽.

_____. 1986b. "The Sociology of an Actor-network: the Case of the Electric Vehicle." Michel Callon and John Law, Arie Rip, eds. *Mapping the Dynamics of Science and Technology: Sociology of Science in the Real World*. London: Macmillan, pp.19~34.

Carnoy, Martin, and Manuel Castells. 2001. "Globalization, the Knowledge Society, and the Network State: Poulantzas at the Millennium." *Global Networks*, 1(1), pp.1~18.

Castells, Manuel. 2000. *The Rise of the Network Society*, 2nd edition. Oxford: Blackwell.

_____. 2004. "Informationalism, Networks, and the Network Society: A Theoretical Blueprint." in Manuel Castells, ed. *The Network Society: A Cross-cultural Perspective*. Cheltenham, UK: Edward Elgar.

Casti, John, Leena Ilmola, Petri Rouvinen, and Larkku Wilenius. 2011. *Extreme Events*. Helsinki: Taloustieto Oy.

Cavelty, Myriam Dunn. 2007. *Cyber-security and Threat Politics: US efforts to Secure the Information Age*. New York: Routledge.

Chairman Mike Rogers Statement. 2012. Press Release. https://intelligence.house.gov/press-release/chairman-mike-rogers-statement

Chang, Amy. 2014. *Warring State China's Cybersecurity Strategy*. Center for a New American Security.

Chao, Leon. 2005. "The Red Hackers: Chinese Youth Infused with Nationalism." *Chinascope*. May, pp.8~13.

Choucri, Nazli, Stuart Madnick and Jeremy Ferwerd. 2014. "Institutions for Cyber Security: International Responses and Global Imperatives." *Information Technology for Development*, 20(2), pp.96~121.

Choucri, Nazli. 2012. *Cyberpolitics in International Relations*. Cambridge, MA: MIT Press.

Christou, George. 2016. *Cybersecurity in the European Union: Resilience and Adaptability in Governance Policy*, Palgrave Macmillan UK.

Clarke, Richard A., and Robert Knake. 2010. *Cyber War: The Next Threat to National Security and What to Do About It*. Ecco.

Clarke, Richard. 2011. "China's Cyberassault on America." *Wall Street Journal*, June 15.

Clinton, Hillary. 2010. "Remarks on Internet Freedom." A Speech delivered at The Newseum, Washington, DC. January 21, 2010, http://www.state.gov/secretary/20092013clinton/rm/2010/01/135519.htm(검색일: 2014년 8월 12일).

Council of Europe, 2017. "Chart of Signatures and Ratifications of Treaty 185, Convention on Cybercrime, Status as of 28/05/2017." http://www.coe.int/en/web/conventions/bi-or-multilateral-agreements(검색일: 2017년 5월 28일).

Crosston, Matthew D. 2011. "World Gone Cyber MAD: How 'Mutually Assured Debilitation' Is the Best Hope for Cyber Deterrence." *Strategic Studies Quarterly*, 5(1), pp.100~116.

Dahong, Min. 2005. "The Passionate Time of Chinese Hackers." *Chinascope*. May, pp.14~25.

Deibert, Ronald J. 2002. "Circuits of Power: Security in the Internet Environment." in James N. Rosenau and J. P. Singh, eds. *Information Technologies and Global Politics: The Changing Scope of Power and Governance*. Albany, NY: SUNY Press, pp.115~142.

_____. 2013. *Black Code: Surveillance, Privacy, and the Dark Side of the Internet*. Toronto: Signal.

Deleuze, Gilles. 2002. "The Actual and the Virtual."(Translated by Eliot Ross Albert) in Gilles Deleuze and Claire Parnet. *Dialogues II*. New York and Chichester: Columbia University Press, pp.148~152.

DeNardis, Laura. 2013. *The Global War for Internet Governance*. New Heaven, CN: Yale University Press.

Der Derian, James. 1994. "Cyber-Deterrence." *Wired*. http://archive.wired.com/wired/archive/2.09/cyber.deter_pr.html(검색일: 2016년 8월 16일).

Dodds, Klaus. 2001. "Politics Geography III: Critical Geopolitics After Ten Years." *Progress in Human Geography*, 25(3), pp.469~484.

Eriksson, Johan, and Giampiero Giacomello, eds. 2007. *International Relations and Security in the Digital Age*. London and New York: Routledge.

Evron, Gadi. 2008. "Battling Botnets and Online Mobs: Estonia's Defense Efforts during the Internet War." *Georgetown Journal of International Affairs*, 9(1), pp.121~126.

Farwell, James P., and Rafal Rohozinski. 2011. "Stuxnet and the Future of Cyber War." *Survival*, 53(1), pp.23~40.

Federal Ministry of the Interior. 2011. *Cyber Security Strategy for Germany 2011(Cyber-Sicherheitsstrategie für Deutschland 2011)*, February.

_____. 2016. *Cyber Security Strategy for Germany 2016. (Cyber-Sicherheitsstrategie für Deutschland 2016)*, November.

Flint, Colin, and Peter J. Taylor. 2007. *Political Geography: World-economy, Nation-state and*

Locality. New York: Prentice Hall.

Folke, Carl. 2006. "Resilience: The Emergence of a Perspective for Social-ecological Systems Analyses." *Global Environmental Change*, 16, pp.253~267.

Forsyth Jr., James Wood and Maj Billy E. Pope. 2014. "Structural Causes and Cyber Effects: Why International Order is Inevitable in Cyberspace." *Strategic Studies Quarterly*, Winter, pp.113~130.

Galloway, Alexander R., and Eugene Thacker. 2007. *The Exploit: A Theory of Networks*. Minneapolis and London: University of Minnesota Press.

Geers, Kenneth. 2008. "Cyberspace and the Changing Nature of Warfare." *SC Magazine*, No.6, pp.1~12.

_____. 2015. *Cyber War in Perspective: Russian Aggression against Ukraine*. Tallinn, Estonia: NATO Cooperative Cyber Defence Centre of Excellence(CCDCOE).

Gibson, William. 1984. *Neuromancer*. New York: Ace Books.

Giddens, Anthony. 1991. *The Consequences of Modernity*. Stanford, CA: Stanford University Press.

Gilpin, Robert. 1981. *War and Change in World Politics*. Cambridge: Cambridge University Press.

_____. 1987. *The Political Economy of International Relations*. Princeton, NJ: Princeton University Press.

Gitlin, Todd. 1980. *The Whole World Is Watching: Mass Media in the Making and Unmaking of the New Left*. Berkeley: University of California Press.

Goddard, Stacie E. 2009. "Brokering Change: Networks and Entrepreneurs in International Politics." *International Theory*, 1(2), pp.249~281.

Godwin III, James B., Andrey Kulpin, Karl Frederick Rauscher and Valery Yaschenko. eds. 2014. *Critical Terminology Foundations 2: Russia-U.S. Bilateral on Cybersecurity*. EastWest Institute and the Information Security Institute of Moscow State University.

Goodman, Will. 2010. "Cyber Deterrence: Tougher in Theory than in Practice?" *Strategic Studies Quarterly*, 4(3), pp.102~135.

Government of the United Kingdom. 2016. *National Cyber Security Strategy 2016~2021*. November.

Grewal, David Singh. 2008. *Network Power: The Social Dynamics of Globalization*. New Haven & London: Yale University Press.

Gross, Michael Joseph. 2011. "Exclusive: Operation Shady Rat-Unprecedented Cyber- Espionage Campaign and Intellectual-Property Bonanza." *Vanity Fair*, August 2 2011. http://www.vanity-fair.com/ news/2011/09/operation-shady-rat-201109(검색일: 2016년 9월 15일).

Hafner-Burton, Emilie M., Miles Kahler, and Alexander H. Montgomery. 2009. "Network Analysis for International Relations." *International Organization*, 63(3), pp.559~592.

Hansen, Hans Krause, and Tony Porter. 2015. "What do Big Data do in Transnational Governance?" Paper Presented at the International Studies Association Meetings, New Orleans,

February 21, 2015.

Hansen, Lene, and Helen Nissenbaum. 2009. "Digital Disaster, Cyber Security, and the Copenhagen School." *International Studies Quarterly*, 53(4), pp.1155~1175.

Harvey, David. 2003. *The New Imperialism.* Oxford: Oxford University Press.

Heickeroe, Roland, and Martin Peterson. 2012. "Towards a New Modus Operandi?: The Estonian and Georgian Cyber War Experiences." *The Dark Sides of the Internet On Cyber Threats and Information Warfare.* Frankfurt: Peter Lang GmbH, Internationaler Verlag der Wissenschaften.

Holling, C. S. 1973. "Resilience and Stability of Ecological Systems." *Annual Review of Ecology and Systematics*, 4, pp.1~23.

Hollis, David. 2011. "Cyberwar Case Study: Georgia 2008." *Small Wars Journal*, January, pp.1~10.

Hough, Peter, Shahin Malik, Andrew Moran and Bruce Pilbeam. 2015. *International Security Studies Theory and Practice.* Routledge: Londond and New York.

Hughes, Rex. 2010. "A Treaty for Cyberspace." *International Affairs*, 86(2), pp.523~541.

Hurwitz, Roger. 2014. "The Play of States: Norms and Security in Cyberspace." *American Foreign Policy Interests*, 36(5), pp.322-331

Huysmans, Jef. 2007. "Revisiting Copenhagen: Or, on the Creative Development of a Security Studies Agendas in Europe." in Barry Buzan and Lene Hensen. eds. *International Security*, vol. 4. Los Angeles, SAGE, pp.43~66.

Hvistendahl, Mara. 2010. "China's Hacker Army." *Foreign Policy*, March 3, 2010.

Ikenberry, G John. 2014. "The Illusion of Geopolitics: The Enduring Power of the Liberal Order." *Foreign Affairs*, 93(3), pp.80~90.

Jessop, Bob. 2003. *The Future of the Capitalist State.* Cambridge, UK: Polity Press.

Joint Committee on the National Security Strategy, UK. 2015. *National Security Strategy and Strategic Defence and Security Review 2015.* House of Lords and the House of Commons, UK.

Jun, Jenny, Scott LaFoy, and Ethan Sohn. 2015. *North Korea's Cyber Operations: Strategy and Responses*, Center for Strategic and International Studies(CSIS).

Junio, Timothy J. 2013. "How Probable is Cyber War? Bringing IR Theory Back In to the Cyber Conflict Debate." *Journal of Strategic Studies*, 36(1), pp.125~133.

Kahler, Miles, ed. 2009. *Networked Politics: Agency, Power, and Governance.* Ithaca and London: Cornell University Press.

Kelly, Phil. 2006. "A Critique of Critical Geopolitics." *Geopolitics*, 11, pp.24~53.

Kerttunen, Mika, and Saskia Kiisel. 2015. "Norms for International Peace and Security: The Normative Frameworks of International Cyber Cooperation." *ICT4Peace Norms Project Draft Working Paper*, April. ICT for Peace Foundation.

Kim, Geun-hye, Kyung-bok Lee and Jong-in Lim. 2015. "CBMs for Cyberspace beyond the

Traditional Security Environment: Focusing on Features for CBMs for Cyberspace in Northeast Asia." *The Korean Journal of Defense Analysis*, 27(1), pp.87~106.

Kim, Sangbae. 2014a. "Cyber Security and Middle Power Diplomacy: A Network Perspective." *Korean Journal of International Studies*, 54(4), pp.323~352.

_____. 2014b. "Roles of Middle Power in East Asia: A Korean Perspective." *EAI Middle Power Diplomacy Initiative Working Paper-02*, East Asia Institute.

Klimburg, Alexander. 2011. "Mobilizing Cyber Power." *Survival*, 53(1), pp.41~60.

Kluver, Alan. R. 2001. "New Media and the End of Nationalism: China and the US in a War of Words." *Mots Pluriels*, 18. http://motspluriels.arts.uwa.edu.au/MP1801ak.html(검색일: 2011년 9월 26일).

Knowlton, Brian. 2010. "Military Computer Attack Confirmed." *New York Times*, August 25, http://www.nytimes.com/2010/08/26/technology/26cyber.html(검색일: 2016년 9월 2일).

Koch, Richard and Lockwood Greg. 2010. *Superconnect: Harnessing the Power of Networks and the Strength of Weak Links*. New York: W. W. Norton & Co.

Kramer, Franklin D., Stuart H. Starr, and Larry K. Wentz. eds. 2009. *Cyberpower and National Security*. Washington DC: National Defense University Press.

Kugler, Richard L. 2009. "Deterrence of Cyber Attacks." in Franklin D. Kramer, Stuart H. Starr, and Larry K. Wentz, eds. *Cyberpower and National Security*. Washington, DC: National Defense University Press, pp.309~340.

Lawson, Sean. 2012. "Putting the 'War' in Cyberwar: Metaphor, Analogy, and Cybersecurity Discourse in the United States." *First Monday*, 17(2), http://firstmonday.org/ojs/index.php/fm/article/view/3848/3270(검색일: 2017년 9월 30일).

Lee, Heejin, and Sangjo Oh, 2006. "A Standards War Waged by a Developing Country: Understanding International Standard Setting from the Actor-Network Perspective." *Journal of Strategic Information Systems*, 15, pp.177~195.

Lewis, James Andrew. 2015. *U.S.-Japan Cooperation in Cybersecurity*. A Report of the CSIS Strategic Technologies Program. CSIS.

Liaropoulos, Andrew. 2011. "Cyber-Security and the Law of War: The Legal and Ethical Aspects of Cyber-Conflict." *Greek Politics Specialist Group Working Paper*, no.7.

Libicki, Martin C. 2009. *Cyber Deterrence and Cyber War*. Santa Monica, CA: RAND Corporation.

Lichtblau, Eric. and Schmitt, Eric. 2016. "Hack of Democrats' Accounts Was Wider Than Believed, Officials Say." *New York Times*, August 10. http://www.nytimes.com/2016/08/11/us/politics/democratic-party-russia-hack-cyberattack.html?_r=0(검색일: 2016년 9월 2일).

Lieberthal, Kenneth, and Peter W. Singer. 2012. *Cyber security and U.S.-China Relations*. China Center at Brookings.

Lim, Jong In. 2016. "Measures to Strengthen ROK-U.S. Cyber Cooperation." The 18th ROK-US

Defense Analysis Seminar.

Lin, Nan. 2001. *Social Capital: A Theory of Social Structure and Action.* Cambridge: Cambridge University Press.

Lindsay, Jon R., Tai Ming Cheung and Derek S. Reveron, eds. 2015. *China and Cybersecurity: Espionage, Strategy, and Politics in the Digital Domain.* Oxford and New York: Oxford University Press.

Linklater, Andrew. 2005. "The Harm Principle and Global Ethics." *Global Society*, 20(3), pp.329~343.

Luke, Timothy W. 2003. "Postmodern Geopolitics in the 21st Century: Lessons from the 9.11.01 Terrorist Attacks." Center for Unconventional Security Affairs, Occasional Paper #2, http://www.badgleyb.net/geopolitics/docs/theory/postmodernism.htm(검색일: 2015년 2월 15일).

Lupovici, Amir. 2011. "Cyber Warfare and Deterrence: Trends and Challenges in Research." *Military and Strategic Affairs*, 3(3), pp.49~62.

Manjikian, Mary McEvoy. 2010. "From Global Village to Virtual Battlespace: The Colonizing of the Internet and the Extension of Realpolitik," *International Studies Quarterly*, 54(2), pp.381~401.

Manson, George Patterson, 2011. "Cyberwar: The United States and China Prepare For the Next Generation of Conflict." *Comparative Strategy*, 30(2), pp.121-133.

Mansourov, Alexandre. 2014. "North Korea's Cyber Warfare and Challenges for the U.S.-ROK Alliance." Academic Paper Series. Korea Economic Institute of America. December 2.

Maoz, Zeev. 2010. *Networks of Nations: The Evolution, Structure and Impact of International Networks, 1816~2001.* Cambridge and New York: Cambridge University Press.

Matshbara, Mihoko. 2014. "Countering Cyber-Espionage and Sabotage: The Next Steps for Japanese-UK Cyber-security Co-operation." *The RUSI Journal*, 159(1), pp.86~93.

Matusitz, Jonathan A. 2006. *Cyberterrorism: A Postmodern View of Networks of Terror and How Computer Security Experts and Law Enforcement Officials Fight Them.* Ph.D. Dissertation, University of Oklahoma.

Maurer, Tim and Robert Morgus. 2014. "Tipping the Scale: An Analysis of Global Swing States in the Internet Governance Debate," *CIGI Internet Governance Papers No.7 Series: Internet Governance*, http://www.cigionline.org/sites/default/files/no7_2.pdf(2017년 9월 30일).

Mazanec, Brian M. 2015. *The Evolution of Cyber War: International Norms for Emerging-Technology Weapons.* Potomac Books.

McSweeney, Bill. 2007. "Identity and Security: Buzan and the Copenhagen School." in Barry Buzan and Lene Hensen. eds. *International Security*, v3. Los Angeles, SAGE, pp.121~134.

Mead, Walter Russell. 2014. "The Return of Geopolitics: The Revenge of the Revisionist Powers." *Foreign Affairs*, 93(3), pp.69~79.

Ministre de la Défense. 2014. *Cyber Defense Policy(Pacte Défense Cyber)*, November.

Modelski, George, and William R. Thompson. 1996. *Leading Sectors and World Powers: The Coevolution of Global Politics and Economics.* Columbia: University of South Carolina Press.

Modelski, George. 1978. "The Long Cycle of Global Politics and the Nation-State." *Comparative Studies in Society and History*, 20(2), pp.214~235.

Morgan, Patrick M. 2010. "Applicability of Traditional Deterrence Concepts and Theory to the Cyber Realm." Proceedings of a Workshop on Deterring Cyber Attacks: Informing Strategies and Developing Options for U.S. Policy. National Research Council.

Mueller, Milton L. 2002. *Ruling the Root: Internet Governance and the Taming of Cyberspace.* Cambridge, MA: The MIT Press.

_____. 2010. *Networks and States: The Global Politics of Internet Governance.* Cambridge and London: MIT Press.

Newman, Mark, Albert-László Barabási, and Duncan J. Watts. eds. 2006. *The Structure and Dynamics of Networks.* Princeton and Oxford: Princeton University Press.

Nexon, Daniel. 2009. *The Struggle for Power in Early Modern Europe: Religious Conflict, Dynamic Empires and International Change*, Princeton, NJ: Princeton University Press.

Nocetti, J. 2015. "Contest and Conquest: Russia and Global Internet Governance." *International Affairs*, 91(1), pp.111~130.

Nye, Joseph S. 2008. *The Powers to Lead.* Oxford and New York: Oxford University Press.

_____. 2010. "Cyber Power." Belfer Center for Science and International Affairs, Harvard Kennedy School.

_____. 2011. "Nuclear Lessons for Cyber Security?" *Strategic Studies Quarterly*, Winter, pp.18~38.

_____. 2014. "The Regime Complex for Managing Global Cyber Activities." CIGI Paper Series No.1, May.

Ó Tuathail, Gearóid and John Agnew. 1992. "Geopolitics and Discourse: Practical Geopolitical Reasoning in American Foreign Policy." *Political Geography*, 11(2), pp.190~204.

Ó Tuathail, Gearóid. 1996. *Critical Geopolitics.* Minneapolis, MN: University of Minnesota Press.

Organski, A. F. K., and Jack Kugler. 1980. *The War Ledger.* Chicago: University of Chicago Press.

Peritz, Aki J., and Michael Sechrist. 2010. *Protecting Cyberspace and the US National Interest.* Belfer Center for Science and International Affairs. Harvard Kennedy School.

Premier Ministre. 2015. *French National Digital Security Strategy(Stratégie Nationale pour la Sécurité du Numérique).* October.

President of the French Republic. 2008. *The French White Paper on Defense and National Security(Défense et Sécurité Nationale, 2008).*

_____. 2013. *French White Paper: Defence and National Security(Défense et Sécurité Nationale, 2013).*

President of the Russian Federation. 2000. *Information Security Doctrine of the Russian*

Federation. September.

_____. 2013. *Basic Principles for State Policy of the Russian Federation in the Field of International Information Security*. July.

_____. 2016. *Information Security Doctrine of the Russian Federation*. December, 5.

Putnam, Robert D. 1993. *Making Democracy Work: Civic Traditions in Modern Italy*. Princeton: Princeton University Press.

Rapkin, David, and William Thompson. 2003. "Power Transition, Challenge and the (Re)Emergence of China." *International Interactions*, 29(4), pp.315~342.

Rattray, Gregory J., and Jason Healey. 2011. "Non-State Actors and Cyber Conflict." Kristin M. Lord and Travis Sharp, eds. *America's Cyber Future: Security and Prosperity in the Information Age*, Vol.2. Washington, DC: Center for A New American Security.

Rawls, John. 1999. *The Law of Peoples*. Cambridge, MA: Harvard University Press.

Renn, Ortwin. 2005. "Risk Governance: Towards an Integrative Approach." White Paper No.1, Geneva: IRGC.

Rid, Thomas. 2012. "Cyber War Will Not Take Place." *The Journal of Strategic Studies*, 35(1), pp.5~32.

_____. 2013. *Cyber War will not take place*. Oxford and New York: Oxford University Press.

Risen, Tom. 2015. "Hotline Bling: China, U.S. Work to Further Cybersecurity Pact; The two countries aim to set up a 'hotline mechanism' for cybersecurity concerns and are taking other steps to discourage criminal hacking." *US News & World Report*, December. 3. http://www.usnews.com/news/articles/2015/12/03/hotline-bling-china-us-work-to-further-cy bersecurity-pact(검색일: 2016년 9월 10일).

Rosenau, James N., and Ernst-Otto Czempiel. 1992. *Governance Without Government: Order and Change in World Politics*, Cambridge: Cambridge University Press.

Schmitt, Michael N. 2012. "International Law in Cyberspace: The Koh Speech and Tallinn Manual Juxtaposed." *Harvard International Law Journal*, 54, pp.13~37.

_____, ed. 2013. *Tallinn Manual on the International Law Applicable to Cyber Warfare*. Cambridge, MA: Cambridge University Press.

_____, ed. 2017. *Tallinn Manual 2.0 on the International Law Applicable to Cyber Operations*. Cambridge, MA: Cambridge University Press.

Schmitt, Michael N., and Liis Vihul. 2014. "The Nature of International Law Cyber Norms." *Tallinn Papers*, No.5.

Shakarian, Paulo. 2011. "Stuxnet: Cyberwar Revolution in Military Affairs." *Small Wars Journal*, April.

Singer, Peter W., and Allan Friedman. 2014. *Cybersecurity and Cyberwar: What Everyone Needs to Know*. New York: Oxford University Press.

Singer, Peter W., and Noah Shachtman. 2011. "The Wrong War: The Insistence on Applying

Cold War Metaphors to Cybersecurity Is Misplaced and Counterproductive." August, 15, The Brookings Institution.

Slaughter, Anne-Marie. 2004. *A New World Order*, Princeton and Oxford: Princeton University Press.

Steinberg, Philip E., and Stephen D. McDowell. 2003. "Global Communication and the Post-Statism of Cyberspace: A Spatial Constructivist View." *Review of International Political Economy*, 10(2), pp.196~221.

Stevens, Tim. 2012. "A Cyberwar of Ideas? Deterrence and Norms in Cyberspace." *Contemporary Security Policy*, 33(1), pp.148~170.

Thomas, Nicholas. 2009. "Cyber Security in East Asia: Governing Anarchy." *Asian Security*, 5(1), pp.3~23.

Thomas, Timothy L. 2009. "Nation-state Cyber Strategies: Examples from China and Russia." in Franklin D. Kramer, Stuart H. Starr, and Larry K. Wentz. eds. *Cyberpower and National Security*. Washington DC: Center for Technology and National Security Policy, National Defense University. pp.465~488.

Tierney, Kathleen and Michel Bruneau. 2007. "Conceptualizing and Measuring Resilience: A Key to Disaster Loss Reduction." *TR News 250*, May-June, pp.14~17.

U.S. Department of Defense. 2011. *Department of Defense Strategy for Operating in Cyberspace*, July.

_____. 2015. *The DoD Cyber Strategy*, April.

U.S. Department of Homeland Security. 2009. *Cyberspace Policy Review: Assuring a Trusted and Resilient Information and Communications Infrastructure*. May.

US Department of State and US Agency of International Development(USAID). 2010. *Leading Through Civilian Power The First Quadrennial Diplomacy and Development Review*.

US-China Economic and Security Review Commission. 2009. *Capability of the People's Republic of China to Conduct Cyber Warfare and Computer Network Exploitation*. McLean, VA: Northrop Grumann Corporation Information Systems Sector.

Valeriano, Brandon, and Ryan C. Maness. 2015. *Cyber War versus Cyber Realities: Cyber Conflict in the International System*. Oxford and New York: Oxford University Press.

Wæver, Ole, Barry Buzan, Morten Kelstrup, and Pierre Lemaitre. 1993. *Identity, Migration and the New Security Agenda in Europe*. London: Pinter.

Wæver, Ole. 1995. "Securitization and Desecuritization." in Ronny Lipschutz. ed. *On Security*. New York: Columbia University Press, pp.46~86.

Waltz, Kenneth N. 1979. *Theory of International Politics*. New York: Random House.

Weedon, Jen. 2015. "Beyond 'Cyber War': Russia's Use of Strategic Cyber Espionage and Information Operations in Ukraine." NATO Cooperative Cyber Defence Center of Excellence Tallinn Estonia.

_____. 2003. *The National Strategy to Secure Cyberspace*. February.

_____. 2008. *The Comprehensive National Cybersecurity Initiative*. January.

_____. 2011. *International Strategy for Cyberspace: Prosperity, Security, and Openness in a Networked World*. May.

World Economic Forum(WEF). 2015. *Global Risks 2015*, 10th Edition.

Zakaria, Fareed. 2010. "Clash of the Titans." *Newsweek*. January 25. pp.34~36

閣議決定(각의결정). 2015. 『サイバーセキュ…リティ戦略(사이버시큐리티전략)』, 9月 4日.

国家互联网信息办公室(국가인터넷정보관공실). 2016. 『国家网络空间安全战略(국가사이버공간안전전략)』, 12月 27日.

国家互联网信息办公室(국가인터넷정보관공실). 2017. 『网络空间国际合作战略(사이버공간국제협력전략)』, 3月 1日.

国务院新闻办公室(국무원신문관공실). 2013. 『中国武装力量的多样化运用白皮书(중국군사역량다양화운용백서)』.

国务院新闻办公室(국무원신문관공실). 2015. 『中国的军事战略白皮书(중국국방전략백서)』.

鲁传颖(루촨잉). 2013. 「试析当前网络空间全球治理困境(사이버 공간의 글로벌 거버넌스가 당면한 딜레마에 대한 분석)」. 『现代国际关系(현대국제관계)』, 2013年 第11期. pp.48~54.

防衛省·自衛隊(방위성·자위대). 2016. 『防衛白書(방위백서)』. 防衛省·自衛隊.

王世伟(왕쓰웨이). 2012. 「中国国家信息安全的新特点与文化发展战略(중국 국가정보안전의 신특점과 문화발전전략」. 『图书情报工作』, 第6期, pp.8~13.

王正平(왕정핑)·徐铁光(쉬테광). 2011. 「西方网络霸权主义与发展中国家的网络权利(서방의 사이버패권주의와 개발도상국의 사이버권리)」. 『思想战线(사상전선)』, 第2期 第37卷. pp.105~111.

情報セキュリティ政策会議(정보시큐리티정책회의). 2013a. 『サイバーセキュリティ戦略(사이버시큐리티전략)』, 6月 10日.

情報セキュリティ政策会議(정보시큐리티정책회의). 2013b. 『サイバーセキュリティ国際連携取組方針(사이버시큐리티국제협력전략): j-initiative for Cybersecurity』, 10月 2日.

周琪(저우치)·汪晓风(왕샤우펑). 2013. 「美国缘何在网络安全上针对中国(미국은 무엇 때문에 사이버 안보 문제에서 중국을 겨누는가)」. 『时事报告(시사보고)』, 第7期, p.46.

蔡翠红(차이추이훙). 2012. 「网络空间的中美关系竞争, 冲突与合作(사이버공간에서의 미중관계: 경쟁, 충돌과 협력)」. 『美国研究(미국연구)』, 第3期. pp.107~121.

沈逸(선이). 2010. 「数字空间的认知, 竞争与合作-中美战略关系框架下的网络安全关系(디지털 공간에 대한 인지, 경쟁과 협력: 미중 전략관계 프레임 속에서의 사이버 안보 관계)」. 『外交评论(외교평론)』, 第2期, pp.38~47.

奕文莉(이원리). 2012. 「中美在网络空间的分歧与合作路径(중국과 미국의 사이버공간에서의 분열와 협력의 경로)」. 『现代国际关系(현대국제관계)』, 第7期, pp.28~33.

찾아보기

김상배(金湘培)

서울대학교 사회과학대학 외교학과를 졸업하고, 동 대학원에서 석사학위를, 미국 인디애나 대학교에서 정치학 박사학위를 받았다. 정보통신정책연구원(KISDI) 책임연구원, 일본 GLOCOM(Center for Global Communications) 객원연구원 등을 역임했고, 현재 서울대학교 사회과학대학 정치외교학부(외교학 전공) 교수로 재직하면서 '정보혁명과 네트워크 세계정치'를 연구 및 강의하고 있다. 저서로는 『아라크네의 국제정치학: 네트워크 세계정치이론의 도전』(2014), 『정보혁명과 권력변환: 네트워크 정치학의 시각』(2010), 『정보화시대의 표준경쟁: 윈텔리즘과 일본의 컴퓨터 산업』(2007)이 있으며, 편저로는 『4차 산업혁명과 한국의 미래전략: 국제정치학의 시각』(2017), 『사이버 안보의 국가전략: 국제정치학의 시각』(2017), 『신흥안보의 미래전략: 비전통안보론을 넘어서』(2016), 『제3세대 중견국 외교론: 네트워크 이론의 시각』(2015) 외 20여 편이 있다.

한울아카데미 2051

버추얼 창과 그물망 방패
사이버 안보의 세계정치와 한국

ⓒ 김상배, 2018

지은이 김상배
펴낸이 김종수
펴낸곳 한울엠플러스(주)
편집책임 배유진

초판 1쇄 인쇄 2018년 2월 12일
초판 1쇄 발행 2018년 2월 26일

주소 10881 경기도 파주시 광인사길 153 한울시소빌딩 3층
전화 031-955-0655
팩스 031-955-0656
홈페이지 www.hanulmplus.kr
등록번호 제406-2015-000143호

Printed in Korea
ISBN 978-89-460-7051-6 93340 (양장)
      978-89-460-6426-3 93340 (학생판)

* 책값은 겉표지에 표시되어 있습니다.
* 이 도서는 강의를 위한 학생판 교재를 따로 준비했습니다.
  강의 교재로 사용하실 때는 본사로 연락해주십시오.